RÄUME HÖFISCHEN LEBENS

RÄUME HÖFISCHEN LEBENS

Herausgegeben von
Dana Dvořáčková-Malá, Jan Hirschbiegel, Robert Šimůnek,
Sven Rabeler, Jan Zelenka

Sammelband zur internationalen Konferenz
des Forschungszentrums Höfe und Residenzen am Historischen Institut
der Akademie der Wissenschaften der Tschechischen Republik, des Projekts Corona
regni Bohemiae / Krone des Königreichs Böhmen des Instituts für Tschechische
Geschichte der Philosophischen Fakultät der Karlsuniversität Prag und des Projekts
Residenzstädte im Alten Reich (1300–1800) der Niedersächsischen Akademie
der Wissenschaften zu Göttingen, Prag, 1. Oktober 2021

JAN THORBECKE VERLAG

Die Verlagsgruppe Patmos ist sich ihrer Verantwortung gegenüber unserer Umwelt bewusst. Wir folgen dem Prinzip der Nachhaltigkeit und streben den Einklang von wirtschaftlicher Entwicklung, sozialer Sicherheit und Erhaltung unserer natürlichen Lebensgrundlagen an. Näheres zur Nachhaltigkeitsstrategie der Verlagsgruppe Patmos auf unserer Website www.verlagsgruppe-patmos.de/nachhaltig-gut-leben

Bibliografische Information der Deutschen Nationalbibliothek
Die Deutsche Nationalbibliothek verzeichnet diese Publikation in der Deutschen Nationalbibliografie; detaillierte bibliografische Daten sind im Internet über http://dnb.d-nb.de abrufbar

Alle Rechte vorbehalten
© 2023 Jan Thorbecke Verlag
Verlagsgruppe Patmos in der Schwabenverlag AG, Ostfildern
www.thorbecke.de

Lektorat: Mgr. Jana Fantysová Matějková, Ph.D., und Lisa Leiber, M. Ed.
Umschlaggestaltung: Schwabenverlag AG, Ostfildern
Umschlagabbildung: Jindřichův Hradec (Neuhaus) – Burg, der Raum mit der Georgs-Legende und dem Wappenfries, 1330er Jahre. Photo František Záruba
Druck: Beltz Grafische Betriebe GmbH, Bad Langensalza
Hergestellt in Deutschland
ISBN 978-3-79951593-1

Inhalt

Vorwort 7

RESIDENZEN ALS SOZIALE RÄUME

The Household as a Residence 13
The Historiography of Residential and Court Research and New
Possibilities from the Perspective of Czech Research and Beyond
DANA DVOŘÁČKOVÁ-MALÁ

... mensaque, qui postremus residebat, abscederet 35
Dienstleute im sozialen Raum des mittelalterlichen Hofes
JAN ZELENKA

The Administrative Residence of the Meinhardiner in Tyrol Castle 49
(on the Life and Work of Albert of Aichach, Scribe in the Service
of Henry of Carinthia / Heinrich von Kärnten)
JAKUB RAZIM

Mediaeval Fortification as a Stabilising Element of Emerging Dominions
in the 13th and 14th Centuries 65
PAVEL DRNOVSKÝ

Der alte Königspalast der Přemysliden auf der Prager Burg 87
FRANTIŠEK ZÁRUBA

RESIDENZEN UND STÄDTE

„Gute Obrigkeit" und „treue Bürger" 115
Beziehungen zwischen Hof und Stadt in spätmittelalterlichen adeligen
Residenzstädten
ROBERT ŠIMŮNEK

Grenzen und Übergänge 137
Topographien, Wahrnehmungen und Gestaltungen von Bezügen
zwischen Residenz und Stadt im 15. und 16. Jahrhundert
SVEN RABELER

Begegnungen 175
Interaktion und Raumbildung in Residenzstädten
JAN HIRSCHBIEGEL

RESIDENZEN IN DER LANDSCHAFT

**Das Netzwerk von gelegentlichen Residenzen der böhmischen Könige
in den Ländern der Böhmischen Krone im Spätmittelalter** 193
LENKA BOBKOVÁ

**Residenzlandschaft(en) des jagiellonischen Prinzen Sigismund
um das Jahr 1500** 221
Auf dem Weg zwischen Ofen, Krakau, Breslau, Troppau und Großglogau
PETR KOZÁK

Im Jagdgehege der Göttin Diana 235
Die Schlösser in den Kammerherrschaften als Nebenresidenzen
der Habsburger während ihrer Aufenthalte in Böhmen
im 17. und 18. Jahrhundert
JIŘÍ HRBEK

**The Phenomena of Translation and Imitation at the Residences
of the Dukes of Saxe-Lauenburg (17th Century)** 255
MICHAL VOKURKA

Abkürzungen 275

Abbildungen 279

Autorinnen und Autoren 283

Vorwort

Höfe und Residenzen in Mitteleuropa waren in den vergangenen Jahrzehnten bereits unter vielfältigen Aspekten Gegenstand von Tagungen und daraus resultierenden Publikationen. Der vorliegende Band nun konzentriert sich auf die Frage nach den sozialen Interaktionen an den Höfen, aber auch auf die entsprechenden außerhöfischen Beziehungen. Diese Thematik wird in einem breiten sozialen und zeitlichen Rahmen verfolgt, wobei die einzelnen Beiträge den Schwerpunkt auf aussagekräftige Beispiele legen, die einerseits spezifische, andererseits aber auch allgemeine Aussagen bieten.

Der Sammelband verschriftlicht eine internationale Konferenz unter dem Titel *„Räume und Siedlungen"*, die am 21. Oktober 2021 von Prag/Praha aus wegen der Corona-Pandemie als Online-Veranstaltung stattfand und von drei Einrichtungen gemeinsam getragen wurde. Beteiligt waren das von 2013 bis 2021 bestehende *„Výzkumné centrum Dvory a rezidence/Forschungszentrum Höfe und Residenzen"* (DaR/HuR) des Historischen Instituts der Akademie der Wissenschaften der Tschechischen Republik, das Projekt *„Corona regni Bohemiae/Krone des Königreichs Böhmen"* des Instituts für Tschechische Geschichte der Philosophischen Fakultät der Karlsuniversität Prag und das seit 2012 laufende Forschungsvorhaben *„Residenzstädte im Alten Reich (1300–1800)"* der Niedersächsischen Akademie der Wissenschaften zu Göttingen.[1] Gesetzt wurde das Thema der Konferenz entsprechend dem Programm des Prager Forschungszenzentrums DaR/HuR, das sich mit dem Phänomen der höfischen Kultur interdisziplinär auseinandersetzt.[2] Vorangegangen waren in den vergangenen Jahren drei Tagungen, auf die Bezug genommen werden konnte. 2013 galt das Interesse dem Thema *„Frauen und Kinder in der höfischen Gesellschaft"*, zwei Jahre später der Problematik *„Das Lebensniveau der höfischen Gesellschaft"* und 2017 schließlich wurde nach der Beziehung *„Kirche und höfische Gesellschaft"* gefragt.[3] Zudem nahm ein interdiszi-

---

1 Siehe das Programm der Tagung unter https://www.hiu.cas.cz/udalosti/raeume-und-siedlungen-hoefe-und-residenzen-im-mittelalter-viii (15.6.2023).
2 Siehe die Website https://www.hiu.cas.cz/vyzkumne-centrum-dvory-a-rezidence (15.6.2023).
3 Dana DVOŘÁČKOVÁ-MALÁ – Jan ZELENKA et al., *Ženy a děti ve dvorské společnosti*, Praha 2015; MHB 19/2 (thematisches Heft „*Životní úroveň dvorské společnosti*"), Praha 2016; Dana DVOŘÁČKOVÁ-MALÁ et al., *Dvůr a církev v českých zemích středověku*, Praha 2017.

plinäres Treffen im Jahr 2018 die schriftlichen und literarischen Quellen in den Blick, woraus der Band „*Über den Hof und am Hofe. Geschichtsschreibung und Literatur im Mittelalter*" hervorging.[4] Neben diesen einzelnen Themen gewidmeten Tagungen wurden auch mehrere internationale Treffen veranstaltet[5] wie zum Beispiel drei tschechisch-polnische Konferenzen zur Hofforschung in beiden Ländern, wobei 2016 in Polen ein eigenes Hofforschungszentrum gegründet wurde, das „*Zespół do Badań nad Dworami i Elitami Władzy/Research Team for the Study of Courts and Elites of Power*" am Institut für Geschichte der Polnischen Akademie der Wissenschaften in Warschau, geleitet von Bożena Czwojdrak, Professorin für Geschichte an der Universität Katowice/Kattowitz.[6] Hinsichtlich der internationalen Zusammenarbeit ist auch ein Workshop an der Kieler Universität zu erwähnen, der 2017 gemeinsam mit dem bereits erwähnten Residenzstadt-Projekt unter dem Titel „*Höfische Orte in städtischen Räumen*" stattfand.[7]

Allen genannten Veranstaltungen war die Fokussierung auf die komparative Ebene der Hofforschung gemeinsam, ob es die Herrscherhöfe, die Residenzen oder die höfische Gesellschaft betraf. Auf Grundlage der meist schriftlichen Überlieferung konnten wir unsere Kenntnisse zum Leben an den weltlichen und geistlichen Höfen oder zur Lebenswirklichkeit von Frauen, insbesondere von Herrscherinnen, und von Kindern, vor allem der Nachkömmlinge der herrschenden Dynastien, erweitern. Die interdisziplinäre und internationale Zusammenarbeit förderte zugleich zahlreiche neue Er-

---

4   Dana Dvořáčková-Malá – Kristýna Solomon – Michel Margue (edd.), *Über den Hof und am Hofe: Literatur und Geschitsschreibung im Mittelalter*, Dresden 2021; dazu auch die Publikationen vor dem Jahre 2013: Dana Dvořáčková-Malá (ed.), *Dvory a rezidence ve středověku*, Praha 2006; Dana Dvořáčková-Malá – Jan Zelenka (edd.), *Dvory a rezidence ve středověku II. Skladba a kultura dvorské společnosti*, Praha 2008; Dana Dvořáčková-Malá – Jan Zelenka (edd.), *Dvory a rezidence ve středověku III. Všední a sváteční život na středověkých dvorech*, Praha 2009.
5   Siehe die Ergebnisse aus den Jahren 2013–2021/2022 (Konferenzen, Publikationen und Internationale Zusammenarbeiten): https://www.hiu.cas.cz/vyzkumny-plan-i-2013-2020-21 (15.6.2023).
6   Siehe https://ihpan.edu.pl/struktura/zaklady-naukowe/zespol-do-badan-nad-dworami-i-elitami-wladzy/ (15.6.2023). Dazu Bożena Czwojdrak – Agnieszka Januszek-Sieradzka (edd.), *Curia regis, curia reginalis. Dwory królewskie w średniowiecznej Europie Środkowej – stan badań i postulaty badawcze*, Sandomierz 2014.
7   Siehe František Záruba, *Prag und die Residenzen der böhmischen Herrscher zur Zeit der Luxemburger*, MRK, N. F.: Stadt und Hof 8, 2019, S. 31–53; Robert Šimůnek, *Die adelige Residenzstadt im spätmittelalterlichen Böhmen*, ibidem, S. 55–79.

kenntnisse und Vergleiche. Mit der aktuellen Veröffentlichung wird außerdem das Forschungsprogramm des DaR/HuR abgeschlossen.[8]

Der vorliegende Band ist wie die Tagung in drei thematisch orientierte Abteilungen gegliedert. Die erste über „*Residenzen als soziale Räume*" konzentriert sich auf die verschiedenen Baulichkeiten und Milieus des höfischen Lebens – von landesherrlichen Residenzanlagen bis hin zu den Sitzen des Kleinadels. Die zweite nimmt „*Residenzen und Städte*" hinsichtlich der sozialen Interaktionen im Umfeld der landesherrlichen Residenzstädte in den Blick. Die dritte Abteilung schließlich behandelt „*Residenzen in der Landschaft*" unter den Aspekten der Entstehung und des Wandels von Residenznetzen vom späten Mittelalter bis zum 18. Jahrhundert. Die versammelten Studien zeigen damit ein breites Themenspektrum und vermitteln zugleich das Potenzial für vergleichende Forschungen im mitteleuropäischen Raum.

Die Herausgeber
Prag – Kiel, Juni 2023

---

8 Aufgrund der Covid-Pandemie wurde der erste Forschungsplan erst im Jahr 2022 abgeschlossen, wobei dieser Sammelband den letzten wissenschaftlichen Output darstellt. Ab 2023 wurde ein neuer Forschungsplan entwickelt, der für den Zeitraum 2023–2029 gilt. Siehe https://www.hiu.cas.cz/vyzkumny-plan-ii-2022-2029 (15.6.2023).

RESIDENZEN ALS SOZIALE RÄUME

The Household as a Residence
The Historiography of Residential and Court Research and New Possibilities from the Perspective of Czech Research and Beyond

DANA DVOŘÁČKOVÁ-MALÁ

Medieval or Early Modern Period residential settlements encompassed a wide range of buildings. In terms of the development of the theme – research into courts or residences – these were actually the key directions of research, oscillating between the concept of life in the residence and the exploration of residences from the perspective of spatial utility or historical-building development. In this sense, research carried out by German historians beginning in the 1990s proved to be the initial point, still known under the umbrella term of *Residenzenforschung*.[1] At the same time, the genesis of research drew on the local discussion on the subject of *what is* and *what was a residence*. At the same time, the genesis of research drew on the local discussion on the subject of what is and what was a residence. These questions had their origins in the 1960s and 1970s.[2] These emerged from efforts to address the issue of determining the main resi-

---

[1] Cf. the history of research and publication results, so-called residential, originally based at the Academy of Sciences in Göttingen, website: https://adw-goe.de/forschung/abgeschlossene-forschungsprojekte/akademienprogramm/hof-und-residenz/ (15.6.2023). Cf. particularly at the beginning of the whole plan for a thought-provoking study and subsequent discussion: Klaus NEITMANN, *Was ist eine Residenz? Methodische Überlegungen zur Erforschung derspätmittelalterlichen Residenzbildung*, in: Peter JOHANEK (ed.), Vorträge und Forschungen zur Residenzenfrage (= Residenzenforschung, 1), Sigmaringen 1990, pp. 11–43; Peter MORAW, *Was war eine Residenz im deutschen Spätmittelalter*, Zeitschrift für historische Forschung 18, 1991, pp. 461–468; latest reflections in Czech medieval studies: Dana DVOŘÁČKOVÁ-MALÁ, *Dvůr jako téma. Výzkum panovnické společnosti v českém středověku. Historiografie, koncepty, úvahy* (*The Court as a Theme. Research into royal society in the Czech Middle Ages – historiography, concepts, considerations*), Praha 2020, pp. 63–76.

[2] Selectively: Heinrich KOLLER, *Die Residenz im Mittelalter*, Jahrbuch für Geschichte der oberdeutschen Reichsstädte 12/13, 1966/67, pp. 9–39; Hans PATZE, *Die Bildung der landesherrlichen Residenzen im Reich während des 14. Jahrhunderts*, in: Wilhelm RAUSCH (ed.), Stadt und Stadtherr im 14. Jahrhundert. Entwicklung und Funktionen, (= Beiträge zur Geschichte der Städte Mitteleuropas, 2), Linz 1972, pp. 1–54; Hans PATZE – Gerhard STREICH, *Die landesherrlichen Residenzen im spätmittelalterlichen Deutschen Reich*, Blätter für deutsche Landesgeschichte 118, 1982, pp. 205–220;

dences of the medieval rulers of the Holy Roman Empire, which was largely occupied by German-speaking countries.[3] The path to studying court life opened up after initial discussions on how to define a residence.[4] Gradually, both the premise of the residential level[5] and interest in court life developed.[6] In the latter case, the starting point was an understanding of the problem in the sense that the court was where the monarch was. Moreover, discussions among German researchers about the nature of the residence primarily concerned the period of the late Middle Ages.[7] Court, however, developed as a centre around the monarch even in earlier times, even though the government was mobile, a fact referred to by local researchers as "government in the saddle".[8]

Carl Richard BRÜHL, *Zum Hauptstadtproblem im Frühmittelalter*, in: Aus Mittelalter und Diplomatik. Gesammelte Aufsätze, vol. 1, Hildesheim 1989, pp. 89–114; Wilhelm BERGES, *Das Reich ohne Hauptstadt*, in: Das Hauptstadtproblem in der Geschichte, Festgabe zum 90. Geburtstag Friedrich Meineckes (Tübingen, 1952), Goldbach 1993, pp. 1–29.

3 Cf. re. evaluation of research Dana DVOŘÁČKOVÁ-MALÁ, *Das Forschungszentrum Höfe und Residenzen im Mittelalter: ein 'böhmisches' Thema im europäischen Kontext*, MRK, N.F.: Stadt und Hof 6, 2017, pp. 17–25; EADEM, *Dvůr jako téma*, pp. 63–76.

4 For the committee for German research originally based in Göttingen cf. website: https://adw-goe.de/forschung/abgeschlossene-forschungsprojekte/akademienprogramm/hof-und-residenz/ (15.6.2023) and the study by P. MORAW, *Was war eine Residenz*, pp. 461–468.

5 The German environment for the years 1991 to 1995 is summarised by Christian HALM – Jan HIRSCHBIEGEL (edd.), *Auswahlbibliographie von Neuerscheinungen zu Residenz und Hof 1991–1995* (= MRK. Sonderheft 1), Kiel 1995.

6 Cf., in particular, Werner PARAVICINI (ed.), *Alltag bei Hofe* (= Residenzenforschung, 5), Sigmaringen 1995; Holger KRUSE – Werner PARAVICINI (edd.), *Höfe und Hofordnungen 1200–1600* (= Residenzenforschung,10), Sigmaringen 1999.

7 Cf. D. DVOŘÁČKOVÁ-MALÁ, *Dvůr jako téma*, pp. 63–84.

8 Let us add, however, that not even the rulers of the more recent medieval empire avoided mobility, for two reasons. The Holy Empire had a special status in terms of the absence of a main royal seat, which is the key to an understanding of the considerations of domestic researchers. For example, French or Czech medieval studies had no need to deal with anything of this kind: the main seat was traceable from the beginning of these medieval monarchies. Secondly, for example, the mobility of Bohemian King John of Luxembourg and his grandson Emperor Sigismund of Luxembourg did not match the mobility of the rulers of the past. Mobility was not constitutive of the court in itself. The court always depended on the ruler and was consequently where the ruler was. He continued to visit the subterritory under his rule to varying degrees and practised there, or delegated, administration to authorised dignitaries in accordance with local customs; to wit D. DVOŘÁČKOVÁ-MALÁ, *Dvůr jako téma*, pp. 63–84; from the German environment selectively: Hans C. PEYER, *Das Reisekönigtum des Mittelalters*, Vierteljahrschrift für Sozial- und wirtschaftsgeschichte 51, 1964, pp. 1–21; Martina REINKE, *Die Reisegeschwindigkeit des deutschen Königshofes im 11. und 12. Jahrhundert nördlich der Alpen*, Blätter für deutsche Landesgeschichte 128, 1987, pp. 225–251; Caspar EHLERS (ed.), Orte

For example, for the Czech lands, it remained typical that only the administrative centres changed towards a greater anchoring in the newly acquired localities/territories, or that powers were delegated to these places, which entailed an increase in the bureaucracy of the country's administration. This situation was therefore more obvious in the Czech research environment from the perspective of the royal court versus the residence. This happened thanks to the existence of the main seat, or rather the main seat since the early Middle Ages, in Prague and the local seat at the gradually built Prague Castle. It could be said that the starting point set in this way should have led, so to speak, to the court and court life as a topic in Czech research, since the need to search for the residence should not have taken on the most important role. The German residential debate, however, as we indicated, also had an impact on the Czech historical community in the early 1990s.[9] Several conferences on the subject of residential and court research were held during the 1990s, particularly involving researchers of the Early Modern Period.[10] However, interest in courts in the sphere of medieval research only rose with the first decade of the 21st century, or since 2005 to be more precise, when the first scientific colloquium *Dvory a rezidence ve středověku* (Courts and residences in the Middle Ages – abbreviated to DaR) was held at the Institute of History of the Czech Academy of Sciences. From its inception until the early 2020s, the activities of DaR were followed by a number of international and interdisciplinary conferences, which resulted in a significant number of publications.[11] It is also important to draw attention to the content of these publications as part of our introduction.

---

der Herrschaft. Mittelalterliche Königspfalzen, Göttingen 2002; Andrea STIELDORF, *Reiseherrschaft und Residenz im frühen und hohem Mittelalter*, HJb 129, 2009, pp. 147–178; Caspar EHLERS, *Ort, Region, Reich. Mobilität als Herrschaftsfaktor*, in: Gerhard LUBICH (ed.), Heinrich V. in seiner Zeit. Herrschen in einem europäischen Reich des Hochmittelalters (= Forschungen zur Kaiser– und Papstgeschichte des Mittelalters, 34), Vienna 2013, pp. 81–102.

9 Cf., in particular, Ivan HLAVÁČEK, *Německé "Residenzenforschung"*, ČČH 88/6, 1990, pp. 909–912; IDEM, *Brünn als Residenz der Markrafen der luxemburgischen Sekundogenitur*, pp. 361–420; IDEM, *Z každodennosti Karla IV. a jeho dvora (ubytovací možnosti v Praze v polovině 14. století)*, ČČH 90/1, 1992, pp. 33–42; for more cf. D. DVOŘÁČKOVÁ-MALÁ, *Dvůr jako téma*, pp. 66–67.

10 Cf., in particular, the collections Václav BŮŽEK (ed.), *Život na dvoře a rezidenčních městech posledních Rožmberků* (= Opera historica, 3), České Budějovice 1993; IDEM (ed.), *Život na dvorech barokní šlechty (1600–1750)* (= Opera historica, 5), České Budějovice 1996; IDEM (ed.), *Poslední páni z Hradce* (= Opera historica, 6), České Budějovice 1998.

11 The first volumes included: Dana DVOŘÁČKOVÁ-MALÁ (ed.), *Dvory a rezidence ve středověku*, Praha 2006; EADEM – Jan ZELENKA (edd.), *Dvory a rezidence ve středověku II. Skladba a kultura dvorské společnosti*, Praha 2008; IIDEM (edd.), *Dvory a rezidence ve středověku III. Všední a sváteční život na středověkých dvorech*, Praha 2009.

Conference output from 2006–2009 focused on both residential-spatial and structural-personnel matters (authorities, secular and ecclesiastical careers) and on various festivities and the development of the ceremonial. In the years that followed, and in particular from 2013, when *Výzkumné centrum Dvory a rezidence ve středověku* (Centre for Research on Courts and Residences in the Middle Ages) was established as part of the Department of Medieval History at the Institute of History of the CAS, research focused on historical-anthropological themes and the gender definition of court society.[12] International conferences in 2013–2020 focused on topics such as the status of women and children, research into the standard of living and material culture, the role of the church, the use of literary sources, the importance of vernacular languages and, last but not least, research into space, both in terms of the social context and communication networks and residential settlements.[13] It must be added that in Czech medieval studies, questions of residential research have experienced considerable research resonance since the 1990s. They were initiated by the historian Lenka Bobková as a research topic on the development of the so-called subsidiary countries of the Bohemian Kingdom and have been continuously developed further.[14]

---

12 On the procedure of the research plan for 2013–2020/21 cf. https://www.hiu.cas.cz/vyzkumny-plan-i-2013-2020-21 (15.6.2023).

13 Cf. Dana DVOŘÁČKOVÁ-MALÁ – Jan ZELENKA et al., *Ženy a děti ve dvorské společnosti*, Praha 2015; IIDEM, *Dvůr a církev v českých zemích středověku*, Praha 2017; Dana DVOŘÁČKOVÁ-MALÁ – Kristýna SOLOMON – Michel MARGUE (edd.), Über den Hof und am Hofe: Literatur und Geschichtsschreibung im Mittelalter, Dresden 2021; for the issue of material culture and living standard cf. volumes Mediaevalia Historica Bohemica19/2, 2016, and for more cf. https://www.hiu.cas.cz/vyzkumny-plan-i-2013-2020-21 (15.6.2023).

14 Cf. Lenka BOBKOVÁ – Jana Fantysová MATĚJKOVÁ – Jan ZDICHYNEC (edd.), *Korunní země v dějinách českého státu. I. Integrační a partikulární rysy českého státu v pozdním středověku*, Ústí nad Labem 2003; Lenka Bobková – Jana KONVIČNÁ – Luděk BŘEZINA – Jana WOJTUCKA (edd.), *Korunní země v dějinách českého státu. II. Společné a rozdílné – Česká Koruna v životě a vědomí jejích obyvatel ve 14.–16. století*, Ústí nad Labem 2005; Lenka BOBKOVÁ – Jana KONVIČNÁ (edd.), Korunní země v dějinách českého státu. III. Rezidence a správní sídla v zemích České koruny ve 14.–17. století, Praha 2007; EAEDEM (edd.), *Korunní země v dějinách českého státu. IV. Náboženský život a církevní poměry v zemích Koruny české ve 14– 17. století*, Prague 2009. Of the author's studies cf., in particular: Lenka BOBKOVÁ, *Rezidenční a správní centra v zemích České koruny ve 14.–17. století*, in: EAEDEM – Jana KONVIČNÁ (edd.), Korunní země v dějinách českého státu III. Sborník příspěvků z mezinárodního kolokvia konaného ve dnech 26.–31. března 2006 v Clam-Gallasově paláci v Praze, Praha 2007, pp. 23–48.

The household as a theme

It is no coincidence that, in presenting the directions of court research to date, we pointed to two fundamental directions that court research generates: the residential-spatial context and everyday life at court.[15] Moreover, residential issues have recently regained importance, particularly in terms of urban residences and the communication between urban communities and the establishment or the nobility in general. This is particularly done by the current research project *Residential cities in the Holy Roman Empire (1300–1800)*, led by historians from the Department of History at the University of Kiel,[16] which focuses mainly on the social environment of towns, their communication with the establishment, forms of representation, etc.[17] From a general point of view, the comparison of urban buildings of the low-born or subsequently noble (i.e. the townhouses or palaces of the aristocracy or prelates in cities), for example, is another way of exploring space and residences, or the space of such residences. And while there may be differences at first glance (both in terms of furnishings and ostentation) between the different types of residences throughout the medieval and early modern society, they were all based on one fundamental idea – to provide a place to live. This seemingly trivial statement, however, draws our attention to the interior space of these

---

15 In light of scientific cooperation of the *DaR Research Centre* at the Institute of History of the CAS and the *Residenzenstädte* Research Project based at the University of Kiel https://adw-goe.de/forschung/forschungsprojekte-akademienprogramm/residenzstaedte/projekt/ (15.6.2023) (the successor of the research project of German colleagues since the 1990s, as mentioned in the introduction in the main text), these two projects from both countries were selected for the current overview, both identical in the main methodological directions, although each having a different research genesis. It would also be appropriate for the sake of completeness to at least draw attention to other scientific groups or centres dealing with court issues, both in the Modern Period and the Middle Ages, or in continuity of time, or at the time of the existence of monarchies. From the perspective of cooperation with the Czech DaR Research Centre, particularly *Zespoł do Badań nad Dworami iElitami Władzy* at the Historical Institute of the Academy of Sciences in Warsaw https://ihpan.edu.pl/struktura/zaklady-naukowe/zespol-do-badan-nad-dworami-i-elitami-wladzy/ (15.6.2023), others including *The Society for Court Studies* https://www.courtstudies.org/ (15.6.2023), or the *Cour de France* society https://cour-de-france.fr/?lang=fr (15.6.2023).

16 In particular, cf. the output of historians like Gerhard Fouquet, Jan Hirschbiegel, and Sven Rabeler in an overview of publications published as part of research into the issue of the town and court space from 2014 to the present: https://adw-goe.de/forschung/forschungsprojekte-akademienprogramm/residenzstaedte/publikationen/ (15.6.2023).

17 The *Residenzstädte im Alten Reich (1300–1800)* project is of particular inspiration: https://adw-goe.de/forschung/forschungsprojekte-akademienprogramm/residenzstaedte/projekt (15.6.2023).

residences, or any homes, and offers a glimpse of the living spaces, or the space of the household that connects them. Elementary needs for the live of the inhabitants (individuals, families, lines, clans) are, after all, crucial within the space of each household.[18] In other words, the space of the household connected all residences, and if there were differences, they were based on means. Therefore, we now define what unites the household in terms of the basic needs of its inhabitants.

When we define the *household* as a research topic, we enter the realm of highly interdisciplinary research in the light of residences of any type, which means that it is impossible to do without methodological approaches in several fields.[19] This trend is appealing, for example, because at first glance it offers a great deal of comparative knowledge from the fields of history, archaeology, cultural anthropology, sociology and ethnology. At the same time, there is attractive field research, particularly in archaeology and ethnology, often involving experimental practical experience (e.g. trying out production, making various objects, etc.). Consequently, in such a multifaceted subject we cannot do without one or the other. How, then, do we define the key questions within the spectrum of the household, a subject that that intersects all social strata?[20] Elementary and initial questions are offered in terms of how households actually lived, what determined life, and how precisely the phenomenon of the household can be grasped. As a result of what has been said, the question also arises as to why we should perceive the household as a key space in the residential/court theme.

The first, precise level leads to a definition of the problem, or to a determination of the causes of the use of the household space for the individual inhabitants of residences.[21] Here, the aforementioned needs of an individual, a family, or a line across social strata stand at the forefront. These needs are based on: 1) security, 2) food, and 3) clothing, and all this also shows the fundamental methodological directions in the proposition of the phenomena studied.[22] These three points can be explained in more detail in the sense that, firstly, security includes: a) the defence and demarcation of the boundaries of the dwelling and, related to this, b) the presence of heating devices (a simplified chronological line – open fire/ring/ and furnaces, tiled stoves, fireplaces, or hot-air heaters) inside the dwelling. Secondly, food, i.e. food storadge, food prepara-

---

18 Cf. re. research on the theme of "the household" in an interdisciplinary concept: Dana Dvořáčková-Malá, *Středověká domácnost. Cesty vyýzkumu*, ČČH 121/1, pp. 169–195.
19 Cf. ibid. re. research on the theme of "the household" in an interdisciplinary concept.
20 Ibidem.
21 Ibidem.
22 Ibidem.

tion, and the use and construction of storage space. Finally, we established clothing as the third level, meaning a variety of cultivation or production processes in order to obtain textile fibres, as these products also belong to the categories of material objects in everyday use.[23] Another direction of the approach lies in the question of how the definition of the household was dealt with in the written sources themselves. The key seems to be texts that deal mainly with the proper functioning of marriage in the Middle Ages, based on a definition of the roles of men, women, and children in the household. The household itself acts as a key space for this, i.e. *in situ* of all residences. Aware of the facts presented above, we arrive at an interesting finding, namely that a seemingly trivial question – i.e. "how did the household work in the past" – offers remarkable research opportunities, since, in terms of written sources, there are many texts that have been used very little until now, especially throughout medieval Europe. Primarily, and of full relevance to the question at hand, we have accounting-type sources[24] or so-called economic sources.[25] For the Czech environment, the mentioned documents on

---

23 Ibidem.
24 For medieval studies in the Czech lands cf. re. accounting sources in summary Dana DVOŘÁČKOVÁ-MALÁ, *Spotřeba, nákupy, platy*, in: EADEM, *Dvůr jako téma*, pp. 133–143; EADEM, *Ne/znalosti jídelníčku na panovnickém dvoře*, in: Marie BLÁHOVÁ – Mlada HOLÁ – Klára WOITSCHOVÁ (edd.), Panovnická reprezentace v písemné kultuře ve středověku: sborník prací k životnímu jubileu profesora Ivana Hlaváčka, Praha 2021, pp. 51–60; most recently in particular Petr KOZÁK, *Účetní prameny a dvorský výzkum*, in: Dana DVOŘÁČKOVÁ-MALÁ – Jan ZELENKA – František ZÁRUBA et al., Dvory a rezidence v proměnách času, v tisku; re. the theme in the context of Western Europe cf., for example, Thomas N. BISSON (ed.), Fiscal Accounts of Catalonia Under the Early Count–kings (1151–1213), Berkeley 1984; Malcolm VALE, *The Princely Court. Medieval Courts and Culture in North-West Europe 1270–1380*, New York 2003; Bryce LYON – Adriaan VERHULST, *Medieval Finance. A Comparison of Financial Institutions in Northwestern Europe*, Bruges 1967, pp. 41–52 and pp. 71–73; Hedwig HEGER, *Das Lebenszeugnis Walthers von der Vogelweide. Die Reiserechnungen der Passauer Bischof Wolfger von Erla*, Vienna 1970; Brigitte STREICH, *Vom Liber computacionum zum Küchenbuch. Das Residenzenproblem im Spiegel der wettinischen Rechnungen*, in: P. JOHANEK (ed.), Vorträge und Forschungen, pp. 124–126; most thought-provoking in relation to Central Europe remain Otto STOLZ, *Der geschichtliche Inhalt der Rechnungsbücher der Tiroler Landesfürsten von 1288–1350*, Innsbruck 1957; Josef RIEDMANN, *Die Rechnungsbücher der Tiroler Landesfürsten*, in: Landesherrliche Kanzleien im Spätmittelalter. Referate zum VI. Internationalen Kongreß für Diplomatik, vol. 1, Munich 1984, pp. 315–324; Christoph HAIDACHER, *Die Tiroler Rechnungsbücher und ihr historisches Umfeld*, in: IDEM (ed.), Die älteren Tiroler Rechnungsbücher (IC. 277, MC. 8), Innsbruck 1993, pp. 11–27.
25 Outline of economic sources from the Middle Ages from the oldest written documents of the 13th century: *Decem registra censum*, Josef Emler (ed.), Prague 1881 (to wit cf. Rostislav NOVÝ, *Nejstarší český urbář z let 1283–1284*, ČsČH 58/2, 1960, pp. 210–227); the oldest from the secular

the keeping of early forms of records referred to appear secondarily as "has to hand in/ handed in" records, particularly in chronicles dating back to the end of the 13th century, as well as a few fragments of accounts from the 14th century, followed by more systematic keeping during the 15th century.[26] They do, however, touch on the royal and ecclesiastical environment. The so-called Karlštejn accounts from 1423–1434 are noteworthy in terms of household management in the Czech Middle Ages, as they record goods purchased directly for the castle's burggravate kitchen (food, dishes), as well as various items from candles to fabrics.[27] In addition to the set of accounting-type sources, wills containing records of objects that were in the possession of individuals also begin to appear. Again, the oldest fragments can be found in the Czech environment in connection with the sovereign environment, with an increase coming in the later stages of the 14th and 15th centuries, when this form of record became common administrative business among nobles and burghers.[28]

---

sphere: *Urbář zboží rožmberského z roku 1379*, Josef Truhlář (ed.), Praha 1880, in summary Dana DVOŘÁČKOVÁ-MALÁ, *Královský dvůr Václava II.*, České Budějovice 2011, p. 116 and p. 254, and EADEM, *Strava a technologie vaření (nejen) na středověkých hradech*, in: Daniela DVOŘÁKOVÁ (ed.), Stredoveké hrady na Slovensku. Život, kultúra, spoločnosť, Bratislava 2017, pp. 151–165.

26 See in particular: D. DVOŘÁČKOVÁ-MALÁ, *Spotřeba, nákupy, platy*, pp. 133–143; EADEM, *Ne/znalosti jídelníčku na panovnickém dvoře*, pp. 51–60; P. KOZÁK, *Účetní prameny a dvorský výzkum*, in print.

27 Edition: *Účty hradu Karlštejna z let 1423–1434*, Josef Pelikán (ed.), Praha 1948; re. the range of foods, dishes, and utility items cf. Dana DVOŘÁČKOVÁ-MALÁ, *Strava a technologie vaření (nejen) na středověkých hradech*, in: D. DVOŘÁKOVÁ (ed.), Stredoveké hrady na Slovensku, pp. 151–165; re. the range of fabrics Alena NACHTMANNOVÁ, *Oděv a textilie v účtech hradu Karlštejna (1423–1434)*, in: Alena NACHTMANNOVÁ – Olga KLAPETKOVÁ (edd.), Oděv a textil v životě člověka doby lucemburské, Praha 2017, pp. 54–67.

28 Cf., for example, a more recent copy of the will of Anna Přemyslovna, the daughter of Bohemian and Polish King Wenceslas II, in which we learn that she bequeaths the tiara she received from her father to her husband Henry of Gorizia, or left various dresses and undershirts to servants and close confidants, cf. Dana DVOŘÁČKOVÁ-MALÁ – Jan ZELENKA et al., *Přemyslovský dvůr. Život knížat, králů a rytířů ve středověku*, Praha 2014, pp. 243–244; for preserved copies: Jakob Andrae BRANDIS, *Die Geschichte der Landeshauptleute von Tirol*, Innsbruck 1850, pp. 48–50; Ludwig SCHÖNACH, *Beiträge zur Geschichte der Königin Anna von Böhmen (†1313)*, MVDGB 45, 1906/1907, pp. 121–133. From the reconstruction of the will of another of the daughters of Václav II., Eliška Přemyslovna, compiled by Zdeňka Hledíková, we learn in particular about a number of objects bequeathed to ecclesiastical institutions; see Zdeňka HLEDÍKOVÁ, *Závěť Elišky Přemyslovny*, Královský Vyšehrad 3, 2007, pp. 128–143; for the status of wills in broader social strata cf. Kateřina JÍŠOVÁ – Eva DOLEŽALOVÁ (edd.), *Pozdně středověké testamenty v českých městech: prameny, metodologie a formy využití*, Praha 2006.

Written sources that are less commonly used, however include educational and theoretical texts. These texts can provide more information about the thinking of the time and the norms or principles that were considered correct. When it comes to the household, these are usually files containing instructions or manuals for a proper marriage and, consequently, proper household management. It is therefore perhaps not surprisingthat, despite the ethos of ideal expectations in these works, they can be a source of information about the medieval world within residences. In the Czech environment, however, we are more accustomed to the genre of guidelines for the wider population (particularly in towns) with the advent of the Early Modern Period, which was naturally conditioned by the flourishing of the printing press.[29] In Early Modern towns, for example, we find numerous extensions of guidelines for mothers, cookbooks or calendars, fables, and so on from the 16th century onwards as a result of the printing press.[30] Meanwhile, in direct relation to the management of the household, we find remarkable sources in France and England in particular. The collection *Household knowledges in late-medieval England and France* has recently responded to this[31] by drawing on Latin, French, and English sources of various genres – teachings, satires, religious texts, or epic tales, as well as medical or agricultural instructions. In terms of social strata, these texts were mostly aimed at burghers or aristocratic households. *La Ménagier de Paris*, in English translation *The Good Wife's Guide* – a book about the medieval household – or a manual for the wife – a source from the second half of the 14th century, is undoubtedly worth mentioning among the written sources also briefly mentioned here.[32] The methodical concept of the entire collection is mainly based on the fact that the authors followed views on their own domestic life in these selected works. Whether the household was the setting for a literary work or whether it was more a matter of instructions and teachings for wives. Moreover, it cannot be overlooked that the authors tried to observe the interaction of individual members of the household rather than simply describing the duties of women, men, and children in

---

29 Cf. most recently on the issue Michal DRAGOUN – Jindřich MAREK – Kamil BOLDAN – Milada STUDNIČKOVÁ, *Knižní kultura českého středověku,* Dolní Břežany 2020.
30 Re. guidelines for mothers cf.: Jana RATAJOVÁ – Lucie STORCHOVÁ (edd.), *Děti roditi jest Božské ovotce: gender a tělo v českojazyčné babické literatuře raného novověku*, Praha 2013; Jana RATAJOVÁ – Lucie STORCHOVÁ (edd.), *Nádoby mdlé, hlavy nemající? Diskursy panenství a vdovství v české literatuře raného novověku*, Praha 2008.
31 Glenn D. BURDE – Rory G. CRITTEN (edd.), *Household knowledges in late-medieval England and France*, Manchester 2020.
32 *The Good Wife's Guide. A medieval household book*, translated by Gina L. GRECO – Christine M. ROSE, Ithaca 2009.

the household. One could also say that they avoided an idealistic description of households in this sense and, on the contrary, tried to find out how and whether these requirements had been successfully met or whether, for example, women were merely passive recipients of orders, etc. We can also find thought-provoking sources on households in the Czech environment from the 14th century onwards. These are educational writings that, inter alia, describe the management of the household and define roles in the family. Specifically, there are well-known writings from the second half of the 14th century, penned by Tomáš Štítný of Štítný, especially *O obecných věcech křesťanských (On general Christian matters)*, in which passages are devoted to the marriage, the duties of the man, the woman, and the children, and also ofservants.[33] Another work by the same author is *Knížky o hře šachové* (Books on the Game of Chess), in which we can read, among other things, about the duties of the householder, the housekeeper, and the family.[34]

The third approach to the topic is a comparison between written reports and documents of material culture and, in particular, archaeological findings. One example of this is a recently-published Polish monograph from the University of Łódź by the medievalist Anna Marcianiak-Kajzer, entitled *Rzeczy ludzi średniowiecza w domu*[35] (literally translated – things/objects of the inhabitants of medieval houses), in which the author deals with objects, art, and everything that can be found in the medieval house, what surrounded people and what they used (particularly for the late Middle Ages). She worked mainly with written and artistic sources, mainly iconographic, and with depictions of individual objects. Among the works touching this subject, we can point to one of the first domestic studies by archaeologist Zdeněk Měřínský from 1990, in which he focused on the household items of the higher social classes, namely the bourgeoisie, and those in the castles of the aristocracy in certain places in Moravia. His interpretation at the time was directed towards an overview of the objects found, which could be classified as objects of everyday need. At this point, we could mention other extensive archaeological research in many locations that have yielded a large

---

33 In particular Tomáše ze ŠTÍTNÉHO, *Knížky šestery o obecných věcech křesťanských*, Karel Jaromír Erben (ed.), Praha 1852.
34 TOMÁŠ ze ŠTÍTNÉHO, *Knížky o hře šachové a jiné*, František Šimek (ed.), Praha 1956. To other instructional texts we can add *Dcerka od mistra Jana Husa*, in summary re. these texts cf. Lenka BLECHOVÁ, *Naučení*, in: Dana DVOŘÁČKOVÁ-MALÁ – Martin HOLÝ – Tomáš STERNECK – Jan ZELENKA et al., *Děti a dětství. Od středověku na práh osvícenství*, Praha 2019, p. 27an., where there are also references to older literature on the theme.
35 Anny MARCIANIAK-KAJZER, *Rzeczy ludzi średniowiecza w domu*, Łódź 2020.

number of similar findings. For example, we have extensive knowledge from the exploration of the defunct town of Most in northern Bohemia, or the discoveries of extinct villages led by Zdeněk Smetánka or Jan Klápště and other archaeologists, which brought extensive knowledge of the objects people had, the objects in their dwellings, or items of comfort.[36] More recently, a number of valuable reports on the material culture of aristocratic settlements in eastern Bohemia have been published by the archaeologist Pavel Drnovský.[37]

On the other hand, not even archaeology has developed a systematic, i.e. interdisciplinary, concept of the household. However, the ideas of the renowned archaeologist Evžen Neústupný in his *Teorie sídelních areálů* (*The Settlement Area Theory*) are quite exceptional in this respect.[38] In simple terms, this can be explained as the use of sites for individual activities – residential, economic, waste, storage, production, and burial. And although in the case of E. Neústupný, the theories are set in the evolutionarily oldest period of residences, in the Neolithic Period, we see that the zones of activity correspond to the essence of residences as such and that we can put them to good use in other periods and for other residences. In the period of interest to us, the zone of activity is none other than the household, particularly the medieval household. Finally, it should be added that in the case of wealthy households, both aristocratic and lower-class, the household did not consist only of the father, mother, and children, but also included the servants involved in the running of the household. This served, among other things, to expand the zones of household activity, in which we will take inspiration from Evžen Neústupný. After all, the number of people involved in running a household changed with increasing wealth and higher social stratum.[39]

---

36 Selectively: Zdeněk SMETÁNKA, *K ikonografii středověké vesnice*, Archeologické rozhledy XXXVII, 1985, pp. 319–333; IDEM, *Život středověké vesnice. Zaniklá Svídna*, Praha 1988; Jan KLÁPŠTĚ, *Paměť krajiny středověkého Mostecka*, Praha – Most 1994; IDEM (ed.), *Archeologie středověkého domu v Mostě (čp. 226)*, Praha – Most 2002; IDEM, *Proměna českých zemí ve středověku*, Praha 2012.
37 Pavel DRNOVSKÝ, *Hmotná kultura šlechtických sídel severovýchodních Čech. Každodennost ve středověku pohledem archeologie*, Červený Kostelec 2018.
38 Evžen NEÚSTUPNÝ, *The Settlement Area Theory in Bohemian Archaeology (25 Years of Archaeological Research in Bohemia)*, Památky archeologické 85, Suppl. 1, 1994, pp. 248–258.
39 Cf. re. this D. DVOŘÁČKOVÁ-MALÁ, *Středověká domácnost*.

DANA DVOŘÁČKOVÁ-MALÁ

The household and court society

It must be recognised that the phenomenon of the household has already appeared to some extent among researchers in the field of court studies.[40] It has been interpreted in various ways, or in separate research contexts according to particular interests. Probably the most important is the study of the core of the court community – in other words, the core of the narrower court around the ruler.[41] Here, the primary focus has been on uncovering and identifying the closest people to the monarch/ruler on a daily basis. This approach, however logical it might be in identifying the court environment, had the pitfall that it did not focus on the ruler's family, the core of the household, but automatically included a wider community of servants, favourites, dignitaries, or officials of the court and territorial administration. This otherwise perfectly justifiable approach, however, puts the interests of the family in the background, even though they were at the heart of every court. Moreover, not only was the family in the Middle Ages not dealt with as such in Czech medieval studies for many years, with dynastic ties and marital alliances taking precedence, but the court was mainly understood as a congregation of officials around the sovereign. This in itself obscured research into the family and, at the same time, the view of the court environment. In the end, it mainly stimulated research into the (otherwise undoubtedly meritorious) Czech nobility and their families.[42] This discourse of Czech medieval studies (research into the Czech nobility) has its origins in František Palacký's concept of *Czech history*. Palacký wrote a multi-volume treatise on Czech history (up until 1526, i.e. before the rise of the Habsburgs to the Bohemian throne) in the 19th century, during the time we call the Czech Na-

---

40 Cf. selectively in German research: Stephan SELZER – Ulf Christian EWERT, *Ordnungsformen des Hofes. Einleitung*, in: IIDEM (edd.), Ordnungsformen des Hofes. Ergebnisse eines Forschungskolloquiums der Studienstiftung des deutschen Volkes (= MRK, Sonderheft 2) Kiel 1997, pp. 7–19; Aloys WINTERLING, *„Hof" – Versuch einer idealtypischen Bestimmung anhand der mittelalterlichen und frühneuzeitlichen Geschichte*, in: Reinhardt BUTZ – Jan HIRSCHBIEGEL (edd.), Hof und Theorie. Annäherung an ein historisches Phänomen (= Norm und Struktur, 22), Cologne – Weimar – Vienna 2004, pp. 77–90; Werner PARAVICINI, *Auf der Suche nach einem Hofmodell, Zusammenfassung*, in: S. SELZER – U. C. EWERT (edd.), Ordnungsformen des Hofes, pp. 120–129; Jan HIRSCHBIEGEL, *Gabentausch als soziales System? – Einige theoretische Überlegungen*, in: S. SELZER – U. C. EWERT (edd.), Ordnungsformen des Hofes, pp. 44–55.
41 In Czech research cf. on the same issue D. DVOŘÁČKOVÁ-MALÁ, *K modelu panovnického dvora*, pp. 303–309; EADEM, *Královský dvůr Václava II.*, pp. 113–121.
42 Dana DVOŘÁČKOVÁ-MALÁ, *František Palacký, české dějiny a dvorský výzkum. Přehled a metodologie bádání*, ČČH 119/4, pp. 826–847.

tional Revival. This was a pivotal work from the perspective of the concept of Czech history that determined the main areas and themes of Czech history for many decades to come. Alongside the Czech nobility, the Hussite movement also dominated, meaning mainly events in the Bohemian lands in the first half of the 15th century. Palacký even considered the Hussites to be the climax of Czech medieval history.[43] Prioritising the officials, and consequently the Czech nobility, was based on an attempt to define the independence of the Kingdom of Bohemia, which at the time was within the union of the Austro-Hungarian monarchy with the royal court located in Vienna.[44] The nobility that held and performed court offices represented the pillars of the kingdom in the concept of Palacky history. However, those who exercised these offices did not form the core of the court household, nor did they belong to it, as it was the executive apparatus of power and administration in the country delegated to them by the monarch.

But let us return to the research that has already attempted to define the household within the court environment. The German historian Werner Paravicini identified the household as the core of the court, posing the question precisely in the direction of defining households, which he observed as a subsystem of the court.[45] Stephan Selzer and Ulf Christian Ewert continued in this vein, elaborating a thesis on the court subsystem.[46] In other words, they saw the household as the core of the court's differentiated system, as a subsystem in which secular officials, dignitaries, and clergy gathered at court, to which the hierarchy of servants belonged. They perceived the household as the stable core. The need to determine these communicative and social spatial contexts of the household, shaped by the hierarchy of persons and their functions, was based, inter alia, on the need to distinguish the times when ceremonial moments (corona-

---

43 The issue of the Hussite movement was subsequently abused by communist ideology and understood as the revolutionary uprising of oppressed people. The rehabilitation of these ideological trends after 1989, i.e. after what is known as the Velvet Revolution, and the return of democracy to the Czech Republic, was mainly promoted by Czech historians František Šamehl and Petr Čornej. Re. the theme cf. also publications from 1968: *Naše živá a mrtvá minulost*, Autorenkollektiv, Praha 1968, re. the theme in summary D. DVOŘÁČKOVÁ-MALÁ, *Dvůr jako téma*, pp. 17–44.

44 Most recently on the same matter cf. D. DVOŘÁČKOVÁ-MALÁ, *František Palacký, české dějiny a dvorský výzkum*, pp. 826–847, where there are also references to older literature

45 Werner PARAVICINI, *Auf der Suche nach einem Hofmodell, Zusammenfassung*, in: S. SELZER – U. C. EWERT (edd.), Ordnungsformen des Hofes, pp. 120–129; within the Czech environment, cf. on this matter D. DVOŘÁČKOVÁ-MALÁ, *K modelu panovnického dvora*, pp. 303–309.

46 S. SELZER – U. C. EWERT, *Ordnungsformen des Hofes. Einleitung*, in: IIDEM (edd.), Ordnungsformen des Hofes, pp. 7–19.

tions, weddings, funerals, etc.) were part of the life of the ruler, who was at the head of the court, or when there were significant moments of government (assemblies, political meetings). What was absolutely fundamental was the relationship between everyday events and ceremonial events, which entailed a greater movement of people at court. This was also expressed in the specialist literature, with the help of some contemporary opinions and characteristics of the time when the everyday "lesser court" (*curia minor*) became a larger assembly and took the form of the "great court" (*curia maior*).[47] However, all the conclusions that have been presented so far about the definition of a household within the court environment remain valid, and the household remains the core of the court to this day, as it does in the case of any other socially-different dwelling. However, we will now focus our attention on what has not been explored in more detail in the observations of the court household, namely the needs of the members of the household – in this case the ruler and his family – already defined in the introduction.

From the perspective of defining space, this involves a system (composition) of rooms in which the family and family members lived, although some children could have been brought up in a different place from their parents: for example, temporary upbringing with relatives, in a monastery, etc., usually in accordance with dynastic interests.[48] In this sense, among other things, we focus on the first level of the methodology defined at the beginning, which is the same for all social strata. It has already been stated that the family and family members dominated here, but at the same time, personal servants and servants working daily (even coming to the residence) entered and shared the household with the family every day.[49] Moreover, this type of household

---

[47] See D. Dvořáčková-Malá, *K modelu panovnického dvora*, pp. 303–309.

[48] Research was devoted to this phenomenon in Czech medieval studies mainly from the perspective of bringing up the children of royal families. The findings show significant differences in terms of how much time children stayed with their parents in the case of rulers (i.e. the Czech royal environment) due to the interests of the father/ruler. For example, the children of Wenceslas II, who was orphaned as a child and was brought up by a guardian (cousin Ota IV, Margrave of Brandenburg), grew up at home and selected grooms for the royal daughters moved around court in Prague. By contrast, the children of Emperor Charles IV were often sent to the courts of future husbands or wives at an early age, or to the countries that their father had acquired into union with the Bohemian Kingdom. Cf. D. Dvořáčková-Malá, *Královský dvůr Václava II.*, pp. 123–138; Lenka Bobková, *Úloha dítěte v dynastické politice prvních Lucemburků na českém trůně*, in: D. Dvořáčková-Malá, *Ženy a děti ve dvorské společnosti*, pp. 47–57.

[49] This phenomenon is referred to most in sources regarding the Czech Middle Ages in *Chronicon Aulae regiae* by its second author Petr Žitavský: *Petra Žitavského Kronika Zbraslavská* (= FRB, 4,1), Josef Emler (ed.), Praha 1884, pp. 40–41: [...] *inter cotidiane curie sue familiam*, and p. 70: [...] *inter*

shows us not only the influence of kinship and social-emotional ties between members or favoured servants or advisers, but also the use of various types of the residences. For example, the Bohemian monarchs had a main residence, Prague Castle, but they also had preferred or favourited/popular residential seats (castles, hunting estates/courts) or town houses/palaces.[50]

Continuing with the methodological directions outlined, it results from the basic need to provide food, which as a subject of court studies and research offers attractive insights. In this respect, we have a variety of knowledge from the sources or documents about what was eaten and what was bought.[51] Recipes and cooking instructions often come from the nobility (and, in the late Middle Ages, from the environment of secular or ecclesiastical elites) and later from the urban environment, as a logical respond to the material background for shopping or importing luxury raw materials.[52] In this

---

cotidiane consorcium familie. For more examples cf. D. DVOŘÁČKOVÁ-MALÁ, *K modelu panovnického dvora*, pp. 303–309.

50 Essentially, for each monarch we are able to assemble a favourite set of buildings that he identified or built in order for habitation (Charles IV and his son Wenceslas IV were most closely observed in this regard, cf. e.g. František KAVKA, *Am Hofe Karls IV*, Leipzig 1986; Lenka BOBKOVÁ, *Velké dějiny zemí Koruny české IVa*, Praha – Litomyšl 2002; František ZÁRUBA, *Hrady Václava IV. Od nedobytného útočiště k pohodlné rezidence*, Praha 2014). For the older Přemyslid period, it is also possible to distinguish preferred locations for individuals according to itineraries, and sometimes repeat visits to specific locations in each individual year of rule (e.g. Wenceslas II always used to travel to the royal city of Brno at the beginning of each year, cf. D. DVOŘÁČKOVÁ-MALÁ, *Královský dvůr Václava II.*, pp. 183–201). Moreover, we notice the phenomenon of occupying townhouses from the reign of Wenceslas II onwards, a fact we know in his case from the narrative of the Zbraslav Chronicle from both Prague and Brno. Similarly, houses in Prague were used by King John of Luxembourg and his wife, the daughter of Wenceslas II., Eliška Přemyslovna. Although the main reason which led Wenceslas II. to the town house in Prague was that *aedifitium regalium* burned down at Prague Castle sometime around 1303, the benefits of using town houses among Czech rulers or their families did not disappear (cf. D. DVOŘÁČKOVÁ-MALÁ, *Královský dvůr Václava II.*, pp. 189–192). For the study of town palaces in the more recent period, cf. e.g. František ZÁRUBA, *Saský dům na Malé Straně v Praze (č. p. 55/III). Příspěvek ke genezi jeho architektury a k otázce stavebníka*, MHB 21/2, 2018, pp. 29–58; IDEM, *"Aber leider malen die Leute den Trojanischen Krieg anstelle der Passion Christi". Ein Beitrag zur malerischen Ausschmückung profaner Burgbereiche in Böhmen und Mähren in den vorhussitischen Zeit*, in: D. DVOŘÁČKOVÁ-MALÁ – K. SOLOMON – M. MARGUE (edd.), Über den Hof und am Hofe, pp. 97–112 and remained according to the situation.

51 For Czech medieval studies cf. D. DVOŘÁČKOVÁ-MALÁ, *Ne/znalosti jídelníčku na panovnickém dvoře*, pp. 51–60; for the development of the accounting record in Czech medieval studies: EADEM, *Dvůr jako téma*, pp. 133–144, chapter *Spotřeba, nákupy, platy*.

52 Famous menus include, for example, menus known from the French royal court at the time when visits were being paid to that court (at the turn of 1377/78) by Emperor Charles IV and his son,

sense, we are particularly referring to spices, for which the lower classes had little to no purchasing power. In Czech medieval studies we have comparisons of rather small or random written references[53] with documents according to the archaeobotanical database of the Czech Republic for the wider population, particularly for the rural or urban agglomeration.[54] A recent archaeological excavation under the floor of the Vladislav Hall in the Old Royal Palace at Prague Castle should be mentioned in relation to food with regard to the rich environment of the princely and royal residence at Prague Castle.[55] Various remains of spices and herbs or objects from the late Middle Ages (i.e. the 15th century for the Czech lands) were discovered here, supplemented by findings from the 16th century, when a marketplace was operated in Vladislav Hall.[56]

The unique findings at Prague Castle and research into clothes and fabrics from the graves of Czech princes, kings, certain wives or children dominate from the perspective of clothing, particularly in relation to Czech rulers and their families.[57] As far as ar-

---

Bohemian King Wenceslas IV, presented in Czech medieval studies in Czech translation by František ŠMAHEL, *Cesta Karla IV. do Francie: 1377–1378*, Praha 2006, pp. 304–315, and menus pp. 326–330.

53 For example, Kosmas the chronicler had already captured similar details; for example, he mentioned the breakfast enjoyed by Jan, Bishop of Olomouc, who allegedly ate cumin, onion and toasted bread, cf. *Cosmae Pragensis Chronica Boemorum* II/27, Berthold Bretholz (ed.) (= MGH. Scriptores rerum Germanicarum, Nova series, 2), Berlin 1923, p. 121, or Johannes Butzbach, who travelled across Bohemia, outlined the eating habits of the local population in villages and towns. He stated, for example, that Bohemians used a lot of spices, especially saffron, rural folk usually had four courses for lunch and dinner, as well as a breakfast consisting of an omelette with an egg fried in butter and with cheese in summer and cheese, bread, and milk for morning and night time snacks; for more cf. *Böhmen wie es Johannes Butzbach von 1488–1494 erlebte*, Horst Preiß (ed.), Munich 1958, lib. II, chapters 10–13, pp. 32–35.

54 See https://web.arup.cas.cz/czad/ (15.6.2023).

55 Gabriela BLAŽKOVÁ – Jan FROLÍK – Josef MATIÁŠEK, *Vladislavský sál Pražského hradu ve světle nových nálezů: příspěvek k dějinám každodennosti pozdního středověku a raného novověku*, MHB 19/2, 2016, pp. 27–50.

56 Ibidem, and on trade cf., most recently Marie BUŇATOVÁ, *Hedvábí, sklo a koření: obchod mezi Prahou a Itálií (1500–1620)*, Praha 2019.

57 In general terms, it is usually assumed that court society differed from others at first sight in terms of clothing, which not only served a practical purpose, but acted as a symbol announcing the status of the wearer. The known fact that the cost or simplicity of clothing, fabrics, and how they were processed became an identifying mark of a member of the estate was intensified even further in the vicinity of the monarch. The ruler himself not only differed in terms of attire, but, as with other nobles, clothing made of more expensive fabrics and decorations served as a self-identifying sign of the select environment. In other words, the clothing and objects worn by so-called courtiers constituted a system of shared meanings and ideas; regarding this cf. D. DVOŘÁČKOVÁ-MALÁ, *Dvůr jako téma*,

chaeology is concerned, extensive research has been carried out by archaeologist Milena Bravermanová on fabrics from the royal tomb at Prague Castle. In terms of their state of preservation, these are clothes from the late Middle Ages to the Early Modern Period, literally *in situ* of the court environment and the court household at Prague Castle.[58] From here we know the specific clothes (whether worn or funereal) in which the members of the royal family were buried.[59] Moreover, the most recent assessments or newly-conceived reconstructions add to our knowledge, as in the case of the reworking of the appearance/cut of the clothes of the Bohemian King Rudolf I Habsburg, known as Kaše (*puree*),[60] or the discovery of woven decorative laces (probably) from the clothes of one of Charles IV's wives[61], as direct evidence of the royal family's stand-

---

p. 205. Western science is ahead of us in terms of summary catalogues – where we can find clothes from the court environment and from broader social stratification; we can name, for example, the most famous works: Elisabeth CROWFOOT – FRANCES PRITCHARD – KAY STANILAD, *Textiles and Clothing 1150–1450*, London 1992 (including subsequent reprints until 2018); Katrin KANIA, *Kleidung im Mittelalter. Materialien – Konstruktion – Nähtechnik. Ein Handbuch*, Cologne – Weimar – Vienna 2010. From the Czech environment we primarily have catalogues for Prague Castle (cf. in particular the research led by Milen Bravermannová at Prague Castle) and most recently finds in the New Town of Prague: Helena BŘEZINOVÁ – Milena BRAVERMANNOVÁ – David KOHOUT et al., *Středověké textilní a barvířské technologie. Soubor textilních fragmentů z odpadních vrstev z Nového Města pražského*, Praha 2016.

58 Selectively: Milena BRAVERMANOVÁ – Jana KOBRLOVÁ, *Archeologický textilní fond na Pražském hradě*, AH 17/1, 1999, pp. 411–419; Milena BRAVERMANNOVÁ, *Nové poznatky o nejstarších textiliích z relikviářového hrobu sv. Ludmily*, AH 26/1, 2001, pp. 447–486; EADEM, *Pohřební roucho Karla IV. z královské krypty v katedrále sv. Víta*, AH 30/1, 2005, pp. 471–496; EADEM, *Pohřební oděv Jana Zhořeleckého z královské hrobky v katedrále sv. Víta na Pražském hradě*, AH 31/1, 2006, pp. 403–412; EADEM, *Pohřební roucho Ladislava Pohrobka z královské hrobky v katedrále sv. Víta*, AH 33/1, 2008, pp. 421–443; EADEM, *Pohřební šaty jedné z českých královen z královské hrobky v katedrále sv. Víta*, AH 35/1-2, 2010, pp. 203–222; EADEM, *Tkaniny z tumby Přemysla Otakara II.*, AH 27, 2002, pp. 649–66; EADEM, *Ženský surcot z královské krypty*, AH 41/1, 2016, pp. 49–63.

59 Selectively on the theme: Milena BRAVERMANOVÁ, *Pohřební výbava Habsburků a problémy její restaurování*, Umění a řemesla. Čtvrtletník pro kulturu prostředí 39/3, 1997, pp. 33–36; EADEM, *Pohřební výbava Habsburků pohřbených na Pražském hradě*, Muzejní a vlastivědná práce ČSPS, 35/4, 1997, pp. 243–244; EADEM, *Historický textil na Pražském hradě*, Zprávy památkové péče. Časopis státní památkové péče 65/2, 2005, pp. 113–125; EADEM, *Textil nejstarších Přemyslovců*, in: České země v raném středověku, Praha 2006, pp. 193–212.

60 Milena BRAVERMANOVÁ – Helena BŘEZINOVÁ – Petr VODA, *Nová rekonstrukce pohřebního oděvu Rudolfa I. (IV.) Habsburského, zvaného Kaše*, Archaeologia historica 44/1, 2019, pp. 459–475.

61 Milena BRAVERMANOVÁ – Helena BŘEZINOVÁ, *Tkanice z pohřebních šatů jedné z českých královen zhotovená technikou tkaní na destičkách*, AH 39/1, 2014, pp. 299–313; cf. also Milena BRAVER-

ard of living and of craftmanship or imports.[62] It should be added that, in the context of court research, Milena Bravermanová presented the results of her research on the Přemyslid court in a collected publication.[63] Inter alia, she presented the basic components of royal clothing, drawing on the composition of the dress of Charlemagne.[64] Among other things, the author focused on the symbolism of clothing in comparison to the current style of descriptive interpretation that is usually used when presenting the findings of textile archaeology.[65] Let us add that archaeological finds should now be followed *via facti* by objects of material culture in the area of royal or noble residences. Moreover, the overlap of these products often affects research in the field of art history. In Czech medieval studies, we can at least mention surveys of particularly luxurious gold objects, which have been studied especially for the beginning of the 14th century, i.e. the end of the Přemyslid era and the beginning of the Luxembourg era.[66] Problems arise, however, when trying to determine ownership. This is the case, for example, with the so-called Środa Treasure, where it is assumed that the gold crown and jewellery could have belonged to certain Bohemian queens at the turn of the 13th and 14th centuries.[67] However, several objects that are difficult to identify are sometimes supplemented by written reports, which provede additional opportunities to examine the household space. Finally, the oldest wills from the Czech royal environment provide an incentive to continue this line of research. Here we have a more recent copy of the will of the daughter of Wenceslas II., Anna Přemyslovna, which draws attention to a tiara she had just received from her father, or to the various clothes and undershirts that she left to her servants and close confidants.[68] From the reconstruction of Eliška

---

MANOVÁ, *Fragment pohřebních šatů a závoj, tzv. kruseler, z rakve českých královen z královské hrobky v katedrále sv. Víta*, AH 36/2, 2011, pp. 593–624.

62 Cf. in this regard D. DVOŘÁČKOVÁ-MALÁ, *Dvůr jako téma*, p. 205.
63 Milena BRAVERMANOVÁ, *Látky, oděvy, šat*, in: D. DVOŘÁČKOVÁ-MALÁ – J. ZELENKA et al., *Přemyslovský dvůr*, pp. 299–322.
64 M. BRAVERMANOVÁ, *Látky, oděvy, šat*, pp. 304–305.
65 Regarding this D. DVOŘÁČKOVÁ-MALÁ, *Dvůr jako téma*, pp. 205–216.
66 Cf. exhibition catalogue with case and general studies Klára BENEŠOVSKÁ (ed.), *Královský sňatek. Eliška Přemyslovna a Jan Lucemburský – 1310*, Praha 2010.
67 Dana STEHLÍKOVÁ, *Poklady ze Slezské Středy a ze St. Mariensternu v reprezentaci Lucemburků*, in: František ŠMAHEL – Lenka BOBKOVÁ (edd.), *Lucemburkové. Česká koruna uprostřed Evropy*, Praha 2012, pp. 455–457.
68 Translation of the will in: D. DVOŘÁČKOVÁ-MALÁ – J. ZELENKA et al., *Přemyslovský dvůr*, pp. 243–245, where references are also made to the relevant edition.

Přemyslovna's will, we learn about a number of religious objects in her possession, which were subsequently left to ecclesiastical houses and institutions.[69]

As for as written sources are concerned, from the late Middle Ages onwards the court environment was often dominated by various educational writings, which are usually referred to as "mirrors of prince" (*specula principum*). However, a glance at many of them reveals that the guidelines or lessons on the transmission of ideal values went beyond the boundaries of the world of court.[70] In Czech medieval studies, works from the 13th and 14th centuries have been used mainly in relation to the court environment, both on the general level of requirements for ideal behaviour in terms of gender roles in the Middle Ages and, more specifically, for understanding the role of the ruler in court society. We do not have any writings of our own that can be compared to the so-called mirror of princes from the Czech lands,[71] although numerous

---

69 Z. Hledíková, *Závěť Elišky Přemyslovny*, pp. 128–143. For the lower social environment, it is possible to use much more than wills in the 14th and 15th centuries, but personal correspondence, too; for example, issued in the volumes of an edition of Archiv český (cf. digitised edition: https://sources.cms.flu.cas.cz/src/index.php?s=v&cat=10 (15.6.2023), which brings insights into conditions in households from many angles; as far as our area of interest is concerned, we can draw attention to objects that aristocrats in the Czech lands of the late Middle Ages of various kinship, friendly, or business ties and levels recommend, forward or purchase. For wills in the Czech environment, cf. also the collection Kateřina Jíšová – Eva Doležalová (edd.), *Pozdně středověké testamenty v českých městech. Prameny, metodologie a formy využití*, Praha 2006.

70 Examples regarding the management and upbringing of successor children were recently summarised from classical antiquity to the 17th century by the classical philologist Lenka Blechová, cf. Lenka Blechová, *Naučení*, in: D. Dvořáčková-Malá – M. Holý – T. Sterneck – J. Zelenka et al., *Děti a dětství*, pp. 27–66. It is clear from the author's texts that the lion's share of content, up to the 13th century, is focused precisely on the counsel of rulers and their successors. Since the peak and late Middle Ages (especially the 14th century), we also register a view of upbringing and management for wider social strata, which is evident in the famous work Ökonomik by Konrad von Megenberg from the 1340s (Konrad von Megenberg, *Die Werke. Ökonomik [Yconomica]*, Sabine Krüger (ed.), 3 Bde. (= MGH. Staatsschriften des späteren Mittelalters, 1–3), Stuttgart 1973–1984, or in this country in the work of Tomáš Štítný or Jan Hus from the second half of the same period. Of the source possibilities regarding the conduct of rulers cf., in particular, *Ioannis Saresberiensis Episcopi Carnotensis Policratici sive de nugis curialium et vestigiis philosophorum libri VIII*, t. I–II, Clemens C. I. Webb (ed.), Frankfurt am Main ²1965; Czech translation of the writings of Thomas Aquinas *De regno ad regem Cypri*, in: Stanislav Sousedík, *O království ke králi kyperskému. Kniha první*, , in: Jiří Beneš – Stanislav Sousedík (edd.), Texty k studiu dějin středověké filosofie, Prague 1994 pp. 27–94; Aegidius Romanus (Egidio Colonna), *De regimine principum Libri III*, Romae 1607, reprint Darmstadt 1967; Engelberti Abatis Admontensis, *De regimine principum*, Ratisbonae 1725.

71 We never the less have the texts of Charles IV, who in addition to his autobiography *Vita Caroli*, also wrote the so-called Morality, in which he summarised advice to his successors. We should add that

moralistic passages and descriptions of proper behaviour for rulers are recorded in a number of domestic narrative sources from the Early Middle Ages.[72] As far as the household is concerned, these texts are essentially a reflection on how the individual should be brought up and how they should subsequently present themselves. In a sense, then, these are the ideal phenomena and expressions that should play out in the same way in the household, as we drew attention to with *La Ménagier de Paris*, a guide to the proper behaviour of bourgeois wives. Finally, in addition to the atexts already mentioned, memoirs that are sporadically found from as early as the end of the Middle Ages offer an exceptional insight into the workings of the court household. Most interesting for our purposes are the memoirs of Helena Kottánerová, the lady-in-waiting of the widowed Queen Elizabeth of Luxembourg, which refer to the period around 1440.[73]

Charles IV is the creator of the section leading up to 1340. The second part was written by an unknown author. The biographical descriptions in the text contain moralistic and biblical passages that alternate with suggestively conceived chapters in which Charles describes personal experiences. The most famous are descriptions of dreams, mysterious events, an attempted poisoning, escaping in disguise, or becoming acquainted with the inherited country from which he was taken at the age of seven. His stay outside the Kingdom of Bohemia lasted ten years. In many places, Charles also recalls his father, but not his mother, from whom he was separated as a three-year-old; cf., in summary, *Karel IV., literární dílo*, Jakub PAVEL – Richard MAŠEK translation, introductory study Anežka VIDMANOVÁ, Prague 2000 and the Czech translation of *Morality*, in: *Karel IV., literární dílo*, pp. 67–86, older editions (Latin, German, Czech); cf. *Život císaře Karla IV.*, Josef Emler (ed.) (= FRB, 3), Prague 1882, pp. 323-417.

72 Cf. Dana DVOŘÁČKOVÁ-MALÁ – Jan ZELENKA, *Curia ducis, curia regis. Panovnický dvůr za vlády Přemyslovců*, Prague 2011, in particular pp. 209–226; D. DVOŘÁČKOVÁ-MALÁ – J. ZELENKA et al., *Přemyslovský dvůr*, and in particular the chapter *Ideál rytíře a idea ctností*, pp. 77–112; for the Czech Middle Ages cf., in particular, the discussion *Chronicon Aulae regiae* in: Dana DVOŘÁČKOVÁ-MALÁ, *K pojetí dobré vlády v Kronice zbraslavské*, in: EADEM – Petr CHARVÁT – Bohumir NEMEC (edd.), Za zdmi klášterů. Cisterciáci v českých dejinách, České Budějovice 2010, pp. 82–97.

73 Slovak translation of German text in Daniela DVOŘÁKOVÁ – Mária PAPSONOVÁ (edd.), *Spomienky Heleny Kottannerovej*, Budmerice 2008. The text contains memories of the time when the widowed ruler was pregnant and it was expected that she would give birth to a son. In the end, future monarch Ladislav Posthumus was indeed born. Helena Kottánerová took care of the infant, provided midwives and wet nurses, and held the infant in her arms even during the coronation, when the boy was barely four months old. She supplemented the dramatic description she left behind with direct speech about, for example, how the ruler herself addressed her and entrusted her with tasks.

Conclusion

The question of the household has not been defined as a topic in the study of medieval courts and residences, although historians have been most interested in it as the core of the court environment, court society and, more precisely, those closest to the ruler. So far, then, the main focus has been on posts and offices within the closer court, from which we have been able to describe or imagine the responsibilities of such individuals. We need to move forward to be able to answer the question of how medieval people understood the actual workings of the household in their residences. The first challenge, incidentally, is posed by written sources on this subject, namely sources of instruction and guidance on proper marriage and household management. The discourse of these texts entails a presentation of the ideal form of the functioning of the household, meaning the requirements for any other ideal (as we find it in texts such as mirrors of princes, which usually focused on upbringing and ideal behaviour, particularly for successors, but did not neglect the role of women, children, etc.). The key emphasis of all these texts was on the defined roles of men, women, children, and often servants in the proper functioning of the marriage and the household. On the other hand, this well-known fact compels us to think about men, women, and children through more than just the optics of gender, which primarily divides/separates possibilities in the medieval world by gender. Moreover, this also offers up a way of understanding the life of medieval people in the unions formed, both in terms of the nature of the organisation of society and in terms of living under different material conditions. Parallel to this, there are a number of archaeological objects and residential areas that simply invite comparison with written, iconographic, or artistic objects. These objects were part of such households, were inherited, written into wills, etc. Their production was also crucial (simply put, the transition from home to craft production). Finally, the artistic representation of objects or the increasing purchasing power of families, etc. remained equally important. Three basic methodological guidelines have been established as a methodological basis for the study of the household, which are at the same time the basic needs for coexistence in the household and which apply to all social strata – security, food, and clothing. Based on the definition of these needs, it is clear that the issue of medieval households offers many different paths and encourages collaboration in a number of fields, although the answers may differ and depend on current interpretations. One thing however, remains constant: the household has always been the core of all residences across social strata, where the basic needs of people, families, and lines were primarily met without distinction. This also applies to a definition of the area of the court household of the high-born and ruling nobility, or the households in the residences the high-born, which can be understood as a subsystem of the court, as the above-mentioned German historians in particular have established. On the other hand, it is impossible to ignore the needs of individuals, which must be monitored both at the elemental level of defined needs and, subsequently, in the exclusivity of this rich environment, which is reflected in the diversity of written sources, in luxury objects of material culture or art, in archaeological finds, and, finally in actual residences.

... mensaque, qui postremus residebat, abscederet

Dienstleute im sozialen Raum des mittelalterlichen Hofes

JAN ZELENKA

Es ist allgemein bekannt, dass die Vorstellung von einer hierarchischen Gliederung der mittelalterlichen Gesellschaft zugleich die Struktur des sozialen Raumes beeinflusste. Dem Platz, den der Einzelne unter weiteren Anwesenden einnahm, wohnte zudem ein gewisser symbolischer Wert inne. Soziale Position und Bedeutung innerhalb der Hierarchie konnten auf diese Weise deutlich gemacht werden. Zu den grundlegenden Spezifika eines Raumes gehört zugleich, dass jeder Platz zu einer bestimmten Zeit nur einmal besetzt werden kann. Je größer die Zahl der Personen ist, die Anspruch auf die Repräsentation der eigenen Stellung und des eigenen Prestiges im selben sozialen Raum erheben, desto stärker wächst das Konfliktpotential. Es überrascht daher nicht, dass die Einnahme eines bestimmten Platzes auch in der mittelalterlichen Vormoderne regelmäßig Vorwand für häufig hitzig geführte Auseinandersetzungen lieferte. Als „klassische" Beispiele ließen sich die Streitigkeiten geistlicher Fürsten um einen Platz zur Rechten oder zur Linken des Herrschers im Rahmen festlicher Versammlungen anführen.[1]

In der Forschung wurde bislang jedoch ein wenig außer Acht gelassen, dass sich Rangstreitigkeiten nicht nur unter Fürsten abspielten, die die unmittelbare Nähe zum Herrscher anstrebten. Mit Blick auf den Aussagewert verdient dabei jener Vorfall Be-

---

[1] Vgl. allgemein Aron J. GURJEWITSCH, *Das Weltbild des mittelalterlichen Menschen*, Dresden 1986, S. 42ff; Gabriele STURM, *Wege zum Raum. Methodologische Annäherungen an ein Basiskonzept raumbezogener Wissenschaften*, Opladen 2000, S. 155ff.; Martina LÖW, *Raumsoziologie*, Frankfurt am Main 2001, S. 224ff; zur Frage der Rangstreitigkeiten vor allem Karl-Heinz SPIESS, *Rangdenken und Rangstreit im Mittelalter*, in: Werner PARAVICINI (ed.), Zeremoniell und Raum (= Residenzenforschung, 9), Sigmaringen 1997, S. 39–61; Christoph DARTMANN – Marian FÜSSEL – Stefanie RÜTHER (edd.), *Raum und Konflikt: zur symbolischen Konstituierung gesellschaftlicher Ordnung in Mittelalter und Früher Neuzeit* (= Symbolische Kommunikation und gesellschaftliche Wertesysteme, 5), Münster 2004.

achtung, zu dem es während des zweiten Italienzugs Lothars III. im Jahre 1136 kam. Der *Sächsische Annalist* berichtet von einem erbitterten Streit zwischen den Bannerträgern der Erzbischöfe von Magdeburg und Köln. Die beiden Gruppen stritten darüber, wer zur rechten Seite der Bannerträger des Kaisers reitet. Der Streit eskalierte und die Kontrahenten gingen mit gezogenen Schwertern aufeinander los. Wie der Verfasser ausführt, wäre es zu einem großen Blutvergießen gekommen, hätte Lothar nicht rechtzeitig eingegriffen.²

Das Verhalten der Bannerträger bietet eine Kopie jener Streitigkeiten, die ihre erzbischöflichen Herren um einen Platz an der Seite des Kaisers führten. Die Frage des symbolischen Standorts im Raum betraf also bei weitem nicht nur die bedeutendsten und höchstgestellten Personen. Der erwähnte Fall lässt vielmehr erkennen, dass es sich um ein Problem handelte, das die gesamte imaginäre Gesellschaftspyramide betraf. Zugleich wirft dieses Beispiel die Frage auf, wie sich die Struktur des sozialen Raumes im Leben der Menschen widerspiegelte, die am unteren Ende der gesellschaftlichen Leiter standen. Insbesondere für das Früh- und Hochmittelalter stoßen aber in ähnlicher Weise formulierte Forschungsfragen auf oft wiederkehrende Einschränkungen. Der größte Teil der Überlieferung richtet den Blick auf den Lebensraum und die Taten adeliger Personen. Im Hinblick auf Personen niederer Herkunft ist die Forschung auf vereinzelte Nachrichten angewiesen, die regelmäßig chronologisch und regional weit voneinander entstanden. Der gleichen Begrenzung unterliegt auch der im Folgenden zu besprechende Text. Man kann jedoch davon ausgehen, dass das Zeugnis, das diese Nachrichten – ähnlich wie bei anderen soziokulturellen Phänomenen – präsentieren, eines gewissen allgemeinen Aussagewerts nicht entbehren.

„... derjenige, der am Ende der Tafel gesessen hat, muss sie verlassen"

Die Geschichte des sächsischen Annalisten stellt allerdings keinen absoluten Einzelfall dar. Eine interessante Ergänzung zu ihrer Aussage bietet die Quelle, die als *Ministeria*

---

2 *Motis autem de loco ad locum castris, cum erectis signis pergerent, repente dissensio magna oritur inter milites Coloniensis et Magedaburgensis archiepiscopi, contendentibus amborum signiferis, uter eurum regio signifero a latere dextro incederet. Unde accurrentibus utrimque pluribus, adeo lis increvit, ut nudatis ensibus hostiliter concurrerent, et nisi audiens inperator, ut forte tunc ad mensam epulaturus consederat, prosiluisset, et armatus interveniens furentium animos manu minisque sedasset, profecto magna clades in illa die accidisset*, Annalista Saxo, Georg Waitz (ed.), in: *Chronica et annales aevi Salici*, Georg Heinrich Pertz (ed.) (= MGH SS, 6), Hannover 1844, S. 542–777, hier S. 763.

curie Hanoniensis bekannt ist. Das Ämter- und Amtsträgerverzeichnis wurde zu Beginn des 13. Jahrhunderts am Hofe der Grafen von Hennegau angelegt. Die Umstände der Entstehung der Schrift können wir zunächst außer Acht lassen. Wir wollen lediglich darauf verweisen, dass als Mitautor des Verzeichnisses der hennegauische Kanzler Gislebert von Mons agierte, der zudem auch die bekannte „Chronik des Hennegau" (*Chronicon Hanoniense*) verfasste.[3] In der bisherigen Forschung wurde dem hennegauischen Ämterverzeichnis nicht allein mit Blick auf die organisatorische Struktur des Hofes Aufmerksamkeit geschenkt, sondern auch im Zusammenhang mit der Interpretation des Hofes als Personenverband mit eigener Gruppenidentität und eigenem Selbstbewusstsein.[4]

Ein wenig abseits des Interesses bleibt jedoch, in welcher Form die Quelle die einzelnen Ebenen des sozialen Raumes am Hennegauer Hof reflektierte. Das gesamte Verzeichnis bietet eine detaillierte Beschreibung der hierarchischen Ordnung des Hofes. So erforderte beispielsweise die Anlieferung von Wein an den Grafenstuhl das koordinierte Zusammenwirken mehrerer Amtsträger. Den gesamten Prozess beaufsichtigte die Mundschenkin (*pincerna*) Margaretha, die über dem Weineinkauf entschied. Zu deren Untergebenen zählte ein gewisser Walcherus, der den Wein an den Hof brachte, ihn in Gefäßen aufbewahrte und dann in Krüge zum Servieren umfüllte. Um die Verteilung der Krüge und Pokale kümmerten sich Harduinus sowie ein weiter, namentlich nicht genannter Diener. Sofern Margaretha es für angemessen erachtete, konnte sie in Anwesenheit des Grafen und seiner Gemahlin den Wein mit eigener Hand einschenken. Ansonsten standen ihr zwei Helfer zur Seite, die sich gemäß ihren Anweisungen um das Einschenken kümmerten.[5] Ein identisches Schema galt zum Beispiel auch für die Beschaffung und das Servieren von Brot.[6]

Aus dem Text wird zugleich ersichtlich, welche Bedeutung innerhalb der Hierarchie der Amtsträger und Diener die Möglichkeit eines persönlichen Zutritts zum Grafenpaar hatte. Wir können wieder auf Margaretha hinweisen. Die Möglichkeit der Wahl, den Wein in Anwesenheit des Grafenpaares persönlich einzuschenken, stellte

---

3   Im folgenden Text wird die Ausgabe beider Schriften benutzt, die Léon Vanderkindere veröffentlichte: *La Chronique de Gislebert de Mons*, Léon Vanderkindere (ed.), Brüssel 1904 (hier *Ministeria curie Hanoniensis* auf S. 333–343).
4   Vgl. Thomas ZOTZ, *Herrschaftswechsel und Identität des Hofes im 12. und frühen 13. Jahrhundert*, in: IDEM (ed.), Fürstenhöfe und ihre Außenwelt. Aspekte gesellschaftlicher und kultureller Identität im deutschen Spätmittelalter (= Identitäten und Alteritäten, 16), Freiburg 2004, S. 120.
5   *Ministeria*, *La Chronique*, L. Vanderkindere (ed.), S. 337–338.
6   Ibidem, S. 338–340.

zweifellos einen Beweis ihres gesellschaftlichen Status' dar. In ähnlicher Weise lässt sich dieses Moment am Beispiel der Verteilung von Wasser durch die Kämmerer verdeutlichen. Der Unterkämmerer (*minor camerarius*) brachte seinem unmittelbarem Dienstherrn (*camerarius*) das Wasser. Dieser reichte es dann dem Grafen und der Gräfin. Der Unterkämmerer verteilte seinerseits das Wasser an Kleriker und Vasallen (*clericus et militibus*).[7] Die Bedeutung der unmittelbaren Verbindung zum Grafen demonstriert auch der Streit, den der für die Einlagerung von Fett beziehungsweise Schmalz (*lardarium*) verantwortliche Amtsträger führte. Letzterer war zwar dem Amt des „Brotträgers" (*panitarius*) unterstellt, doch behauptete er, sein Amt sei unmittelbar durch den Grafen selbst delegiert, und nicht durch den „Brotträger".[8] Im Grunde genommen spiegelt diese Nachricht das gleiche Prinzip des Funktionierens des gesamten Systems wider, das wir gut dokumentiert aus dem Bereich der Lehnsbeziehungen kennen. Demzufolge war es besser, Vasall eines Herrn zu sein als Vasall eines herrschaftlichen Vasallen. Vereinfacht ausgedrückt, stellte jede wie auch immer geartete Nähe zum Herrscher, und sei es durch das Servieren von Wasser, ein eindeutiges Kriterium für das eigene Prestige dar.

Bedeutung besaß dabei nicht allein ein persönlicher Dienst. Das Verzeichnis liefert zwei interessante Hinweise, die das Dienstpersonal, das sich um das Geschirr an der Tafel kümmerte (*scutellarii*), und auch niedere Kämmerer betreffen:

Scutellarii tam Montenses quam Valencenses habent panem salis coram comité et coram comitissa et dapifero.

Similiter minores camerarii habent panes, quibus candele affixe sunt coram comité et coram comitissa et coram dapifero.[9]

Die beiden, auf den ersten Blick etwas unklaren Anordnungen beschäftigten bereits zu Beginn des 20. Jahrhunderts Léon Vanderkindere, den Herausgeber von Gisleberts Werk. An der entsprechenden Stelle in der Edition fügte er einen erläuternden Kommentar ein, dass nämlich im Falle eines Mangels von Salzfässern und Kerzenleuchtern

---

7 [...] *minor camerarius* [...] *debet custodire cameram et facere lectos et precepto camerarii facere candelas et reddere eas camerario per pondus et porrigere aquam clericis et militibus et camerario, ut porrigat eam comiti et comitisse*, ibidem, S. 339, 341.

8 *Heres Amolrici agnomine Morselli precepto panitarii Montensis debet condere lardarium comitis, et est contentio super ministerio illo, utrum ministerium illud tenere debeat a domino comite vel a panitario, et sic remansit indiscussum*, ibidem, S. 340.

9 Ibidem, S. 341.

Salz und Kerzen an den Grafentisch im Brot gereicht wurden.[10] Und auf dieses Brot hatten offensichtlich im Nachgang die erwähnten Diener Anspruch.

Die auf den ersten Blick eigenartige Vorstellung, die jedoch der grammatikalischen Logik des Eintrags entspricht, hängt wahrscheinlich mit dem realen Versorgungszustand des Grafenhofes zusammen. In Gisleberts Chronik findet sich nämlich für das Jahr 1171 ein Eintrag, in dem der Kanzler und Chronist das Bemühen Graf Balduins V. von Hennegau hinsichtlich einer Regelung der Versorgung des Hofes in den Siedlungsstädten Mons und Valenciennes beschreibt. Die Bürger sollten den Hof nicht allein mit Küchengerät und Geschirr versorgen, sondern im Fall von Valenciennes auch mit Schalen beziehungsweise Essgeschirr.[11] Beide Textstellen in den *Ministeria* können also im Zusammenhang mit Gisleberts Schilderung stehen. Im Falle einer Notwendigkeit konnte der Mangel an Tafelgeschirr – als auch beispielsweise der Kerzenleuchter – durch die Nutzung gerade von Brot gelöst werden.

Aufmerksamkeit verdient auch die angedeutete Verbindung zwischen den Kämmerern und dem Anspruch auf das mit den Kerzen versehene Brot. Den *Ministeria* zufolge waren es nämlich gerade die niederen Kämmerer, die am hennegauischen Hof Kerzen herstellten und diese dem höheren Kämmerer übergaben.[12] Die im Brotlaib verankerte Kerze lässt sich somit als Stellvertretersymbol des Kämmereiamtes deuten, das ihm einen Anspruch auf das entsprechende Brot sicherte.[13] Ebenso lässt sich das „Salzbrot" interpretieren, das einen Ersatz für eine Schüssel bzw. ein Salzfass darstellte und mit dem Amt des Scutellarius in Verbindung stand. Der Anspruch auf das Brot leitete

---

10 *Il résute de ce texte, qu'à défaut de salières et de chandeliers on employait du pain pour mettre le sel et les chandelles sur la table du comte*, ibidem, S. 341, Anm. Nr. 4.
11 *Unde comes ille sepedictus Balduinus ordinavit de communi villarum illarum consensu, ut ipse ville domino comiti Hanoniensi in culcitris sibi necessariis et vasis coquine provideant; in Valencenis autem scutelle cum aliis vasis domino comiti administrande sunt, ... sed in Montibus scutelle nequaquam ei sunt attribuende. Verum in Montibus debet villicus ipsius ville ad puteum castri situlam amministrare, castellanus vero cordam*, La Chronique, L. Vanderkindere (ed.), S. 105.
12 *Ministeria*, ibidem, S. 341.
13 Dies galt dabei auch für den Fall, wenn sich das Pronomen *quibus* aus irgendeinem Grunde nicht auf das Substantiv *panes* bezog, sondern gerade auf die Kämmerer (*camerarii*). In einem solchen Fall würde der Satz direkt zum Ausdruck bringen, dass die Brote jenen Kämmerern gehören, deren Kerzen in unmittelbarer Nähe des Grafen, der Gräfin und des Truchsesses platziert sind. Der Sinn der Mitteilung bliebe somit für unsere Zwecke derselbe. Wir lassen dabei die Frage außer Acht, wie die eigentliche Verteilung der Brote verlaufen konnte oder auch, ob die Kerzen irgendein – auf die Personen der Kämmerer verweisendes – Zeichen getragen haben könnten etc.

sich wiederum von der Tatsache ab, ob dieses in Gegenwart des Grafen, der Gräfin und des Seneschalls Verwendung fand.[14]

Aus den zitierten Angaben wird die wohl durchgedachte Struktur des gräflichen Hofes und seiner Ämter deutlich. In den Vordergrund tritt die zentrale Stellung des herrschenden Grafenpaares. Die Bedeutung der einzelnen Amtsträger spiegelte sich im Umfang des unmittelbaren Zugangs zum Grafen, der sich nicht allein und ausschließlich auf der Ebene der persönlichen Interaktion abspielen musste. Ihren Wert besaß bereits die reine Anwesenheit in dessen engster Umgebung, sogar in Gestalt von Stellvertretersymbolen.

Eine ähnliche Sichtweise auf die Gestaltung des sozialen Raumes der Hofgesellschaft bietet auch Saxo Grammaticus in seinen *Gesta Danorum*. Der Schilderung des Chronisten zufolge plante Knut der Große (†1035), die Gebräuche und die Disziplin seiner *milites* zu verbessern. Unter anderem kam es zur Festlegung einer Sitzordnung an der Speisetafel. Exklusive Plätze sollten dabei jenen zufallen, die bereits länger gedient hatten, „damit sich bei einem Nichtunterscheiden der Plätze in der Sitzordnung nicht auch noch ein unberücksichtigtes Maß an Verdiensten spiegelte". Auch im Falle eines verspäteten Eintreffens stand dem Nachzügler das Recht zu, sich an den ihm gebührenden Platz zu setzen. Falls die Anwesenden sehr nah beieinander saßen und sich der Neuankömmling nicht an die Tafel zwängen konnte, sollte der Mann, der den Platz bislang eingenommen hatte, sich erheben und an den Nebenplatz setzen. In gleicher Weise sollten sich dann auch alle übrigen verhalten, sofern es nicht zu einer Neufestlegung der Sitzordnung kam. Für den ursprünglich ganz am Ende des Tisches sitzenden Mann bedeutete die kollektive Rochade jedoch, dass er die Tafel verlassen musste.[15]

---

14 Wiederum lassen wir den Aspekt unberücksichtigt, ob die drei wichtigsten Personen am hennegauischen Hof gemeinsam anwesend sein mussten und welche Distanz der lateinische Terminus *coram* zum Ausdruck bringt. Dabei geht es um die Frage, ob wir den Begriff in einem engeren Sinne deuten müssen, also ob es sich beispielsweise lediglich um Brot in der Nähe des Platzes der erwähnten Personen handelte oder, in einem breiteren Wortsinn, ob die reine Anwesenheit etwa im Saal bzw. an der Esstafel genügte.

15 *Vt ergo improborum frequentiam a curie ualuis repelleret, statuit, ut in capescendo discubitu ordine, quo quisque militaris muneris aduocationem sortitus fuerat, uteretur, locoque antecelleret, qui prior obsequio foret. Adeo militie uetustatem honore mense rependi par duxerat, ne promiscuis sedendi locis confusa meritorum series uideretur. Eum uero, qui coena inita aliqua mora interpellante tardior superuenisset, inter considentes excipi oportebat. Qui si tam arcto se consessu iunxissent, ut ob nimiam eorum frequentiam qui superuenerat sessum recipi nequiret, qui eius loco insederat exsurgens proximum occupabat, eousque inuicem se assurgendi officio uenerantibus, donec laxato totius consessionis ordine legitimum re-*

Wenngleich Saxo Grammaticus diesen Umstand nicht explizit zur Sprache brachte, geht aus dem abschließenden Zusatz über den am Ende der Tafel sitzenden Mann (*qui postremus residebat*) offenkundig hervor, dass sich die besseren Plätze stets in der Nähe des Herrschers befanden. Die Rangfolge der Männer an der Tafel spiegelte die Idealform der Hierarchie der dänischen Adeligen und Krieger mit dem König an der Spitze. Es handelte sich um eine Hierarchie, innerhalb derer jedem Einzelnen – von den bedeutendsten angefangen bis hin zu jenen, die unter bestimmten Umständen überhaupt keinen Zugang zur Herrschertafel besaßen oder die aufgrund der vorherrschenden Anwesenheit höher gestellter Personen ihren Platz räumen mussten – ein bestimmter Platz zugewiesen war.

Sicher ließe sich einwenden, dass es sich in beiden Fällen um eine einzigartige Schilderung handelt, deren Verhältnis zur Realität und damit zugleich auch deren Aussagewert umstritten bleibt. Diesem Einwand stehen dessen ungeachtet einige Fakten entgegen. In der Forschung ist man sich darüber einig, dass die Schrift *Ministeria curie Hanoniensis* als Reaktion auf den dynastischen Wechsel in der hennegauischen Herrschaft entstand, die Ferdinand, der Sohn des portugiesischen Königs Sanchos I., durch die Heirat mit der minderjährigen Johanna von Namur, erlangte. Der Zweck der Schrift bestand nicht einfach in einem Verzeichnis der Ämter. Bereits in der Einleitung des Textes ist die Rede vom Bemühen zur Wahrung der ewigen Erinnerung an die Ordnung des Hofes und an seine Ämter. Aus dem Gesamtverzeichnis tritt der hennegauische Hof als Personenverband mit eigener Identität in den Vordergrund. Der Bedeutung des Verzeichnisses entspricht zugleich die Duplizität der Ausfertigung und seine Aufbewahrung in den Kirchen der hl. Waltraud in Mons und des hl. Johannes in Valenciennes.[16] Auf den Umstand, dass die Schrift nicht allein ein rein idealisiertes Bild zeichnet beziehungsweise eine von der Realität abweichende stilistische Übung darstellt, verweist zudem eine weitere Tatsache. Im Text ist an mehreren Stellen die Rede von Streitigkeiten, die die Ansprüche der Erben sowie die Kompetenz und die Entlohnung einzelner Amtsträger betrafen, hierbei sogar die Frage, ob die verantwortliche Person das Brot an den Grafenhof auf eigene Kosten oder auf Kosten des Grafen brin-

---

cipiendo spacium patuisset, mensaque qui postremus residebat abscederet, Saxo Grammaticus. Gesta Danorum, Karsten Friis-Jensen – Peter Fisher (edd.), Oxford 2015, Lib. X, 18.4, S. 754.

16 *Pateant universis presentibus et futuris ministeria curie Hainoiensis [...] conscripta et prolata ad perpetuam memoriam, ut ipsa scripta penes ecclesiam Beate Waldedrudis Montensem et penes ecclesiam Sancti Johannis Valencenensem custodienda permaneant, ut si necesse fuerit quandocumque ad ipsa scripta recurratur*, La Chronique, L. Vanderkindere (ed.), S. 334f.; dazu auch T. Zotz, Herrschaftswechsel, S. 14–19.

gen solle. In einigen Fällen wird explizit daran erinnert, dass es sich hierbei um Streitereien gehandelt habe, die ungelöst geblieben sind (*remansit indiscussum*).[17] Die Schrift reagiert somit ganz eindeutig auf mit dem Alltag bei Hofe verbundene Ereignisse und Probleme, die zu ihrer Entstehungszeit Aktualität besaßen und zugleich auch für das künftige Funktionieren des Hofes von Bedeutung waren. Auch aus diesem Grund sollten wir nicht daran zweifeln, dass die *Ministeria* ein authentisches Zeugnis mit einem realen Aussagewert verkörpern.

Auf eine kompliziertere Situation treffen wir im Falle des dänischen Chronisten. Es kann nicht mit Sicherheit gesagt werden, ob Saxo, der sein Werk am Ende des 12. und in den ersten Jahren des nachfolgenden Jahrhunderts verfasste, wirklich getreu jene Regeln verzeichnete, nach denen der Hof Knuts des Großen bereits funktionierte. Mit Sicherheit wissen wir, dass der Verfasser in seiner Schilderung an eine Passage aus der Schrift *Lex castrensis sive curiae* von Sven Aggesen anknüpfte, die er jedoch um weitere Einzelheiten wesentlich ergänzte.[18] Selbst wenn Saxo das Bild der Sitzordnung völlig frei erfunden hätte, so konnte auf der allgemeinen Ebene seine Darstellung doch nicht gänzlich vom zeitgenössischen Denken losgelöst sein. Saxo musste sich in seiner Beschreibung von jenen Prinzipien leiten lassen, die er selbst und seine möglichen Leser beziehungsweise Hörer des Werkes verstanden. Die Art und Weise des Funktionierens der Sitzordnung musste nicht den dänischen Verhältnissen in der Regierungszeit Knuts entsprechen. Als wesentlich erweist sich jedoch, dass sich sowohl Saxo als auch die Rezipienten seines Werks leicht vorstellen und ruhigen Gewissens glauben konnten, dass dies so wie beschrieben geschehen sein mochte. Für uns bleibt in jedem Fall wichtig, dass wir in beiden Quellen auf eine wohlüberlegte Ordnung des Raumes stoßen, in dem die entsprechende symbolische Bedeutung nicht allein den Plätzen der exklusivsten Mitglieder der Gesellschaft vorbehalten blieb, sondern sich auch bei allen hier Versammelten widerspiegelte.

---

17 *Ministeria, La Chronique*, L. Vanderkindere (ed.), S. 338f., 340, 343.
18 Vgl. *Saxo Grammaticus*, K. Friis-Jensen – P. Fisher (edd.), S. 754, Anm. 90; dazu auch *Saxo Grammaticus. Danorum Regum Heroumque Historia* (= British Archaeological Reports. International Series, 84), Eric Christiansen (ed.), Oxford 1980, S. 201, Anm. 134.

Fragmentierter (sozialer) Raum

Die Informationen, mit denen wir bisher gearbeitet haben, finden sich in den mittelalterlichen Quellen meist nur vereinzelt. Wir können sie aber um einen allgemeinen Kontext ergänzen. Wenn wir mit einem gewissen Abstand auf das sozioökonomische System der mittelalterlichen Gesellschaft blicken, lässt sich in dessen Funktionieren das Prinzip einer bestimmten „Fragmentierung" nicht übersehen.[19] Was damit gemeint ist, kann an einem Beispiel aus dem Bereich des Lehnswesens verdeutlicht werden, das aus dem sächsischen Milieu stammt, dessen ungeachtet aber allgemeine Gültigkeit besitzt. Markgraf Dietrich von Meißen erhielt im Jahr 1204 vom Bistum Naumburg ein Dorf, das er selbst an Bertold von Boblas verlieh, der es wiederum an den *miles* Albert weitergab. Doch auch Albert stand keineswegs am Ende dieser Kette von Verleihungen, denn aus seinen Händen empfingen namenlose *milites* Teile des Dorfes.[20] Es handelt sich hierbei keineswegs um einen Einzelfall. Die wiederholte Verleihung von Gütern, Rechten, Einnahmen usw. oder lediglich von bestimmten Teilen stellte vielmehr eines der grundlegenden Merkmale des Lehnswesens dar.[21]

Der geschilderte Zustand ging zweifellos von einem Gesamtmangel an verfügbaren Ressourcen aus, die sich jedoch für die Absicherung der politischen und wirtschaftlichen Bedürfnisse, Dienste, Treuebekenntnisse etc. als notwendig erwiesen. Dieser Stand entsprach zugleich dem allgemeinen Charakter der mittelalterlichen Gesellschaft als Personenverband, dessen Stabilität und Funktionsfähigkeit sich auf ein verworrenes Netz sozialer Bindungen stützte.[22] Die Aufrechterhaltung dieses sozialen Systems erforderte schließlich, den Beteiligten adäquate Anteile an den erwähnten

---

19 Ich habe den Begriff „Fragmentierung" aus dem Text der Studie von William NORTH, *The Fragmentation and Redemption of a Medieval Cathedral: Property, Conflict, and Public Piety in Eleventh-Century Arezzo*, in: Warren C. BROWN – Piotr GÓRECKI (edd.), Conflict in medieval Europe. Changing perspectives on society and culture, Aldershot/Hampshire u.a. 2003, S. 109–130, übernommen, da er das im Folgenden beschriebene Phänomen zutreffend erfasst.

20 *Urkundenbuch des Hochstifts Naumburg I. (967–1207)*, Felix Rosenfeld (ed.), Magdeburg 1925, Nr. 418 (1204): [...] *marchione Theodorico eandem villam nobis resignante, quam iure feodi a nobis tenuerat et eodem iure Bertoldo de Bobeluz contulerat, a quo item Albertus miles iure beneficii eam possederat* [...] *et milites, qui parte eisdem ville ab eo inbeneficiati fuerant*.

21 Vgl. Jan ZELENKA, *Vom Beneficial- zum Lehnswesen. Eine vergleichende Analyse sächsischer und böhmischer Quellen des 10.–14. Jahrhunderts* (= Geschichte, 167), Berlin – Münster u.a. 2019, S. 30f., 73–76.

22 Grundlegend Gerd ALTHOFF, *Verwandte, Freunde und Getreue. Zum politischen Stellenwert der Gruppenbindungen im früheren Mittelalter*, Darmstadt 1990.

Ressourcen zu garantieren. Ein wenig vereinfachend gesagt: Für die Darstellung der mittelalterlichen Gesellschaft sind wir gewohnt, das Bild einer hierarchisch gegliederten Pyramide zu verwenden. In Wahrheit setzte sich diese Pyramide jedoch aus einer schwer überschaubaren Vielzahl größerer und kleinerer Stufen von Beziehungen und Bindungen unterschiedlichen Charakters zusammen, die wie ein Puzzle das ganze Gefüge zusammenhielten.

In ähnlicher Weise lässt sich auch auf die Organisation des eigentlichen sozialen Raumes blicken, was ein weiteres, wenn auch etwas extremes Beispiel dokumentiert. Um das Jahr 1100 entstand im mittelalterlichen Arezzo die Schrift *Historia custodum Aretinorum*. Der Text illustriert die Geschichte des kirchlichen Lebens und der Verwaltung der Stadt unter Hervorhebung der Rolle der lokalen Kanoniker seit Beginn des 9. Jahrhunderts. Ein wesentlicher Teil des Textes ist jedoch Ereignissen gewidmet, deren Ursprung auf das frühe 10. Jahrhundert zurückgeht. Am Anfang des 10. Jahrhunderts wurden Einnahmen aus Altarstiftungen der beiden größten Stadtkirchen San Stefano und San Donato in die Hände der Wächter verliehen. Diese *custodes* mussten für die ihnen zugeteilten *beneficia* den Fußboden reinigen, für eine ausreichende Beleuchtung sorgen, das Läuten der Glocken zur rechten Zeit beziehungsweise den Schutz der Kirche zu Tages- und Nachtzeiten und ähnliche unabdingbare Dienste bei der Unterhaltung des Kirchengebäudes garantieren. Den Prozess, der sich in den nachfolgenden Jahrzehnten abspielte, kennen wir aus zahlreichen Orten Europas. Die Wächter bereicherten sich, für die Ausübung der Dienste begannen sie Stellvertreter einzusetzen, zugleich gaben sie ihr Ordensleben auf und reichten die *beneficia* an ihre Nachfahren weiter. Im Laufe der Zeit kam es sogar zum Verkauf oder einer weiteren Verleihung und Verschenkung einzelner Altäre respektive damit verbundener Einnahmen. Ungefähr ein Jahrhundert nach der Stiftung der ursprünglichen Benefizien erhob eine nicht geringe Zahl an Personen Anspruch auf verschiedene Teile dieser Einnahmen. Wie der anonyme Verfasser der Geschichte bemerkt, schickten – insbesondere an Feier- oder an allen anderen Tagen, an denen Altaropfer zu erwarten waren – die Wächter eigens angeheuerte Diener in die Kirchen. Es entstanden regelmäßig Kämpfe, deren Ergebnis angeblich sogar die Teilung des einzigen gespendeten Brotes beziehungsweise von Kerzen bildete, nur damit es zur Zufriedenstellung der Ansprüche der Wächter und ihrer Anhänger kam.[23]

Das Problem, wie es der Text schildert, lässt sich aber nicht ausschließlich auf den Missbrauch der Benefizien reduzieren. Um die einzelnen Altäre bildeten sich förmlich

---

23 W. NORTH, *The Fragmentation*, S. 109–125.

rivalisierende Interessenszonen, die eifersüchtig gehütet wurden. Im Ergebnis kam es so im Grunde genommen zu einem Auseinanderbrechen des liturgischen Raumes der Kirche. Ohne größere Übertreibung lässt sich sagen, dass eine derartige Art und Weise der Fragmentierung des sozialen Raumes ziemlich ähnliche Folgen wie der physische Untergang des Kirchengebäudes hatte. Glocken verstummten, da sich die unzureichend oder gar nicht bezahlte Vertreter der Wächter weigerten, sie zu läuten. Ebenso gaben die Wächter gelegentlich keine Kerzen mehr aus, die dann zur Erfüllung der liturgischen Aufgaben und zur grundlegenden Beleuchtung der Kirchen fehlten. In bedeutendem Umfang zerrüttete auf diese Weise das kirchliche Leben der gesamten Kommunität.[24]

Ein identisches Phänomen, diesmal aber mit ganz anderen Konsequenzen, beschreibt in seiner Chronik auch Gislebert von Mons. In der schon erwähnten Schilderung der Versorgung des Hofes in den Städten Mons und Valenciennes wird zugleich gesagt, dass in Mons der städtische Vogt den Eimer für den Burgbrunnen zur Verfügung stellen sollte, der Kastellan der Burg hingegen das Seil.[25] Die finanzielle Situation der Grafen von Hennegau war zu jener Zeit zweifellos nicht so schlecht, dass sie sich den Kauf dieser Ausstattungsgegenstände nicht hätten leisten können. Der Sinn der entsprechenden Bestimmung muss folglich eher auf symbolischer Ebene gesehen werden. Wiederum darf dabei zu Recht davon ausgegangen werden, dass Gislebert, der seit dem Jahre 1175 als Notar und Kaplan des Grafen Balduin amtierte und seine Chronik in nicht großem zeitlichen Abstand zu den geschilderten Ereignissen verfasste, sich diese Angaben keineswegs ausgedacht hatte. Auf der einen Seite konnte es sich zweifellos um eine bestimmte Form eines Ehrendienstes handeln, der Kastellan und Vogt an den Grafenhof band. Der gemeinsame Dienst der Repräsentanten von Burg und Stadt für den Grafenhof lässt sich aber wiederum auch durch den Kontext des sozialen Raumes wahrnehmen – nämlich als symbolische Verdeutlichung des Umstands, dass Burg und Stadt zwar unterschiedliche, zugleich aber auch organische Bestandteile des höfischen sozialen Raumes respektive der Herrschaft der hennegauischen Grafen bildeten. Dabei registrieren wir wiederum die gleichen Prinzipien, auf die wir bereits gestoßen sind. Auf der einen Seite ist dies die Teilung der banalen Leistung einer Bereitstellung von Schöpfeimer und Seil für zwei eigenständige Handlungen. Auf der anderen Seite gab gerade diese Fragmentierung die Möglichkeit, das symbolische Po-

---

24 Ibidem, S. 121–125.
25 *Verum in Montibus debet villicus ipsius ville ad puteum castri situlam amministrare, castellanus vero cordam*, La Chronique, L. Vanderkindere (ed.), S. 105.

tential und die Bedeutung des Dienstes zu maximalisieren – sei es nun in der Beziehung zu Personen bedeutender Würdenträger oder aber als Betonung des Ineinandergreifens sozialer Räume, die beide vertraten.

Fazit

Der physische Raum, die materiellen Güter, die personellen Bindungen und der soziale Raum waren nicht allein eng miteinander verflochten, sondern Funktion und Organisation beeinflussten des Weiteren ähnliche Prinzipien. Bei den Angaben, die die *Ministeria curie Hanoniensis* beziehungsweise der Saxo Grammaticus bieten, handelt es sich folglich nicht um isolierte Merkwürdigkeiten, sondern eher *pars pro toto* um ein breiteres Phänomen. Wiederum können wir uns hier mit der Parallele zu den Lehnsbeziehungen aushelfen. An der Spitze der Lehnspyramide standen in unmittelbarer Umgebung hinter dem Herrscher die geistlichen und weltlichen Reichsfürsten, unterhalb derer sich die einzelnen Stufen dieser Hierarchie befanden. Während einige Aftervasallen mit der Zuteilung eines ganzen Dorfes rechnen durften, blieben für andere lediglich deren Teile. Die sozial noch niedriger gestellten Personen mussten sich beispielsweise mit einem Teil des Zehnten oder mit einem kleinem Anteil an einem Morgen, gegebenenfalls mit einem zwischen einer Vielzahl von Besitzern aufgeteilten Lehen begnügen. Diese Fragmentierung barg zwar auf der einen Seite die Gefahr von Loyalitätskonflikten in sich, mitunter sogar des Kontrollverlusts über die verliehenen Güter, die wiederholt zugeteilt oder geteilt wurden. Zugleich jedoch ermöglichte sie, das Potential der zugänglichen Ressourcen zu maximalisieren, die auf diese Art und Weise für den Aufbau einer größtmöglichen Zahl an personellen Bindungen und zur Absicherung notwendiger Bedürfnisse und Dienste genutzt werden konnten.

In ähnlicher Weise lässt sich auch der eigentliche soziale Raum erfassen. Die Reichsbischöfe erhoben Anspruch auf einen Platz an der Seite des Herrschers, deren Bannerträger jenen an der Seite der Bannerträger des Kaisers. Auch unter diesen aber herrschte eine weitergehende hierarchische Struktur. Der Oberkämmerer oder die Mundschenkin von Hennegau konnten ihren sozialen Status durch persönlichen Dienst gegenüber dem Grafen zum Ausdruck bringen. Die untergeordneten Kammerdiener mussten sich mit einem sie charakterisierenden Stellvertretersymbol begnügen, da für einen persönlichen Dienst kein Raum blieb; ähnlich, wie für manche an der Tafel des Dänenkönigs kein Platz mehr vorhanden war. Ebenso wie bei den Lehen konnte auch der soziale Raum geteilt, mitunter auf der Grundlage des Bedarfs beziehungsweise der

Abwägung verteilt werden. Auch in diesem Falle bedrohte zwar die Fragmentierung die Funktionalität des sozialen Raumes und des damit verbundenen sozialen Systems selbst, was zahlreiche Rangstreite belegen. Diese Variabilität bot aber zugleich die Möglichkeit, die beteiligten Personen auf der Grundlage eindeutig definierter Kriterien zu protegieren oder zu entlohnen.

Die Organisation des sozialen Raumes ging so auf der einen Seite vom Bild der kosmologischen Ordnung und seiner symbolischen Bedeutung aus. Auf der anderen Seite jedoch ließ sie sich ebenso von Prinzipien leiten, die gewöhnlich innerhalb der täglichen sozioökonomischen Interaktion funktionierten und die dem sozialen Raum die Eigenschaften einer gleichsam anderen Kommodität verliehen. Dabei überrascht keineswegs, dass diese Tendenzen am besten im Verhältnis zum Herrscher- beziehungsweise einem anderen bedeutenden Adelshof zum Ausdruck kamen, der das natürliche Zentrum der Macht, des Reichtums und des Sozialprestiges verkörperte und Vertreter aus allen gesellschaftlichen Gruppen anzog.

The Administrative Residence of the Meinhardiner in Tyrol Castle

(on the Life and Work of Albert of Aichach, Scribe in the Service of Henry of Carinthia / Heinrich von Kärnten)

JAKUB RAZIM

In literature, a mediaeval residence is understood not merely as a geographical and social space in which a ruler with his court resided, but also as a centre from which control over the territory and its inhabitants was exercised.[1] The need to take into consideration a residence's administrative function was recently noted by the Austrian historian Josef Riedmann when he paused over the significance of Tyrol Castle for the Meinhardiner dynasty and their rise to power in the County of Tyrol.[2] In contrast to Riedmann's focus on earlier times, the scope of our contribution will be the period between 1310 and 1335 and the reign of Henry of Carinthia as Count of Tyrol. As is well known, Heinrich was the less successful son who succeeded his father Meinhard II, founder of the County of Tyrol and eponym of the dynasty. Historically, Henry of Carinthia remained in the shadow of his famous ancestor. So it is understandable that scholars have focused their interest rather on Meinhard. Heinrich's rule, just as the re-

---

1 Hans PATZE – Gerhard STREICH, *Die landesherrlichen Residenzen im spätmittelalterlichen Deutschen Reich*, Blätter für deutsche Landesgeschichte 118, 1982, pp. 205–216. I would like to express my gratitude to prof. Julia Hörmann-Thurn und Taxis (University of Innsbruck), Dr. Claudia Schretter-Piker (University Library in Innsbruck) and Mgr. Markus Gamper (Merano City Archive) for their helpfulness and willingness to assist me when collecting resources.

2 Josef RIEDMANN, *... in castro Tirali, ubi multi erant. Seit wann war Schloss Tirol Residenz der Grafen und Landesfürsten von Tirol?*, in: Leo ANDERGASSEN (ed.), Geschichte als Gegenwart: Festschrift für Magdalena Hörmann-Weingartner, Innsbruck 2010, pp. 369–382. On the history of the Tyrol castle see also Oswald TRAPP, *Tiroler Burgenbuch 2. Burggrafenamt*, Bolzano 1973, pp. 57 et seq. and more recently, with corrections Walter HAUSER – Martin MITTERMAIR (edd.), *Schloss Tirol 1. Baugeschichte. Die Burg Tirol von ihren Anfängen bis zum 21. Jahrhundert*, Bolzano 2017, pp. 136 et seq.; Leo ANDERGASSEN, *Schloss Tirol. Residenzburg der Tiroler Grafen*, Regensburg 2015; Julia HÖRMANN, *Schloss Tirol, mit einem Leitfaden zu den Portalen von Sigfried de Rachewiltz*, Lana ²2004 (all with older bibliography).

lated question of his residence(s), is thus among the least explored yet promising topics regarding the past of Alpine countries.

Because Heinrich travelled less than his father, he was criticised by later generations of historians, who accused him of being lazy. Richard Heuberger first put things on the proper path when he wrote that such a routine was not necessarily a reflection of real or assumed character flaws in Heinrich. Heuberger suggested the possibility that it was a result of the modernization of the country already begun, bringing with it a centralization of government and institutionalisation of the official apparatus, the work of which had been purposefully concentrated within the walls of Tyrol.[3] The idea that the castle might have provided a permanent location for the administration that took care of the Meinhardiner domain comes not only from the monarch's itinerary but also from the fact that people in service to Henry of Carinthia acquired or accumulated property rights and estates around the residential fortress and at least some of them settled there. One of these officials was a scribe named Albert of Aichaich, whose career left traces in the Tyrolean book of fiefs (*Tiroler Lehenbuch*). The book, created by scribes at Tyrol Castle in 1336, is a helpful tool for providing an overview of the feudal court during the reign of Henry of Carinthia.[4] As a unique piece of historical evidence, it offers deep insight into Albert's life and, at the same time, makes it possible for us to demonstrate how Tyrol functioned as a residence for the ruler and his government.

Albert's of Aichach early career

As much as we know about Albert's work in the Tyrolean court office, we still find ourselves on uncertain ground if we want to delve deeper into the past behind the "Tyrolean" period to learn more about his childhood and youth. Although it is hard to

---

3   Richard HEUBERGER, *Das Urkunden- und Kanzleiwesen der Grafen von Tirol, Herzoge von Kärnten, aus dem Hause Görz*, MIÖG. Supplementary vol. 9, 1915, pp. 50–177, 265–394, here on p. 111. Similarly Julia HÖRMANN-THURN UND TAXIS, *Kanzlei und Registerwesen der Tiroler Landesfürsten bis 1361: Ein Überblick*, in: Georg MÜHLBERGER – Mercedes BLAAS (edd.), Grafschaft Tirol – Terra Venusta. Studien zur Geschichte Tirols, insbesondere des Vinschgaus, Innsbruck 2007, pp. 207–218, here on p. 208 in the notes. Further Hannes OBERMAIR, *Mosaiksteine der Schrift*, in: Konrad SPINDLER (ed.), Das Geheimnis der Turris Parva. Spuren hochmittelalterlicher Vergangenheit im Schloß Tirol, Innsbruck 1998, pp. 128–140.

4   On this manuscript see Julia HÖRMANN, *Das älteste Tiroler Lehenbuch*, Tiroler Heimat N.F. 59, 1995, pp. 67–100.

gather any specific data concerning his early life, we may at least be sure about his family roots that reach back to Burkhard of Brixen (*Purchardi de Brixna*), in whom we recognize Albert's father.[5] Traditionally, a scribal staff of Castle Tyrol was supplemented by prominent members of the bishopric administration in Brixen and Trento. Therefore, it is no surprise that Albert came to Tyrol from Brixen, where his father Burkhard belonged to the Chapter and, as far as we know, provided legal assistance to the clergy. Such a family background built by Burkhard in the church hierarchy may be the reason why Albert started to work for the Brixen provost Friedrich of Sterzing. As an illegitimate son of Meinhard II, Friedrich received his benefice thanks to Meinhard's influence, yet he did not move to Brixen and went on living in the Tyrolean court. Regardless of his church dignity and responsibilities, Friedrich advanced to the head of the chancery at Castle Tyrol supported by his half-brother Henry of Carinthia.[6] Even though his visits to Brixen remained occasional, we can presume that they provided a chance to get acquainted with young Albert, who moved to Tyrol in 1321 to pursue his career under Friedrich's supervision in the position of *notarii honoris viri domini Fridr(ici) summi prepositi ecclesie Brixinensis*.[7]

It is worth noting that Burkhard had not one but two sons who participated in the Tyrolean administration. Beside Albert of Aichach, there was also Friedrich of Mais,[8] a scribe of Duchess Euphemia and from 1347 of Margarete Maultasch, heiress to the throne of Henry of Carinthia. Burkhard's son Friedrich became known for his so-called *Hausbuch*.[9] It is a family chronicle filled with obituaries of Tyrolean rulers and

---

5   Tiroler Landesarchiv (TLA), Innsbruck, Handschriften, Tir. Cod. 18, fol. 63r (1328 VII 26, Tyrol Castle). Cf. Franz Heinz HYE-KERKDAL, *Geschichte der tirolisch-kärntnerischen Kanzlei unter der Regierung der Herzoge Otto, Ludwig und Heinrich aus dem Haus Görz-Tirol 1295–1310*, Vienna 1965, pp. 8 and 22. A brief medallion about Burkhard was composed by Leo SANTIFALLER, *Das Brixner Domkapitel in seiner persönlichen Zusammensetzung im Mittelalter*, part 2, Innsbruck 1925, pp. 295–296.
6   On him, see L. SANTIFALLER, *The Brixner Domkapitel*, pp. 310–312; R. HEUBERGER, *Das Urkunden- und Kanzleiwesen*, pp. 151 et seq.; F. H. HYE-KERKDAL, *Geschichte der tirolisch-kärntnerischen Kanzlei*, pp. 44 et seq.
7   TLA Innsbruck, Handschriften, Tir. Cod. 18, fol. 60v = R. HEUBERGER, *Das Urkunden- und Kanzleiwesen*, no. 7, p. 389 (1321 VII 15, St. Zenoburg).
8   On him see Julia HÖRMANN, *Curia Domine: Der Hof der Margarethe Maultasch als Beispiel weiblicher Hofhaltung im Spätmittelalter*, Römische Historische Mitteilungen 46, 2004, pp. 77–124, here pp. 111–113.
9   It was published in part by Ludwig SCHÖNACH, *Das älteste Tiroler Hausbuch 1335–1348*, Forschungen und Mitteilungen zur Geschichte Tirols und Vorarlbergs 6, 1909, pp. 61–65. On this type of source Birgit STUDT, *Haus- und Familienbücher*, in: Josef PAUSER – Martin SCHEUTZ –Thomas

high officials, as well as memories of powerful members of the social elite acting as godfathers and godmothers of Friedrich's children, which evokes the proximity of the scribal family to the princely court. Among other details, *Hausbuch* records the death of Burkhard of Brixen on 11 March 1314.[10] But however fascinating the facts of family historiy may, we are more concerned here with Albert of Aichach than with Friedrich and his literary legacy.

In addition to Albert's duties, carried out for Friedrich of Sterzing, on 15 July 1321, the newcomer from Brixen was appointed a scribe of the "residence of Tyrol" by Henry of Carinthia during his stay in the nearby castle St. Zenoburg (*Nos eum in nostre domus Tirolensis notarium assumpsimus*).[11] Similar documents are referred to in the literature as "letters of appointment".[12] To this day, they remain an eloquent testimony to the maturity of the administrative culture, as they generally define the legal status of officials with admirable precision. Albert's inauguration is no exception. What may be noticed at first glance is the title contained in our source. According to the letter of appointment, Albert became the "domestic" scribe of Henry of Carinthia tied to the residential Tyrol Castle, without ceasing to assist Friedrich of Brixen in managing his written agenda. The cumulation of the two dignities may easily be explained by Friedrich's almost continuous presence at the very heart of the Meinhardiner lands, allowing the personal connection of the Brixen and Tyrolean chanceries without major complications.[13]

As soon as the mutual rights and obligations between Henry of Carinthia as the territorial lord and Albert as his official come under scrutiny, we quickly clarify the way in which the employment relationship was built.[14] It is clear from the wording of the appointment letter that the scribe's stay in the office was agreed *ad infinitum* and

---

WINKELBAUER (edd.), Quellenkunde der Habsburgermonarchie (16.–18. Jahrhundert). Ein exemplarisches Handbuch, Vienna 2004, pp. 753–766.

10 Universitäts- und Landesbibliothek Tirol (ULB), Innsbruck, Cod. 355, fol. 133r = F. H. HYE-KERKDAL, *Geschichte der tirolisch-kärntnerischen Kanzlei*, p. 8.

11 TLA Innsbruck, Handschriften, Tir. Cod. 18, fol. 60v (1321 VII 15, St. Zenoburg).

12 A representative selection for Tyrol was printed by Otto STOLZ, *Die Urkunden über die Vergabung der landesfürstlichen Ämter in Tirol im 14. und 15. Jahrhundert*, Archivalische Zeitschrift 50/51, 1955, pp. 371–390.

13 R. HEUBERGER, *Das Urkunden- und Kanzleiwesen*, pp. 121 et seq.

14 On the legal status of (late) medieval bureaucracy, e.g. Udo WOLTER, *Amt und Officium in mittelalterlichen Quellen vom 13. bis 15. Jahrhundert. Eine begriffsgeschichtliche Untersuchung*, Zeitschrift der Savigny-Stiftung für Rechtsgeschichte: Kanonistische Abteilung 74, 1988, pp. 246–280, here on pp. 265 et seq. For Tyrol O. STOLZ, *Die Urkunden über die Vergabung*, pp. 372 et seq.; IDEM, *Ge-*

should not have been terminated unilaterally (*per presentes promittentes ipsum ab eadem notaria non amonere*) as long as Albert was able to make a living from his profession (*quamdiu sibi peresse poterit*). On the other hand, the employee was required to behave *fideliter* from then on. (*eam fideliter et proinde exercebit*). Loyalty was a widespread requirement in the Middle Ages, placed on local representatives of the ruler. In historiography, it has been interpreted in the sense of a guarantee that the delegated power will be exercised properly. However, it cannot be ruled out that official loyalty merged in the imagination of contemporaries with feudal fidelity, a personal bond between the vassal and the master. After all, Albert was not only servant of Heinrich but also a vassal holding several feuds in the vicinity of the family castle of Tyrolean Counts. This would explain why Albert's letter of appointment appeared in the book of fiefs, in which its content is not strictly appropriate.[15]

We should not overlook the fact that in spite of customary practice under the Meinhardiners, Albert's activity was neither remunerated by a set lump sum nor limited in time. Usually, administrative posts in Tyrol were granted to settle the ruler's debts, calculated with accuracy, and their bearers were appointed for one to five years or until the debt was repaid. But this was not the case with Albert. The lack of information on the length of Albert's employment may therefore imply that the ruler made a commitment not to remove his scribe from the position unless he acted contrary to the imperative of fidelity and committed some kind of grave misconduct during the service to his master.

Being a scribe of Tyrol Castle

Unfortunately, the letter of appointment we have at hand reveals nothing more about Albert's position as a *domus Tirolensis notarium*, so we have no alternative but to seek information elsewhere. A well-known list of the Meinhard *familia*[16] leads to the belief that scribes were part of the administrative personnel and domestic staff caring daily

---

schichte der Gerichte Deutschtirols, Archiv für österreichische Geschichte 102, 1913, pp. 83–334, here on pp. 223 et seq.; R. HEUBERGER, *Das Urkunden- und Kanzleiwesen*, pp. 103–107, 133 et seq.

15 As noted by J. HÖRMANN, *Das älteste Tiroler Lehenbuch*, p. 96 in note.

16 R. HEUBERGER, *Das Urkunden- und Kanzleiwesen der Grafen von Tirol*, no. 5, pp. 386–387. On the "Family" and "Familiarity" see the overview including bibliography by Martin KINTZINGER, *Familie (weitere)*, in: Werner PARAVICINI (ed.), Höfe und Residenzen im spätmittelalterlichen Reich. Bilder und Begriffe, ed. by Jan HIRSCHBIEGEL – Jörg WETTLAUFER, 2 vols. (= Residenzenforschung, 15/II, 1–2), Ostfildern 2005, here vol. 2, pp. 55–58.

for the welfare of Meinhardiners whenever they stayed in the walls of Tyrol. Furthermore, we may consult the inventory written down after the death of Otto III, Duke of Carinthia († 1310), older brother of Heinrich and co-ruler. It is clear from the list of Otto's possessions that scribes had an abode at the castle as well as a kind of office, where treasuries with valuables stood under their watch (*habitaculum notarii domus*).[17] Finally, Albert's tight bond with Tyrol is corroborated by the simple fact that Henry of Carinthia addresses him as a permanent resident (*habitatori in Tirol*).[18]

It is a pity that we know little about the parts of the castle where Albert dwelled. Nevertheless, we can identify with a higher degree of certainty a chancery where he spent his working time. Thanks to several archaeological campaigns carried out in the 90s, many fragments of late medieval diplomatic material were discovered on the upper floor of the so-called "small tower" (*turris parva*) situated between the chapel and the palace at Castle Tyrol.[19] According to findings, it seems reasonable to assume that Albert's place of work was somewhere in the immediate surroundings of this tower. As far as castle interiors are concerned, all we can do is offer a historical parallel. For an illustrative example of how a *habitaculum notarii domus* may have looked, we might consider the estate of Konrad Gandner, who was a burgrave in Tyrol in the years 1296–1302. A manuscript record introduced by the words *Hec sunt suppelectilia domus* recalls furniture and daily necessities found in Konrad's chambers: beds (*lectos*), large and small pillows (*pulvinaria*), furs (*coria*), bronze or ordinary cups of various sizes (*olla Enea, caldaria*), hanging cauldrons (*gramacule*), pans (*patelle*), fireplace grates (*craticule*) and small cans (*cannula*), wooden trunks for clothes (*lignite*), tablecloths (*mensalia*) and lanterns (*lucibula*). Apart from all of these items, there is also a trolley with iron rims on the list (*currum unum sufferatum*). As burgraves used that wagon for

---

17 Österreichisches Staatsarchiv – Haus-, Hof- und Staatsarchiv, Wien, Handschriften, HS Blau 123, fol. 52r = *Regesten zur tirolischen Kunstgeschichte. Von der ältesten Zeit bis zum Jahre 1364*, Michael Mayr-Adlwang (ed.), Zeitschrift des Ferdinandeums für Tirol und Vorarlberg 42–43, 1898, pp. 117–203, here no. 339, p. 51: *Hec sunt clainodia que habuit Stoevblinus in duobus cameris in Tyrol in habitaculo notarii domus.* Cf. Josef RIEDMANN, *Adelige Sachkultur Tirols in der Zeit von 1290 bis 1330*, in: Heinrich APPELT (ed.), Adelige Sachkultur des Spätmittelalters, Wien 1982, pp. 105–131, here pp. 110–112. On the treasury at the Tyrol castle, O. TRAPP, *Tiroler Burgenbuch 2*, pp. 87 et seq.
18 TLA Innsbruck, Handschriften, Tir. Cod. 18, fol. 63r (1328 VII 26, Tyrol Castle). On the term *habitator* in the Tyrolean book of fiefs cf. fol. 72v, 79v, 81r, 95v.
19 H. OBERMAIR, *Mosaiksteine der Schrift*.

transport, we may consider it a piece of necessary household equipment in the broadest sense.[20]

So far, we have not had the opportunity to learn more about the content of Albert's work. While the book of fiefs remains silent on this matter, we can rely on account books founded by Meinhard II. They repeatedly mention the "domestic" scribe of Henry of Carinthia in situations where he is involved in financial management.[21] He either coordinates and records payments from subordinate officials, or he is present at the accounting process and monitors their financial results. In the absence of the ruler, his competencies probably grew, as seen from the accounting records left behind by Albert's predecessor Liebhard of Algund. We know of Liebhard that he was tasked with administering Tyrol and its surroundings whenever the lord of the castle was on the road. Besides, he was also expected to stay in touch with the court accompanying the Tyrolean count during his travels.[22]

Another subject that needs to be addressed in depth is a reward for scribal services, which is, as we already stressed, described only vaguely in Albert's letter of appointment. Nonetheless, we are not completely empty-handed since Albert of Aichach figures in a couple of privileges issued by Henry of Carinthia. According to these documents, Albert received numerous fiefs in the outer bailey and close villages of Tyrol and Gratsch. For our purposes, it is beneficial to sum them up, sticking to a timeline and moving from the oldest to the most recent piece of evidence. Albert's name reappeared several years after arriving at the Tyrol castle in a privilege given by Henry of Carinthia in 1327.[23] Albert and his brother Friedrich, employed by Duchess Euphemia at the

---

20 Eduard WIDMOSER (ed.), *Die Kanzleiregister König Heinrichs von Böhmen aus den Jahren 1325 bis 1330 und 1327 bis 1330*, Vienna 1950, no. 150, pp. 137–138. Regarding the vocabulary Cf. Otto STOLZ, *Der geschichtliche Inhalt der Rechnungsbücher der Tiroler Landesfürsten von 1288–1350*, Innsbruck 1957, pp. 54 et seq.; *Mittelalterliche Inventare aus Tirol und Vorarlberg*, Oswald von Zingerle (ed.), Innsbruck 1909, pp. 241 et seq.
21 R. HEUBERGER, *Das Urkunden- und Kanzleiwesen*, p. 170 and in the note with references to the account books. On the period after 1335 see Julia HÖRMANN, *Das Registerwesen unter Markgraf Ludwig von Brandenburg in Tirol und Bayern in den Jahren 1342 bis 1352*, Innsbruck 1998, pp. 310–312. The financial records of Albert's office activities were published in part by Ludwig SCHÖNACH, *Archivalische Studien zur Jugendgeschichte Kaiser Karls IV.*, Mitteilungen des Vereines für Geschichte der Deutschen in Böhmen 43, 1905, pp. 253–292, here no. I on page 256, no. XIV on page 267 and no. XXI on page 272.
22 F. H. HYE-KERKDAL, *Geschichte der tirolisch-kärntnerischen Kanzlei*, pp. 9, 89–91 with citations and detailed references to accounting sources.
23 TLA Innsbruck, Handschriften, Tir. Cod. 18, fol. 62v (1327 III 26, Tyrol Castle).

time, received a fief of land with a house, a vineyard, and a piece of land near the church of Sankt Peter in the village of Gratsch. Furthermore, both scribes obtained three more pounds of Verona pfennigs as a fief in the form of a fixed salary from the field and vineyard land in "*Teufental*",[24] which was a place located somewhere in the vicinity of the court of *Platzleid*[25] near Tyrol in the Burgfrieden quarter. In the same charter, count Heinrich proclaimed his liability for legal defects and the obligation to protect peaceful tenure. To keep his word, he ordered the protection of Albert's and Friedrich's estates from intruders. Those who had to guarantee their inviolability were the administrators of the Tyrol castle, more precisely the burgrave, as the commander of the castle garrison and the cellar master, who, together with the three subaltern provosts, carried out the local administration.[26]

Settling around Tyrol Castle

In 1327, we are just at the beginning of a series of documents that testify to Albert's purposeful and long-term efforts to build a larger property complex around Tyrol. Presumably, all these acquisitions of real estate and rents should have brought not only greater life comfort and the benefits of a good investment, but possibly also facilitated upward movement along the social ladder.[27] Because gestures of trust shown by Henry

---

24 On possible localization cf. Egon KÜHEBACHER, *Die Ortsnamen Südtirols und ihre Geschichte 2. Die geschichtlich gewachsenen Namen der Täler, Flüsse, Bäche und Seen*, Bolzano 1995, pp. 328–329; Otto STOLZ, *Die Ausbreitung des Deutschtums in Südtirol im Lichte der Urkunden,* vol. 3/1–2, Munich 1932, p. 136 in the vol. 3/1 and p. 193 in the vol. 3/2.

25 *Platzleid* (from lat. *platea* = public space, road) was a courtyard with a tower, situated *"circa castrum Tirol."* Cf. Josef TARNELLER, *Die Hofnamen im Burggrafenamt und den angrenzenden Gemeinden. Separatdruck aus dem Archiv für österreichische Geschichte,* Vienna 1909, no. 736, p. 171 and no. 743, p. 172; Martin BITSCHNAU, *Burg und Adel in Tirol zwischen 1050 und 1300: Grundlagen zu ihrer Erforschung*, Vienna 1983, no. 72, pp. 119–120; O. STOLZ, *Die Ausbreitung des Deutschtums*, vol. 3/2, no. 36, p. 188; Karl FINSTERWALDER, *Tiroler Ortsnamenkunde*, vol. 3: *Einzelne Landesteile betreffende Arbeiten. Südtirol und Außerfern, Nachträge, Register,* Innsbruck 1995, p. 958.

26 TLA Innsbruck, Handschriften, Tir. Cod. 18, fol. 63r (1328 VII 26, Tyrol Castle). Cf. *Regesten zur tirolischen Kunstgeschichte*, M. Mayr-Adlwang (ed.), no. 458, p. 70; fol. 61r (1330 III 19, Tyrol Castle), 62r (1333 IV 6, Tyrol Castle).

27 Cf. Werner HECHBERGER, *Adel, Ministerialität und Rittertum im Mittelalter*, München 2004, p. 47; Karl-Heinz SPIESS, *Aufstieg in den Adel und Kriterien der Adelszugehörigkeit im Spätmittelalter*, in: Kurt ANDERMANN – Peter JOHANEK (edd.), Zwischen Nicht–Adel und Adel, Stuttgart 2001, pp. 1–26, here pp. 11–13; Gustav PFEIFER, *"Nobis servire tenebitur in armis". Formen des Aufstiegs*

of Carinthia did not cease, we can observe that in the late 1320s and early 1330s, the natives of Brixen became increasingly domesticated, not only at Tyrol Castle but also in the outer bailey. From June 1328, Albert and his brother Friedrich were hereditary fief holders of the fruit garden near Tyrol Castle, sold to them by Elisabeth Schonbrinn.[28] Again, we may read between the lines and deduce that other properties of Albert adjoined the garden and that both scribes also had a fief co-ownership of the farmyard called *Egg*,[29] the name of which suggests a location somewhere on a hill not too far from the family residence of the Meinhardiners. About a month later, in July 1328,[30] Henry of Carinthia gave Albert and Friedrich an additional ten pounds of Verona pfennigs in the form of a fief. This annuity came from a larger number of plots of land located at the *"rear"* of the residential fortresses of the Tyrolean counts. It was tied to the local house, building lot, vineyard, field, and garden. The right to a permanent salary, which once went into the prince's treasury, was sold by Heinrich's personal barber, Simon, nicknamed *May*, who then asked his fief lord to transfer the annuity to the buyers Albert and Friedrich. After the ceremonial handover of the fief, the recipients had it notarized by David of Merano.[31] In the Tyrolean book of fiefs we find it common practice that circumstances of the transfer of feudal ownership were regulated more thoroughly by a contract concluded between the parties in the form of a notarial deed. The effects of the transfer did not begin until the moment of infeudation.[32] It was a separate act of the territorial lord, dependent on his will and changing the legal regime of the fiefdom. On the other hand, a little-seen phenomenon was the explicit princely confirmation of a private agreement, in connection with which the transfer of the fiefdom took place. It was likely to be attributed to Albert and Friedrich who, being clerks

---

und Übergangs in den niederen Adel im Tirol des 14. Jahrhunderts, in: K. ANDERMANN – P. JOHANEK (edd.), Zwischen Nicht–Adel und Adel, pp. 49–103, here pp. 65, 80–81, 98–102.

28   TLA Innsbruck, Handschriften, Tir. Cod. 18, fol. 63r (1328 VI 8, Tyrol Castle).
29   On the location and meaning *"an dem Ekke"* see J. TARNELLER, *Die Hofnamen im Burggrafenamt*, no. 730, p. 170. Egon KÜHEBACHER, *Die Ortsnamen Südtirols und ihre Geschichte*, vol. 1: *Die geschichtlich gewachsenen Namen der Gemeinden, Fraktionen und Weiler*, Bolzano 1994, p. 88.
30   TLA Innsbruck, Handschriften, Tir. Cod. 18, fol. 63r (1328 VII 26, Tyrol Castle).
31   Richard HEUBERGER, *Das deutschtiroler Notariat. Umrisse seiner mittelalterlichen Entwicklung*, Veröffentlichungen des Museum Ferdinandeum 6, 1926, pp. 27–122, with a note on the life and work of David of Merano on pp. 82 and 108. For more details see Helga KARNER, *Die Tätigkeit des Notars David von Meran*, Innsbruck 1985, pp. 8 et seq.; Markus GAMPER, *Die Tätigkeit des Notars David von Meran*, Innsbruck 1993, pp. 4 et seq.
32   References to and copies of notarial *imbreviatura* can be found in TLA Innsbruck, Handschriften, Tir. Cod. 18, fol. 41r, 42r, 46v, 49r–49v, 51r, 74r, 78r, 94r, 95v, 95v, 95v.

in the chancery, were able to appreciate the benefits of written claims. Another fief charter dated March 1330,[33] which Burkhard's sons had confirmed again,[34] answers the question we have been silent on so far: How did the scribe Albert get his nickname "of Aichach"? As far as we can tell from this document, in 1330 Henry of Carinthia granted Albert and Friedrich a tenement house in Aichach, which was a reward for the services they had provided the Meinhardiner dynasty with in the past, or that they and their descendants would provide in the future. Transferred or not, the court should still have been inhabited by the previous owner Agnes, the widow of Heinrich von Gagers. In the event of her death, Albert and Friedrich undertook to pay a fee in kind to the amount of half of the vines grown in exchange for the remission of all remaining public encumbrances.

What else can we say about Albert's and Friedrich's court, besides that it was situated in Aichach, i.e. in the district east of Tyrol and south of Kuens?[35] There are good reasons to assume that it was a properly maintained and relatively large economic unit. Firstly, we are not aware of any complaints about its condition. Under normal circumstances, fixed fees motivated Tyrolean feoffees to go to the territorial lord's court whenever the value of the fief was in sharp conflict with the amount of fees paid from it. Secondly, we must not forget that Agnes's husband, Heinrich von Gagers, was a member of the old ministerial family serving first the Counts of Andechs then the Meinhardiners.[36] Thirdly, Agnes's wealth in terms of land may be inferred indirectly from the tax burden, which was multifaceted and above standard.[37]

Considering the legal status of Aichach, we can label it as a *"zinslehen"*. That is a rental fief, the payment of which was to be a compensation to the senior for the loss of the personal services of the vassal.[38] Be that as it may, differences between the rental fiefs and the lease were in fact blurring and the transfer of personal duties to money did not usually result in a change in the legal regime. The rental fief continued to be recorded in the books of fiefs and the fief court was competent to make decisions in dis-

---

33 TLA Innsbruck, Handschriften, Tir. Cod. 18, fol. 61r (1330 III 19, Tyrol Castle).
34 TLA Innsbruck, Handschriften, Tir. Cod. 18, fol. 61v (1332 VI 7, Tyrol Castle).
35 On *Aichach* J. TARNELLER, *Die Hofnamen im Burggrafenamt*, pp. 161 et seq. Its name is probably the result of a combination of the mediaeval German word for oak forest and collective suffix *–ach*, which may be interpreted as an "oak-covered landscape". Cf. E. KÜHEBACHER, *Die Ortsnamen Südtirols und ihre Geschichte*, vol. 3/1, pp. 24–25.
36 Cf. M. BITSCHNAU, *Burg und Adel in Tirol*, no. 221, pp. 235–236.
37 For the details see J. HÖRMANN, *Das älteste Tiroler Lehenbuch*, p. 88.
38 On this distinctive form of fief Volker STAMM, *Lehnspraxis im spätmittelalterlichen Tirol*, Tiroler Heimat N.F. 72, 2008, pp. 63–72, here pp. 68–69.

putes over it.³⁹ After the death of the widow Agnes, Albert and Friedrich were released from all burdens calculated in the document. But there was a proviso that the annual wine levy for the ducal chamber plus two urns of both grapes and wine belonged to the cellar master of Tyrol Castle. Deliveries were to take place regularly on the occasion of the vine harvest and the processing of its highly prized fruits, which made the country famous in contemporary Europe.⁴⁰

One more thing deserves our attention because of its connection with the "Aichach" document, and that is a mandate of Henry of Carinthia handed over on 3 April 1330 at the castle of Tyrol and addressed to Konrad Arberger. As a burgrave, Konrad received an order to take Albert and Friedrich into his protection while holding the tenure of the fief in Aichach.⁴¹ Other sources also make clear that the scribe Albert was economically successful in the 1330s. In 1330 Henry of Carinthia issued a privilege in favour of Heinrich nicknamed *Poese*.⁴² *Poese* asked his ruler to grant land with a house in the outer bailey of Tyrol not only to Albert and Friedrich, but also to their male and female heirs. Henry of Carinthia agreed to the transfer of feudal possession. At the same time, he confirmed all rights which his scribes acquired from the Tyrolean county under any legal entitlement and about which they were able to present documentary evidence. Again, beneficiaries were not only Friedrich and Albert, but also their heirs. For the sake of completeness, it is worth mentioning that according to the deed⁴³ issued to Albert's neighbours Eberlin of Mut and his wife Bribid, the scribe's house also had a garden.

It is commonly known that the duties of a vassal did not always have to be linked to the possession of real estate. It is therefore not surprising that many Tyrolean fiefs were far from reaching the value of the houses and land in the outer bailey of the residential fortress. There is no need to go far for an example. We may mention here an entry in the

---

39 Cf. Matthias BACHMANN, *Lehenhöfe von Grafen und Herren im ausgehenden Mittelalter. Das Beispiel Rieneck, Wertheim und Castell*, Cologne 2000, p. 53.
40 On wine growing in Tyrol, e.g. Hermann WOPFNER, *Bäuerliche Siedlung und Wirtschaft*, in: Hans BOBECK (ed.), Tirol. Land und Natur, Volk und Geschichte, geistiges Leben 1, Munich 1933, pp. 207–304, here pp. 284–290; Otto STOLZ, *Zur Geschichte der Landwirtschaft*, Tiroler Heimat N.F. 3, 1930, pp. 93–139, here pp. 132–135; IDEM, *Zur Geschichte des Weinbaues in Tirol*, Der Schlern 22, 1948, pp. 330–337. According to the Tyrolean account books J. RIEDMANN, *Adelige Sachkultur Tirols*, pp. 117–118.
41 TLA Innsbruck, Handschriften, Tir. Cod. 18, fol. 61v (1330 IV 3, Tyrol Castle). The original with a later date is stored in the TLA Innsbruck, Urkundenreihe I, sign. I 4183 (1330 IV 10, Tyrol Castle).
42 TLA Innsbruck, Handschriften, Tir. Cod. 18, fol. 63v (1330 IV 26, Gries).
43 TLA Innsbruck, Handschriften, Tir. Cod. 18, fol. 58r–58v (30 III 1330 Tyrol Castle).

Tyrolean book of fiefs dated 6 April 1333.⁴⁴ By the means of this document, Henry of Carinthia granted a pond as a fief, timber and a meadow for mowing, which was located *"auf der Puren"* (*"On the hilltop"*)⁴⁵ near the village of Tyrol in the district of Burggrafenamt. It was no other than Albert the scribe who became the beneficiary after the former holder, Albert's superior Friedrich of Brixen, had passed away. Apart from the form of fief, we also should not overlook the usual clause with an order addressed to the burgrave of Tyrol Castle, Volkmar of Burgstall, to defend the new fief holder against third parties.

In most cases recorded in the Tyrolean book of fiefs, we would search in vain for the economic background of the transaction. However, as to the property *"auf der Puren"*, just one year after its acquisition, we come across a charter of Henry of Carinthia that reveals the economic motivation of both parties of the feudo-vassalic bond.⁴⁶ Albert and his brother Friedrich wrote a complaint to their territorial lord because their farm in Aichach suffered from a lack of timber and meadows. As a result, it would fall into disrepair. The reply of the Tyrolean ruler was forthcoming. In order to make things right, Henry of Carinthia gave land with alders and a meadow located in Aichach to the complainers in exchange for their pond *"auf der Puren"*.⁴⁷ Heinrich's only condition was that, if necessary, he or his successors would be able to continue to take timber from there. It is understandable that any lord who received benefits from the fief courts was as interested in their prosperity as the villeins, who made their living on the basis of the income from them. Therefore, we have no doubts about the motive for the change of ownership in the locality *"auf der Puren"* when identifying hope for the revitalization of the Aichach court.

The last of the feudal deeds in favour of Albert of Aichach is valuable for shedding light on the family circumstances of the Tyrolean scribe.⁴⁸ This charter bears a date of 15 December 1333. It was handed down by Henry of Carinthia to Klara and Diemu-

---

44 TLA Innsbruck, Handschriften, Tir. Cod. 18, fol. 62r (1333 IV 6, Tyrol Castle).
45 For the localization, cf. *Die älteren Tiroler Rechnungsbücher 3 (IC. 280). Analyse und Edition*, Christoph Haidacher (ed.), Innsbruck 2008, p. 334 (according to the register); O. STOLZ, *Die Ausbreitung des Deutschtums in Südtirol*, vol. 3/2, no. 68, p. 193. On the etymology of the word see Karl FINSTERWALDER, *Tiroler Namenkunde. Sprach- und Kulturgeschichte von Personen, Familien- und Hofnamen. Mit einem Namenlexikon*, Innsbruck 1978, pp. 224 and 225.
46 TLA Innsbruck, Handschriften, Tir. Cod. 18, fol. 62r (1334 Jul 12, Tyrol Castle) = L. SCHÖNACH, *Das älteste Tiroler Hausbuch*, p. 66 (regest).
47 On the *Malaun* court (from lat. *malus* = apple tree) J. TARNELLER, *Die Hofnamen im Burggrafenamt*, no. 701, p. 164; K. FINSTERWALDER, *Die hochmittelalterliche Siedlung in Südtirol*, p. 106.
48 TLA Innsbruck, Handschriften, Tir. Cod. 18, fol. 64r (1333 XII 15, Tyrol Castle).

nda, who introduce themselves as the daughters of Albert, and his wife Adelheid, about whom we know nothing but the name. Klara and Diemunda were given a court in Aichach, along with other fiefs that belonged to their father and uncle Friedrich of Mais. Should Albert or Friedrich have more legitimate descendants in the future, there would be a fair redistribution of the estate among all the heirs. Additionally, the statement of the scribe brothers stylized in *wir* form was transcribed into the book of fiefs. It reports on two fiefs purchased in the outer bailey of the Meinhardiner residence. The older text layer reminds us of the house, once owned by Siegfried, the doorman of Tyrol Castle. With another hand, one more remark was made on the purchase of a field near the fortress of Tyrol, which belonged to Gisela Rumetzer before.[49] Here we find an important provision that all the feudal possessions held by Albert and Friedrich, including those unintentionally omitted in the confirmation, should remain intact. With Henry of Carinthia's consent to the heritage claims of Klara and Diemunda, the smooth transmission of family property down the female line was ensured. Between the lines, we may sense that Albert, who is always mentioned in the first place in official documents, presumably as higher ranked and probably even the older of the brothers, did not have any male descendants at the time of issuing the document. Therefore, this privilege for Albert's daughters was to prevent the dilution of estates accumulated in the princely services to Henry of Carinthia.

Besides the book of fiefs, the contents of which we have discussed, we also have other written documents at hand which complement the missing pieces in the mosaic of Albert's life story. Not all of them are relevant in our context. Still, we may at least point out the notarial instruments, so-called *imbreviatura*. One of them, kept by the notary David of Merano, documents the purchase of a house and plot of land in Bolzano, South Tyrol, near the Minorite monastery.[50] On 24 May 1328, the abbess of the Poor Clares at Merano, Sophia of Reiffenstein, sold Albert and his brother Friedrich part of church property for the sum of 10 grzywnas. Hence, it is safe to conclude that

---

49 Gisela was most likely the wife of Konrad Gruber, known as "Rumetzer", who held the office of cellar master at St. Zenoburg Castle and for some time he was also the landowner in Mais. Cf. E. H. von RIED, *Welchem Geschlechte entstammte Volkmar von Burgstall?*, Zeitschrift des Ferdinandeums für Tirol und Vorarlberg 52, 1908, pp. 193–206, here pp. 198–199 and in note; O. STOLZ, *Der geschichtliche Inhalt der Rechnungsbücher*, p. 23.

50 H. KARNER, *Die Tätigkeit des Notars David von Meran*, no. 14, pp. 56–58. Cf. also Max STRAGANZ, *Zur Geschichte des Klarissenklosters Meran in den ersten 200 Jahren seines Bestandes (1309–1518)*, Forschungen und Mitteilungen zur Geschichte Tirols und Vorarlbergs 4, 1907, pp. 117–158 and especially p. 131 dealing with the sale of the cloister house to Albert of Aichach.

being a scribe at the court of Henry of Carinthia must have been a lucrative profession, given that the brothers could afford a townhouse in the neighbourhood of Volkmar of Burgstall, a high land official and fiduciary of Henry of Carinthia. Although it may remain covert at a glance, there is, among other things, an allusion to Albert's scribe Konrad of Wiesing in the document, who had the role of witness in the act of purchase and sale (*Chuonrado de Wisingen famulo subscripti Alberti emptoris*).

Albert's of Aichach late career

Even the change on the throne in Tyrol in 1335 did not hinder Albert's promising career. However, since investigating it further would take us beyond the subject area of this article, the last chapter of Albert's biography will be outlined in a few words. After the death of Henry of Carinthia in 1335, Albert of Aichach rose to the rank of senior office clerk. Between 1338 and 1349, he acquired the castle of Jufal into his competence[51] and even penetrated into the circle of predominantly foreign advisers of the new Tyrolean ruler Louis V, Duke of Bavaria, called the Brandenburger.[52] In Louis's deed of 11 December 1349, he bears the title of provincial scribe (*Albrecht, unser lantschriber*).[53] Apart from his regular agenda, Albert was supposed to check accounting records, take care of chamber revenues and occasionally procure selected goods for the royal court. In short, it was this period of the Brandenburg government in Tyrol when Albert of Aichach ascended to the top. He occupied the position of provincial scribe and thus embodied the second-highest authority after Louis the Brandenburger in financial matters. That said, we must add that Albert did not enjoy his prominent official position for a long time. He died on 27 February 1353, around midnight, as we may read in the family *Hausbuch* of Friedrich of Mais: *Millesimo CCCLIII die penultimo Februarii circa medium noctis obiit Albertus de Aychach, frater meus*.[54] Before he deceased, he made a pious legacy, which we learn about from a no-

---

51 Thanks to the expenses for the maintenance of the castle, recorded in Tyrolean accounting books, we learn about Albert's position as castle-guard (so-called *Burghut*). Cf. Franz HUTER, *Schloß Jufal*, Der Schlern 18, 1937, pp. 160–162.
52 J. HÖRMANN, *Das Registerwesen unter Markgraf Ludwig von Brandenburg*, p. 310.
53 Ibidem, p. 312 = Justinian P. LADURNER, *Regesten aus tirolischen Urkunden*, Part 3, Archiv für Geschichte und Alterthumskunde Tirols 3, 1866, pp. 369–412, here no. 777, p. 400 (regest).
54 ULB Innsbruck, Cod. 355, fol. 133r = L. SCHÖNACH, *Das älteste Tiroler Hausbuch*, p. 65.

tarial *imbreviatura* recorded by Konrad of Alrheim after some time on 11 July 1355.⁵⁵ Albert's widow Petrisa testified before a notary that her husband had bequeathed to the parish church of St. John in Tyrol the annual income of twenty pounds of Verona pfennigs from the Aichach farm Quart.⁵⁶ Albert intended priests to serve funeral masses and distribute generous alms to the poor on the anniversary of his death. It has been proven not only in the case of the Tyrolean environment that donation for the salvation of the soul imitated aristocratic patterns of behaviour and satisfied higher social demands for (self-)representation.⁵⁷ In connection with the display of generosity on his deathbed, one may ask if Albert of Aichach did seek ennoblement. The marriage of Albert and his second wife Petrisa could be such a gateway to the world of nobles.⁵⁸ Albert's wife was the daughter of Heinrich Vent (*domina Petrisa, filia c. Hainrici dicti Vend*), who appears to have been descended from a knightly family serving the lords of Aichach and living at the court of Venthof in Kastelruth.⁵⁹ Anyway, whether Albert tried or not, he failed to step up to the aristocratic elite. In addition, he did not have a male heir. His two daughters, Klara and Diemunda, sold part of the estate⁶⁰ and probably brought part of it to their husbands' families. Consequently, the family's wealth gathered by Albert of Aichach during the years spent working in the Castle of Tyrol vanished.

To sum up, judging by the Tyrolean book of fiefs (*Tiroler Lehenbuch*), one may conclude that in the everyday rule and administrative routine of Henry of Carinthia, until now insufficiently studied, Tyrol Castle played a key role. The family residence of the Meinhardiner held within its walls a branching apparatus of officers who had permanent employment at Tyrol. Moreover, thanks to our sources, we have a good

---

55 Pfarrarchiv St. Nikolaus in Meran, Merano, sign. A. B. 2064 (1355 VII 11, Aichach) = Emil von Ottenthal – Oswald Redlich (edd.), *Archivberichte aus Tirol*, vol. 1, Vienna 1888, no. 2064, p. 382 (regest).
56 Land in Aichach, the name of which is derived from the originally Roman place name *quarta* = quarter. J. Tarneller, *Die Hofnamen im Burggrafenamt*, no. 694, p. 192.
57 Cf. G. Pfeifer, *Nobis servire tenebitur in armis*, p. 80.
58 Rudolf Braun, *Staying on top: socio-cultural reproduction of European power elites*, in: Wolfgang Reinhard (ed.), Power elites and state building, Oxford 1996, pp. 235–259, here pp. 249 et seq. Cf. also W. Hechberger, *Adel, Ministerialität und Rittertum im Mittelalter*, p. 47; K.-H. Spiess, *Aufstieg in den Adel und Kriterien der Adelszugehörigkeit*, pp. 16–17.
59 On the Vent family and its property M. Bitschnau, *Burg und Adel in Tirol*, no. 179, p. 203; Josef Tarneller, *Die Hofnamen im Untern Eisacktal*, Archiv für österreichische Geschichte 109, 1922, pp. 1–152, here no. 997, p. 17.
60 J. Hörmann, *Das Registerwesen unter Markgraf Ludwig von Brandenburg*, p. 310 in the note.

reason to believe that some of these members of the castle staff used to amass land and settle in the immediate surroundings, as illustrated by the biography of the scribe Albert of Aichach. Consequently, our findings point to the centralization of government under Henry of Carinthia rather than to his incompetence in ruling the country.

Mediaeval Fortification as a Stabilising Element of Emerging Dominions in the 13th and 14th Centuries

PAVEL DRNOVSKÝ

At the beginning of the High Middle Ages, foothill regions of north-eastern Bohemia represented a territory that had not yet been continuously settled. During the 13th century, this territory was a place where prospecting, exploitation of natural resources, and a continuous colonisation process took place. This transformation of the landscape happened with the participation of all the powerful players of that time – the ruler and his administration, ecclesiastical institutions, and, last but not least, the still emerging landed nobility all actively participated in the colonisation process. In these originally only sparsely populated regions, newly established dominions began to appear during the 13th and early 14th centuries. Along with this process, it was also necessary to demarcate borders between individual territorial units. However, written sources describing the dividing lines or demarcations of individual dominions are rather rare. We sometimes learn about property disputes which arose during encounters of different colonisation currents or due to the necessity to demarcate different territorial units. On the contrary, we almost lack written sources which would inform us about efforts to define the borders of dominions during the colonisation process and the consolidation of property domains. One possibility for such studies is offered by fortifications whose locations, remarkably, seem to respect the assumed boundaries of emerging property domains. The following text is devoted to these sites.

The territory covered in this study consists of selected parts of the foothills of the Giant Mountains and the Broumov Highlands to its east. A common feature linking these regions is the existence of written sources, which allow us to define their territorial extent – sometimes better, sometimes worse. First, selected dominions are briefly described from the viewpoint of written sources. Subsequently, sites related to these dominions will be presented.

PAVEL DRNOVSKÝ

Case studies

I. The Miletín region

If we omit a dubious mention of Miletín for the year 1124 which is associated with the journey of Bishop Otto of Bamberg from Prague to Gniezno, this region boasts several valuable charters dating back to the 13th century. The first two are related to the life of late royal waiter Zbraslav and his wife Domaslava.[1] The rich servant of King Wenceslaus I had his will written in 1238 and we can learn from it that he used to own the villages of Třebihošť, Zábřezí, Dehtov, Trotina, Střemen, and Zásada[2] in the vicinity of Miletín (which was not mentioned in the charter) in the foothills of the Giant Mountains. Another important charter pertains to the will of his widow Domaslava and dates back to 1241, when King Wenceslaus I confirmed her donation to the Teutonic Order.[3] Domaslava herself is mentioned as *matrona nobilis de Miletin* in the charter which is actually the very first reliable mention of Miletín. It is stated in the charter that apart from Miletín, she also donated the villages of Máslojedy, Sadová, and Výkleky to the order. A detailed notion of the extent of the settlement oecumene falling under the influence of the Teutonic Order in Miletín in the second half of the 13th century can be obtained thanks to a dispute between the order and the ecclesiastical administration of the neighbouring Hořice parish. The charter refers to 1267, when Jan, dean of Hradec Králové, acting on behalf of Prague Bishop Jan III of Dražice, determined the area of parish activity of the Miletín church.[4] The dispute was not settled until 1271, when the parish priest of Hořice lost the case.[5] Our attention shall now be turned to a pair of fortifications located in the Miletín region. The first site can be found between the villages of Borek and Bezník in the cadastral area of Borek. The fortification is situated on a promontory delimited by steep slopes. The main fortification element consists of an approximately 22 m long rampart and moat which transverses the entranceway. In front of the first moat, there is another, less distinct moat. On the eastern and southern sides, the rampart and both moats partly

---

1 Josef ŽEMLIČKA, *Královský číšník Zbraslav a jeho dědictví. Vznik a rozklad jednoho feudálního dominia z první poloviny 13. stol.*, HG 21, 1983, pp. 117–132; IDEM, *Počátky Čech královských 1198–1253. Proměna státu a společnosti*, Prague 2000, pp. 407–411.
2 CDB III/1, no. 181, p. 226.
3 CDB IV/1, no. 8, p. 226.
4 CDB V/2, no. 490, pp. 33–35.
5 CDB V/2, no. 642, 646, pp. 266–267, 273–274.

enclose the core of the residence itself. The dimensions of the inner grounds are approximately 42 × 9 m. No archaeological finds were made during fieldwalking in 1985 and a small-scale excavation in 1988.[6] The site itself is usually referred to in literature as the castle near Bezník.[7] No written sources on its existence or operation are available. The other fortification is located in the cadastral area of Úhlejov. The site was demarcated by a moat and a rampart erected in front of it. The moat was doubled on the southern and northern sides which provided the easiest access to the castle. The internal core of the castle consists of an oval platform with dimensions of approximately 65 × 30 m. In 1979 J. Sigl carried out an archaeological excavation consisting of four test pits.[8] The main results of this excavation included the recovery of ceramic finds generally dating from the 13th century, the determination of the presence of a stone structure in the castle core, and the existence of a wooden palisade protecting the castle core itself.

We are able to define the extent of activities of the Teutonic Order in the surroundings of Miletín thanks to a document detailing the boundaries of the Miletín parish. Both sites are located on the northern edge of this area. It is true that we still lack significant chronological support in the form of archaeological finds, but the dating of the beginnings of these fortifications to the second half of the 13th century is still quite likely. They probably do not date from the 1230s or early 1240s, when this area belonged to Zbraslav and his wife Domaslava. The nature of both sites does not correspond to our contemporary notion of the appearance of residences of the early landed nobility during the first half of the 13th century. Association with the Miletín brethren is more likely as they owned most of this land until the very end of their activities in the foothills of the Giant Mountains at the beginning of the 14th century.[9]

---

6 Jiří SIGL – Vít VOKOLEK, *Archeologické nálezy v roce 1985*, Zpravodaj Krajského muzea východních Čech 13, 1986, pp. 5–20, here p. 7; Jana BENEŠOVÁ, *K otázce datování polohy „hrádek" u Bezníka (k.ú. Borek), okr. Jičín*, Zpravodaj muzea v Hradci Králové 18, 1991–92, pp. 85–90.

7 Tomáš DURDÍK, *Ilustrovaná encyklopedie českých hradů*, Prague 2000, p. 175.

8 Jiří SIGL, *Výzkum středověkého hrádku u Úhlejova (o. Jičín)*, Zpravodaj Krajského muzea východních Čech 7/1–2, 1980, pp. 20–25.

9 Martin ČAPSKÝ, *Miletínská komenda řádu německých rytířů v době předhusitské ve světle účetních pramenů*, Celostátní studentská vědecká konference Historie 1997, 1998, pp. 9–29.

II. The Trutnov region

Although we can draw information from relatively numerous contemporaneous documents, our knowledge about the activities of early settlers and changes in the topography of settlement is insufficient, due to the ambiguity of these sources. Several generations of both Czech and German historians have tried to locate sites known from written sources (*Vpa primum*, *Vpa secendum*, *Antiqua villa*, *Antiquo Truthnow*, *Nouo Truthnow*) and identify them with present-day topography.[10]

However, defining basic and indisputable points seems to be sufficient for the sake of our explanation. It is obvious that the administrative centre of the region, first known as Úpa and later as Trutnov, moved. Both locations, the latter of which is identical to the historic core of today's town of Trutnov, were located in the valley of the Úpa River, in a space where its river bed changes direction and continues towards the northwest. Another piece of unambiguous information is the fact that the local land belonged to a certain Jiljí (Idík) of Švábenice. This can be learned from charters referring to the year 1260, although they are only preserved in later copies, which brings into question their credibility, in particular the fact that they refer to the local centre as *civitas*.[11] In these charters, Jiljí generously donated property to the Prague monastery of the Knights of the Cross of the Red Star at Zderaz.[12] He is convincingly documented as the owner of villages in the foothills of the Giant Mountains as early as 1283 (although he was already dead by then) in a confirmation of his donation by Pope Martin IV.[13] A charter delimiting the parish of the church in Úpa also refers to the year 1260, but again it is only known from a later copy.[14] The son of Idík of Švábenice, Vítek of Úpa, is last mentioned as the owner of several settlements in the catchment of the Úpa River in a charter referring to 1297.[15] Shortly afterwards, Bohemian King Wen-

---

10 Julius LIPPERT, *Social-Geschichte Böhmens in vorhussitischer Zeit II. Der sociale Einfluss der christlich-kirchlichen Organisation und der deutschen Colonisation.* Prague – Vienna – Leipzig, pp. 264–265; Josef Vítěslav ŠIMÁK, *Středověká kolonisace v zemích českých*. Prague 1938 (= České dějiny, I/5), pp. 879–882; Vladimír WOLF – Jana KALISTOVÁ, *Počátky města Trutnova*, Krkonoše – Podkrkonoší 1963, pp. 36–39.
11 Jiří KEJŘ, *Vznik městského zřízení v českých zemích*, Prague 1998, p. 92.
12 CDB V/1, no. 216+, 217+, pp. 336–339.
13 RBM II, no. 1294, p. 557.
14 CDB V/1, no. 222+, pp. 344–345.
15 RBM II, no. 1769, p. 761.

ceslaus II took hold of the Trutnov region, but the circumstances of this ownership change and the reasons for the king's decision are still not very clear.[16]

After a concise outline of the settlement development in the region, our attention should focus on four sites situated in the vicinity of the present-day town of Trutnov. The first fortification can be found north of Horní Vlčice. The castle was founded on a rocky promontory above the Vlčice Stream. The site's core consisted of two rocky towers and an adjacent small-sized platform (6 × 9 m). This space was separated from an adjacent hillside by a moat and a rampart which is currently almost indiscernible. In 1977 J. Sigl and V. Wolf carried out an archaeological excavation there.[17] A sunken floored feature testifying to the existence of internal buildings on the platform was documented in a test pit which included both the space of the platform and the rampart. The archaeological finds recovered enable us to date the period of existence of this fortification generally to the late 13th and early 14th centuries. There are no written sources about this site, so even its name remains unknown. In Literature, it is usually referred to as the castle near (Horní) Vlčice.[18]

The second site is located near Libeč, on a promontory northeast of the Zámecký vrch peak. The castle core consisted of a platform with an approximately circular shape and a diameter of 30 m which was enclosed by a moat and rampart. The southern access side was protected by two more neck ditches and ramparts. The total perpendicular length of the castle is 120 m. During archaeological excavations led by V. Wolf in cooperation with M. Richter in 1973 and 1975–76, a ceramic assemblage was recovered which can generally be dated to the late 13th and early 14th centuries.[19] Remains of a feature consisting of a stone foundation wall have been documented in the central part of the castle. The castle itself was not mentioned in period sources. The occurrence of the toponym Rechenburk is only known from the modern period, so the identification of the above name with the described site is very doubtful. However, the site was

---

16 Libor JAN, *Václav II. a struktury královské moci*, Brno 2006, p. 236; František MUSIL, *Vrcholná kolonizace a východní Čechy*, in: Ondřej FELCMAN – František MUSIL (edd.), Dějiny východních Čech v pravěku a středověku (do roku 1526), Prague 2009, pp. 301–382, here pp. 331–333; Josef ŽEMLIČKA, *Království v pohybu. Kolonizace, města a stříbro v závěru přemyslovské epochy*, Prague 2014, pp. 277–278.
17 Jiří SIGL – Vladimír WOLF, *Bezejmenný hrádek u Vlčic, okres Trutnov*, Archeologické rozhledy 35, 1983, pp. 639–645.
18 T. DURDÍK, *Encyklopedie*, pp. 176–177.
19 Vladimír WOLF, *Hrad Rechenburk u Trutnova (Příspěvek k poznání závěrečné fáze středověkého hradu)*, Krkonoše – Podkrkonoší 7, 1983, pp. 251–265.

still introduced into scholarly literature under this name by Z. Pilous and later especially by V. Wolf, so this name is currently well established.[20]

The next fortification is situated east of Trutnov. It was founded at the foot of the prominent Zámecký kopec hill (in the cadastral area of Poříčí). Unfortunately, it is not possible to gain a more detailed knowledge of the site, as it was significantly damaged during the construction of a railway line passing through its centre.[21] The castle grounds were approximately 90 m long, the width ranged from 20 to 30 m. The castle core was separated from steep slopes by a pair of moats and ramparts. A surface survey of the castle conducted in 1972 only provided information about serious damage to the site. A subsequent test excavation in 1975 established that the ground in the area of the castle was artificially levelled during the construction of the railway line, which is also reflected in the low degree of visibility of both ramparts and moats. A ceramic assemblage was found on the site by E. Gebauer during prospecting in 1936.[22] The site was not mentioned in mediaeval sources, with the first mention of an abandoned castle ruin on Zámecký kopec hill (Schlossberg) only being found in a description of the local landscape from 1795.[23] The site is usually referred to as the hill on which it is situated, either in its Czech or German form.[24]

The last site is located on a promontory delimited by the valleys of the Ličná and Zlatá Olešnice Rivers, east of the village of Libeč. Today it has been almost completely destroyed by quarrying activities. Therefore, it is necessary to use the results of a rescue excavation led by A. Hejna, who managed to excavate approximately one half of its surface in 1958.[25] The castle core had an oval plan (30 × 40 m) and there was a moat along the front side and along both sides separating the castle from the outer bailey, which was also protected by a moat and rampart. The excavation unearthed a perimeter wall and partly also the basement of a square building at the rear of the castle. The rich assemblage of finds dates chronologically from the late 13th to late 14th century. A. Hejna noticed two settlement horizons on the site and divided the ceramic and

---

20 T. Durdík, *Encyklopedie*, pp. 475–476.
21 Josef Demuth, *Der politische Bezirk Trautenau*, Trautenau 1901, p. 459.
22 Vladimír Wolf, *K problematice středověkých horských hrádků ve východním podhůří Krkonoš*, AH 2, 1977, pp. 105–116, here p. 110.
23 Idem, *Hrady a tvrze, opevněné středověké stavby na území města Trutnova a integrovaných obcí*, Trutnov 1999, p. 28.
24 T. Durdík, *Encyklopedie*, p. 173.
25 Antonín Hejna, *Soubor nálezů z Hrádku u Bolkova v severovýchodních Čechách*, Památky archeologické 53, 1962, pp. 455–471.

metal assemblage accordingly into earlier and later horizons.[26] He dated the site's earlier settlement phase to the last third of the 13th century. Similarly, as in the case of the previous sites, any mentions in period sources are lacking. In literature, the castle is referred to as Bolkov,[27] but this name was first used as late as the 16th century. Based on this name, A. Hejna believed that the castle's builder might have been the Silesian Duke Bolko of Świdnica at the close of the 13th century.[28] However, this hypothesis was questioned by V. Wolf, although he admits that the name may be associated with the castle's later phase during the 14th century when the Trutnov region was administered by Agnes of Austria (Habsburg), who resided in Świdnica.[29]

Thanks to the research efforts of A. Hejna, J. Sigl and V. Wolf, a number of mediaeval fortifications in the wider surroundings of Trutnov were investigated during the second half of the 20th century. Some of them can be associated with the later feoffee system introduced there by Bohemian rulers. However, fortifications from the period preceding the time when Trutnov and its surroundings were in the sovereign's ownership seem to be more relevant to our topic. With the exception of the site on Zámecký kopec hill, there is sufficient evidence of the existence of the residences during the second half of the 13th century. This dating also corresponds with the earlier occupation horizon at Bolkov Castle, where two development phases of its construction were documented as well.

V. Wolf has addressed the issue of these locations several times. He has always regarded them as power centres supporting the settling of the local region by the Švábenice family.[30] This hypothesis was also accepted by P. Jansa.[31] With regard to our knowledge of the extent of the territorial holdings of the Švábenice family, which is based on the size of the Úpa parish[32] in the area of the present day Trutnov region, and with consideration of the chronologically well-defined time frame of activities of this noble family in the northeast of Bohemia, V. Wolf's hypothesis can be accepted.

---

26 Ibidem, pp. 470–471.
27 T. Durdík, *Encyklopedie*, pp. 70–71.
28 A. Hejna, *Soubor nálezů*, p. 471.
29 Vladimír Wolf, *Hrádek Bolkov v Libči u Trutnova*, Východočeské listy historické 23, 2005, pp. 479–489, here p. 480.
30 Idem, *K problematice středověkých hrádků*; Idem, *K problematice tzv. kolonizačních provizorií (Úvaha nad funkcí a fortifikací)*, Castellologica bohemica 6, 1998, pp. 107–116.
31 Pavel Jansa, *Trutnovská kolonizační provizoria*, Castellologica bohemica 9, 2004, pp. 63–68.
32 F. Musil, *Vrcholná kolonizace*, pp. 331–332.

III. Broumov Highlands

The beginnings of more permanent settlement in the Broumov promontory are to be associated with the colonisation efforts of the Břevnov monastery. Although the earliest charters claim to date from the very beginning of the 13th century, they are slightly later forgeries only dating from the middle of that century. They are still reliable, at least in terms of providing basic information. A charter in which King Ottokar I of Bohemia donated the Polický újezd (portion of land) to the Břevnov monastery dates from 1213.[33] Thus, the first Benedictine stronghold was the Police region, with its centre Police nad Metují, where a newly founded monastery was mentioned in 1250–1267.[34] Town privileges from nearby Provodov were transferred to Police in 1253.[35] Again, this is a later, unoriginal charter, but its contents are believed to be reliable.[36] The expansion of the settlement oecumene around the Police monastery also necessitated the drawing up of a charter from around 1255, which described the boundaries of the Police domain.[37] The reason for its construction in the time of Abbot Martin I as to define the domain in relation to the property of lords Petr and Rubín, from the clan of the stirrup.[38] In 1258 Prague bishop Jan III allowed the Břevnov monastery to use the income from the Broumov parish.[39] At that time, Benedictine penetration into this territory behind the Broumov Walls could also be observed.[40] An important event in the process of acquisition and administrative influence in the Broumov region was the purchase of a vogtei (an area administered by a reeve) by Abbot Martin I from reeve Wicher in 1266.[41] Thus, the territory of today's Broumov promontory gradually came under the administration of the Břevnov monastery during the second half of the

---

33 CDB II, no. 367, pp. 399–401.
34 CDB V/1, no. 65, p. 127; no. 246, p. 377–379.
35 CDB IV/1, no. 289, pp. 483–484.
36 Jindřich ŠEBÁNEK – Sáša DUŠKOVÁ, *Listina v českém státě doby Václava I. (u nižších feudálů a měst)*, Prague 1963, pp. 22–23; J. ŽEMLIČKA, *Počátky Čech královských*, p. 427; IDEM, *Království v pohybu*, p. 272.
37 CDB V/1, no. 65, p. 127.
38 František MUSIL, *Kolonizace Policka a Broumovska a břevnovská klášterní falza*, HG 42, 2016, pp. 137–168, here p. 150.
39 CDB V/1, no. 162, pp. 258–259.
40 F. MUSIL, *Kolonizace*, pp. 156–157; Josef ŠRÁMEK, *Formování klášterní domény ve 13. a 14. století na příkladu benediktinských proboštství v Polici nad Metují a Broumově*, HO 48, 2015, pp. 13–42, here p. 22.
41 CDB V/1, no. 477, pp. 707–708.

13th century. The abbot's will was mediated by a provost in the Police region and by a reeve in the Broumov region. Only in the years 1279–1290 did the Broumov region come under the rule of Duke Henryk IV Probus, who was residing in Wrocław.[42] After his death, the order became its owner once more.[43]

The position of the Benedictines in the Broumov region was further strengthened under Abbot Bavor of Nečtiny. On the one hand, a provostry was established there, which was confirmed by Pope Boniface VIII in 1296. On the other hand, permanent burgraves residing in Broumov were appointed by the abbot.[44] Despite this seeming consolidation of power, unrest broke out in this territory in 1300, which developed into a series of armed confrontations. Fortunately, Abbot Bavor of Nečtiny himself described this course of events.[45] During his stay in Rome, two Broumov reeves, Lev and Tyček, assaulted and pillaged the treasure chest of the church in Police. Upon his return, Bavor of Nečtiny had both the culprits arrested and interned in Jestřebí Castle. However, they both managed to escape and they then continued with their resistance against the abbot and caused damage to Břevnov holdings in the Police and Broumov regions. They assaulted a servant of the abbot's notary and stole 70 threescore Groschen, and also robbed the horse and equipment of Broumov burgrave Všemír (abbot Bavor's brother), allegedly worth 100 threescore Groschen. Both outlaws found allies among other reeves and a local war subsequently broke out in the region. Broumov Castle (*castrum*) was burned down, several manors were destroyed, the village of Šonov is mentioned as desolated (*incendio cremarent*). Only after burgrave Všemír intervened was the mutiny suppressed and the culprits' possessions confiscated for the benefit of Abbot Bavor. Both Tyček and Lev, who was caught somewhat later, received exemplary punishments. The total damage was estimated at 2000 grivnas. However, the issue of biased interpretation of these events, which we only know from Bavor of Nečtiny's account, has been commented upon by several scholars.[46]

During the reign of John of Luxembourg, the position of the Břevnov monastery in the region was challenged for the last time. In 1331, the king pledged the town of

---

42 F. Musil, *Kolonizace*, p. 159.
43 RBM II, no. 1514, p. 652.
44 Josef Šrámek, *Benediktinské expozitury ve východních Čechách doby předhusitské. Příspěvek k otázce geneze a významu klášterních dependencií*, VSH 32, 2017, pp. 141–171, here pp. 158–159.
45 RBM II, no. 2765, pp. 1207–1209.
46 F. Musil, *Kolonizace*, pp. 156–157; J. Šrámek, *Formování klášterní domény*, p. 31; Idem, *Benediktinské expozitury*, pp. 79–103; J. Žemlička, *Království v pohybu*, pp. 145–146.

Broumov and its surroundings to brothers Wolfram and Matěj of Pannewitz.[47] After their death (Wolfram was first mentioned as dead on 8 September 1347), the security came back into the possession of the monastery.[48] An imaginary confirmation of ownership rights to this territory was issued under Abbot Předbor of Chroustoklaty in 1348, when King Charles IV gave town privileges to the town of Broumov.[49] In 1351, the very same ruler then confirmed all privileges obtained from earlier rulers to the abbot.[50]

In this area it is also possible to find sites which can be associated with the formation of the Benedictine dominion in the northeast of Bohemia. The first site described is located on the northern side of the Broumov Walls above the village of Božanov. The castle was built on a narrow promontory protruding from a steep slope under Lopota hill. The settlement had a two-part layout. The castle core was enclosed by a moat and a rampart, which was, however, missing on the western side. East of the core area is a somewhat lower-placed platform. The castle core has an approximately oval shape with the dimensions of 15 × 43 m. In 1991, J. Sigl led an excavation there. Its main results include findings on the presence of wooden buildings within the castle core and demolished dry stone structures were also observed.[51] Additional information was obtained during surface surveys organised in the 1990s. The processing of archaeological material originating from the site and its surroundings, which mainly consists of metal artefacts, enables us to place it chronologically in the second half of the 13th and early 14th century. Its composition then reflects the site's military role and the presence of a garrison.[52] The site itself was not recorded in any written sources and its name is derived from the name of the nearby village.[53]

There is a so far largely unknown fortification on slopes above the village of Šonov, which was similar to the castle in Božanov, founded on steep slopes defining the northern edge of the Broumov region. The fortification has a round floor plan and is surrounded by a moat. The residence's length is approximately 80 m.

---

47 RBM III, no. 1763, p. 690.
48 F. Musil, Kolonizace, pp. 163–165.
49 CIM IV/1, no. 61, pp. 97–98.
50 J. Šrámek, *Formování klášterní domény*, p. 35.
51 Jiří Sigl, *Zjišťovací výzkum středověkého hrádku u Božanova, okr. Náchod v roce 1991*, Zpravodaj muzea v Hradci Králové 18, 1991, pp. 94–102, here pp. 95–96.
52 Pavel Drnovský – Jana Mazáčková – Josef Šrámek, *Hrad u Božanova na Broumovsku a jeho možná úloha při stabilizaci broumovského klášterního dominia*, AH 44/2, 2019, pp. 567–589.
53 T. Durdík, *Encyklopedie*, p. 175.

Another fortification was built on a prominent spur above the confluence of the Metuje River and the Dunajka Stream south of Žďár nad Metují. The castle's appearance was determined by the spur's shape, which gave it a long, narrow plan. The castle core is separated from the outer bailey, located to the north of it, by two neck ditches. On the southern side, the castle core is also partly enclosed by a rampart and a pair of ditches. In the castle's centre used to be masonry structures, the upper parts of which have been exposed by unprofessional excavations.[54] So far, no proper archaeological excavation has been carried out at the castle, but the published finds can be dated to the late 13th and early 14th centuries.[55] The first scholar to deal with the castle's history in detail was A. Sedláček, who placed its beginnings in the period after 1341, when the Police monastery obtained the villages of Petrovice, Petrovičky, Hodkovice, and Dřevíč from Hynek of Dubí.[56] Thus, the castle's foundation would have been associated with the administration of the newly acquired territory. A. Sedláček also believed that the residence of Jan Kdulinec of Ostroměř, who had leased nearby villages, should be sought there, although there is no support in written sources. A. Sedláček dated the castle's demise prior to 1406, when a lease of Vlčinec hill was mentioned, which is the first recorded use of this toponym. It was also later used as the castle's name. Sedláček's conclusions were subsequently accepted by other scholars and the entry for the year 1406 was even interpreted as evidence of the castle's existence as late as the beginning of the Hussite wars. Its demise was then presumed to happen in 1422, when the Police monastery was burned down.[57] In fact, there is no direct mention of the existence of a castle, the 1406 entry about the lease of Vlčinec hill (*monte Wlczinecz*) to a certain Stradal did not mention it and the price of 2 Groschen does not testify to a functional castle.[58] According to M. Novák,[59] we may rather be inclined to seek the castle's origins prior to 1341, when it would have been a residence located next to the border of the Police dominium. After the expansion of monasterial holdings, the castle was probably

---

54 Tomáš Durdík, *Žďár, hrad Vlčinec, okr. Náchod,* Výzkumy v Čechách 1980–81, 1984, no. 444, p. 139.
55 Jan Horák, *Nálezy z hradu Vlčince u Police nad Metují,* Zpravodaj Muzea v Hradci Králové 28, 2002, pp. 220–226; Miroslav Novák, *Archeologické prameny k nejstarším dějinám polického újezdu,* Zpravodaj Muzea v Hradci Králové 30, 2004, pp. 159–175.
56 August Sedláček, *Hrady, zámky a tvrze království českého V. Podkrkonoší,* Prague 1887, p. 65.
57 T. Durdík, *Encyklopedie,* pp. 602–603; J. Horák, *Nálezy z hradu,* p. 222.
58 *Decem registra censuum Bohemica compilata aetate bellum hussiticum praecedente,* Josef Emler (ed.), Pragae 1881, p. 202.
59 M. Novák, *Archeologické prameny,* p. 167.

abandoned and it was certainly already deserted by 1406, as it is not even listed as a building in the Břevnov urbarium.

As stated above, the process of mapping the property of the Břevnov monastery in the territory of the Broumov Highlands can be followed thanks to a series of charters. In spite of the fact that their dating is dubious, they seem to be reliable on a practical level. At the turn of the 14th century, the abbot of Břevnov owned most of the villages in what is now the Broumov Promontory. All three fortifications are located alongside the border of the then monasterial holdings. Thus it seems unlikely that their origins date to the time of Henryk IV Probus's pledge (1279–1290). The fortifications near Božanov, Šonov and Vlčinec Castle were still in use as late as the beginning of the 14th century. Thus I regard all three fortifications as building projects implemented by Broumov abbots either before 1278 or after 1290. If they were erected in the 1290s, their builder would have been Abbot Bavor of Nečtiny. Among others, he is also believed to have built a stone tower in the village of Martínkovice, formerly known as Merzdorf.[60]

IV. The territory in the catchment areas of the Upper Metuje River and the Jívka and Dřevíč Streams

The last three sites can be found in territory surrounded by the regions mentioned previously. This is an area demarcated by Trutnov Hill in the west and the Police Basin in the east. This territory also includes the massif of the Jestřebí Mountains and the Radvanice Highlands. The Jívka and Dřevíč Streams flow through there.

The first site is located on Zámecký kopec hill above the town of Stárkov. The castle was built on the western edge of a hill and is protected by steep slopes from the west and north. It is separated from the rest of the hill by a deep neck ditch and a piled up rampart on the eastern and southern sides. The castle core has an approximately oval floor plan with the dimensions of 50 × 35 m. An archaeological excavation carried out in 1999 provided information about the appearance of the residence, which was made up mainly of wooden structures. Remains of stone foundations were only present in the most elevated place of the castle and probably only represented a foundation wall for a wooden building.[61] The recovered assemblage can be chronologically placed

---

60 J. ŽEMLIČKA, *Království v pohybu*, p. 141.
61 Radomír TICHÝ – Jan TŮMA – Vladimír WOLF, *Předběžná zpráva o archeologickém výzkumu hradu Stárkov v roce 1999*, Zpravodaj muzea v Hradci Králové 25, 1999, pp. 110–121, here p. 111; Jan Mu-

somewhere from the late 13th to the early 14th century. No written records associated with the time of the castle's existence have survived. It is usually known as the castle near Stárkov in professional literature, or possibly as Bystrý Castle after the nearby village.[62]

The second fortification is located in the cadastral area of Radvanice, on the top of a long hill in the massif of the Jestřebí Mountains. The castle core has an oval floor plan and is surrounded by a moat and rampart on three sides, the rampart is doubled on the south-eastern side. The castle core is delimited by a steep slope on the western side. The castle's dimensions are approximately 60 × 35 m, while the core itself measures 34 × 22 m. An archaeological excavation, carried out by A. Hejna in 1970, significantly contributed to a better knowledge of the site. During the test excavation, an approximately rectangular feature with the dimensions of 10 × 21 m consisting of a stone foundation wall was unearthed in its core.[63] In the north-eastern part of the site, another building used to stand outside the castle core next to the outer foot of the rampart. This was a two-part feature in which a hearth was identified. Ceramic was recovered during the excavation, enabling us to date it to the late 13th century.[64] There are no written sources about the site, so it is usually called the castle in Radvanice, Radvanice,[65] or in earlier literature it is known as Schlossberg, from which the Czech name 'castle on Zámecký kopec hill' is derived.[66]

The third site is located near the village of Skály, not far from Teplice and Metují. The site is delimited by a shallow perimeter moat which encloses an oval surface with the outer dimensions of 35 × 23 m. It is a location situated opposite Skály Castle, the existence of which is recorded only for the year 1393, when it belonged to Matěj Salava of Lípa.[67] It could perhaps be a fortification preceding the construction of the later Skály Castle. Alternatively, the fortification might be associated with one of the two documented sieges of this castle. A clearer answer can only be provided by archaeological excavation. Due to its location on the upper course of the Metuje River, this

---

SIL, *Stárkov – Zámecký kopec. Příspěvek k poznání provizorních fortifikací v severovýchodních Čechách*, Vita Archaeologica 2006, pp. 207–224, here p. 222.

62 T. DURDÍK, *Encyklopedie*, p. 94.
63 Antonín HEJNA, *Záznam C-TX-199002389. Archeologická mapa České republiky. Nálezová zpráva z pozůstalosti A. Hejny*, https://digiarchiv.aiscr.cz/id/C-TX-199002389 (2021–05–03).
64 Zdeněk LOCHMANN, *Středověký hrádek u Radvanic a jeho význam v kolonizaci povodí Úpy*, Červenokostelecko 2, 1982, pp. 10–22, here p. 15.
65 T. DURDÍK, *Encyklopedie*, p. 471.
66 J. DEMUTH, *Der politische Bezirk*, p. 494.
67 A. SEDLÁČEK, *Hrady* V, p. 69.

could also be a residence defining the boundary with the neighbouring property of the Břevnov Benedictines.

In contrast to the previous regions, there are not so many coherent written sources that would inform us about local land ownership. For this reason, continuous historical research has somewhat avoided this region, in contrast to the Police, Broumov or Trutnov regions. Another reason could also be the fact that the owners of this territory were members of an extended family whose name is not derived from the founder's name or the place of origin, but from a symbol in their coat of arms, which was a stirrup. The issue of members of the clan of the stirrup was most recently addressed in detail by J. V. Šimák and in brief by F. Musil.[68] Scant references do not allow us to create a complex family tree of the members of this clan, who owned a lot of property in the area around the middle flow of the Úpa River and in the catchment area of the middle and upper flow of the Metuje River during the second half of the 13th century. If we omit some dubious and supposed family members from the first half of the 13th century, there are the brothers Petr of Skalice, Rubín and Bohuš, who appeared sometime after the mid-13th century and were perhaps sons of Sezema and nephews of Rubín. We will not deal with their property in the catchment area of the Úpa River, which pertains to a different region, and will only concentrate on the area analysed in the catchment area of the upper flow of the Metuje River and the Jívka and Dřevíč Streams. If we are to determine the extent of land owned by members of the clan of the stirrup, we must use the charter mentioned previously as a starting point.[69] It is a document drawn up under Břevnov Abbot Martin I in about 1255, which describes the boundaries of Benedictine holdings in the present-day Broumov Promontory. The description of the borders with the dominions of noble lords Petr (*Petri*) and Rubín (*Rubini*) is of extraordinary importance. Rubín's land was separated from monasterial property by the brooks Vlásenka, Lachovský potok, Verněřovický potok, and Ruprechtický potok up to the Javoří Mountains. Peter's property was marked out in relation to the land of the neighbouring Police monastery by the Srbská (Židovka) Brook and the mouth of the Vlásenka Brook into the Metuje River.[70] Bohuš's name does not appear in the char-

---

68 František MUSIL, *Rod erbu třmene a vrcholná kolonizace kraje na střední Úpě a střední a horní Metuji*, Rodným krajem. Vlastivědný sborník kraje Aloise Jiráska, Boženy Němcové a bratří Čapků 38, 2009, pp. 24–27; Josef Vítězslav ŠIMÁK, *Historický vývoj Čech severovýchodních*, Od kladského pomezí 9, 1931–1932, pp. 51–58, 81–86, 99–103, 115–117; IDEM, *Počátky erbu Třmene*, Časopis rodopisné společnosti československé 4/1–2, 1932, pp. 1–9, 65–74; IDEM, *Středověká kolonisace*, p. 891.
69 CDB V/1, no. 65, p. 127.
70 F. MUSIL, *Vrcholná kolonizace*, p. 334; IDEM, *Kolonizace Policka*, pp. 153–154.

ter, he can perhaps be identified with a witness Bohuš, brother of Rubín, in a charter issued by the Police monastery in 1260.[71] Perhaps the same Bohuš (or his son) was mentioned for the year 1321 as the owner of Stárkov, which he also used in his nobiliary article.[72] In spite of the difficulties associated with the classification of individual members of the clan of the stirrup, it can be generally said that land located southwest and west of the Břevnov holdings belonged to members of this noble family. We may be able to reconstruct the holdings of members of the clan of the stirrup along its northern and eastern borders, but there is also the question of border demarcation in the west. There, members of the clan of the stirrup bordered the possessions of the Švábenice family who owned the area around Trutnov. The possessions of members of the clan of the stirrup can still be followed on the middle flow of the Úpa River, as it was probably the descendants of Petr of Skalice who built the castles of Červená Hora, Vízmburk, and Rýzmburk in this territory. However, it is not quite clear where exactly on the course of the Úpa River the border between the dominion of the Švábenice family and the dominions of the members of the clan of the stirrup ran. According to J. V. Šimák and F. Musil, a certain notion of the border between both holdings can be gained thanks to villages bearing names which are perhaps derived from the names of the above mentioned brothers – Rubínovice, Petrovice and Bohuslavice.[73] All three fortifications described above near Stárkov can be regarded as castles built by members of the clan of the stirrup.

Summarising interpretation and postulating hypotheses

In the text above, I have presented four regions with several phenomena in common. This is mainly due to their position in the hilly landscape of north-eastern Bohemia, where the process of transformation and colonisation, as well as the process of formation of new property domains, were in full swing around the mid-13th century. Another common feature of the regions analysed is the existence of written sources which allow us to define the approximate extent of dominions and follow their ownership chain. Last but not least, it is also an area with the occurrence of mediaeval fortifications in which similar properties can be observed. On the basis of available written

---

71 RBM II, no. 276, pp. 106–107.
72 Ibidem, no. 718, p. 295.
73 F. MUSIL, *Vrcholná kolonizace*, p. 334; J. V. ŠIMÁK, *Středověká kolonisace*, p. 891.

and material sources, we have tried to identify the builders of these castles. In the case of the Miletín and Broumov regions we believe these were ecclesiastical institutions: the Teutonic Order and the Břevnov Benedictines. In the case of the Trutnov region and the area around the upper course of the Metuje River and the Jívka and Dřevíč Streams we believe that the builders of the fortifications were members of the Švábenice family and of the clan of the stirrup.

When looking for analogies between individual fortifications, we shall first look at their placement within the dominions to which they supposedly belonged. In all cases, the sites are placed on the edges. The foundation of the sites in relation to the extents of the dominions can be regarded as another common feature. These sites were probably not founded as central sites intended for centralised administration of estates. Those were Miletín, Úpa/Trutnov, Police and Broumov for the above regions. Perhaps only the site on the Zámecký kopec hill above the town of Stárkov shows some signs of centrality pertaining to the placement of the castle in the context of the populated area. However, this role was soon assumed by Stárkov itself, which was first mentioned in 1321.

None of the above sites was mentioned in written sources during the period of its existence. When there was an archaeological excavation on any of the sites, it ascertained short-term occupation. The castles also resemble each other in terms of their layouts. It was V. Wolf (1977) who noticed during his studies of fortifications in the Trutnov region that these sites shared certain common features, so he later used the designation colonisation makeshifts for them.[74] He placed them in the context of the establishment and securing the borders of estates of the Švábenice family on the upper course of the Úpa River.[75] In further research, we have extended this area by the territories of the Broumov Highlands and the Miletín region. In accordance with V. Wolf's opinion, we regard the presented sites as locations which supported the colonisation process or possibly demarcated the boundaries of emerging dominions. Their function also influenced their demise. Their demise in the Miletín region can be associated with the consolidation of local holdings of the Teutonic Order. They were established on the dominion's borders, could have participated in the colonisation process and then were abandoned in an organised way. This seems to be supported by the archaeological

---

[74] V. Wolf, *K problematice středověkých hrádků*; Idem, *K problematice tzv. kolonizačních provizorií*, pp. 107–116.

[75] In his study, V. Wolf also included the fortification in Hajnice-Kyje in these sites. In contrast to his opinion, we believe that this location was somewhat later and can be associated with the formation of the feoffee system in the Trutnov region.

record of Bezník and Úhlejov Castles. The period of existence of such sites in the Trutnov region can be linked to activities of the Švábenice family, also in accordance with V. Wolf's opinion. After their departure and the royal seizure of this territory, their existence was no longer needed. They might have lost their importance, as the settlement oecumene around Trutnov was probably already consolidated by then. Their placement outside built-up village areas did not meet the requirements of the new feoffee system.

In the Miletín region, we presume that the fortifications' primary function was to play a role in the administration of the settlement process. We do not assume significant clashes of different colonisation currents – the southern and eastern territories had already been colonised by then.[76] The northern boundary of the Miletín region was defined by nature, by the prominent Zvičinsko-kocléřovský hřbet ridge. The situation in the Trutnov region was different. The south-eastern parts of the Švábenický holdings in the catchment area of the Úpa River bordered on the land owned by members of the clan of the stirrup. The placement of the castle on Zámecký kopec hill may also have had the function of demarcating and stabilising the border between two estates.

Also, the fortifications in the territory administered by the Břevnov Benedictines in the Broumov Highlands did not only play an administrative role, but they were supposed to delimit the monastery's property. This is particularly evident in the locations of the castles above Božanov and Šonov, which are remote and not easily accessible from the settlement of the Broumov region. Nevertheless, both locations are well visible from the adjacent Kłodzko region. Perhaps it was during the temporary period when the Broumov region belonged to Henry IV that Abbot Bavor of Nečtiny secured and demarcated the borders of monasterial holdings. He might thus have avoided any other future efforts to place the area under the administration of the Kłodzko castellans, who had lost authority over this area during the 13th century. On the contrary, the Vlčinec Castle demarcated the Police region from the property of members of the clan of the stirrup, as we know from its borders in the middle of the 13th century. In contrast to the supposedly planned and peaceful decline of fortifications in the Miletín and Trutnov regions and in the territory owned by members of the clan of the stirrup, castles in the Broumov region probably declined in a violent way. However, this devastation was probably not caused by owners of neighbouring estates, but rather by internal struggles within the Benedictine holdings during a rebellion led by some of the

---

76 Pavel Drnovský, *Středověké osídlení na horním toku řeky Bystřice*, Ústí nad Orlicí 2013; Martin Ježek, *Jaroměřsko v raném středověku*, Archeologické rozhledy 59, 2007, pp. 523–570.

reeves. Archaeological finds prove that sieges were laid to Božanov and Vlčinec Castles. No material sources are so far known from the newly identified fortification above Šonov, but the treatise by Abbot Bavor of Nečtiny mentions the burning down of the village of Šonov, so military actions certainly took place in the castle's vicinity. These fortifications were never rebuilt, as the Benedictines wanted to strengthen their position after the mutiny had been suppressed. It could have turned out that the upkeep of smaller castles was not very effective in the case of military confrontations. Alternatively, their importance could have diminished with a somewhat stronger grip over the region. Last but not least, after 1300 the *castrum* in Broumov was either being built or renovated. Actually, also the demise of the other fortifications analysed can be associated with the consolidation of ownership rights and the development of central sites of fortification (the castle in Trutnov, the commandery in Miletín, a residence in the core of Stárkov, or the construction of Skály Castle).

Conclusion

Four regions and the fortifications they contain are presented in this paper. The presumed function of local castles in the Trutnov region has already been defined by V. Wolf. I have introduced fortifications in three more regions and tried to identify the time of their operation, their builders and focused on their placement in relation to the centre of the estate. In accordance with the opinion of V. Wolf presented earlier, I am inclined to regard these sites as a kind of support for the colonisation efforts of their owners. In addition to their administrative role, they could also have played a demarcating role, marking out the borders with surrounding dominions. The builders of these sites in the areas in question were religious orders and noble families. The reasons for their construction were also reflected in the buildings' lifespans. After the consolidation of the settlement oecumene, their operation was not needed any more and they were abandoned in an organised way. The short-lived existence of these sites is also manifested in a simple settlement stratigraphy which is, as a rule, restricted to only one settlement horizon.

Future research should focus on monitoring the ties between these castles and the central site and their economic hinterlands. Given the way in which they are situated in the landscape, we can doubt the self-sufficiency of their inhabitants or their own economic production. On the contrary, these sites must have been supplied from neighbouring rural areas or possibly directly from the estate's centre.

At the same time, preliminary results obtained from the regions analysed should be compared with other regions that were also colonised at the beginning of the High Middle Ages. A similar phenomenon has recently been described in the most detail by M. Plaček in the case of sites protecting the emerging estate of Boreš of Riesenburk in the surroundings of Moravská Třebová.[77] The presence of this type of site is also likely in places with longer settlement traditions, but in lowland areas their nature may have been such that they have yet to be discovered.

---

77 Miroslav PLAČEK, *Opěrné body Borešovy kolonizace Moravskotřebovska*, in: Jaroslav ŠŮLA (ed.), Vladimír Wolf et Opera Corcontica. Sborník příspěvků k šedesátinám prof. PhDr. Vladimíra Wolfa, Hradec Králové 2002, pp. 301–311.

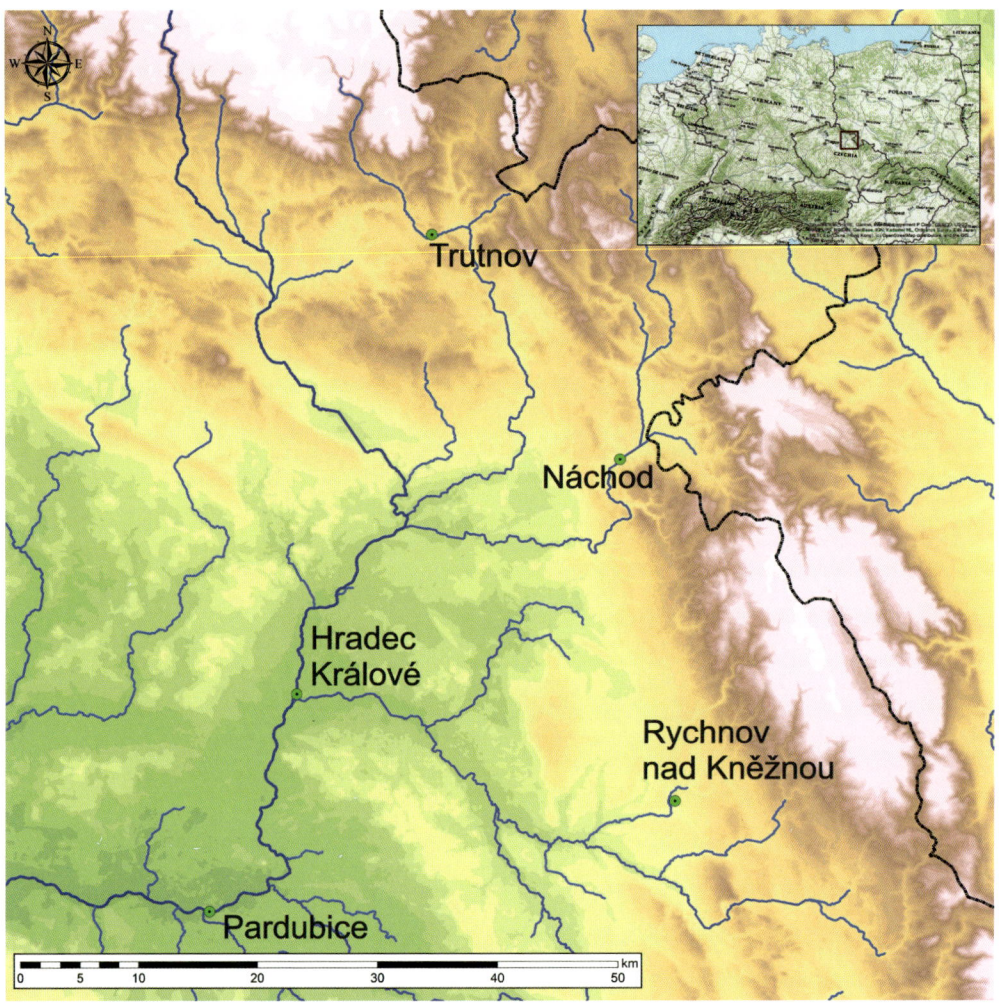

Fig. 1 Area of interest in the northeast of Bohemia. Map created by Martin Lanta and Pavel Drnovský.

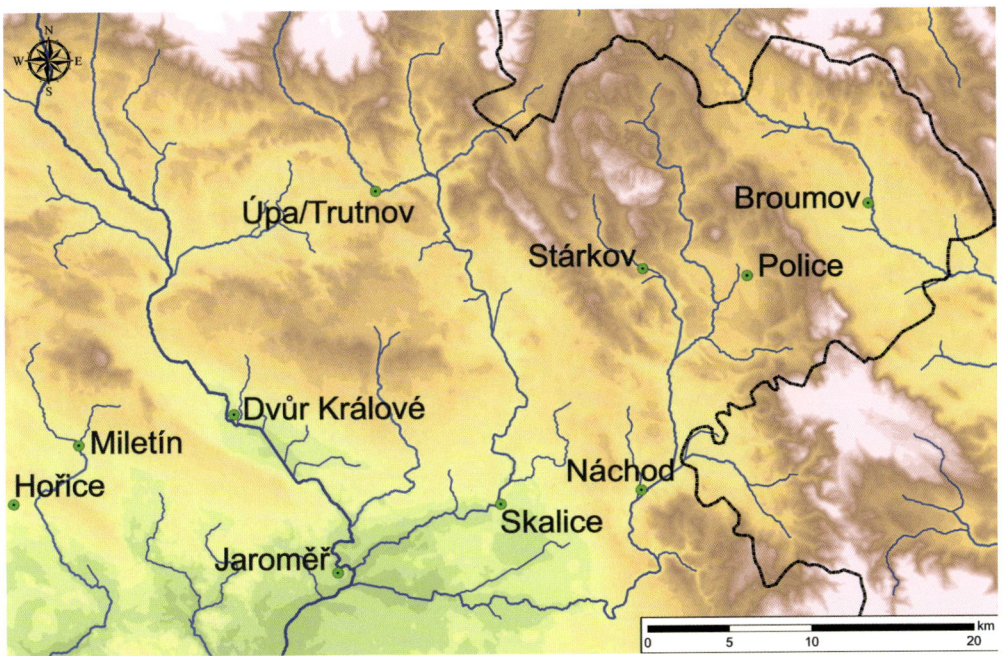

Fig. 2 Towns of 13th and 14th centuries. Map created by Martin Lanta and Pavel Drnovský.

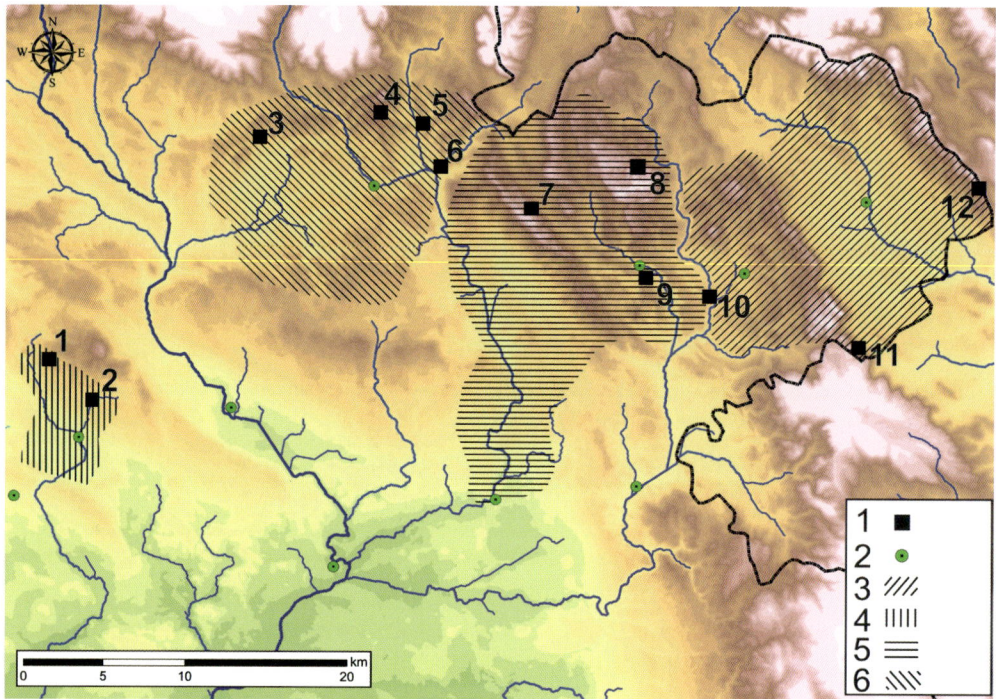

Fig. 3 Depiction of the approximate extent of the individual dominions and fortifications shown in the text. Description: 1) fortification; 2) town; 3) the Benedictine Order from the Břevnov monastery; 4) the Teutonic Order; 5) the clan of the stirrup; 6) the Švábenice family.
Fortifications: 1) Bezník; 2) Šluspárk; 3) Horní Vlčice; 4) Rechenburk; 5) Bolkov; 6) Schlossberg; 7) Radvanice; 8) Skály; 9) Stárkov; 10) Vlčinec; 11) Božanov; 12) Šonov. Map created by Martin Lanta and Pavel Drnovský.

Der Alte Königspalast der Přemysliden auf der Prager Burg

FRANTIŠEK ZÁRUBA

Der Alte Königspalast gehört zu den bedeutendsten europäischen Palastbauten überhaupt, und daher wurde ihm in der in- und ausländischen Literatur beträchtliche Aufmerksamkeit gewidmet.[1] Die gegenwärtige Gestalt des Palastes ist das Ergebnis einer außergewöhnlich komplexen Baugeschichte, die erst im 20. Jahrhundert ihr Ende fand.

---

1 Chronologische Übersicht der wichtigsten Literatur zum romanischen Palast der Prager Burg: Karel FIALA, *Starý hrad pražský*, Stavitel 3, 1922, S. 101–111; IDEM, *Archeologické výzkumy a konservační práce*, Český svět XXIV, Heft 5 (20.10.1927), S. 6; Heft 6 (27.10.1927), S. 6; IDEM, *Hrad pražský v době románské*. Praha 1933; Jiří ČAREK, *Románská Praha*, Praha 1947, S. 14–172; Ivan BORKOVSKÝ – Václav MENCL – Dobroslava MENCLOVÁ, *Pražský hrad ve středověku*, Praha 1946; Václav MENCL – Dobroslava MENCLOVÁ, *Praha, hrad českých knížat a králů*, Manuskript, aufbewahrt im Archiv des Nationalmuseums (Národní Muzeum), Bestand Menclovi, Praha 1947; Václav MENCL, *Praha předrománská a románská*, in: Václav Chalupecký – Jan Květ – Václav Mencl, Osmero knih o Praze, Bd. II. Praha románská, Praha 1948, S. 45–125; Ivan BORKOVSKÝ, *O počátcích pražského hradu a nejstarším kostele v Praze*, Praha 1949, S. 28–31; IDEM, *Pražský hrad v době přemyslovských knížat*, Praha 1969, S. 78–82; Anežka MERHAUTOVÁ, *Raně středověká architektura v Čechách*, Praha 1971, S. 200–203; Dobroslava MENCLOVÁ, *České hrady*, Bd. I, Praha 1976, S. 70–79; Jiří VANČURA, *Hradčany, Pražský hrad*, Praha 1976, S. 69–72; Jan SOKOL, *Architektura románského paláce Pražského hradu*, Umění 29, 1981, S. 320–324; Tomáš DURDÍK – Petr CHOTĚBOR, *Romanesque Vaults of the Prague Castle Royal Palace*, in: Jana KUBKOVÁ – Jan KLÁPŠTĚ – Martin JEŽEK – Petr MEDUNA (edd.), Život v archeologii středověku, Praha 1997, S. 169–175; IIDEM, *Zur Gestalt des romanischen Palas der Prager Burg*, Forschungen zu Burgen und Schlössern 4, 1998, S. 197–204; Dobroslav LÍBAL, *Stavební vývoj Starého paláce Pražského hradu do husitských válek do úrovně Vladislavského sálu*, Castellogica bohemica 7, Praha 2000, S. 61–74; Zdeněk DRAGOUN, *Praha 885–1310*, Praha 2002, S. 33–43; Jan FROLÍK – Jana MAŘÍKOVÁ-KUBKOVÁ, *Pražský hrad v době Vladislava II. (1140–1172). Vladislav II., druhý král z Přemyslova rodu – k 850. výročí jeho korunovace*, Praha 2009, S. 176–183; Jan FROLÍK, *Hlavní sídlo, Pražský hrad*, in: Dana Dvořáčková-Malá – Jan Zelenka et al., Přemyslovský dvůr, život knížat, králů a rytířů ve středověku, Praha 2014, S. 457–476; Jiří KUTHAN, *Dílo knížat a králů z rodu Přemyslovců*, Praha 2018, S. 187–190; František ZÁRUBA, *Knížecí a královský palác Pražského hradu v době přemyslovské* I, Castellologica Bohemica, im Druck.

Trotz des großen wissenschaftlichen Interesses hat sich gezeigt, dass die Erforschung der Baugeschichte bei weitem noch nicht ihr Ende erreicht hat und es weiterhin möglich ist, zu neuen Entdeckungen und Interpretationen schon bereits bekannter Fundsituationen zu kommen, die unser Wissen grundlegend verändern. Es hat sich nämlich gezeigt, dass einige Schlüsselteile der Bebauung völlig unbeachtet geblieben und andere falsch interpretiert worden sind. Die bisherige Literatur hat sich zu sehr auf die publizierten Ergebnisse der Untersuchungen des Ehepaars Václav Mencl und Dobroslava Menclová aus den 40er Jahren des 20. Jahrhunderts verlassen.[2]

Im folgenden Beitrag konzentrieren wir uns auf die Entstehung und die Veränderungen des Palastes in der Přemyslidenzeit, also in der frühesten Phase seiner Existenz, die wir einerseits mit dem Jahr der Grundsteinlegung 1135 abstecken können, andererseits mit dem Jahr 1303, als es zu einem großen Brand kam, dessen Folgen erst unter Johann von Luxemburg und Karl IV. dreißig Jahre später beseitigt wurden. Aufmerksamkeit werden wir auch der Forschungsgeschichte widmen, die neben Václav Mencl und Dobroslava Menclová vor allem mit Karel Fiala, aber auch mit Ivan Borkovský verbunden ist. Gerade die Forschungsgeschichte liefert die Antwort, wie es möglich war, einige grundlegende Fundsituationen zu übersehen.

---

2 Bei der Vorbereitung des den böhmischen Burgen der Přemyslidenzeit gewidmeten Buches habe ich mich auch mit der Prager Burg und ebenso dem erwähnten Palast befasst, der für die Entwicklung der Burgenarchitektur in Böhmen eine grundlegende Rolle spielt. Anfangs hatte ich zwar keine neuen Erkenntnisse erwartet, aber mir fielen einige Unklarheiten in der bisher veröffentlichten Literatur über die Gestalt der Bebauung an der Nordseite des Palastes auf. Diese wird nämlich nur ganz am Rande erwähnt, und die publizierten Grundrisse von Karel Fiala und dem Ehepaar Mencl widersprechen sich einander teilweise. Der Widerspruch konnte nur durch die Untersuchung des in der Regel unzugänglichen Ausgrabungsbereichs unter dem nördlichen Palasthof gelöst werden. Der erste von vielen Besuchen fand Ende 2017 in Begleitung von Petr Chotěbor statt, dem ich für seine Bereitschaft und auch für die wertvollen Informationen an dieser Stelle danken möchte. Durch einen glücklichen Zufall wurde der betreffende Raum gerade teilweise renoviert. Schon bei diesem ersten Besuch wurde deutlich, dass unsere Vorstellungen von der Gestalt des Palastes ungenau waren. Kurz nach Betreten des Ausgrabungsbereichs zeigte sich nämlich beim Versuch, die Nordwestecke des Palastes zu finden, dass sich die romanische Palastmauer eigentlich bis zum südlichen Torturm fortsetzt, der romanische Palast also mindestens um ein Drittel länger war. Weiterhin war evident, dass das, was in der älteren Literatur als nördliche Wehrmauer des Palastbezirks betrachtet wurde, in Wirklichkeit die Südwand eines völlig unbekannten romanischen Palastes war, zu dem vom Hof aus eine monumentale Treppe führte.

DER ALTE KÖNIGSPALAST DER PŘEMYSLIDEN

Der Herzogs- und Königspalast im Licht der zeitgenössischen Quellen

Der Herzogs- und später Königspalast hinterließ als Hauptresidenz der Přemyslidendynastie wichtige Spuren in den Quellen, und zwar vor allem als Schauplatz bedeutender Ereignisse. Über die Baugeschichte und das Aussehen des Palastes erfahren wir jedoch aus den Quellen nur sehr wenig. Ein Palast auf der Prager Burg ist schon seit dem 10. Jahrhundert belegt und wird vor allem in den Wenzelslegenden erwähnt. Der Chronist Cosmas hatte aber keine Zweifel an der Existenz einer älteren Prager Burg; den Herzogspalast erwähnte er schon im Zusammenhang mit dem mythischen Herzog Neklan, der sich *in Pragensi palatio* mit seinen Gefolgsleuten beraten haben soll.[3] Die moderne Forschung datiert die Entstehung der Prager Burg allerdings erst in den Beginn des 10. Jahrhunderts, als ein Palast entstanden sein muss, der in den Wenzelslegenden Erwähnung findet. Dieser älteste Palastbau wurde bislang nicht zuverlässig lokalisiert, auch wenn seine Lage im Westteil des Georgplatzes (Jiřské náměstí)[4] vermutet wird und er mit absoluter Sicherheit nicht an der Stelle des gegenwärtigen Baus stand, wie von Ivan Borkovský irrtümlich vermutet.[5] Deswegen konzentrieren wir uns auf die erste Erwähnung, die mit der Entstehung des romanischen Palastes zusammenhängt. Zum Jahre 1135 schreibt der Vyšehrader Kanoniker, der Fortsetzer der Cosmas-Chronik, mit Blick auf die Regierung Soběslavs I.: *Prag, die Metropole Böhmens begann, sich nach der Art der lateinischen Städte zu erneuern.*[6] Mit der Wendung *nach der Art der lateinischen Städte* betonte der Chronist, dass es sich um gemauerte Bauten aus Quadern von Plänerkalk und anderen Steinsorten handelte, so wie es in West- und Südeuropa zu dieser Zeit üblich war. Über den Palast selbst finden sich jedoch keine Angaben, seine Entstehung ist aber fest mit der Errichtung der Umfassungsmauer verbunden, so dass das Jahr 1135 auch auf den Beginn des Palastbaus hinweist.

Herzog Soběslav I. selbst nahm seinen Sitz auf dem Vyšehrad, der seit dem 11. Jahrhundert die Prager Burg als Hauptresidenz der böhmischen Herzöge ablöste, und wurde nach seinem Tod am 14. Februar 1140 dort auch begraben. Der Palast wurde zu seinen Lebzeiten nicht mehr vollendet, was auch den gewonnenen Erkenntnissen zur

---

3 *Fontes rerum Bohemicarum II* [im Folgenden FRB II], Josef Emler (ed.). Praha 1874, S. 25; *Die Chronik der Böhmen des Cosmas von Prag*, Bertold Bretholz (ed.) (= MGH. Scriptores rerum Germanicarum, Nova series, 2), Berlin 1923, S. 30.
4 J. Frolík – J. Koubková-Maříková, *Pražský hrad*, S. 178.
5 I. Borkovský, *Pražský hrad*, S. 78–82.
6 FRB II, S. 222; *Pokračovatelé Kosmovi*, Marie Bláhová (ed.), Praha 1974, S. 59.

Baugeschichte entspricht. Der Bauverlauf fiel also in die Zeit des Todes des Herzogs und der darauf folgenden Kämpfe um den Thron, die in der Belagerung durch Konrad von Znaim und dem damit verbundenen Brand der Prager Burg gipfelten. Die Fortsetzung der Cosmas-Chronik und auch die Annalen von Vincentius (*Letopis Vincenciův*) erwähnen die Beschießung der Burg mit Schleudern, Armbrüsten und Bogenschützen, die *Feuer auf Kirchen, Klöster und Gebäude warfen*.[7] Detailliertere Folgen des Brands schilderte Vincentius, erwähnte aber hierbei nur den Brand der Kapitelgebäude bei St. Veit und der Georgsbasilika.[8] Obwohl keine der zeitgenössischen Beschreibungen von Schäden an der Befestigung oder am Palast selbst berichtet, kann kein Zweifel daran bestehen, dass sie in Mitleidenschaft gezogen wurden. Die Tatsache, dass die Prager Burg erfolgreich der Belagerung trotzte, kann man am ehesten als indirekten Beleg dafür betrachten, dass die Befestigung schon zum größten Teil fertiggestellt war. In der folgenden Zeit wird der Palast in den Chroniken nur selten erwähnt.

Mit dem Palast war auch die Allerheiligenkapelle baulich verbunden, die in den Quellen mit dem Adjektiv „herzoglich" und später „königlich" bezeichnet wird.[9] Erwähnungen dieser Kapelle ergänzen teilweise die Geschichte des eigentlichen Palastes. Ihre Existenz ist zum ersten Mal zum 2. Juni 1185 belegt, also an dem Tag der *Weihe der Herzogskapelle in den Mauern zu Prag, die zu Ehren Allerheiligen (geweiht) ist*, woran auch Herzog Friedrich teilnahm.[10] Gerade deswegen wird manchmal die bauliche Vollendung der Kapelle und auch des Palastes in das Jahr 1185 datiert. Dennoch führten schon Fiala[11] und später auch Milada Vilímková[12] an, dass die Kapelle auch aus anderen Gründen als der Fertigstellung des Baus neugeweiht worden sein könnte. Erneut ist die Kapelle in der zweiten Hälfte des 13. Jahrhunderts belegt. Allerdings ist darauf hinzuweisen, dass auf der Prager Burg schon eine Kapelle mit diesem Patrozini-

---

7 FRB II, S. 235–236; *Pokračovatelé Kosmovi*, S. 73.
8 FRB II, S. 412–413.
9 Ausführlicher zur Allerheiligenkapelle: František ZÁRUBA, *Capella regia – kaple Všech svatých na Pražském hradě*, Castellologica Bohemica 12, 2010, S. 99–135; IDEM, *Hradní kaple I. Doba přemyslovská*, Praha 2014, S. 41–48.
10 *Codex diplomaticus et epistolaris regni Bohemiae I* [im Folgenden CDB I], Gustav Friedrich (ed.). Praha 1897, S. 279.
11 Karel FIALA, *Knížecí neb královská kaple Všech Svatých na Pražském hradě*, Manuskript, aufbewahrt im Archiv der Prager Burg (Archiv pražského hradu/APH), Nachlass Fiala Nr. 35, S. 7.
12 František KAŠIČKA – Milada VILÍMKOVÁ, *Kaple Všech svatých*, Stavebně historický průzkum, Pasport SÚRPMO 1967, Manuskript, aufbewahrt im Archiv des Nationalen Denkmalinstitut (Národní památkový ústav/NPÚ) in Prag, S. 2.

um existierte, die von Čéč 1263 im Rahmen der Klausur des St.-Veits-Kapitels bei der Basilika Spytihněvs erbaut worden war.[13]

Weitere Belege über die baulichen Veränderungen des Palastes finden wir erst 1252, als *der Palast auf der Westseite erbaut wurde*.[14] Diese Information können wir mit dem Bau des westlichen Palastes in Verbindung bringen, der sich bis heute unter den Fundamenten des Westflügels aus der Zeit Karls IV. befindet. Hier im Palast feierte 1265 Přemysl Ottokar II. die Taufe seiner Tochter: *Der König feierte bei der Taufe seiner erstgeborenen Tochter ein prächtiges Fest [...] und speiste zwei Tage lang mit den genannten Bischöfen und Adligen der genannten Länder im königlichen Saal auf der Prager Burg*.[15] Nach dem Tode Přemysl Ottokars II. sollen sich 1282 im Palast tragische Ereignisse abgespielt haben, die mit der Gefangennahme vermögender Bürger und ihrer Erpressung und Folterung zur Erlangung von Lösegeld zusammenhingen.[16] Erwähnung findet der Palast gleichfalls bei Ottokar von Steiermark, und zwar im Rahmen der Schilderung der Verhaftung Zawischs von Falkenstein im Januar 1289. Hier werden einige interessante Details zur Gestalt des Palastes vermerkt, u. a. Räumlichkeiten, in denen Zawisch den König suchte, dabei aber nur Höflinge antraf, die ihn schließlich zum südlichen Torturm schickten, wo ihn der König erwarten sollte. Hier wurde Zawisch gefangengenommen, während Wenzel sich im oberen Geschoss desselben Turms befand.[17]

---

13 Dazu ausführlicher F. KAŠIČKA – M. VILÍMKOVÁ, *Kaple Všech svatých*, 1967, S. 2–10; F. ZÁRUBA, *Capella regia*, S. 101. Die schriftlichen Angaben sind in diesem Punkt völlig eindeutig. Besonders vielsagend ist die letzte Erwähnung der Kapelle im Jahr 1358, nach der sie beim Bau der Kathedrale zusammen mit dem Kreuzgang des Domkapitels von St. Veit verschwand: *Budco, einst Diener am Altar der Allerheiligenkapelle im Kreuzgang der Prager Kirche*; Václav Vladivoj TOMEK, *Základy starého místopisu pražského*, Bd. IV, Praha 1872, S. 104. Nichtsdestoweniger geht bereits aus dem Text der Berichte aus dem 13. Jahrhundert hervor, dass es sich nicht um die Kapelle beim Königspalast gehandelt haben kann. Der mit Vorliebe zitierte Eintrag in der Chronik über die Gründung der Kapelle ist ebenfalls eindeutig: *Derselbe Herr Dekan bewegte Čéč, den Richter des gesamten böhmischen Königreichs, dazu, die Allerheiligenkirche zu erbauen, die beim Ausgang aus der Klausur gegenüber dem Königshof steht [...]*, *Pokračovatelé Kosmovi*, S. 138. Auch das Engagement des Richters Čéč und des Dekans des St. Veits-Domkapitels zum Bau dieser Kapelle wäre mindestens auffällig. Deswegen ist es völlig offensichtlich, dass es sich nicht um die königliche Kapelle gehandelt haben kann.

14 FRB II, S. 289; *Pokračovatelé Kosmovi*, S. 111.

15 FRB II, S. 299; *Pokračovatelé Kosmovi*, S. 132f.

16 *Pokračovatelé Kosmovi*, S. 168.

17 *Ottokars Österreichische Reimchronik*, Teil 1, Joseph Seemüller (ed.) (= MHG Deutsche Chroniken, V/1), Hannover 1890, S. 271; Libor JAN, *Václav II. Král na stříbrném trůnu 1283–1305*, Praha 2015, S. 381f.

Weitere, sehr aufschlussreiche Details liefert die Königsaaler Chronik zum 26. Mai 1303 im Rahmen der Beschreibung der Vermählung Wenzels II. mit Elisabeth Richza und ihrer anschließenden Krönung: Der *berühmte Wenzel, der sechste, böhmischer König, verheiratete sich mit der Tochter des ersten polnischen Königs [...] und ließ sie [...] in der Prager Kirche zur böhmischen und polnischen Königin weihen und krönen [...]. Und damit die obligatorische Erhabenheit dieser Krönung, der Würde, der Pracht und des königlichen Reichtums, die durch klangvolle Titel zur Spitze erhoben werden muss, nicht ein wenig bescheidener demonstriert wird, wurden damals zwischen den Kirchen St. Veits und St. Georgs, des Märtyrers, ein königlicher Hof oder ein Umgang von bewundernswerter Größe errichtet und ein Gebäude aus gesägten und behauenen Stämmen, mit Zapfen so verbunden, als ob sie Jahrhunderte halten sollten. Der Bau wurde dann ein wenig erhöht, so dass man zu ihm über eine Treppe emporsteigen und ihn betreten konnte.*[18] Dieser provisorische Palast befand sich im Bereich des Georgplatzes. Archäologische Untersuchungen haben ihn an dieser Stelle jedoch nicht nachgewiesen, was für einen provisorischen Bau aber nicht überraschend ist.[19]

Kurz darauf, vielleicht noch im Jahre 1303, brannte der Palast ab und erlebte erst 1333 seinen Wiederaufbau, als der junge Karl IV. *gleich dort erneut zu bauen begann und die eingestürzten königlichen Gebäude zu errichten, die dreißig Jahre zuvor durch Feuer vernichtet wurden und verlassen lagen, und sie mit Erfolg und mit geistreichem Bemühen vollkommen zu erneuern, wie man es von den israelischen Königen liest.*[20] Ein einfaches Nachrechnen ergibt das Jahr 1303 als Datum des Brandes, was jedoch nur als Anhaltspunkt zu verstehen ist. Übrigens erwähnt Karl IV. in seiner Vita Caroli sogar, dass der Palast schon zu Zeiten von Přemysl Ottokar II. niedergebrannt und „zu Boden gestürzt" sei. Eine Bestätigung dafür, dass der Palast irgendwann in der zweiten Hälfte des Jahres 1303 oder kurz danach abbrannte, können wir in der Tatsache erblikken, dass Wenzel II. am 21. Juni 1305 im Haus des Goldschmieds Konrad in der Prager Altstadt starb, welches sich an der Stelle der späteren Kirche St. Clemens befand.[21] Jo-

---

18 *Fontes rerum Bohemicarum* IV [im Folgenden FRB IV], Josef Emler – Jan Gebauer (edd.), Praha 1884, S. 86; *Chronicon Aulae regiae / Zbraslavská kronika*, František Heřmanský – Rudolf Mertlík (edd.), Praha 1974, S. 123.
19 Ivana Boháčová – Jan Frolík – Jaromír Žegklitz, *Jiřské náměstí na Pražském hradě (Shrnutí výsledků 1. etapy výzkumu)*, AH 14, 1989, S. 196.
20 FRB IV, S. 318; ausführlicher zum Neubau des Palastes im 14. Jahrhundert František Záruba, *Hrady Václava IV.*, Praha 2014, S. 87–89.
21 Dana Dvořáčková-Malá, *Královský dvůr Václava II.*, Praha 2011, S. 186, 189–191; L. Jan, *Václav II.*, S. 370f.

hann von Luxemburg residierte dauerhaft in der Prager Altstadt, wo er sehr wahrscheinlich anfangs das Haus zur Glocke bewohnte, später dann ganz sicher im Haus U Štupartů (Stuppart-Haus) residierte.[22]

Die sporadischen Erwähnungen des Palastes in den Chroniken werden teilweise von Quellen diplomatischer Art ergänzt. In der zweiten Hälfte des 12. Jahrhunderts stoßen wir nämlich auch schon auf verschiedene Urkunden von Herrschern, die „in Prag" ausgestellt wurden, mit größter Wahrscheinlichkeit also auf der Prager Burg, vielleicht auch im Palast. Nichtsdestoweniger sind dergleichen Aufzeichnungen in der betreffenden Zeit noch relativ selten, sie nehmen aber allmählich zu, insbesondere ab der zweiten Hälfte des 13. Jahrhunderts. Weil die Prager Burg zu dieser Zeit zweifellos die Funktion einer Hauptresidenz des böhmischen Herrschers erfüllte, sind diese Belege nicht von so grundsätzlicher Bedeutung wie bei anderen Bauten. Wir führen deswegen hier nur jene an, die vor dem Ende des 12. Jahrhunderts entstanden sind: Wladislaw II. stellte in der Burg (*Data Prage*) 1160[23] und 1167[24] Urkunden aus. Ebenso tat dies Herzog Friedrich 1183 (*Data Prage*),[25] zum 2. Juni 1185 war er bei der Weihe der Allerheiligenkapelle[26] anwesend, und einige Tage später am 17. Juni, hielt er sich *in communi colloquio Bohemorum Pragae habito* auf.[27] Herzog Konrad II. Otto urkundete 1190 *in curia nostra Prage*,[28] seine Gattin Hellicha von Wittelsbach hatte ein Jahr zuvor in *Prage* Gleiches getan.[29] Auch der Bischof und Herzog Heinrich Břetislav stellte einige Urkunden in Prag aus – in seinem Falle wissen wir aber nicht, ob damit die Prager Burg oder der Bischofshof auf der Kleinseite gemeint ist –, 1194 *in urbe Praga*,[30] im selben Jahr *datum Prage*.[31]

---

22 Näher zur Baugeschichte Residenzen der Luxemburger in Prag: František ZÁRUBA, *Prag und die Residenzen der böhmischen Herrscher zur Zeit der Luxemburger*, MRK, N.F.: Stadt und Hof 8, 2019, S. 31–53.
23 CDB I, S. 197.
24 Fälschung, CDB I, S. 415.
25 Fälschung, CDB I, S. 422.
26 CDB I, S. 279.
27 CDB I, S. 277.
28 CDB I, S. 301.
29 CDB I, S. 296.
30 CDB I, S. 313.
31 Fälschung, CDB I, S. 444. Ähnlich datierte er auch die Urkunde von 1190, als er nur Prager Bischof war: *Data Prage*, CDB I, S. 298.

FRANTIŠEK ZÁRUBA

Die Forschungsgeschichte des Alten Königspalastes

Die bisherigen Vorstellungen von der Gestalt des Königspalastes in der Přemyslidenzeit gehen vor allem von den Untersuchungen Karel Fialas und des Ehepaars Václav Mencl und Dobroslava Menclová aus. Das Ergebnis der Arbeiten der Mencls waren zeichnerische Rekonstruktionen, die wiederholt publiziert wurden, sowie ein Gipsmodell, das für die 1946 vor Ort stattfindende Ausstellung über die Prager Burg im Mittelalter bestimmt war.[32] Karel Fiala (1862–1939) war der erste, der den Alten Königspalast baugeschichtlich erforschte, und zwar schon 1902. Bereits damals gelang es ihm, die romanische Phase des Palastes zu identifizieren. Nach der Gründung der ersten Republik (1918) bekleidete er die Stelle des Burgbaumeisters und blieb dies bis 1938. In dieser Position fiel ihm die Aufsicht über die laufenden Reparaturen zu, er führte bauhistorische Untersuchungen durch, initiierte aber auch aktiv archäologische Grabungen im nördlichen Palasthof. Leider publizierte er die Ergebnisse seiner Forschungen nur sporadisch,[33] und die meisten seiner Erkenntnisse blieben in Manuskriptform – in seinem Bautagebuch, in handschriftlichen Artikeln und zeichnerischen Rekonstruktionen (Abb. 1, 2), die er nicht zur Fertigstellung und Veröffentlichung brachte. Sein gesamter Nachlass wird heute im Archiv der Prager Burg aufbewahrt.[34]

Das Ehepaar Mencl führte in der Einleitung eines unveröffentlichten Buchs (auf das wir noch zurückkommen werden) treffend an:

„Fast geräuschlos erforschte abseits Karel Fiala den alten Teil des mittelalterlichen Palastes; erst als es nach seinem tragischen Tod möglich war, einen tieferen Einblick in seine Zeichnungen zu nehmen, wurde erkannt, welche wertvolle und nicht gewürdigte Arbeit er hier im Verborgenen geleistet hatte. [...] am dankbarsten von allem erinnert man sich aber an die bahnbrechenden Arbeiten Karel Fialas, der als einziger von ihnen die Ergebnisse seiner fast vierzigjährigen Tätigkeit nicht mehr erlebte und seine Arbeit hinterließ, bevor er sie zu einer endgültigen Formulierung ausarbeiten konnte."[35]

Wichtig zu erwähnen sind die archäologischen Ausgrabungen, die Fiala schon seit 1920 im Bereich des Palasthofes durchführte. Anfänglich handelte es sich nur um Funde im Zusammenhang mit der Verlegung einer neuen Kanalisation, später folgten Untersuchungen im Zuge von Instandsetzungsarbeiten am Palast. Die archäologische

---

32 I. BORKOVSKÝ – V. MENCL – D. MENCLOVÁ, *Pražský hrad*; V. MENCL, *Praha*, S. 79–85; D. MENCLOVÁ, *České hrady*, S. 70–79.
33 K. FIALA, *Starý hrad*, S. 101–111; IDEM, *Archeologické výzkumy*, S. 6; IDEM, *Hrad pražský*.
34 Archiv der Prager Burg (Archiv Pražského hradu), Nachlass Fiala.
35 V. MENCL – D. MENCLOVÁ, *Praha, hrad*, S. 2f.

DER ALTE KÖNIGSPALAST DER PŘEMYSLIDEN

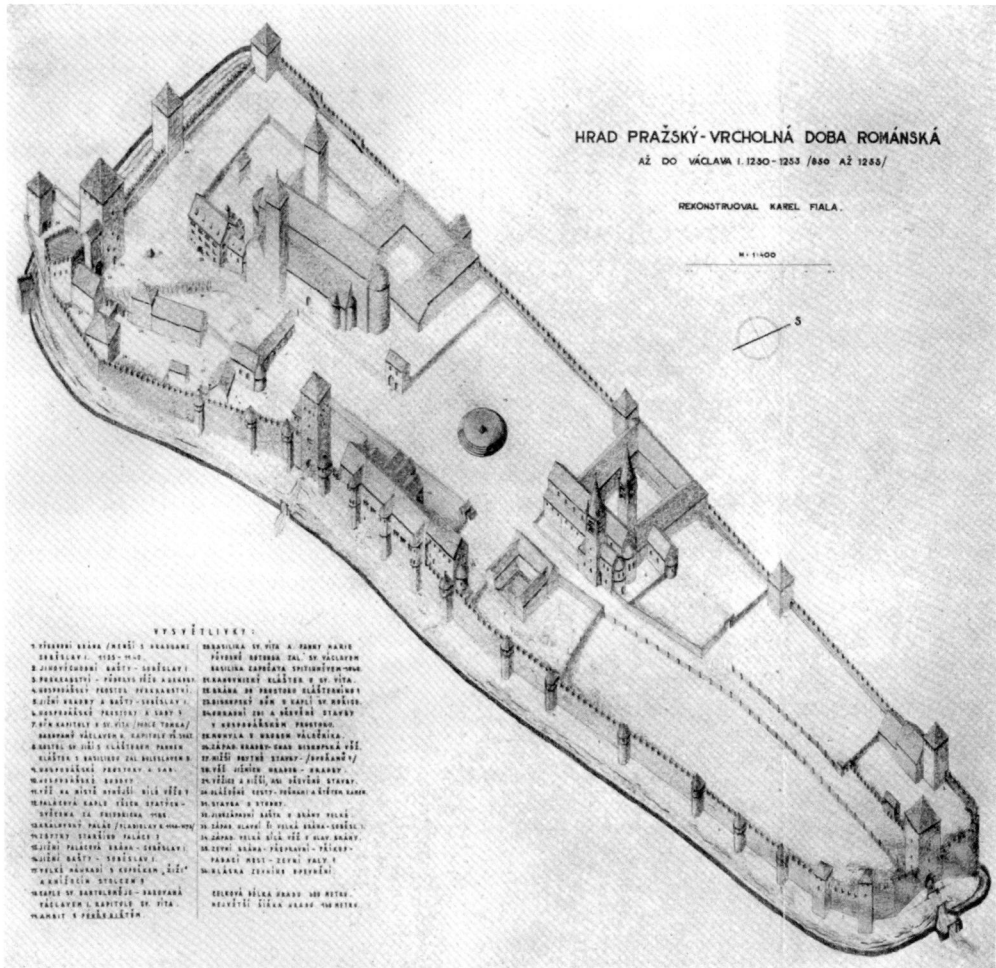

Abb. 1 Die Prager Burg in der romanischen Zeit, Rekonstruktion nach K. Fiala.

Hauptuntersuchung des Hofes erfolgte 1935 bis 1936. Die Bedeutung der Ausgrabungen wurde bald erkannt, weswegen 1937 über ihnen ein provisorisches Schutzdach errichtet wurde. Dennoch wurde nach dem Tode Fialas die Arbeit in der Kriegszeit nicht fortgesetzt.

Den imaginären Staffelstab der Erforschung der Prager Burg und ihres Palastes übernahm das Ehepaar Václav Mencl (1905–1978) und Dobroslava Menclová (1904–1978). Mit ihren Untersuchungen traten sie zum ersten Mal 1943 anlässlich einer Be-

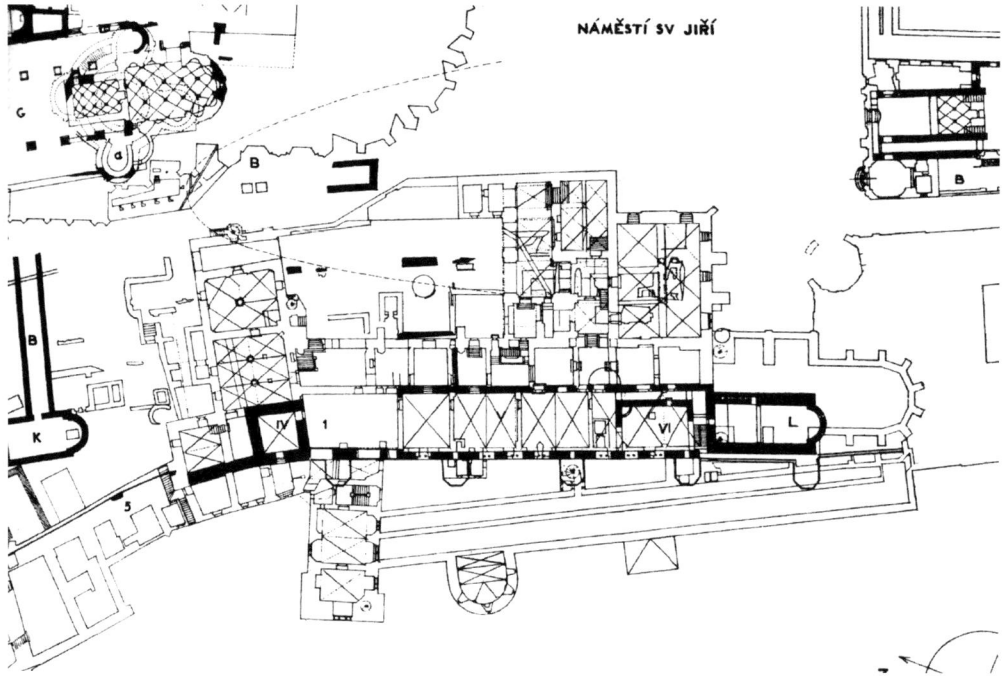

Abb. 2 Grundriss des Alten Königspalastes mit Markierung der romanischen Funde nach K. Fiala von 1933.

nedikt Ried gewidmeten Studie in Erscheinung, die Mencl gemeinsam mit Jan Morávek (dem damaligen Direktor des Archivs der Prager Burg) vorbereiten sollte. Über den Verlauf der Forschungsarbeiten sind wir dank dem Tagebuch von Pavel Janák detailliert unterrichtet. Gleichzeitig erstellte der Fotograf Antonín Gubčevský eine Fotodokumentation des Palastes. Sie nimmt eine Schlüsselstellung ein, da sie uns den Stand der archäologischen Ausgrabungen im Hof bildlich zeigt.

Das Ehepaar Mencl widmete sich nach dem Ende des Zweiten Weltkriegs intensiv der Untersuchung der Prager Burg, und zwar vor allem im Zusammenhang mit der erwähnten Ausstellung „Die Prager Burg im Mittelalter", die 1946 stattfand. Gleichzeitig entstand auch das Manuskript für das umfangreiche Buch „Praha, hrad českých knížat a králů" (Prag, die Burg der böhmischen Herzöge und Könige), das 1947 bereits handschriftlich vorlag und anschließend in den Druck gegeben werden sollte. Der kommunistische Umsturz vereitelte 1948 aber die Veröffentlichung des Buches, dessen Satz schon zur Hälfte fertiggestellt war. Das Typoskript der Mencls ist eine bedeutende

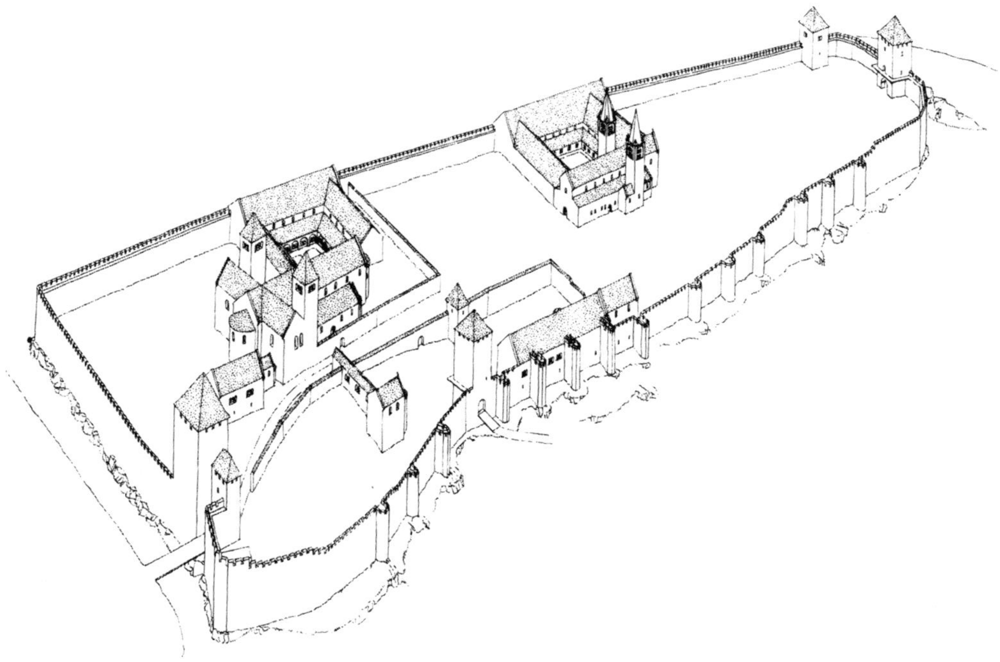

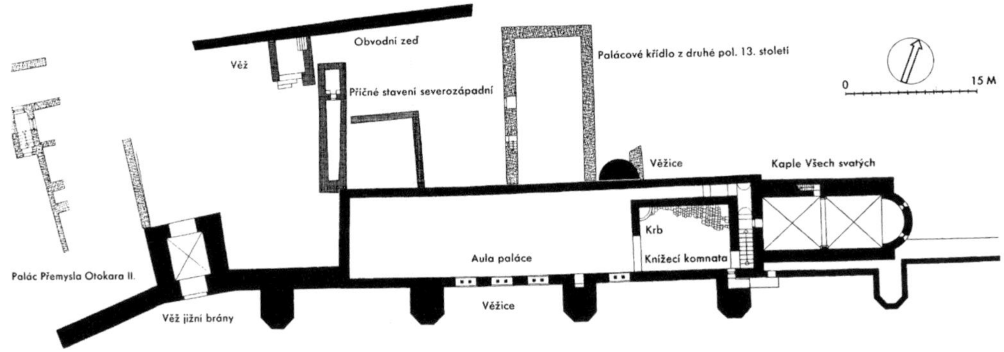

DER ALTE KÖNIGSPALAST DER PŘEMYSLIDEN

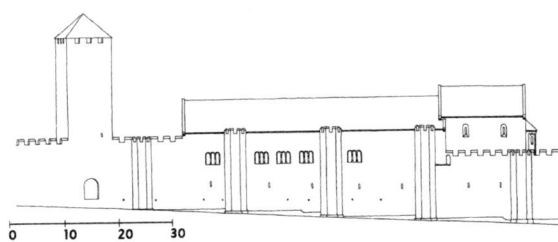

Abb. 3 Rekonstruktion der Prager Burg in der romanischen Zeit (oben), Rekonstruktion des Grundrisses (inmitten) und des Seitenrisses (unten) des romanischen Palastes nach Václav Mencl und Dobroslava Menclová.

Quelle zur Kenntnis des Forschungsstandes in der damaligen Zeit. Dobroslava Menclová verwendete die Ergebnisse der Untersuchung in ihrem Buch „České hrady" („Böhmische Burgen"), das erstmals 1972 und erneut 1976 erschien (Abb. 3).[36]

Die Untersuchung der Mencls war aber von Anfang an durch mehrere Faktoren beschränkt. Zum einen standen ihnen nicht die schriftlichen Anmerkungen Fialas zur Verfügung, denn sie arbeiteten nur mit den Plänen und Zeichnungen, die in vielen Fällen nicht die Fundsituation von der Rekonstruktion des mittelalterlichen Zustands unterschieden.[37] Zum anderen lag die Schwierigkeit in dem Stand der Ausgrabungen im Hof. Das oben erwähnte provisorische Dach war nämlich zu Beginn des Jahres 1945 durch die deutsche Protektoratsverwaltung entfernt worden, die befürchtete, dass es im Falle von kriegerischen Aktionen in Brand geraten und den alten Königspalast bedrohen könnte. Die Ausgrabungen wurden teilweise mit Sand zugeschüttet. Bald nach der Befreiung wurde beschlossen, das Ausgrabungsareal im Palasthof mit einer Betonplatte zu überdecken, was 1946 geschah. Gleichzeitig erfolgte die archäologische Untersuchung von Ivan Borkovský (1897–1976), der die Fundsituation auf den gegenwärtigen Stand brachte. Das Ehepaar Mencl hatte so aufgrund der laufenden baulichen und archäologischen Arbeiten nicht die Möglichkeit, sich detailliert mit der Fundsituation vertraut zu machen, die sie somit nur im Zustand von 1943 kannten, ohne dass dieser damals Gegenstand ihres Hauptinteresses gewesen wäre.

Aber auch Ivan Borkovský hat die Ergebnisse seiner Untersuchungen nicht adäquat publiziert. Das Fundtagebuch ist zudem verschollen, und es stehen nur einige Fotografien von der Grabung zur Verfügung. Das fachliche Interesse Borkovskýs richtete sich überdies auf den ältesten Zeithorizont der Prager Burg. Mit dem 12. Jahrhundert beginnende bauliche Entwicklungen interessierten ihn hingegen nicht. Wenige Seiten über den Palast finden wir in seinem Buch „O počátcích pražského hradu a nejstarším kostele v Praze" („Über die Anfänge der Prager Burg und die älteste Kirche in Prag") von 1949.[38] Später präsentierte er einige im nördlichen Hof und auch südlich vom romanischen Palast ausgegrabene Relikte als Überreste des Palastes aus dem 10. Jahrhundert, der beim Brand von 1041 zerstört worden war. Den Wiederaufbau datierte Borkovský in die Herrschaft Břetislavs I., zu dessen Zeit seiner Annahme zufolge der erste gemauerte Palast entstand, dessen nicht näher bestimmte Überreste er wiederum sehr

---

36 D. Menclová, České hrady, S. 72–75.
37 V. Mencl – D. Menclová, Praha, hrad, S. 2f.
38 I. Borkovský, O počátcích, S. 28–31.

unklar im Palasthof und an der Stelle des heutigen romanischen Palastes situierte.[39] Später wurden seine Thesen von Anežka Merhoutová, Dobroslav Líbal und Jan Muka und anderen zuverlässig widerlegt. Nahezu zeitgleich mit den ersten publizierten Ergebnissen des Ehepaars Mencl entstand das Buch „Praha románská" („Romanisches Prag") von Jiří Čarek (1908-1985), einem Historiker und Mitarbeiter des Archivs der Hauptstadt Prag. Der Prager Burg und ihrem Palast widmete er in seinem Buch große Aufmerksamkeit – mehr als ein Viertel seiner Ausführungen entfielen darauf. Sein Text geht größtenteils von den Ergebnissen der Untersuchungen Fialas aus, widerspricht diesen jedoch insbesondere in Hinblick auf die Längsausdehnung des Palastes und auch hinsichtlich der seiner Ansicht nach längeren Entstehungsdauer.[40]

An die Ergebnisse Fialas, des Ehepaars Mencl und Čareks knüpfte auch Anežka Merhautová (1919–2015) an.[41] Wie schon zuvor Čarek erwog sie eine längere Bauzeit für den Palast, der erst unter Wladislaw II. (reg. 1140–1172) fertiggestellt worden sei, wobei die Kapelle sogar erst 1185 geweiht worden wäre. Sie vermutete auch eine Änderung des ursprünglichen Plans und deutete die Möglichkeit der Existenz eines Obergeschosses an, dessen Bau aber nicht unter Wladislaw realisiert wurde.[42] Derartige Vermutungen stellte Merhautová auch in der von der Akademie der Wissenschaften publizierten Geschichte der tschechischen bildenden Kunst an, und zwar im Kapitel über die romanische Architektur in Böhmen.[43] Eine Reihe anderer Autoren späterer Zeit und im Grunde bis heute übernehmen jedoch mehr oder weniger unverändert die Rekonstruktion des Palastes und der gesamten Burg in der von Dobroslava Menclová kodifizierten Form. Dazu zählen zum Beispiel Jiří Vančura[44] oder in jüngerer Zeit Jiří Kuthan,[45] von den ausländischen Autoren können wir z.B. Walter Hotz nennen.[46]

Eine recht überraschende Sicht auf die Gestalt und die Baugeschichte des Palastes stellt Jan Sokol vor.[47] In seiner relativ knappen Studie polemisiert er gegen die Funde

---

39 I. Borkovský, *Pražský hrad*, S. 78–82.
40 J. Čarek, *Románská Praha*, S. 70–82.
41 A. Merhautová, *Raně středověká architektura*, S. 200–203.
42 Ibidem, S. 203.
43 Anežka Merhautová, *Románská architektura v Čechách*, in: Rudolf Chadraba (ed.). Dějiny českého výtvarného umění I/1, Praha 1984, S. 52–54; ähnlich auch Anežka Merhautová – Dušan Třeštík, *Románské umění v Čechách a na Moravě*, Praha 1984. S. 137–139.
44 J. Vančura, *Hradčany*, S. 69–72.
45 J. Kuthan, *Dílo knížat*, S. 187–190.
46 Walter Hotz, *Pfalzen und Burgen der Stauferzeit*, Darmstadt 1981, S. 225–227.
47 J. Sokol, *Architektura*, S. 320–324.

von Fiala, den er persönlich gekannt hat. Zum ersten Mal erscheint hier in publizierter Form die Idee, dass der Palast bis zum Südturm reichte und ein Geschoss höher war. Problematisch ist jedoch die aus dieser Annahme resultierende Rekonstruktion des Palastes, die an vielen Stellen deutlich im Widerspruch zu den erhaltenen Teilen steht. Dies hatte zur Folge, dass der Beitrag von Sokol von der Fachöffentlichkeit nicht akzeptiert wurde. Anežka Merhautová lehnte seine Vorstellung der Baugeschichte umgehend ab.[48] Vergleichsweise wertvoll ist aber der einleitende Teil, der einen Einblick in die Forschung von Fiala gibt.

Zu einer gewissen Diskussion über die Gestalt des Palastes kam es gegen Ende der 1990er Jahre und nach der Jahrtausendwende. Als erste publizierten ihre Ergebnisse Tomáš Durdík und Petr Chotěbor ihre Ergebnisse, die eine Revision der inneren Gliederung des Palastes in Angriff nahmen und sich eingehender mit den Gewölben in seinem Untergeschoss befassten (Abb. 4).[49] Sie waren die ersten, die bemerkten, dass die Existenz des westlichsten Fensters des zuvor angenommenen großen Saales im Grunde genommen ausgeschlossen ist, und zwar, weil hier bis heute intaktes romanisches Mauerwerk vorhanden ist. Dies führte sie zu einer Umbewertung der inneren Struktur des Palastes: Der Raum des großen Saals soll durch zwei Querwände in drei kleinere Räume geteilt gewesen sein, wobei sich der „große Saal" dann mit einer Länge von 19 Metern in der Mitte befunden haben soll. Die Verteilung der Querwände hänge mit dem Vorhandensein von Gurtbögen im romanischen Untergeschoss zusammenhängen, also ähnlich dem, was Jiří Sokol zuvor vorgeschlagen hatte.[50]

Kurz nach 2000 veröffentlichte Dobroslav Líbal die Studie „Stavební vývoj Starého paláce Pražského hradu do husitských válek do úrovně Vladislavského sálu" („Die Baugeschichte des Alten Palastes der Prager Burg bis zu den Hussitenkriegen auf der Ebene des Wladislaw-Saals"),[51] wo er zum ersten Mal eine breitere Öffentlichkeit mit den Ergebnissen der bauhistorischen Untersuchung (durchgeführt vom Staatlichen Institut für die Wiederherstellung von Städten und Objekten unter Denkmalschutz / Státní ústav pro rekonstrukci památkových měst a objektů: SÚRPMO) aus den 70er und

---

48 A. MERHAUTOVÁ. – D. TŘEŠTÍK, *Románské umění*, S. 138.
49 T. DURDÍK – P. CHOTĚBOR, *Romanesque Vauluts*, S. 169–175; IIDEM, *Zur Gestalt*, S. 197–204; mehr oder weniger identisch mit P. Chotěbor und T. Durdík stellt auch Zděnek Dragoun die romanische Gestalt des Palastes dar, der ihre Grundrissrekonstruktionen übernahm. Z. DRAGOUN, *Praha 885–1310*, S. 33–43.
50 J. SOKOL, *Architektura*, S. 320–324.
51 D. LÍBAL, *Stavební vývoj*, S. 61–74.

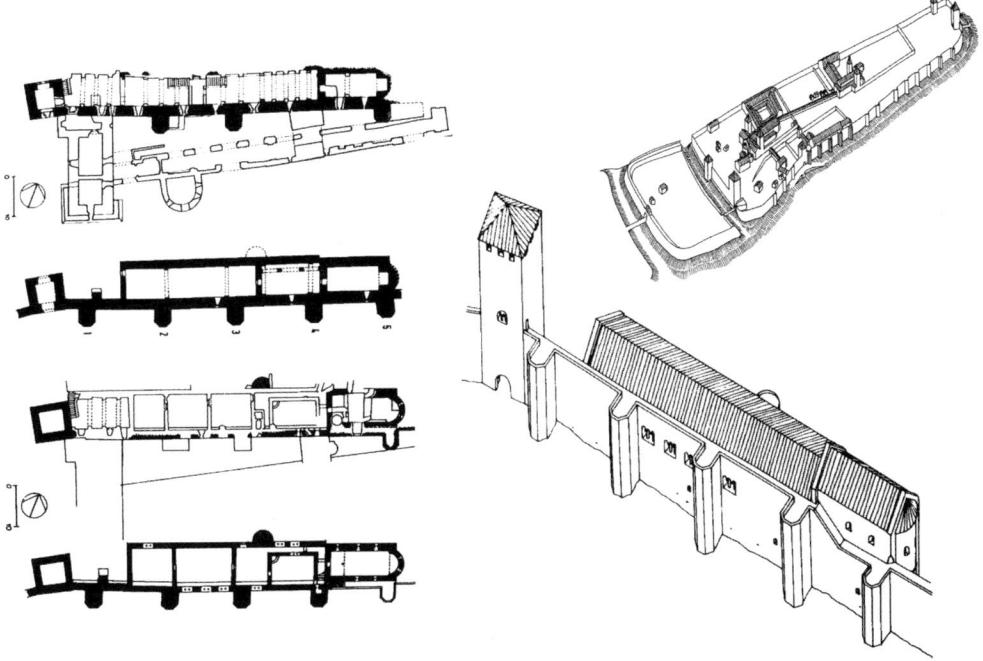

Abb. 4 Rekonstruktion des romanischen Palastes nach T. Durdík und P. Chotěbor.

80er Jahren des 20. Jahrhunderts bekannt machte.[52] Líbal weist erstmals auf die erheblichen Diskrepanzen zwischen der bisherigen Darstellung des Palastes und dem hin, was sich aus der bis heute erhaltenen Architektur ablesen lässt. Aber auch er schöpft bei weitem nicht alle Interpretationsmöglichkeiten aus, was bei einem so ausgedehnten und komplexen Bau nicht überrascht. Ein sehr wichtiger Punkt war die Bestätigung der Existenz eines Obergeschosses des Palastes, was bereits von Merhautová und Sokol in Betracht gezogen worden war.

---

52 Milada VILÍMKOVÁ, *Pražský hrad – Starý palác I. – dějiny*, Stavebně historický průzkum, Pasport SÚRPMO, 1974, Manuskript, aufbewahrt im Archiv der Prager Burg (Archiv pražského hrad); Dobroslav LÍBAL – Jan MUK, *Pražský hrad – Starý palác II. a, b*, Stavebně historický průzkum, Pasport SÚRPMO, 1988, Manuskript, aufbewahrt im Archiv der Prager Burg (Archiv Pražského hradu).

FRANTIŠEK ZÁRUBA

Die Rekonstruktion der Gestalt des Palastes mit den Augen Václav Mencls und Dobroslava Menclovás

Wie bereits oben ausgeführt, war die von den Eheleuten Mencl erstellte Rekonstruktion des romanischen Palastes richtungsweisend, und die Mehrheit der späteren Autoren akzeptierte sie oder hatte nur kleinere Vorbehalte. Eine deutlich andere Rekonstruktion des Palastes stellte nur Jiří Sokol vor, die aber nicht der Realität entsprach. Die Mencls vermuteten, dass der Palast bloß ein Erdgeschoss hatte. Er habe einen großen, beleuchteten Saal mit gekuppelten Fenstern zum Süden und eine mit einem Kamin beheizte Kemenate umfasst, die im Norden von einem Gang umlaufen wurde. Dieser führte zur Allerheiligen-Kapelle im Osten. Die Länge des Palastes sollte einem gewölbten romanischen Untergeschoss entsprechen. Weiter zum Westen habe der südliche Torturm freigestanden, und im Norden sei der Hof durch eine steinerne Wehrmauer abgetrennt gewesen – sogar mit einem viereckigen Turm an der Nordmauer. Der Hof war den Mencls zufolge in der jüngeren Phase mit Anbauten gefüllt worden, und als letztes sei der Westflügel entstanden. Diese baulichen Schritte hätten den Palast ergeben, der im Jahr 1252 erwähnt wird.

Die Gestalt des Palastes im Licht neuer Erkenntnisse

Als sehr wichtig erwies sich die Tatsache, dass die meisten Autoren die Frage nach der Bebauung des Hofs völlig ohne Kommentar ließen oder nur sehr knapp wiederholten, was das Ehepaar Mencl bereits vor allem in der Gestalt gezeichneter Grundrissrekonstruktionen publiziert hatte. Gerade die Revision dieser Fundsituationen brachte völlig neue, grundlegende Erkenntnisse, und zwar über die Gestalt dieser Bebauungen des Hofs. Die wohl größte Überraschung war, dass die Mauer, welche die Mencls als nördliche Wehrmauer identifiziert hatten, tatsächlich das Relikt eines relativ langgestreckten Gebäudes ist, am ehesten eines Palastes, zu dem eine monumentale Treppe führte (vgl. Abb. 3–4 mit 6–9). Neu entdeckt wurde, dass sich der Palast selbst signifikant länger ausdehnte und am südlichen Torturm endete. Gleichzeitig wurde auch bestätigt, dass der Palast in einer komplizierteren Baugeschichte entstanden ist (Abb. 5).[53]

Der Bau des romanischen Palastes wurde am südlichen Rand der romanischen Wehrmauer begonnen, die beim Palast mit polygonalen Türmchen versehen ist. Im

---

53 Dazu ausführlich: F. ZÁRUBA, *Knížecí a královský palác*.

DER ALTE KÖNIGSPALAST DER PŘEMYSLIDEN

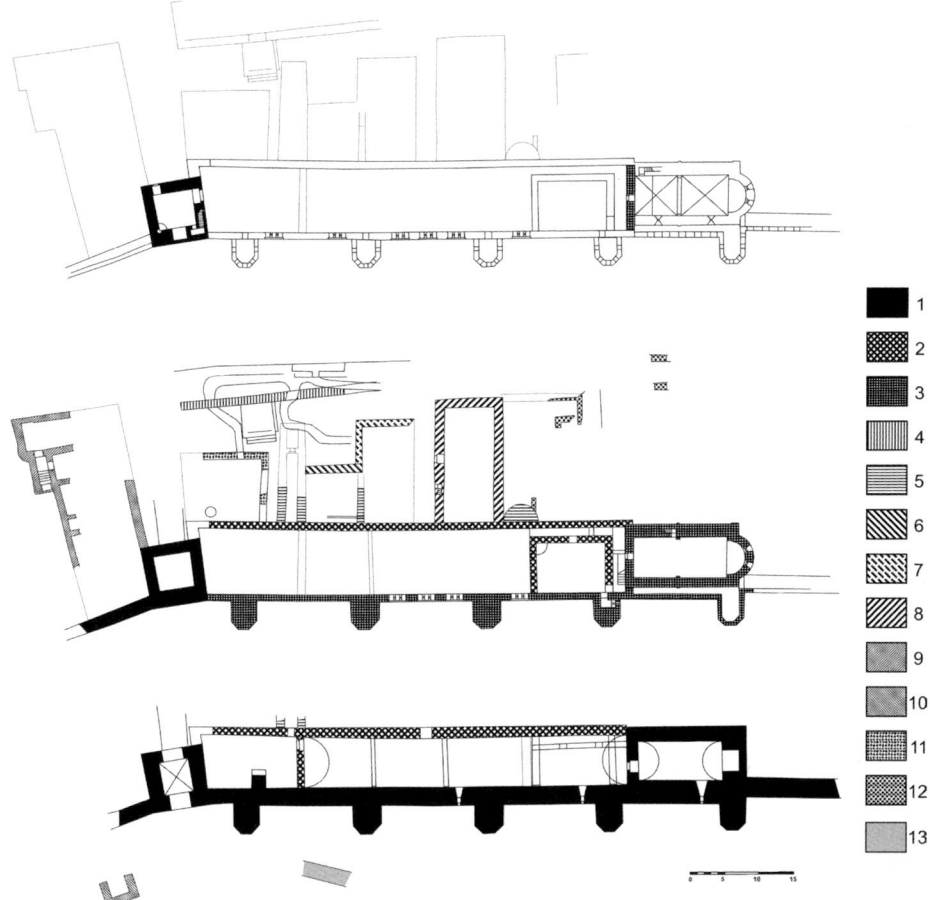

Abb. 5 Rekonstruktion des Grundrisses des Alten Königspalastes mit Markierung der baulichen Konstruktionen vor dem Umbau durch Karl IV. auf der Ebene des Untergeschosses (unten), des Erdgeschosses (in der Mitte) und des Obergeschosses (oben). Legende: 1) I. romanische Phase zwischen 1135 und 1142, 2) II. romanische Phase nach 1142, 3) romanisches Mauerwerk, wahrscheinlich der II. Phase zugehörig, 4) südliche Mauer des nördlichen Palastes (früher irrtümlich als Wehrmauer des Palasthofes bezeichnet), 5) romanische Anbauten an der Nordwand des romanischen Palastes aus der zweiten Hälfte des 12. Jahrhunderts, 6) Mauerwerk aus der ersten Hälfte des 13. Jahrhunderts, 7) jüngeres Mauerwerk aus der ersten Hälfte des 13. Jahrhunderts, 8) Mauerwerk eines größeren, rechteckigen Anbaus, wohl aus der Zeit kurz nach der Mitte des 13. Jahrhunderts, 9) Mauerwerk des westlichen Palastes von 1252, 10) frühgotisches Mauerwerk der Bastion des Zwingers aus der Mitte des 13. Jahrhunderts, 11) Mauerwerk aus der zweiten Hälfte des 13. Jahrhunderts, 12) Mauerwerk des östlichen Anbaus, den man allgemein in das 13. Jahrhundert datieren kann, 13) Weg mit Steinsatz zum Südtor.

Osten schloss sich die Allerheiligenkapelle an, und am Westende befand sich der südliche Torturm. Nach älteren Vorstellungen sollte dieser Turm freistehend sein, aber die nördliche Palastmauer setzt sich fast bis zum Turm fort, der Palast war also deutlich länger als ursprünglich angenommen. Die ältere Literatur gibt an, dass der Palast eine Länge von 48,5 Metern und eine Breite von 11,5 Metern gehabt habe, einschließlich der Allerheiligenkapelle habe seine Länge 67 Meter betragen. Tatsächlich war der Palast aber 14 Meter länger. Seine Gesamtlänge betrug in der endgültigen Gestalt also respektable 81 Meter. Die Errichtung der Burgmauer erfolgte, zumindest anfangs, gleichzeitig mit dem Palast, das Untergeschoss unter der Allerheiligenkapelle ist baulich mit der Mauer verbunden. Die ursprünglich beabsichtigte Form des Palastes änderte sich jedoch während des Baus. Das Jahr 1142 mit der Belagerung und dem anschließenden Brand der Prager Burg bedeutete einen Einschnitt in den noch nicht abgeschlossenen Bauverlauf.

Der bis heute am besten erhaltene Teil des romanischen Palastes ist das bekannte, gewölbte Untergeschoss, das aber auch schon im 14. Jahrhundert Umbauten erfuhr. Hier wurde nachträglich das Bodenniveau abgesenkt und das Gewölbe durch eine Reihe von Gurtbögen neu gestützt. Die Untersuchung von Tomáš Durdík und Petr Chotěbor belegt die Existenz einer heute verschwundenen Stützkonstruktion in der Gestalt von Arkaden im östlichen Teil des Untergeschosses, die Spuren im Gewölbe hinterließ. Ein Überbleibsel von ihr ist die flache Gesimskonsole.[54] Diese Arkadenkonstruktion trug die Trennmauern der Kemenate mit Kamin im Erdgeschoss. Das Gewölbe wurde durch vier Gurtbögen verstärkt, die einerseits mit dem Baufortgang des Gewölbes zusammenhängen, von denen die ersten beiden von Osten her aber auch die Trennmauern in den oberen Geschossen tragen. Das Unterergeschoss wurde ursprünglich nur durch zwei Fenster belichtet und durch rechteckige, recht kleine Öffnungen belüftet, von denen einige, auf dem Niveau des ursprünglichen Bodens angebracht, zur Ableitung des Wassers dienten, das hierher aus dem Hofbereich abgeführt wurde.[55]

Der neu identifizierte westliche Teil des Palastes war ursprünglich flach gedeckt und hatte auch ein anderes Bodenniveau als im gewölbten Untergeschoss. Die Trennmauer zwischen dem größeren östlichen, gewölbten Teil und dem westlichen Teil wurde unter Karl IV. neu errichtet. In Tiefensondierungen wurden Ansätze der romani-

---

54 T. Durdík – P. Chotěbor, *Romanesque Vaults*, S. 169–175.
55 Diese Situation ist im zentralen Teil des Palastes gut erkennbar, der untere Rand der niedrigeren Öffnung ist sichtlich abgerieben. Eine weitere, im östlichen Teil des Palastes situierte Öffnung hat im unteren Teil eine Platte, die an einen primitiven Wasserspeier erinnert.

schen Mauer freigelegt, welche aber direkt unter dem letzten Gewölbegurt entstanden ist.[56] Schon diese Entdeckung lässt ahnen, dass es sich nicht um die ursprüngliche tragende Mauer handeln kann, die den Palast abschließen sollte. Im nördlichen Teil der verschwundenen romanischen Mauer wurden auch Reste einer Laibung eines Portals gefunden, das beide Räume miteinander verband.

In diesem westlichen Teil des Palastes, heute als Räumlichkeit „Na valu" („Auf dem Wall") bezeichnet, finden wir das rätselhafte Relikt eines „Pfeilers", der mit dem Mauerwerk der Wehrmauer verbunden war. Die Eheleute Mencl vermuteten, dass dieser Pfeiler eine Laufbrücke zwischen dem Palast und dem südlichen Torturm getragen habe, was aber wenig wahrscheinlich ist.[57] Die Umfassungsmauer ist an der Krone des Mauerwerks fast 3 Meter breit, so dass keine Laufbrücken erforderlich waren. Eine plausiblere Erklärung liefern Durdík und Chotěbor (Čarek hatte diese Möglichkeit bereits zuvor erwähnt), die den genannten Pfeiler als Überrest der geplanten Westmauer des Palastes identifizierten, wobei es im Bauverlauf aber zu einer Planänderung gekommen sei. Ihre Rekonstruktion rechnet jedoch mit einer Fertigstellung des Palastes in den schon von dem Ehepaar Mencl vorgeschlagenen Intentionen (vgl. Abb. 4 und 5).[58]

Über diesem romanischen Untergeschoss befanden sich zwei Wohngeschosse, also ein Erdgeschoss und ein Obergeschoss. Im Erdgeschoss des Palastes, in seinem östlichen Teil, war die sogenannte herzogliche Soběslav-Kemenate mit Kamin, um die ein zur Allerheiligenkapelle führender Gang lief. Aus den erhaltenen Relikten der Südmauer wird vollkommen klar, dass dieser Raum sein Licht nicht durch Fenster direkt vom Süden erhalten konnte. Das erhaltene romanische Quadermauerwerk der Südwand ragt hier nämlich hoch auf, was die Existenz von großen Fenstern an dieser Seite ausschließt. Von wo man den Raum betrat, ist heute nicht geklärt. Fiala gibt in seinen Anmerkungen an, dass er in der nördlichen Trennmauer eine Eingangsschwelle gefunden habe. Interessant ist, dass der erwähnte Gang gewölbt war, wovon seine Reste an der Ostmauer der Allerheiligenkapelle zeugen, und zwar einschließlich der Relikte von Gurtbögen. Nur der südliche Teil des Ganges bei der Kapelle, wo die Treppe untergebracht war, die in das Obergeschoss des Palastes und zum Portal zur Empore der Kapelle führte, blieb ungewölbt. Den verbleibenden westlichen Teil des Palastes nahm nach

---

56 T. Durdík – P. Chotěbor, *Zur Gestalt*, S. 200.
57 Menclová beschreibt dieses Detail zwar nicht direkt im Text, aber so interpretiert sie es in den zeichnerischen Rekonstruktionen, D. Menclová, *České hrady*, S. 72, Abb. 69.
58 T. Durdík – P. Chotěbor, *Zur Gestalt*, S. 198.

Ansicht der meisten Autoren der große Saal von 34 mal 9 Metern ein, der sich durch eine Reihe gekuppelter Fenster nach Süden hin öffnete. Nur Durdík und Chotěbor nahmen an, dass dieser Raum durch zwei Trennwände in drei kleinere Räume unterteilt gewesen sei.[59] Die Existenz von Querwänden auf dieser Ebene ist aber nicht belegt. Wahrscheinlicher ist die Möglichkeit, dass die gekuppelten Fenster nur zu einem großen Saal gehörten, an dessen beiden Enden sich zwei nicht oder nur wenig beleuchtete Kemenaten mit Kamin befanden, von denen sich bis heute nur die sogenannt Soběslav-Kemenate erhalten hat. Ein weiterer Raum befand sich dann beim südlichen Torturm. Aufgrund seines schlechten Erhaltungszustands wissen wir nichts von seiner Gestalt.

Die Rekonstruktion Karel Fialas, des Ehepaars Mencl und auch Tomáš Durdíks und Petr Chotěbors rechnet nur mit der Existenz eines Erdgeschosses. Dobroslav Líbal vertrat hingegen die überzeugende Ansicht, dass der Palast noch ein Obergeschoss mit weiteren Räumen gehabt haben müsse.[60] Der einzige Beleg für dieses Geschoss ist der Rest des Gewölbes des Ganges bei der Allerheiligenkapelle, der sich auf der Höhe des oben erwähnten Obergeschosses befindet.

Grob skizziert sah so der eigentliche romanische Palast aus. Betrachten wir nun die Bebauung auf der Nordseite des Palastes im Bereich des Hofes. Hier tritt auf den ersten Blick eine eher chaotische Bebauung hervor. Gleichzeitig mit der Fertigstellung des Palastes wurde der Hofbereich aufgefüllt, um so etwas wie einen Innenhof zu schaffen. Der Palast wurde nämlich an einem Hang errichtet. Der Hof war sehr abschüssig, und das Gelände wurde daher noch ein weiteres Mal eingeebnet. Vor der Nordwand des Palastes befand sich ein kleiner Kanal, der das Regenwasser aus dem Hof ableitete. Das Wasser wurde wahrscheinlich in das romanische Untergeschoss geführt, wo wir kleine Kanäle, sogar mit einem einfachen Wasserspeier, registrieren können. Nördlich des Torturms gab es einen sehr steilen Hohlweg als Zugang, der von der Kleinseite in die Burg führte und am östlichen Teil der Spytihněv-Basilika endete, wo er an den Hauptweg zwischen dem Weißen und dem Schwarzen Turm anschloss. Die Seitenwände des Hohlwegs mussten mit einer Stützmauer befestigt werden. Die Wegfläche war mit einem Belag aus kleinen Flusssteinen versehen, die sowohl beim Tor selbst als auch am Hang vor der Burg gefunden wurden.

---

59 T. Durdík – P. Chotěbor, *Zur Gestalt*, S. 201–203, Abb. 2. Es muss allerdings angemerkt werden, dass ihm die Existenz eines Gurtbogens entgangen ist, worauf schon Líbal hingewiesen hat.
60 D. Líbal, *Stavební vývoj*, S. 69.

DER ALTE KÖNIGSPALAST DER PŘEMYSLIDEN

Bald nach seiner Fertigstellung wurde der Palast erweitert, und es entstanden weitere Anbauten und Wohnflügel, die sich an seiner Nordfassade gruppierten. Einige dieser Bauten können in einem nicht großen zeitlichen Abstand entstanden oder sogar Teil des ursprünglichen Plans gewesen sein. Allerdings wurden sie an eine Baufuge angeschlossen, so dass es sich um eigene Mikrobauphasen gehandelt haben könnte. Zweifellos romanisch ist das Mauerwerk des halbrunden kleinen Turms im östlichen Teil des Palastes, und romanisch ist auch die Wand eines der Anbauten im zentralen Teil des Palastes. Am rätselhaftesten wirkt allerdings der Anbau im westlichen Teil des Palastes, der sehr schlank war und mit hoher Wahrscheinlichkeit in zwei Phasen errichtet wurde. Bis heute hat sich ein offensichtlich romanischer Teil beim Palast erhalten, für den die gleichen Quader verwendet wurden. Im Inneren dieses Anbaus befindet sich ein vermauerter, sehr schmaler Eingang zum Untergeschoss des Palastes.[61] Der nördliche Teil des Anbaus wurde irgendwann um das Jahr 1946 bei der Anlage von Besucherwegen entfernt, war aber eindeutig jünger. Nach den erhaltenen Fotografien wurden hier nämlich nur Ziegel verwendet, die in Prag erst in den 30er Jahren des 13. Jahrhunderts aufkamen. Der Bau entstand also in zwei Phasen. In der ersten Phase könnte es sich um einen Risalit gehandelt haben, der im ersten Stock eine nicht große Eingangshalle aufwies, die über eine Außentreppe betreten wurde. Später im 13. Jahrhundert wurde dieser Risalit umgebaut und verlängert. Dann diente er wahrscheinlich als gedeckter Verbindungsgang zum nördlichen Palast. Ähnliche Risalite kennen wir von einer Reihe von Häusern in Prag oder auch aus Přimda (Pfraumberg) und einigen Bauten in Deutschland.

In späterer Zeit wurde die Nordseite des Palastes von einer fast ununterbrochenen Reihe von Anbauten und Querflügeln unterschiedlicher Größe umgeben, und zwar von der Allerheiligenkapelle bis hin zum südlichen Torturm. Am besten hat sich der Querflügel im zentralen Teil des Palastes erhalten, wo der ursprüngliche Eingang, eine ins Obergeschoss führende Treppe in Mauerstärke, das Eingangsportal und auch Reste von gebrannten Fliesen mit Dekor gefunden wurden. Da die Treppe vor das Gebäude führte, ist es möglich, dass sich hier eine Gasse befand. Möglicherweise war gerade hier der Haupteingang zum gewölbten Untergeschoss des Palastes, weil sich am heutigen Tag hier die spätgotische Treppe befindet, die an ihre ältere Funktion anknüpfen könnte. Das Mauerwerk des westlichsten Anbaus scheint das jüngste zu sein und kann auf die zweite Hälfte des 13. Jahrhunderts datiert werden. Im Inneren dieses Gebäudes lag

---

61 Ich danke Petr Chotěbor, der mich auf diesen Sachverhalt aufmerksam gemacht hat.

eine Zisterne, die später aber verschwand. Dieser jüngste Teil nahm auch den letzten unbebauten Bereich des Hofes ein, der somit praktisch zu existieren aufhörte.

Nach älteren Vorstellungen sollte die Nordseite des Palasthofs eine Wehrmauer abschließen. Schon in den 1920er Jahren wurde hier eine romanische Quaderwand gefunden. Zum Zeitpunkt der Entdeckung wurde diese Mauer fotografisch dokumentiert, und die Bilder machen deutlich, dass diese Interpretation mehr oder weniger gerechtfertigt war. Nach der Errichtung der Betonplatte über den Ausgrabungen im Jahre 1946 und den anschließenden archäologischen Arbeiten stellte sich jedoch heraus, dass sich nördlich dieser Mauer gut erhaltene Fußböden befanden. Auch ein Rest eines Absatzes der Treppe, die zum ersten Stock führte, wurde hier gefunden. Diese Funde belegen eindeutig die Existenz eines Gebäudes, dessen genaue Ausmaße wir nicht kennen. Der größte Teil seines Grundrisses wurde durch eine jüngere Bebauung beschädigt. Die ermittelte Hofmauer hat aber eine Länge von 24 Metern, so dass es sich um ein relativ großes Gebäude gehandelt haben muss. Bei dieser Mauer wurden Relikte kleiner Säulen gefunden, die wahrscheinlich von gekuppelten Fenstern stammen. Das Alter dieses nördlichen Gebäudes oder Palastes ist unklar. Das Quadermauerwerk lässt sich ungefähr datieren, gleichwohl zeigt die behauene Oberfläche der Quader und das Aussehen des rötlichen Mörtels, dass das Gebäude wahrscheinlich zeitgleich zum Umbau der Prager Burg nach 1135 errichtet wurde.

An die Südseite dieses Gebäude wurde ein aus großen Quadern erbautes, rechteckiges Objekt von 5 mal 6 Metern angefügt, das ohne Fundamente errichtet und wortwörtlich direkt auf das sich leicht absenkende Gelände gesetzt wurde. Menclová interpretierte es in ihren Rekonstruktionen als Turmfundament. Es handelt sich aber offenkundig um den Rest einer monumentalen, breiten Treppe (Fiala war sich in seinen Anmerkungen sicher, eben diese Treppe gefunden zu haben), die in das Obergeschoss des erwähnten nördlichen Palastes führte. Die Entstehung kann man in die erste Hälfte des 13. Jahrhunderts, vielleicht in die Zeit Wenzels I., datieren.

Die genauen Ausmaße dieses Gebäudes lassen sich leider nicht feststellen, aber mit Blick auf die Existenz der oben erwähnten Treppe ist es möglich, dass es im Organismus des Přemysliden-Palastes eine sehr wichtige Rolle gespielt hat und dass sich gerade hier der große Saal befunden haben könnte. Von den kleineren Anbauten ist als einziger der Westpalast datierbar, und zwar durch die chronikalische Erwähnung aus dem Jahr 1252. Zum Untergang des Palastes kam es beim Brand der Prager Burg kurz nach 1300. Beim Wiederaufbau unter Karl IV. wurde dieser Palast bis zu den Fundamenten abgebrochen und durch einen neuen Westflügel ersetzt, der etwas östlicher situiert war. Der westliche Flügel wurde zum älteren, südlichen Torturm hin errichtet, und es handelte sich um ein rechteckiges Gebäude, das am nördlichen Ende etwas breiter war. Das Innere des Erdgeschosses war etwas stärker eingetieft und lag unter dem Niveau des umgebenden Geländes. Im Norden befand sich ein rechteckiger Raum, von dem ein Gang in südlicher Richtung zu einer Treppe führte. In der Mitte des Palastes erkennen wir die Überreste von drei schmalen Räumen, der südliche Teil ist verschwunden, weil dort unter Wenzel IV. ein Turm gebaut wurde. Es haben sich hier Relikte einer Türöffnung erhalten mit Spuren der ursprünglichen, wohl hölzernen Laibung. Die Umfassungsmauern des Palastes sind vergleichsweise schwach und nicht sehr solide gebaut, ihre Breite bewegt sich um 70 Centimeter. Schon in den Anmerkungen Fialas können wir die Frage finden, ob das Obergeschoss nicht aus Holz errichtet war. Die erwähnte Wandstärke schließt aber die Existenz eines gemauerten Obergeschosses nicht aus, nur sind die wenig mächtigen Dimensionen des Mauerwerks überraschend. Über die Gestalt des Obergeschosses wissen wir gar nichts. Es ist wahrscheinlich, dass

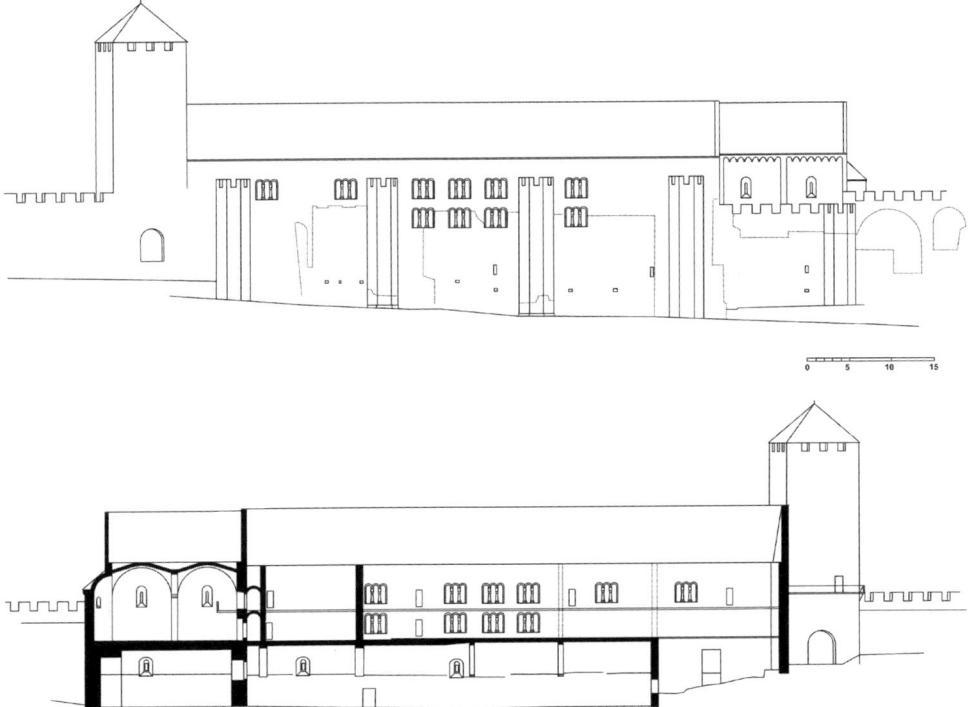

Abb. 6 Rekonstruktion der Südfassade des Alten Königspalastes in der zweiten Hälfte des 12. Jahrhunderts und Schnitt.

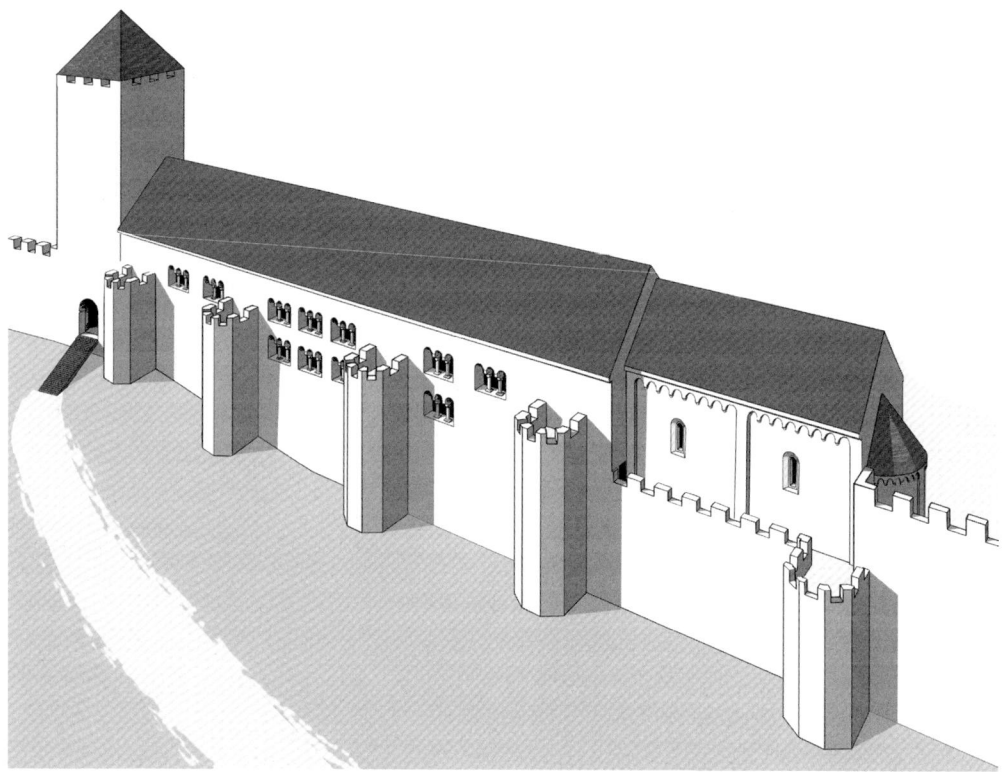

Abb. 7 Dreidimensionale Rekonstruktion des Alten Königspalastes in der zweiten Hälfte des 12. Jahrhunderts – Ansicht von Südosten.

sich die oben erwähnten schmalen Kammern nicht mehr auf dieser Ebene befanden und dass es drei größere Räume gab, die vielleicht für den Aufenthalt des Herrschers bestimmt waren (Abb. 6, 7).

Beim derzeitigen Kenntnisstand ist es fast unmöglich, den genauen Zweck der einzelnen Anbauten zu bestimmen. Es könnte sich um eine Erweiterung der Wohnräume des Palastes gehandelt haben, einige davon könnten als Küche gedient haben. Möglicherweise befand sich hier auch der Bereich der Dienerschaft des Herrschers und der ihm besonders nahestehenden Höflinge.

DER ALTE KÖNIGSPALAST DER PŘEMYSLIDEN

Fazit

Versuchen wir zum Schluss eine Rekapitulation der Feststellungen zur Baugeschichte des Palastes. Aus dem oben Angeführten wird deutlich, dass der Palast eine komplizierte Baugeschichte durchlief und nicht in einer Etappe errichtet wurde. Die Gründung des Palastes lässt sich in Übereinstimmung mit der Literatur bereits auf das Jahr 1135 datieren. Im Bauverlauf kam es zu einer radikalen Änderung des eigentlichen Vorhabens. Auf Grundlage der Forschungen Karel Fialas wissen wir sicher, dass die Belagerung durch Konrad von Znaim und der damit verbundene Brand 1142 in den Baufortgang des Palastes eingriff. Anschließend wurde der Palast wiederaufgebaut, allerdings in anderen Ausmaßen, als ursprünglich geplant war. Tomáš Durdík und Petr Chotěbor gelang es auch herauszufinden, dass der Palast an den Stellen enden sollte, an denen wir die Überreste eines „Pfeilers" registrieren, das heißt etwa 6 Meter vom südlichen Torturm entfernt. Die Autoren selbst geben an, dass der Palast nicht in dieser Länge fertiggestellt wurde, sondern in den Dimensionen der Rekonstruktion des Ehepaars Mencl vollendet werden sollte. Der Palast wurde jedoch im Gegenteil offenbar auf einer größeren Länge errichtet und reichte bis zum bereits erwähnten südlichen Torturm. Weiter halten wir für gesichert, dass der Palast noch ein Obergeschoss hatte, das die Haupträume für Repräsentations- und Wohnzwecke enthielt. Nach der Fertigstellung des Palastes wurden an der Nordseite ein halbrundes Türmchen, ein Treppenanbau und ein kleinerer Flügel errichtet. Gleichzeitig mit dem Palast wurde die Allerheiligenkapelle gebaut, die über einen direkten Zugang mit dem Palast verbunden war und deren Schiff noch nicht einmal einen separaten Eingang von Norden her hatte. Die Weihe der Kapelle im Jahr 1185 ist ganz sicher nicht das Datum ihrer Fertigstellung.

Die Funde im nördlichen Hof belegen die Baugeschichte des Palastareals. Von grundlegender Bedeutung ist die Existenz des nördlichen Gebäudes, höchstwahrscheinlich ebenfalls ein Palast, der wahrscheinlich eine bedeutende Rolle in der gesamten Anlage spielte. Davon zeugt vor allem eine massive Treppe, für die es im böhmischen Raum keine direkten zeitgenössischen Analogien gibt. Interessant ist auch die sekundäre Bebauung im Hofbereich, die im Grunde den gesamten Hof ausfüllte, mit Ausnahme eines kleinen Abschnitts im westlichen Teil bei dem Weg zum Südtor und der Gasse an der Südfassade des Nordpalastes, die nach Osten führte. Diese Fundsituation stellt einen deutlichen Hinweis darauf dar, dass wir gerade hier, im westlichen Teil des Hofes, den Haupteingang zum Palast suchen sollten. Und tatsächlich waren gerade in diesem Bereich die Treppe zum nördlichen Palast und überdies ein ausgeprägt langgestrecktes Objekt situiert, das sehr wahrscheinlich mit dem Eingang zum südlichen

Hauptpalast zusammenhing. Die Umgestaltung des Palastes und seines Anbaus zeigt die allmählich wachsenden Bedürfnisse des Herrschers und gleichzeitig auch das Fehlen eines umfassenden Bauplans. In der Tat gleicht das Ganze einer unsystematischen Bebauung ohne Rücksicht auf das endgültige Aussehen des Palastes. Nach und nach verwandelte sich der innere Palastbereich in ein unübersichtliches Gewirr von Zubauten unterschiedlicher Größe.

Interessant ist auch die Frage nach der Chronologie der Errichtung der einzelnen Teile des Palastkomplexes. Der südliche Hauptpalast knüpfte zweifellos als erster an den die Anlage des Hofes an, dessen Fläche durch Aufschüttungen eingeebnet werden musste. Zur gleichen Zeit oder mit geringem zeitlichen Abstand entstanden einige Anbauten an der Nordwand des Palastes, und zwar vor allem das schmale Objekt der Eingangstreppe, das Türmchen und die Relikte eines der Anbauten, in den ein kleiner, das Wasser aus dem Hof ableitender Kanal führte. Gleichzeitig mit dem südlichen Hauptpalast ging höchstwahrscheinlich auch der nördliche Palast unter, seine genaue Datierung ist aber aufgrund unseres unzureichenden Kenntnisstandes nicht möglich. Im Laufe des 13. Jahrhunderts entstanden schrittweise weitere Anbauten und auch der größere Flügel beim romanischen Türmchen. Am jüngsten scheint der Anbau am westlichen Ende des Palastes zu sein, der am ehesten schon in der zweiten Hälfte des 13. Jahrhunderts errichtet wurde. Der einzige fest datierte Teil des Komplexes ist der Bau des westlichen Palastes, der 1252 vollendet wurde.

Das skizzierte Bild des Palastareals lässt vermuten, dass hier nach dem zu Beginn des 14. Jahrhunderts datierten Brand des Palastes ein unübersichtliches Durcheinander von Ruinen und Mauern bestanden haben muss. Damit können wir die Entscheidung des jungen Karl IV. besser verstehen, den Palast von Grund auf umzubauen.

RESIDENZEN UND STÄDTE

„Gute Obrigkeit" und „treue Bürger"

Beziehungen zwischen Hof und Stadt
in spätmittelalterlichen adeligen Residenzstädten

ROBERT ŠIMŮNEK

Zeugnis davon, wie eine „schöne Stadt" aussehen und über welche Attribute sie verfügen sollte, legen seit Ende des 15. Jahrhunderts unzählige Stadtveduten, aber auch Texte besonders jener Kategorie ab, die wir als *laudes urbium* (Städtelob) bezeichnen dürfen.[1] Die Stadt erscheint als ein der Ordnung und guten Regierung unterstellter Raum, als ein Raum der göttlichen Gnade – sie umfasst funktionsfähige urbanistische Strukturen, den Wohlstand der Stadtbewohner, eine prachtvolle Architektur, idealerweise aus Stein, sauberes Wasser und saubere Luft. Es lässt sich kaum bezweifeln, dass die „schöne Stadt" eine Visitenkarte sowohl für ihre Obrigkeit als auch für die Einwohner war. Dies gilt für die königlichen Städte im Verhältnis zum Herrscher wie auch für die untertänigen Städte im Verhältnis zum Adel beziehungsweise zu kirchlichen Obrigkeiten. Eine besondere Gruppe bilden hierbei die adeligen Residenzstädte.[2]

Das als Residenzenforschung bezeichnete Segment der Kulturgeschichte erfreut sich bereits seit einigen Jahrzehnten größerer Aufmerksamkeit; dies gilt für die Frühe

---

[1] Dana MARTÍNKOVÁ, *Beschreibungen böhmischer und mährischer Städte im Zeitalter des Humanismus*, in: Hans-Bernd HARDER – Hans ROTHE et al. (edd.), Studien zum Humanismus in den böhmischen Ländern III. Die Bedeutung der humanistischen Topographien und Reisebeschreibungen in der Kultur der böhmischen Länder bis zur Zeit Balbíns, Köln etc. 1993, S. 25–34.

[2] Zu den wesentlichen Typen und Merkmalen der adeligen Residenzstädte Robert ŠIMŮNEK, *Die adelige Residenzstadt im spätmittelalterlichen Böhmen*, in: MRK, N.F.: Stadt und Hof 8, 2019, S. 55–79 (dort auch grundlegende Literatur zur Geschichte der böhmischen Städte im Mittelalter und Fallstudien zu ausgewählten Orten); von der später erschienenen Literatur ist das Kompendium Vladislav RAZÍM, *Středověká opevnění českých měst*, Bd. 2.1.: *Katalog Čechy B–O;* Bd. 2.2.: *Katalog Čechy P–Ž*, Praha 2020 zu nennen; speziell zu adeligen Residenzstädten Robert ŠIMŮNEK, *Územní a rezidenční strategie české šlechty ve středověku. Doména Zajíců z Házmburka*, HG 46, 2020, S. 7–71; IDEM, *„Dobrá vrchnost" a její rezidenční město. Mladá Boleslav kolem roku 1500*, SSH 46, 2020, Nr. 2, S. 11–82; IDEM, *„Dobrá vrchnost" a její rezidenční město. Jindřichův Hradec kolem roku 1500*, JSH 90, 2021, S. 61–141.

Neuzeit und mit leichter zeitlicher Verspätung auch für das Mittelalter. Die Kennzeichen der Forschung zu dieser Problematik fallen im tschechischen und im mitteleuropäischen Raum ähnlich aus: An erster Stelle steht das dominierende Interesse an den Höfen der Landesherren, gefolgt von ausgewählten Höfen der hohen Geistlichkeit, während die Residenzen und Höfe des Adels erst deutlich später behandelt werden.[3] Die Grenzen der Forschung, die primär durch den Aussagewert der zur Verfügung stehenden Quellen definiert werden, sind in diesem sozialen Milieu einfacher erkennbar als für die beiden anderen oben genannten sozialen Kreise; vielfach mangelt es zudem nicht an „Fakten", sondern an den Grundlagen zu deren Interpretation. Die Hof- und Residenzenforschung ähnelt im Hinblick auf den böhmischen mittelalterlichen Adel „konzentrischen Kreisen" – den engeren Rahmen beziehungsweise Schwerpunkt bildet die Residenzanlage mit dem Hof, den weiteren Rahmen der Raum der Residenzstadt und/oder der Herrschaft. Im ersten Fall, also für die Untersuchung der personellen Zusammensetzung des Hofstaats und seiner Funktionen einschließlich der administrativen Elemente (im Falle, dass der Hof zugleich Verwaltungssitz der Herrschaft beziehungsweise der Zentralverwaltung war) scheinen die Grenzen der wissenschaftlichen Möglichkeiten erreicht zu sein. Künftige Studien würden unsere Kenntnisse wohl nur noch linear erweitern und in Details präzisieren und korrigieren, es würde aber kaum Hoffnung auf eine entscheidende Vertiefung beziehungsweise Erweiterung der Kenntnisse insbesondere auf der interpretativen Ebene bestehen. Hingegen ist das Forschungspotential für die zweite Ebene, d. h. für den imaginären „äußeren Kreis" der Residenzenproblematik, immer noch relativ vielfältig.[4]

---

3 Eine aktuelle Übersicht über die Richtungen der Forschung zu landesherrlichen Höfen liefert Dana Dvořáčková-Malá, *Dvůr jako téma. Výzkum panovnické společnosti v českém středověku – historiografie, koncepty, úvahy*, Praha 2020.

4 Zu den Möglichkeiten und Grenzen der höfischen Forschung im Milieu des böhmischen mittelalterlichen Adels Robert Šimůnek, *Rezidenční dvory české šlechty v pozdním středověku*, in: Dana Dvořáčková-Malá – Jan Zelenka (edd.), Dvory a rezidence ve středověku II. Skladba a kultura dvorské společnosti, Praha 2008, S. 285–325; zur aktuellen Forschungsausrichtung Idem, *Dvory a rezidence české středověké šlechty*, in: Dana Dvořáčková-Malá – Jan Zelenka – František Záruba (edd.), Dvory a rezidence v proměnách času, Praha 2023, S. 237–278.

Die adelige Residenzstadt

Im Grenzbereich zwischen dem breiteren Kreis der adeligen Städte und Herrschaften und dem engeren Rahmen von Residenz und Hof liegen die Residenzen städtischen Typs, die gegenüber dem Areal des Herrensitzes räumlich sowie durch das Gesamtspektrum ihrer funktionalen Verknüpfungen abgegrenzt sind. Zugleich existieren in umgekehrter Richtung Verflechtungen aus der Stadt hinaus in den erweiterten Raum der Herrschaft, de facto in das ländliche Hinterland. Der Weg zu einer die allgemeinen Entwicklungstrends aufgreifenden Synthese führt über analytische Studien und Sonden, somit über Forschungen, die grundlegende wie spezifische Aspekte der Entwicklung untertäniger Städte mit Residenzfunktion untersuchen und die Besonderheiten der einzelnen Orte widerspiegeln, ohne dabei die zahlreichen gesellschaftlichen Entwicklungsmerkmale unberücksichtigt zu lassen. Zu beachten sind natürlich auch die Grenzen, die sich im Hinblick auf die Fragen ergeben, die wir an die Quellen stellen können; wenn Quellen überhaupt überliefert sind, unterscheiden sie sich nach Quantität und Qualität und modifizieren durch ihren Charakter Richtung und Möglichkeiten der Forschung.

Bei der „adeligen Residenzstadt" handelt es sich um eine ebenso vielfältige Kategorie wie beim „Adel" selbst, wobei man keinesfalls von einem Zusammenhang zwischen der Zugehörigkeit der Obrigkeit zum Herren- beziehungsweise Ritterstand auf der einen und ihrem gewählten Residenzort auf der anderen Seite sprechen sollte. Der Blick auf die Residenzen einzelner Zweige der Herrengeschlechter verdeutlicht, dass die Modelle der solitären Residenz (Burg/Feste), des Residenzdorfs oder der Residenzminderstadt beziehungsweise Residenzstadt parallele Verwendung fanden; in einem vergleichbaren sozialen Umfeld lässt sich keine der genannten Varianten als prestigeträchtiger als andere bezeichnen.[5]

Um 1500 zählt man in den böhmischen Ländern schätzungsweise 150 adelige Residenzstädte und Residenzminderstädte. Ungefähr 50 – darunter die (im Mittelalter wie in späterer Zeit) bedeutendsten Orte, aber auch Lokalitäten, die für bestimmte

---

5 Zu den Residenztypen des böhmischen mittelalterlichen Adels zusammenfassend Robert ŠIMŮNEK, *Reprezentace české středověké šlechty*, Praha 2013, S. 18–66; zur Veranschaulichung dienen z. B. die Herren von Sternberg, eines der ältesten böhmischen Adelsgeschlechter, und die Entwicklung der Territorialstruktur sowie der Residenztypen innerhalb ihrer Herrschaften (IDEM, *Sternberg*, in: Werner PARAVICINI (ed.), Höfe und Residenzen im spätmittelalterlichen Reich, [Bd. 4:] Grafen und Herren, Jan Hirschbiegel – Anna Paulina Orłowska – Jörg Wettlaufer [Bearb.], Ostfildern 2012 [= Residenzenforschung, 15/4,2], hier Tl. 2, S. 1446–1467).

Typen adeliger Residenzstädte repräsentativ sind – werden in einem in Vorbereitung befindlichen Band der Reihe „Residenzstädte im Alten Reich. Ein Handbuch. Abteilung I. Analytisches Verzeichnis der Residenzstädte" behandelt. Als Residenzen des Landesherrn dienten neben Prag (Praha) vor allem Brünn (Brno) und Troppau (Opava). Aber selbst wenn wir einige kirchliche Residenzen beziehungsweise Zentren von Bistümern und des Erzbistums hinzurechnen (z. B. Raudnitz an der Elbe / Roudnice nad Labem, Bischofteinitz / Horšovský Týn), überwiegen die adeligen Residenzstädte deutlich. Diese bestehen im 15. Jahrhundert aus einer ganzen Reihe unterschiedlicher Typen: Die höchste „Sichtbarkeit" (für die moderne Geschichtsschreibung) besitzen die Residenzstädte der bedeutendsten Herrengeschlechter (z. B. Böhmisch Krumau / Český Krumlov unter den Herren von Rosenberg / z Rožmberka, deren alternative Residenz über Jahrhunderte Wittingau / Třeboň war, Neuhaus / Jindřichův Hradec unter den Herren von Neuhaus / z Hradce, Haid / Bor unter den Herren von Schwanberg / ze Švamberka, Budin an der Eger / Budyně nad Ohří unter den Zajíc von Hasenburg / Zajíc z Házmburka, Böhmisch Leipa / Česká Lípa unter den Berka von Dauba / Berka z Dubé oder Tetschen / Děčín unter den Herren von Wartenberg / z Vartenberka); hinzu kommt als Sonderfall Pardubitz (Pardubice), die Residenzstadt Wilhelms von Pernstein (Vilém z Pernštejna, † 1521) – das offenkundigste (oder nur am besten dokumentierte?) Beispiel für eine obrigkeitliche Konzipierung des eigenen Residenzortes. Die Residenzstädte der genannten Typen bilden in ihrer Gesamtzahl aber nur eine Minderheit. Vielmehr überwiegen jene Städte und Minderstädte, die eher von lokaler als überregionaler Bedeutung waren und deren Residenzfunktion (in der Hand eines einzigen Geschlechts) nicht kontinuierlich über die Jahrhunderte hinweg bestand, sondern sich in manchmal mehr und manchmal weniger bedeutenden Etappen abspielte (z. B. Lipnitz an der Sasau / Lipnice, Blatna / Blatná und zahlreiche andere Orte). Vereinzelt lassen sich bereits im 14. Jahrhundert kleinere Residenzstädte erfassen, bei denen der Kontext, in dem sie den Status einer (Minder-)Stadt erwarben, unbekannt ist und man nicht weiß, ob der Stadtbesitzer überhaupt über ein Privileg des Herrschers verfügte oder sich die mit der Umwandlung eines Dorfes in eine Stadt verknüpften Rechte einfach angeeignet hatte. Die Residenztradition dieser Orte überdauerte manchmal kaum die Lebenszeit ihres Gründers (z. B. Kassejowitz / Kasejovice), konnte andernorts jedoch über Generationen Bestand haben (z. B. Duppau / Doupov).

Die Typenvielfalt adeliger Residenzstädte wuchs in der Podiebrader Zeit und in der Ära der Jagiellonen durch die Erhebung von Residenzdörfern zu Minderstädten deutlich (z. B. Weseritz / Bezdružice, Buschtiehrad / Buštěhrad, Smetschno / Smečno usw.).

Abb. 1 Neustadt an der Mettau / Nové Město nad Metují ist unter den Residenzstädten des spätmittelalterlichen Adels in gewisser Weise eine Anomalie: Seine Anfangsphase fällt in das erste Viertel des 16. Jahrhunderts, die Siedlung wurde auf einem von der Mettau umflossenen Felsvorsprung angelegt und mit Stadtrechten bedacht, die von dem nahegelegenen Ort (später Dorf) Rodwald / Krčín hierher übertragen wurden. Die Initiative ging von Johann Černčický von Kácov / Jan Černčický z Kácova aus, der seine Residenz am westlichen Stadtrand an der Stelle des heutigen Schlosses errichtete.

Weniger häufig finden sich dagegen Stadt- beziehungsweise Minderstadtgründungen, die auf einen einzigen Akt zurückzuführen sind (aus der Gruppe der Residenzorte sind dies Theusing / Toužim und Neustadt an der Mettau / Nové Město nad Metují), oder die sekundäre Anlegung von Herrensitzen in untertänigen Städten, die ursprünglich keine solche Residenz aufwiesen (z. B. Klösterle / Klášterec nad Ohří). Fälle, in denen Residenzen von solitären Burgen (Festen) in (Minder-)Städte übertragen wurden, traten in dieser Zeit keineswegs nur vereinzelt auf (das Musterbeispiel ist die Verlegung der Residenz der Herren von Michalowitz / z Michalovic von der namengebenden Burg des Geschlechts, Burg Michelsberg / Michalovice, nach Jungbunzlau / Mladá Boleslav, in das nahegelegene städtische Zentrum der Herrschaft). Die Vorteile eines solchen Vorgehens sind offensichtlich – bessere Zugänglichkeit über die vorhandenen Verkehrswege, erhöhtes wirtschaftliches Potenzial, Raum für bauliche Aktivitäten der Obrigkeit und Realisierung der obrigkeitseigenen Konzeption des Residenzortes. Zugleich behielten jedoch zahlreiche solitäre Burgen ihre Residenzfunktion (Modellbeispiel ist die Burg Böhmisch Sternberg / Český Šternberk, namengebende Burg der Herren von Sternberg / ze Šternberka, bei der sich in älterer Zeit kein Suburbium entwickelt hatte). Aus nachmittelalterlicher Perspektive zeigt sich, dass eine kontinuierliche Residenzfunktion über mehrere Jahrhunderte hinweg nicht ungewöhnlich war. Viel häufiger stoßen wir aber auf Fälle, in denen einer Stadt die Residenzfunktion im Zuge einer Besitzerweiterung oder einer Güterteilung unter mehreren Familienmitgliedern zufiel; umgekehrt lassen sich jedoch auch Abverkäufe von Besitzungen oder deren Arrondierung beobachten. Alle diese Beispiele hatten Folgen für die Residenzfunktion der einzelnen Orte und für das Netz der Residenzen der einzelnen Adelsgeschlechter – oder konnten zumindest hypothetisch solche Folgen haben.[6]

Die Kategorie der adeligen Residenzstadt im spätmittelalterlichen Böhmen umfasst eine äußerst heterogene Gruppe von Orten, die jedoch durch verschiedene Berührungspunkte miteinander verknüpft sind. In allen Fällen handelt es sich um „Kleinstädte" im Sinn der allgemein akzeptierten Definitionen und zugleich um Lokalitäten, die in Bezug auf ihre Obrigkeit eine Residenzfunktion erfüllten. Der erstgenannte Aspekt betrifft eine provisorische und in gewisser Weise künstliche Kategorie (die Kategorie der Kleinstädte wird in der Regel durch die Mindestanzahl von 2000 Einwohnern definiert), während der zweite Aspekt die Residenzfunktion des Ortes thematisiert (und daher handelt es sich nicht um eine moderne, zumindest teils subjektive und vereinfachende Klassifizierung). Wenn wir uns die Frage stellen, was eine durchschnittliche Kleinstadt mit einem durchschnittlichen Adelssitz im Zeitalter Karls IV. mit einer prächtigen adeligen Residenzstadt der Jagiellonenzeit verbindet, scheint dies auf den ersten Blick nur wenig zu sein. Von grundlegenden Merkmalen wie Stadtstatus und Residenzfunktion abgesehen, handelt es sich um Orte, die in jeder Hinsicht schwer vergleichbar sind. Nebeneinander stehen hier einerseits Residenzstädte bedeutender Adelsgeschlechter und andererseits Orte, die zwar Stadtrechte (besonders Marktrechte) besaßen, in der Realität aber an der Grenze zwischen Kleinstadt und Dorf standen – diese Lokalitäten sind in politischen, sozialen, ökonomischen sowie kultur- und kunsthistorischen Zusammenhängen somit nur schwer miteinander zu

---

6 Zur Entwicklung des Residenzennetzes der führenden Herrengeschlechter W. PARAVICINI (ed.), Höfe und Residenzen im spätmittelalterlichen Reich. Grafen und Herren.

vergleichen. Und dennoch wirkt sich die innere Heterogenität dieser Gruppe nicht zwangsläufig negativ aus. Sie schränkt zwar die Möglichkeiten eines Vergleichs bis zu einem gewissen Grad ein, bietet uns andererseits aber die Chance, das Spektrum der Orte, die unter die Kategorie der „adeligen Residenzstadt" fallen, in seiner ganzen Bandbreite kennenzulernen. Dies allein macht deutlich, dass eine Beschränkung des Blickwinkels auf Modellorte einer imaginären Oberschicht (in diesem Fall Residenzstädte bedeutender Herrengeschlechter) die Anschaulichkeit der Gesamtinterpretation unseres Themas spürbar reduzieren würde.

Einem mechanischen Vergleich künstlicher Kriterien steht bereits der spezifische soziale Entwicklungskontext der einzelnen Lokalitäten im Weg. Dabei erfassen wir selbst bei einem breiten Fokus auf die wirtschaftlichen, gesellschaftlichen oder kulturellen Funktionen längst nicht alle charakteristischen Merkmale adeliger Residenzstädte, die im gegebenen Kontext als wesentlich (wenn nicht sogar als definierend) angesehen werden müssen. Das Bindeglied, das geografisch, sozial sowie zeitlich weit voneinander entfernte Orte miteinander verknüpft, ist deren Residenzfunktion. In zeitlich lang und sozial breit angelegter Betrachtung spiegelt sie die sich wandelnde Einstellung des Adels zu städtischen Residenzen wider und dokumentiert zugleich die zeitlos gültigen wesentlichen Merkmale des adeligen Residenzstadtkonzepts. Dies betrifft Städtebau und Architektur ebenso wie die Förderung wirtschaftlicher Prosperität oder die vielfältigen Eingriffe in unterschiedliche Aspekte des städtischen Lebens wie Recht, Testamentspraxis, Verwaltung, Zünfte, aber (in nachhussitischer Zeit) auch konfessionelle Versöhnung oder Regeln für das Zusammenleben mit der jüdischen Gemeinde. Teilaspekte formen zugleich ein Gesamtbild – das Bild der „guten Obrigkeit" und deren Selbstpräsentation im Milieu des Residenzortes. Hinzu tritt noch die permanente Anwesenheit der Obrigkeit in der Stadt. Diese konnte persönlich (z. B. bei festlichen Einzügen oder der Teilnahme an städtischen Festen) oder vertreten durch Amtsträger erfolgen, die beispielsweise anstelle der Obrigkeit den Stadtrat erneuerten; möglich waren auch stellvertretende Symbole (besonders häufig Wappen oder Gedenkinschriften im Außen- oder Innenbereich von städtischen Gebäuden). Als zeitlosen Ausdruck der ewigen Anwesenheit der Obrigkeit darf man die Familiengrablegen in der städtischen Pfarrkirche oder im örtlichen Kloster verstehen.

ROBERT ŠIMŮNEK

„Gute Obrigkeit" und „treue Bürger"

Das Verhältnis zwischen der „guten Obrigkeit" und ihrer Residenzstadt bildet den wesentlichen Interpretationsrahmen, der für Residenzstädte jeder Größe und Kategorie Verwendung finden kann.[7] Charakteristisch sind vor allem (1) die Sorge der Obrigkeit um den Residenzort und (2) dessen Wahrnehmung als Raum zur Selbstpräsentation. Durch die Gestalt der Anlage und der an sie anknüpfenden Stadt sowie durch die Beteiligung an deren Konzeption, durch Eingriffe in die bauliche Gestalt und das innere Leben sowie auch im Allgemeinen durch die Beziehungen zu den Untertanen boten sich zahlreiche Gelegenheiten zur Demonstration der Qualitäten einer „guten Obrigkeit". Das Verhältnis zwischen der Obrigkeit und der Gemeinde ihrer Residenzstadt war zwangsläufig ungleicher Natur, was jedoch gemeinsame Interessen und Ziele auf beiden Seiten ebenso wenig ausschloss wie die Suche nach einem Modus Vivendi innerhalb des vorgegebenen sozialen Rahmens. Als charakteristisches Moment in den gegenseitigen Beziehungen sollte man nicht die Konfrontation oder Rivalität zwischen Obrigkeit und Stadtgemeinde, sondern vielmehr Koordination, die Suche nach einem Kompromiss und häufig auch die Zusammenarbeit beider Seiten verstehen. Anderslautende Beispiele sind die sprichwörtlichen Ausnahmen, die die Regel bestätigen. In diesem Sinn ist das Thema der adeligen Residenzstädte des Spätmittelalters, das sich an der Grenze zwischen Adels- und Stadtgeschichte bewegt, zugleich auch eine Sonde in die sozialen und rechtlichen Verhältnisse jener Zeit.

Die baulichen Aktivitäten in den Städten stellen ein Musterbeispiel für koordiniertes Vorgehen von Obrigkeit und Gemeinde dar. Dass die (im weiten Sinn) repräsentative Rolle der Architektur eng mit der Frage nach den hierfür erforderlichen finanziellen Mitteln verknüpft ist, erfordert keine nähere Begründung; wenn die Mittel aus verschiedenen Quellen stammten, musste damit gerechnet werden, dass das Bauwerk alle an seiner Finanzierung Beteiligten repräsentierte. Und während der Herrensitz die alleinige Domäne seines Bauherrn beziehungsweise Besitzers darstellte, wurden die Bauten in den Städten in der Regel von Gemeinde und Obrigkeit gemeinsam finan-

---

7 Auf den folgenden Seiten gehe ich von den Studien zu einer inzwischen abgeschlossenen Synthese über die adelige Residenzstadt im spätmittelalterlichen Böhmen aus, die sich auf die Untersuchung der Verbindungen und des Beziehungsspektrums zwischen der Residenzobrigkeit (und dessen Hof) einerseits und der Stadt andererseits konzentriert; dort ist auch die tschechische und ausländische Literatur zu methodischen Ausgangspunkten, einzelnen Themenaspekten sowie dem komparatistischen Rahmen verzeichnet, die an dieser Stelle, von einigen wenigen Ausnahmen abgesehen, nicht benannt werden kann.

ziert, wobei möglicherweise sogar die kommunalen Mittel überwogen. Stadtgemeinde und Obrigkeit waren an solchen Bauwerken symbolisch durch ihre Wappen vertreten. Dies gilt nicht nur für Sakralgebäude, sondern beispielsweise auch für Stadtmauern, die sich de jure im Besitz des Stadtherrn befanden, de facto aber durch baulichen Unterhalt, Sicherstellung der Wache u. ä. eine Last auf den Schultern der Gemeinde darstellten, wobei die Obrigkeit nur einen kleinen Teil ihrer Einkünfte beisteuerte. Nur vereinzelt ist belegt, dass die Obrigkeit den Mauerbau auch (mit-)finanzierte; in der Regel jedoch bleiben uns Angaben zu den Ressourcen, aber auch zum Bauprozess (aus zeitlicher wie organisatorischer Sicht) verborgen, und in den städtischen Rechnungsbüchern stoßen wir höchstens auf diejenigen Ausgaben, die mit dem ständigen Unterhalt verbunden waren. Ein anderes anschauliches Beispiel sind die Rathäuser – im Sinne eigenständiger Ratsgebäude, die in einigen untertänigen Städten bereits im 15. (vereinzelt auch früher) und anderswo erst im 16. Jahrhundert errichtet wurden, wobei sich nicht selten eine direkte (finanzielle) Unterstützung durch die Obrigkeit beobachten lässt. Auch hier spielten die Finanzen eine Rolle, wobei finanzielle Fragen offensichtlich den häufig langwierigen Bau- oder Umbauprozess der städtischen Pfarrkirchen mitbestimmten; dieser dauerte manchmal so lange, dass man die Baupläne im Lauf der Zeit änderte. Die städtische Pfarrkirche ist zugleich ein Musterbeispiel für einen Raum, in dem die finanziellen Mittel (und damit auch die Interessen und Ansprüche) der Gemeinde, der Obrigkeit sowie zahlreicher Einzelpersonen, die zum Bau oder zur Innenausstattung beitrugen, aufeinandertrafen. Die Armen hingegen mussten sich die Erlösung ihrer Seele durch lohnfreie Arbeit erkaufen, während sich die Obrigkeit bereits um die Kirche verdient machen konnte, indem sie ihr eine Einkommensquelle in Gestalt von Ablässen sicherte.

Die bauliche Gestalt und im weiteren Sinn die Prosperität der Stadt waren die gemeinsame Visitenkarte und lagen damit im Interesse der Obrigkeit wie auch der Stadtgemeinde. Wenn wir uns bemühen, den Alltag der adeligen Residenzstädte im Spätmittelalter aus diesem Blickwinkel zu betrachten, wird eine Vielzahl von Situationen deutlich, in denen die Obrigkeit – in der Regel in Zusammenarbeit mit den Vertretern der Stadt – im Interesse des „Gemeinwohls" in das Leben der Stadt beziehungsweise der Stadtgemeinde eingriff. In vielerlei Konstellationen stoßen wir im Milieu der untertänigen (natürlich nicht nur Residenz-)Städte auf obrigkeitliche Kontrolle und Reglementierung (auch in Form einer „Disziplinierung"), die manchmal bis ins kleinste Detail ging und in anderen Fällen die Form einer nur symbolischen Aufsicht, eines Genehmigungsrechts annahm, das genutzt werden konnte, aber nicht immer genutzt wurde. Die Bandbreite der gegenseitigen Beziehungen war groß und

Abb. 2 In das Spätmittelalter fällt die Entstehung der Idee einer „sakralen Landschaft" im Umfeld königlicher Städte, denen mit geringem zeitlichem Abstand auch untertänige Städte folgten. Die Friedhöfe wurden von den städtischen Pfarrkirchen in den Raum außerhalb der Stadtmauern verlegt (in einigen Fällen zu Vorstadtkirchen; andernorts wurden prächtige Friedhofskirchen errichtet). Zu den Bildstöcken, die seit undenklichen Zeiten die Wege in die Stadt säumten, kamen Kapellen und in einigen Fällen auch Pilger- beziehungsweise Kreuzwege hinzu (z. B. in Neuhaus). Die Kirche Maria Schnee in Budin an der Eger / Budyně nad Ohří, Residenzstadt der Familie Zajíc von Hasenburg / Zajíc z Házmburka, wurde vermutlich im 14. Jahrhundert erbaut und diente im Spätmittelalter bereits als Friedhofskirche. Man beachte die Steinkanzeln an der Außenwand der Kirche (mit einem Pfeil markiert) – auf vergleichbare Konstruktionen stößt man bei Friedhofskirchen häufiger.

ihre individuellen Formen zeichnen sich durch einen nahezu unendlichen Variantenreichtum aus. Das Kontroll- und Regulierungsmoment war allgegenwärtig: Handwerk, Handel, aber auch die Sauberkeit der Straßen oder die bürgerliche Moral und viele weitere Aspekte des Alltagslebens wurden zum Gegenstand unterschiedlicher Reglementierungen oder zumindest Reglementierungsversuche. Die Obrigkeit war die Berufungsinstanz für die am Stadtgericht verhandelten Fälle und diente als Schiedsrichter („Obermann") bei Streitigkeiten innerhalb der Stadt (z. B. zwischen den Zünften); sie erneuerte den Stadtrat und griff in die Verwaltung der Stadt ein. Der Stadtherr war Garant der „Ordnung" (*ordo civitatis*) – durch verschiedene Reglementierungen, durch Erlass und Bestätigung eigener Privilegien oder die Sicherung landesherrlicher Privilegien (welche die Fundamente der Rechtsstellung einer Stadt bildeten) sowie durch alle weiteren Aktivitäten, die er als förderlich oder sogar unverzichtbar ansah – vom Wasserleitungsbau bis zum Mandat für die Metzger, wie viele Tiere sie wöchentlich schlachten sollten, damit es genügend Fleisch für den städtischen Markt gab. Die „patriarchale" Rolle der Obrigkeit in der Mikrowelt der Residenzstadt wurde durch die Visualisierung der sozialen Beziehungen und Hierarchien unterstrichen – Untertaneneide, Geld- und Naturalienabgaben, Frondienste („Roboten"), aber auch Huldigungen und Geschenke gehörten hier zu den ständig verwendeten Ausdrucksmitteln.[8] Gemeinsam mit den Vertretern der Gemeinde setzte sich die Obrigkeit fortlaufend für das „Gemeinwohl" (*bonum commune*) ein – Verweise auf diese Kategorie finden sich in Dokumenten obrigkeitlicher wie städtischer Provenienz so häufig, dass sie fast wie eine Floskel erscheinen.[9]

Würden wir die obrigkeitlichen Eingriffe und Projektionen des eigenen Willens in das Leben der Stadt nur einseitig, d. h. ohne Konfrontation mit der Realität verfolgen (natürlich mit dem Wissen, dass dies nicht immer umzusetzen ist), ließe sich die Rolle der Städte als passiv charakterisieren: In diesem Fall degradierte man die Bürger zu demütigen Bittstellern und Zahlern von Abgaben, die um Privilegien und obrigkeitliche Instruktionen für alle Aspekte des städtischen Lebens ersuchten. Dies war aber offensichtlich nicht der Fall – Obrigkeit und Stadt waren Akteure, deren Rollen nur in

---

[8] Der wesentliche Rahmen für die Symbolik des Untertanenverhältnisses mit breitem komparatistischen Ansatz bereits angedeutet bei André HOLENSTEIN, *Die Huldigung der Untertanen. Rechtskultur und Herrschaftsordnung (800–1800)*, Stuttgart – New York 1991; mit zahlreichen lokalen Variationen, aber auf der gleichen Basis lässt sich die Symbolik des Untertanenverhältnisses in allen untertänigen Städten verfolgen.

[9] Zu Verwendungskontext und zeitgenössischen Bedeutungen des Begriffs *bonum commune* existiert eine umfangreiche Literatur, in Bezug auf Böhmen besonders Winfried EBERHARD, „*Bonum commune" v konkurenci mezi monarchistickou vládou a stavovskou společností*, ČČH 102, 2004, S. 449–474 (sowie weitere Studien dieses Autors) und Thomas WÜNSCH, *Gemeinwohl dezentral. Zu Begriffsinhalt und -verwendung des* obecné dobré *in der politischen Korrespondenz des Ulrich II. von Rosenberg (1403–1462)*, in: Joachim BAHLCKE et al. (edd.), Konfessionelle Pluralität als Herausforderung. Koexistenz und Konflikt im Spätmittelalter und Früher Neuzeit. Winfried Eberhard zum 65. Geburtstag, Leipzig 2006, S. 167–181.

Umrissen vorgegeben und in der Realität des Alltags veränderlich waren, was ebenso für ihre (ungleiche) Stellung galt; zugleich handelte es sich um ein reziprokes Verhältnis, bei dem auf beiden Seiten eine aktive Rolle im gegenseitigen Dialog unverzichtbar war. Als „Dialog" darf man bereits die zeremonielle Basis des Untertanenverhältnisses verstehen, nämlich den Untertaneneid („člověčenství" = Leibeigenschaft, Untertänigkeit), dessen Pendant die obrigkeitliche Verpflichtung darstellte, das Recht zu wahren und die erteilten Privilegien zu respektieren. Wir sprechen – wenn auch mit einer gewissen Übertreibung – von der beständigen Suche nach einem Modus Vivendi, von dem das gängige Leben in den adeligen Residenzstädten offensichtlich geprägt war. Es genügt ein Blick auf die Privilegien, die sehr viel stärker als irgendein universales Obrigkeitskonzept die aktuellen Probleme und Lebensbereiche widerspiegeln, die im Mittelpunkt von Konflikten standen und reglementiert werden mussten. Fälle, in denen eine obrigkeitliche Anordnung (Instruktion, Mandat) im Widerspruch zu den realen Bedürfnissen oder Möglichkeiten stand und daher nicht eingehalten wurde, waren keineswegs selten – wie der wiederholte Erlass derselben Instruktion beziehungsweise deren Modifizierung bezeugt. Nur wenn wir den hier geschilderten Mechanismus missverstehen, könnte uns dieses Vorgehen überraschen – die Annahme, dass Wort und Wille der Obrigkeit in der Stadt Gesetz war, erweist sich im Licht der dokumentierten Realität als unbegründet.

Modellorte

Aus den Untersuchungen zu ausgewählten adeligen Städten im spätmittelalterlichen Böhmen (Modellorte) ergibt sich, dass die Beziehungen zwischen Stadtherrn und Stadtgemeinde sich in einem allgemeingültigen Rahmen bewegten, wobei die Quellen zugleich eine fast unendliche Anzahl lokaler Variationen und Besonderheiten dokumentieren. Was in einer Stadt galt, musste in einer anderen keineswegs gelten – besonders wenn wir an Städte unterschiedlicher Obrigkeiten denken. Ähnlich lassen sich aus den Quellen auch die wesentlichen Kennzeichen für das Profil der „guten Obrigkeit" und deren Selbstpräsentation im Verhältnis zur Stadtgemeinde, d. h. zu den Untertanen, herauslesen, die ihr (von Gott) anvertraut waren und für die sie die Verantwortung trug. Das Verhältnis zwischen dem Ideal und seiner Umsetzung in die Praxis war allerdings äußerst variabel. Zu den lokalen Besonderheiten traten in diesem Fall noch die individuellen Eigenschaften der einzelnen Adeligen hinzu. Die sich wiederholenden wesentlichen Merkmale und Rahmenbedingungen im Verhältnis zwischen den

Obrigkeiten und den Gemeinden ihrer Residenzstädte sind für die Untersuchung des einschlägigen Themas zweifelsfrei von Vorteil, denn sie helfen, die Verhältnisse auch dort zu verstehen und zu interpretieren, wo die Quellenbasis keine Möglichkeit bietet, das Gewirr der Alltagsbeziehungen und der ständigen Suche nach einem Modus Vivendi genauer zu betrachten. Den Charakter der Quellendokumentation, in der sich die wesentlichen Beziehungsebenen vor dem Hintergrund ihrer spezifischen Varianten widerspiegeln, wollen wir hier anhand von zwei Sonden illustrieren.

Diese Sonden führen uns in zwei bedeutende untertänige Städte, die im Spätmittelalter Residenzfunktion hatten und bei denen uns die überlieferten Quellen (Stadtbücher, Rechnungsmaterial und weitere Dokumente, aber auch erhaltene Architektur und urbanistische Strukturen) einen näheren Einblick in die Verhältnisse um 1500 ermöglichen. Das erste Fallbeispiel ist das an der Grenze zwischen Mittel- und Nordböhmen gelegene Jungbunzlau, das erst Mitte des 15. Jahrhunderts unter den letzten Herren von Michalowitz zur Residenzstadt wurde und fast das gesamte 16. Jahrhundert der Familie Kraiger von Kraigk (Krajíř z Krajku) – einem Geschlecht, das seine Sympathien für die Brüderunität nicht verbarg – als Residenzstadt diente. Als zweites Beispiel ziehen wir das südböhmische Neuhaus heran, in dem die Herren von Neuhaus seit dem 13. Jahrhundert residierten; in der zweiten Hälfte des 15. Jahrhunderts war es Residenzstadt des Katholiken Heinrich IV. von Neuhaus (Jindřich IV. z Hradce), der in den Diensten der Gegner des Königs Georg von Podiebrad (Jiří z Poděbrad) stand: Neuhaus wurde aus diesem Grund als eine von wenigen adeligen Residenzstädten zu Beginn von Heinrichs Regierung sogar 1467 für zwei Monate belagert.[10] Das erste Beispiel illustriert das Profil der „guten Obrigkeit", die sich um das „Gemeinwohl" verdient machte, indem sie in der Gemeinde Versöhnung suchte und/oder vermittelte; der zweite Fall erfasst eine Form der symbolischen Kommunikation zwischen Stadt und Obrigkeit – und zwar mittels Huldigungen und Geschenken.

Betrachten wir zunächst Jungbunzlau im Jahr 1494. Die Unstimmigkeiten zwischen der Stadt und der Vorstadt sollten damals durch eine gegenseitige Vereinbarung beseitigt werden, zu der die Obrigkeit (Ctibor Tovačovský von Cimburk / Ctibor Tovačovský z Cimburka) den Anstoß gegeben hatte, bevor sie den endgültigen Wort-

---

10 Zu beiden Orten stehen detaillierte Fallstudien zur Verfügung: R. ŠIMŮNEK, *„Dobrá vrchnost" a její rezidenční město. Mladá Boleslav kolem roku 1500*; IDEM, *„Dobrá vrchnost" a její rezidenční město. Jindřichův Hradec kolem roku 1500* (Bestandteil sind auch die folgenden, hier nur knapp skizzierten thematischen Sonden, dazu die einschlägige Quellendokumentation).

laut des Kompromisses genehmigte und ihn in die Stadtbücher einschreiben ließ. Der Fall spiegelt modellhaft und in allen drei wesentlichen Entwicklungsphasen die Rolle der „guten Obrigkeit" bei der Verwaltung der Stadt und der Lenkung ihrer Angelegenheiten wider: Die Anregung zur Suche nach einem Kompromiss ging von Seiten der Obrigkeit aus, an die sich die Parteien in ähnlichen Situationen zu wenden pflegten. Die Obrigkeit entschied allerdings nicht allein. Sie bezog zwar Stellung zu den einzelnen Punkten, delegierte jedoch die eigentliche Verhandlung an diejenigen, die von den strittigen Punkten unmittelbar betroffen waren, d. h. an die Vertreter der Stadt und der Vorstadt, welche am besten in der Lage waren, eine angemessene Lösung zu finden. Das Recht zur Aufsicht und gegebenenfalls zum eigenen Eingriff („Disziplinierung") behielt sich die Obrigkeit allerdings trotzdem vor – die getroffenen Regelungen zwischen den Streitparteien konnten nämlich nur dann in Kraft treten, wenn der Stadtherr sie genehmigte. Nachdem er dies getan hatte, gab Ctibor Tovačovský die Anweisung, den Text der Vereinbarung in die Stadtbücher einzuschreiben – zugleich ein Indiz für die Rolle der Stadtbücher im Rechtsleben der Stadt und für deren Wahrnehmung durch die Obrigkeit.

Die meisten Regelungen betrafen Handwerk und Handel, Bierbrauerei oder Streitigkeiten zwischen Zünften, die verwandte Produkte herstellten, aber sie konzentrierten sich auch auf die ordnungsgemäße Versorgung der Stadt mit allen notwendigen Gütern zu annehmbaren Preisen. In diesem Punkt ist die Rolle der „guten Obrigkeit" offensichtlich: Sie stellte sich gegen die Möglichkeit eines künstlich ausgelösten Mangels, der zu einem unangemessenen Preisanstieg führen könnte, und überließ es der Gemeinde, künftig für eine Verbesserung zu sorgen. Ein weiteres Thema war die Sicherstellung von Arbeitskräften für das Gemeinwerk („*dielo obecnie*"), wobei erneut das „Gemeinwohl" im Hintergrund stand. Ein dritter Bereich betraf die jüdische Gemeinde. Ausdrücklich wurde festgestellt, dass die Juden ihre Rechte und Privilegien behalten sollten, und alle weiteren Regelungen spezifizierten mit wechselnder Detailliertheit die Bedingungen für den jüdischen Handel, besonders für Geldgeschäfte. Damit spiegelten sie die Aspekte wider, deren Behandlung aus Sicht des Zusammenlebens der christlichen und der jüdischen Gemeinde besonders dringlich war, und demonstrierten die obrigkeitliche Aufsicht über den jüdischen Wucher – erneut im Namen des „Gemeinwohls": Es wurde festgelegt, dass kein Jude dem „Volk ihrer Gnaden", d. h. offenbar allen Untertanen, Bürgern wie Dorfbewohnern, Geld ohne obrigkeitliche Erlaubnis leihen dürfe; zugleich wurde das schriftliche Evidenzverfahren für den Fall festgesetzt, dass die Obrigkeit den Kredit genehmigte, wobei auch Geldstrafen für die Missachtung der erlassenen Regelungen nicht fehlen.

Offensichtlich verhandelten die Streitparteien untereinander, wobei ihnen die obrigkeitlichen Standpunkte zu den zentralen Problemen bekannt waren, und gelangten in diesem Rahmen zu einer Übereinkunft. Von den meisten Problemen, die Gegenstand der damaligen Vereinbarung waren, hörte man in späterer Zeit nichts mehr, was jedoch nicht zwangsläufig bedeuten muss, dass sie nicht in irgendeiner Form zurückkehrten – dies ist sogar anzunehmen. Mit Sicherheit wissen wir, dass die Frage der jüdischen Kredite sowie anderer jüdischer geschäftlicher Aktivitäten keine endgültige Lösung erfuhr – und die Obrigkeit, diesmal bereits die Kraiger von Kraigk, gezwungen war, sich erneut mit der Angelegenheit zu befassen (1506/1507). Offenbar führte selbst der mit Zustimmung der Obrigkeit gefundene Kompromiss in diesem Punkt nicht zum ersehnten Ziel, sodass weiterhin nach einem Modus Vivendi gesucht werden musste.

Das zweite Beispiel aus Neuhaus unter der Regierung Heinrichs IV. von Neuhaus († 1507) konzentriert sich auf eine Ebene der symbolischen Kommunikation zwischen Obrigkeit und Stadt. Allein der Begriff „symbolische Kommunikation" wurde in den letzten Jahrzehnten so häufig verwendet, dass sein Wert gering erscheinen mag. Bei der Untersuchung der Beziehungen zwischen Obrigkeit und Stadtgemeinde dient er jedoch als (konkrete) Bezeichnung von Kontext und Ausdrucksmitteln, die (1) fortlaufende Kontakte zwischen Obrigkeit (Hof) und Stadt begleiteten und zugleich (2) die Hierarchie innerhalb der Stadt widerspiegelten. Hierzu gehörten die Akte, die dem Erlass von städtischen Privilegien (sei es direkt durch die Obrigkeit oder für die Stadt vom König erbeten), Zunftartikeln, umfangreicheren Stadtordnungen sowie Reglementierungen vorangingen, wie sie für Jungbunzlau bereits im Jahr 1494 erwähnt werden. Gleiches gilt für die fortlaufende Visualisierung sozialer Verbindungen und Hierarchien – innerhalb der Stadt etwa die Reihenfolge bei Prozessionen, die entweder regelmäßig oder an bestimmten Feiertagen stattfanden, in Bezug auf die Obrigkeit zudem regelmäßig in Form von Huldigungen und Geschenken. Deren symbolische Bedeutung wird dann deutlich, wenn es sich um Gaben von aus materieller Sicht eher unbedeutendem Wert handelte.

Tuch, Wein, Gewürze (Safran), wiederholt aber auch eine mit Groschen gefüllte Schale – solche Gaben erhielt die Obrigkeit aus den Händen der Bürger. Empfänger der Geschenke waren der Stadtherr und seine Gemahlin, z. B. an Feiertagen, bei der glücklichen Rückkehr von einer Reise oder bei der Geburt eines Kindes. Einen weniger gewöhnlichen Anlass verzeichnet das Jahr 1499: Die Obrigkeit nahm damals an der Entzündung des Johannisfeuers teil und wurde vor Ort vom Stadtrat begrüßt und geehrt. Dabei ist es wichtig anzumerken, dass die Ehrerweisungen sich nicht nur auf die Obrig-

Abb. 3 Den Attributen der „schönen Stadt" schenkte die Obrigkeit ebenfalls ihre Aufmerksamkeit – in der Architektur, aber auch bei der Pflasterung von Wegen oder der Wasserversorgung. Wo der Wasserzugang kompliziert war, entstanden im Spätmittelalter Wassertürme. In Jungbunzlau / Mladá Boleslav wurde auf Kosten der Obrigkeit bereits um 1500 ein Wasserturm errichtet; das heute erhaltene barocke Exemplar stammt zwar erst aus den 1720er Jahren, steht jedoch immer noch an derselben Stelle.

keit – den Stadtherrn und seine Gemahlin – bezogen, sondern auch auf (nicht näher bestimmte) Höflinge („dvořané") aus ihrem Gefolge. Hierbei handelt es sich um einen vielleicht spezifischen, aber im Hinblick auf die Verbindungen zwischen Hof und Stadt recht aussagefähigen Beleg. Die von der Stadt erwiesenen Ehrbezeugungen – in der Regel handelte es sich um Wein – bezogen sich verständlicherweise auch auf prominente Gäste der Obrigkeit und schlugen sich auch in den Stadtrechnungen nieder.

Auf verborgene (in den Quellen nie erfasste) Seiten der Kommunikation zwischen Gemeinde und Obrigkeit stoßen wir exemplarisch im Fall der städtischen Privilegien, wo nur „Reinschriften" (Endfassungen) zur Verfügung stehen und der gesamte Hintergrund praktisch unbekannt bleibt; dies gilt auch für die finanziellen Aspekte. Nur sehr vereinzelt findet man unmittelbar im Text der Privilegien einen Hinweis darauf, dass die Obrigkeit der Gemeinde ihrer Residenzstadt das Privileg gegen ein Entgelt ausgestellt hatte; in der Regel lässt sich ein solcher Mechanismus nur vermuten. Zu den Formen bürgerlicher Dankbarkeit, die zugleich einen Weg darstellten, gute Beziehungen zwischen der Gemeinde und der Obrigkeit zu wahren, gehörten auch Kredite. Für Heinrich IV. von Neuhaus ist belegt, dass der Kreis seiner Gläubiger ziemlich groß und deren soziale Verortung vielfältig war (neben der Stadtgemeinde und einzelnen Bürgern waren dies hauptsächlich Adelige mit Verbindungen zum Hof), und dass es sich in diesen Fällen keineswegs um kleine Summen handelte. Wenn die Stadt in ihren Rechnungsbüchern auch Kosten für den Transport von Material oder Wein auf die Burg verzeichnete, dürfen wir mit Recht vermuten, dass es sich weniger um „Kredite", sondern um Gaben für die Obrigkeit handelte – also um Ausgaben, mit deren Rückerstattung man im Grunde genommen nicht rechnete.

Geschenke und Kredite sind nur ein Segment im breiten Beziehungsspektrum zwischen Obrigkeit und Gemeinde der Residenzstadt – ein Segment, das in dieser Zeit eine bedeutende, im Hinblick auf den Charakter dieser Beziehungen vielleicht sogar prägende Rolle spielte; die öffentliche Übergabe von Geschenken war zugleich auch eine beständige Visualisierung der sozialen Beziehungen und Verbindungen in der Mikrowelt der Residenzstadt. Neben Geschenken von verhältnismäßig bescheidenem finanziellem Wert sind uns auch Fälle bekannt, wo die Gemeinde „stillschweigend" verschiedene Ausgaben für ihre Obrigkeit übernahm und diese aus der Stadtkasse finanzierte. Und letztlich konnten tatsächliche Kredite – in der Größenordnung von Dutzenden oder sogar Hunderten Schock Groschen – ebenfalls zu Akten der symbolischen Kommunikation werden: Ein Kreditersuchen seitens der Obrigkeit konnte von der Gemeinde nur schwer abgelehnt werden, selbst wenn der Preis darin bestand, dass sich diese verschulden musste.

ROBERT ŠIMŮNEK

Die Akteure und ihre Rollen

Die „Geschichte" im Sinne von Texten aus der Feder von Historikern ist immer – mehr oder weniger – eine (Re-)Konstruktion von Verbindungen, Beziehungen und ursächlichen Zusammenhängen. Sie kommt immer dann zu Wort, wenn wir uns dem illustrativen Segment der Vergangenheit zu nähern versuchen, einer Vergangenheit, die jedoch weder durchlebt noch erneuert werden kann, und für deren Teilrekonstruktion deshalb Quellenbelege („Faktographie") ebenso wesentlich sind wie ein gewisses Maß an Intuition. Dies gilt auch für das Konzept der „adeligen Residenzstadt (im späten Mittelalter)" sowie dessen Teilaspekte, zu denen das Spektrum der Beziehungen zwischen Obrigkeit und (Residenz-)Stadt gehört. Detaillierte Sonden zu Orten, zu denen die überlieferten Quellen es erlauben, ein Bild der inneren Beziehungen mit mehr Details und größerer Plastizität zu rekonstruieren als anderswo, helfen auch bei der Skizzierung des Rahmens, in dem sich die Beziehungen zwischen der Obrigkeit und ihrem Residenzort (städtischen Typs) abspielten, wo die Quellenlage bescheidener ausfällt. Es geht um die unterschiedliche Quantität und Qualität von Zeugnissen zu analogen (vergleichbaren) Typen sozialer Bindungen und Zusammenhänge, wo die Obrigkeit die Möglichkeit hatte, im Raum ihrer Residenzstadt die Qualitäten einer „guten Herrschaft" zu beweisen. Charakteristisch hierfür war die Verflechtung großzügiger Konzepte mit mikroskopischen Details, Förderung und Schutz auf der einen sowie Aufsicht und Disziplinierung auf der anderen Seite.

Die Residenzstadt war ein Raum der obrigkeitlichen wie auch der städtischen Repräsentation; demonstrative Architektur aller Art war ein Ausdruck für das Selbstbewusstsein des Stadtherrn wie der Stadtgemeinde, und selbst das Rathaus, Symbol der Stadtgemeinde, besaß offensichtlich keinen Subtext einer Rivalität gegenüber der Obrigkeit. Die Frage könnte lauten: Existierte eine „ideale adelige Stadt" beziehungsweise lässt sich von einem solchen Phänomen sprechen, selbst wenn man berücksichtigt, dass derartige Kategorisierungen immer nur Arbeitshypothesen ahistorischer Natur sind? Die beste Annäherung an eine komplexe Antwort erlaubt wohl ein Blick auf das spätmittelalterliche Pardubitz, die Residenzstadt Wilhelms von Pernstein († 1521): Wilhelms zielgerichtetes Konzept zur Einrichtung einer Residenzstadt lässt sich ab Ende des 15. Jahrhunderts nachverfolgen, als er seinen Sitz von Burg Kunburg (Kunětická hora) nach Pardubitz verlegte. Sichtbar wird dies besonders nach dem vernichtenden Stadtbrand (1507), als Wilhelm in erheblichem Maß seine eigenen Ideen zur adäquaten Gestaltung mit den Attributen einer adeligen Residenzstadt in den Wiederaufbau einbrachte. Der später nobilitierte Burian der Bakkalaureus (Burian bakalář), der sich bezeichnenderweise sowohl in städtischen wie in obrigkeitlichen Diensten bewegte, verfasste aus diesem Anlass ein Loblied auf Wilhelm von Pernstein als Erneuerer der Stadt, die zu seiner Visitenkarte geworden war. Der Ton des Werks ist sachlich, teilweise konkret gehalten und spiegelt (unabhängig von der Stufe der tatsächlichen Realisierung) alle wesentlichen Aspekte wider, die Wilhelm bei seinem Vorgehen berücksichtigt hatte und die zugleich das Idealbild der Residenzstadt formten. In diesem Sinn handelt es sich um einen einzigartigen Text. Er drückt explizit aus, was wir zumeist nur ahnen können, und erlaubt ähnlich wie weitere Modellsonden eine analoge Denkweise für Fälle, in denen keine unmittelbaren zeitgenössischen Zeugnisse existieren.

Interessant ist außerdem, dass sich die wesentlichen Merkmale des obrigkeitlichen Vorgehens ungefähr zur gleichen Zeit auch in anderen Städten der Pernsteiner feststellen lassen, die gelegentlich Residenzfunktion hatten. Es gibt sogar mehrere Berührungspunkte. Als erstes sei die urbanistische und architektonische Ebene genannt, die am Verlauf des Straßennetzes, an der Struktur des städtischen Grundrisses sowie am Charakter der Bebauung deutlich wird, aber auch an dem unübersehbaren Akzent, der mit der visuell spektakulären Befestigung von Burg und Stadt gesetzt wurde. Der zweite Aspekt ist konfessioneller und wohltätiger Natur: Exemplarisch stellt Pardubitz den Raum dar, in dem Wilhelm seine Idee eines überkonfessionellen Christentums umzusetzen versuchte, indem er beispielsweise darauf bestand, dass die konfessionelle Zugehörigkeit bei der Aufnahme in das Spital keine Rolle spielen und in der Stadt Toleranz herrschen sollte; die Gründung neuer Viertel in Tobitschau (Tovačov) und Prerau (Přerov) als Zufluchtsorte für Mitglieder der Brüderunität, sofern wir diese Interpretation zumindest in groben Zügen akzeptieren, besitzt dann auch in anderen Städten Analogien – im Fall der Residenzstädte etwa im erwähnten Jungbunzlau unter den Kraiger von Kraigk oder in Leitomischl (Litomyšl), das der Familie Kostka von Postupitz (Kostka z Postupic) gehörte. Und letztlich muss der wirtschaftliche Aspekt genannt werden, nämlich die Einrichtung der Teichwirtschaft, die Förderung des Handels und das Bemühen, Handelswege in die Städte zu verlegen. Eng verbunden mit den obrigkeitlichen Aktivitäten im Wirtschaftsbereich waren auch Eingriffe in Handwerk und Handel (als Musterbeispiel darf in dieser Hinsicht erneut Pardubitz als Residenzstadt der Pernsteiner gelten).[11]

---

11 Zu Burians Werk Vladimír HRUBÝ – Petr VOREL, „Burianova báseň" a pozdně gotické Pardubice, in: Zdeněk BENEŠ – Eduard MAUR – Jaroslav PÁNEK (edd.), Pocta Josefu Petráňovi. Sborník prací z českých dějin k 60. narozeninám prof. dr. Josefa Petráně, Praha 1991, S. 161–190; es lassen sich außerdem

Diesen wesentlichen Bereichen in den Beziehungen zwischen Obrigkeit und Stadtgemeinde beziehungsweise den Projektionen des obrigkeitlichen Willens auf das Konzept der Stadt, ihre bauliche Gestalt und das städtische Leben begegnen wir im Milieu der adeligen Residenzstädte allgemein. Die einzelnen Obrigkeiten setzten ihre Vorstellungen vom Funktionieren der Stadt mit größerer oder geringerer Konsequenz und individueller Begeisterung durch, und ähnlich vielfältig gestalten sich in Abhängigkeit vom Charakter der überlieferten Quellen auch die Möglichkeiten unserer heutigen Rekonstruktion. Und wenn wir von der „guten Obrigkeit" und ihrem Konzept der Residenzstadt sprechen, muss auch an die damit zusammenhängende Legitimationskategorie der Altehrwürdigkeit erinnert werden. Das Ideal war die Unveränderlichkeit, die ununterbrochene Dauer, die Kontinuität „von alters her" – auf eine „Verletzung der Ordnung" (z. B. durch einen Brand) musste eine „Erneuerung der Ordnung" folgen, obwohl das eigentliche Werk der Stadterneuerung keine konsequente Restitution des älteren Zustands war und eigentlich auch nicht sein konnte. Auch in dieser Hinsicht ist das erwähnte Beispiel des spätmittelalterlichen Pardubitz erhellend: Das Erneuerungswerk nach dem Brand von 1507 war entschieden keine Rückkehr zum vorangegangenen Zustand. Vielmehr bot es die Gelegenheit, im Wiederaufbau das Konzept der Obrigkeit maximal zur Geltung zu bringen, das auf seine Weise die Idealvorstellung von der Stadt und ihrer sozialen Ordnung (der wirtschaftlichen, religiösen, administrativen oder rechtlichen Strukturen), der inneren Topografie, aber auch der regionalen beziehungsweise überregionalen Bedeutung widerspiegelte. Parallel zum physischen Wiederaufbau der Stadt wurde auch die Kontinuität auf rechtlicher Ebene erneuert (bezeichnenderweise legte man bald nach dem Brand neue Stadtbücher als Ersatz für die Bücher an, die 1507 verbrannt waren). Der *ordo civitatis* – und im Bedarfsfall dessen Erneuerung – war gemeinsames Interesse und gemeinsames Werk der Obrigkeit und der Stadtgemeinde, eine Garantie der Stabilität, denn einzig auf das Le-

---

weitere Quellen gegenüberstellen, die die Situation im spätmittelalterlichen Pardubitz illustrieren, besonders die sog. Stadtordnung von 1512 (AČ XVII, Nr. 951, S. 158–171); zur Erneuerung der Stadt nach dem Brand von 1507 František Šebek et al., *Dějiny Pardubic* I, Pardubice 1990, bes. S. 102–113; zu den pernsteinischen Städten im Spätmittelalter und ihren Merkmalen Vladimír Hrubý, *Budování pernštejnského ideálního města*, in: Kateřina Kubínová – Klára Benešovská (edd.), Imago, imagines. Výtvarné dílo a proměny jeho funkcí v českých zemích od 10. do první třetiny 16. století II, Praha 2019, S. 488–513; zur visuell spektakulären Befestigung der pernsteinischen Burgen und Städte, für die sich in damaligen böhmischen Ländern keine Analogie finden lässt, Jiří Slavík, *Rondelové fortifikace sídel Pernštejnů*, Svorník 11, 2013, S. 149–156.

gitime konnte man sich fortlaufend beziehen, während im Fall einer Störung des Gleichgewichts eine Erneuerung des *ordo* Rückkehr notwendig war.[12]

Fazit

Wenn wir die obrigkeitlichen Konzepte der Residenzstädte, deren Rolle im Kontext der Adelsrepräsentation sowie das Spektrum der Beziehungen und Verbindungen zwischen Obrigkeit und Gemeinde der Residenzstadt verfolgen, bewegen wir uns immer im selben wesentlichen Rahmen, der im böhmischen wie auch im ausländischen Umfeld analog gegeben ist. Dafür sprechen bereits die vielen Berührungspunkte, die sich in Residenzstadtkonzepten aus geografisch, besonders aber aus soziokulturell weit voneinander entfernten Regionen finden lassen. Dies überrascht nicht weiter, wenn man die recht intensiven Beziehungen des böhmischen Adels zum Ausland berücksichtigt. Die ältesten, noch vereinzelten Nachrichten stammen bereits aus dem 12. Jahrhundert, aber spätestens ab dem 14./15. Jahrhundert können wir von zahlreichen Kontakten sprechen, die sich nicht nur auf Länder bezogen, die unmittelbar an Böhmen grenzten (Sachsen, Bayern, Österreich) beziehungsweise zu den Kronländern zählten (Lausitz, Schlesien); Kontakte bestanden auch zu Preußen (besondere Verbindungen zum Deutschen Orden – „Kreuzzüge", spätere Söldnertätigkeit böhmischer Adeliger in Diensten des Ordens oder der polnischen Könige) oder in umgekehrter Richtung nach Italien (deutliche Intensivierung der Kontakte ab dem Spätmittelalter) und Spanien. Bereits lange vor der berühmten Expedition des böhmischen Adels nach Norditalien (1551–1552), auf der man den böhmischen Thronfolger Maximilian bei seiner Reise nach Spanien einen Teil des Wegs begleitete, hatten böhmische Adelige Gelegenheit, die Verhältnisse im Ausland kennenzulernen: Der Dienst am Hof war spätestens im 15. Jahrhundert üblich, ähnlich wie Kontakte auf politischer (diplomatischer), wirtschaftlicher und kultureller Ebene, die manchmal noch durch verwandtschaftliche

---

12 Zur Kategorie *ordo civitatis* z. B. Tomáš BOROVSKÝ, *Urban Commemorative Festivities as Representations and Visualizations of Town Order*, in: Kateřina HORNÍČKOVÁ (ed.), Faces of Community in Central European Towns. Images, Symbols, and Performances, 1400–1700, Lanham etc. 2018, S. 91–111 (Beispiele aus den königlichen Städten); in groben Zügen auch für Böhmen gültig sind jene Konzepte, die den Rahmen für die Interpretation des städtischen Wiederaufbaus nach Naturkatastrophen (in der Regel Brände) bilden – vgl. aktuell Daniela SCHULTE, *Die zerstörte Stadt. Katastrophen in den schweizerischen Bilderchroniken des 15. und 16. Jahrhunderts*, Zürich 2020, S. 141–203 (Stadtgemeinde als Verkörperung der Ordnung, bes. S. 178–201).

Bindungen gestärkt wurden. Auf das 15. Jahrhundert lässt sich auch die erste markante Zuzugswelle ausländischer Adeliger nach Böhmen datieren; die Adeligen kauften sich zunächst ein und errichteten anschließend ihre Herrschaften einschließlich der Residenzennetzwerke.[13] In diesem Sinne stellt die auf Böhmen orientierte Erforschung des Themas „adelige Residenzstädte" Teil eines breiten (zumindest mitteleuropäischen) komparatistischen Rahmens dar.

---

13 Zusammenfassend hierzu in letzter Zeit Robert ŠIMŮNEK – Dana DVOŘÁČKOVÁ, *Česká šlechta a diplomatické cesty ve středověku*, in: Petr PAVELEC – Martin GAŽI – Milena HAJNÁ (edd.), Ve znamení Merkura. Šlechta českých zemí v evropské diplomacii, České Budějovice 2020, S. 19–43 (englische Fassung: *The Nobility of the Czech Lands and Diplomatic Journeys in the Middle Ages*, in: Petr PAVELEC – Martin GAŽI – Milena HAJNÁ [edd.], The Nobility of the Czech Lands on the Chessboard of European Diplomacy, České Budějovice 2022, S. 23–47); Robert ŠIMŮNEK, *The Bohemian Nobility and Foreign Policy in the Middle Ages*, Przegląd Historyczny 112, 2021, Nr. 2, S. 271–292. – Zur erwähnten Expedition von 1551–1552, an der hochrangige böhmische Adelige teilnahmen, Jaroslav PÁNEK, *Výprava české šlechty do Itálie v letech 1551–1552*, České Budějovice 2003 (italienische Fassung: *Boemia e Italia nella metà del XVI secolo. Il viaggio della nobiltà boema a Genova nel 1551 e l'assimilazione della cultura italiana in Boemia*, Praga 2012).

Grenzen und Übergänge

Topographien, Wahrnehmungen und Gestaltungen von Bezügen zwischen Residenz und Stadt im 15. und 16. Jahrhundert

SVEN RABELER

In den Jahren um 1600 schrieb der betagte Stralsunder Bürgermeister Bartholomäus Sastrow (1520–1603) seine Lebenserinnerungen nieder.[1] Nach seiner juristischen Ausbildung war er 1544 mit 24 Jahren als Kanzleischreiber in den Dienst des Markgrafen Ernst von Baden (1482–1553) getreten, der in Pforzheim residierte. Obgleich er dort nur etwa ein Jahr verbrachte, wusste Sastrow manche Schnurre aus jener Zeit zu berichten. Dazu gehört beispielsweise die folgende Geschichte über einen vereitelten Fischdiebstahl:

Marggraue Ernst hette sein Gemach vber der Pforten des Hauses, das er Alles sehen konte, was [den Schlossberg] *auf oder hinnunter ging. Einsmals nam der Kuchenmeister ein schonen, grossen Karpen mit hinnunter, der war so groß, das der Schwantz vnter dem Mantel außkuckede. Der Marggraue rieff ine zurück „hörstu"* (sagt er), wen du mehr ein Karpen mir stelen wilt, so nim entweder ein kleinern Visch, oder ein längern Mantell.[2]

---

1 Zu Bartholomäus Sastrow siehe den einschlägigen Datenbankeintrag bei Gabriele JANCKE, *Selbstzeugnisse im deutschsprachigen Raum. Autobiographien, Tagebücher und andere autobiographische Schriften 1400–1620. Eine Quellenkunde*, http://www.geschkult.fu-berlin.de/e/jancke-quellenkunde/verzeichnis/s/sastrow/index.html (19.5.2022), mit Bibliographie.
2 Bartholomäus SASTROW, *Herkommen, Geburt und Lauff seines gantzen Lebens, auch was sich in dem Denckwerdiges zugetragen, so er mehrentheils selbst gesehen und gegenwärtig mit angehöret hat, von ihm selbst beschrieben*, Tl. 1, Gottl[ieb] Christ[ian] Friedr[ich] Mohnike (ed.), Greifswald 1823, S. 271. – Die Wendung: *was auf oder hinnunter ging*, ließe sich sprachlich auch auf die Geschosse innerhalb des Neuen Schlosses (vgl. unten bei Anm. 90) beziehen, doch das mutet wenig plausibel an. Wahrscheinlich bezieht sich die Aussage auf den Schlossberg: Der am Neuen Schloss vorbeiführende und unmittelbar südlich davon auf das mittlere Schlosstor treffende Weg, auf den der Markgraf offenbar blickte, fiel bereits zum tiefer gelegenen unteren Schlosstor und von dort weiter zum Marktplatz hin ab, vgl. Christoph TIMM et al., *Pforzheim. Kulturdenkmale im Stadtgebiet* (= Denkmaltopographie Baden-Württemberg, II.10.1), Heidelberg – Ubstadt-Weiher – Basel 2004, S. 195.

In den Hierarchien des Hofes stand der junge Kanzlist Bartholomäus Sastrow weit entfernt vom Fürsten, und dementsprechend beschränkt sich die in seiner Lebensbeschreibung dokumentierte Wahrnehmung seines Herrn auf ein paar kuriose Geschichten, die – so ist zu vermuten – am Hof die Runde machten: Hofmäre in schwankhaftem Gewand. Der adlige Potentat, der über der Schlosspforte auf der Lauer liegt und seinen Küchenmeister beim Diebstahl erwischt: Diese Kollision mit mutmaßlich differierenden Erwartungen des Lesers an fürstliches Verhalten nutzt Sastrow zur humorvollen Unterhaltung seines Publikums. Vielleicht noch verstärkt wurde der erzielte Eindruck durch die unerwartete Kongruenz mit dem stadtbürgerlichen Ideal sparsamer Haushaltung,[3] das nicht recht zu einer adligen Lebensweise zu passen scheint, schließlich war der Hof ein Ort des „ostentativen Luxus",[4] er war „zugleich Schauplatz wie Schauspiel überbordender Üppigkeit und Prachtentfaltung", stand aber „doch immer unter dem Druck der Finanzen".[5] An anderer Stelle hebt Sastrow ausdrücklich

---

[3] Vgl. Gerhard FOUQUET, *Sparsamkeit – ein Phänomen des Haushaltens in den Lebenswelten des Mittelalters*, Vierteljahrschrift für Sozial- und Wirtschaftsgeschichte 99, 2012, S. 1–15, der „Sparsamkeit" im Mittelalter als sozial übergreifendes und zugleich sozial differenziertes Phänomen beschreibt, zusammenfassend S. 15: „Mittelalterliche Haushaltungen aus allen sozialen Hierarchiestufen oberhalb des Existenzminimums, mithin von der städtischen Lohnarbeiterschaft bis zur Aristokratie, haben Sparsamkeit und Rechenhaftigkeit zumindest für den Binnenbereich ihres Konsums als Ratio und Tugend des Wirtschaftens ins Kalkül gezogen, gleich ob sie die aus der Antike überkommenen, der ‚Mäßigkeit' geschuldeten Verhaltensnormen der Ökonomiken kannten oder nicht. Es war freilich eine Sparsamkeit individueller Angemessenheit an die wirtschaftlichen Bedingungen des jeweiligen Haushalts und/oder an sein Prestigebedürfnis, denn noch herrschte das Maßdenken im Haushalt vor."

[4] Ulf Christian EWERT – Jan HIRSCHBIEGEL, *Nur Verschwendung? Zur sozialen Funktion der demonstrativen Zurschaustellung höfischen Güterverbrauchs*, in: Werner PARAVICINI (ed.), Luxus und Integration. Materielle Hofkultur Westeuropas vom 12. bis zum 18. Jahrhundert, München 2010, S. 105–121.

[5] Matthias STEINBRINK, *Pracht und Sparsamkeit – Fürstliche Finanzen um 1500 und die Anforderungen des Hofes*, in: Oliver AUGE – Ralf-Gunnar WERLICH – Gabriel ZEILINGER (edd.), Fürsten an der Zeitenwende zwischen Gruppenbild und Individualität. Formen fürstlicher Selbstdarstellung und ihre Rezeption (1450–1550). Wissenschaftliche Tagung, Landeskulturzentrum Schloß Salzau, 27.–29. März 2008 (= Residenzenforschung, 22), Ostfildern 2009, S. 241–261, hier S. 242. – Statt vieler Einzelhinweise sei hier zu dieser Thematik neben W. PARAVICINI (ed.), Luxus und Integration, nur ein weiterer Sammelband angeführt: Gerhard FOUQUET – Jan HIRSCHBIEGEL – Werner PARAVICINI (edd.), Hofwirtschaft. Ein ökonomischer Blick auf Hof und Residenz in Spätmittelalter und Früher Neuzeit. 10. Symposium der Residenzen-Kommission der Akademie der Wissenschaften zu Göttingen, Gottorf/Schleswig, 23.–26. September 2006 (= Residenzenforschung, 21), Ostfildern 2008. Allgemein zum adligen Umgang mit Geld auch Harm von SEGGERN – Gerhard FOUQUET (edd.), Adel und Zahl. Studien zum adligen Rechnen und Haushalten in Spätmittelalter und früher Neuzeit (= Pforzheimer Gespräche zur Sozial-, Wirtschafts- und Stadtgeschichte, 1), Ubstadt-Weiher 2000.

hervor, dass am badischen Hof *ersparlich haußgehalten* worden sei: Zwar sei es *gleichwoll furstlich vnnd loblich* zugegangen, doch sei die Verpflegung *weit von der Pommerschen Art* entfernt gewesen[6] – ein Hof mithin, der in den Augen unseres Gewährsmannes den Mindestansprüchen an fürstliches Hauswesen genügte, im Vergleich zu den heimischen Greifenherzögen aber schlecht abschnitt und eher magere Kost bot.

Doch jenseits des Anekdotischen und der Frage nach den Maßstäben fürstlichen Verhaltens führt die Erzählung mitten hinein in das Thema der folgenden Ausführungen. Denn nebenher beschreibt Sastrow die Grenze zwischen zwei physischen wie sozialen Räumen: zwischen Residenz und Stadt, die begrifflich wie räumlich, sozial wie funktional im Kompositum der Residenzstadt eingeschlossen und aufeinander bezogen sind.[7] Diese Grenze ist durch Normen geprägt, gegen die der Küchenmeister verstößt. Sie ist baulich markiert, einerseits durch die Pforte, die der Delinquent durchschreitet, andererseits durch das darüber liegende Gemach des Fürsten, der von dort aus den Blick nach außen, in die Stadt hinein richtet – eine Grenze nicht zuletzt der Perspektiven gegenseitiger Beobachtung von Hof und Stadt. Im angeführten Beispiel scheint diese Grenze topographisch eindeutig bestimmt, bei näherem Hinsehen aber diffus, verlässt ein Angehöriger des Hofes doch das Schloss, um seine Beute mutmaßlich in sein eigenes, möglicherweise in der Stadt gelegenes Quartier zu schaffen – endet die Residenz also wirklich am Schlosstor? Überhaupt scheint für diese Grenze – wie für Grenzen allgemein[8] – das Spannungsverhältnis von Schließung und

---

6   B. Sastrow, *Herkommen*, S. 266.

7   Zum Raum und zu den Räumen vormoderner Residenzstädte in ihren physischen und sozialen Dimensionen vgl. Sven Rabeler, *Überlegungen zum Begriff 'Residenzstadt'*, MRK, N.F.: Stadt und Hof 3, 2014, S. 17–33; Idem, *Stadt und Residenz in der Vormoderne. Akteure – Strukturen – Prozesse*, in: Gerhard Fouquet – Jan Hirschbiegel – Sven Rabeler (edd.), Residenzstädte der Vormoderne. Umrisse eines europäischen Phänomens (= Residenzenforschung, N.F.: Stadt und Hof, 2), Ostfildern 2016, S. 43–66.

8   Das in den letzten zwei Jahrzehnten vermehrte Forschungsinteresse an Grenzen unterschiedlicher Art ist durch kulturelle und räumliche Implikationen geprägt. Beispiele für die vielfältige Operationalisierbarkeit des Begriffs 'Grenze' in unterschiedlichen mediävistischen Disziplinen liefert der Tagungsband Ulrich Knefelkamp – Kristian Bosselmann-Cyran (edd.), Grenze und Grenzüberschreitung im Mittelalter. 11. Symposium des Mediävistenverbandes vom 14. bis 17. März 2005 in Frankfurt an der Oder, Berlin 2007. Thematisiert werden in der Forschung sowohl soziale Grenzziehungen, siehe z.B. Christian Hesse (ed.), Ständische Grenzüberschreitungen (= Vorträge und Forschungen, 92), Ostfildern 2021, als auch politisch-territoriale, z.B. in dem Sammelband Nils Bock – Georg Jostkleigrewe – Bastian Walter (edd.), Faktum und Konstrukt. Politische Grenzziehungen im Mittelalter: Verdichtung – Symbolisierung – Reflexion (= Symbolische Kommunikation und gesellschaftliche Wertesysteme, 35), Münster 2011, und bei Andreas Rutz, *Die Beschreibung des*

Öffnung, Separierung und Durchlässigkeit, Kontrolle und Delinquenz bezeichnend zu sein.⁹

Damit sind für die Grenzen und Übergänge zwischen Residenz und Stadt drei miteinander verschränkte Beobachtungsebenen angedeutet: erstens die Normierung, zweitens die bauliche Gestaltung und zeichenhafte Markierung, drittens das weitergefasste topographische Verhältnis von Residenz und Stadt. Hinzu tritt viertens die Frage, wie diese Grenzen und Übergänge erfahren und wahrgenommen wurden.

Normen: Hofordnungen

Sastrows Anekdote über den verhinderten Fischdiebstahl spiegelt die Abgrenzung des fürstlichen Haushalts von seiner städtischen Umwelt. Ganz ähnliche Erfahrungen scheint eine Passage der klevischen Hofordnung von 1448 in einen normativen Text zu übersetzen. Dort heißt es, dass niemand die Burg mit einer Hoike (einem mantelartigen Umhang) bekleidet verlassen dürfe, es sei denn, „er schlägt seine Hoike an der Pforte so auf, dass die Pförtner sehen können, dass er darunter nichts trägt". Doch damit nicht genug des Misstrauens: Von denjenigen, die „Schüsseln oder Töpfe abtragen", möge der Pförtner ein Pfand einfordern.¹⁰

Raums. Territoriale Grenzziehungen im Heiligen Römischen Reich (= Norm und Struktur, 47), Köln – Weimar – Wien 2018. Auch die literaturwissenschaftliche Mediävistik interessiert sich seit längerem für das Thema, vgl. als kurzen Überblick Silvan WAGNER, *Grenze*, in: Tilo RENZ – Monika HANAUSKA – Mathias HERWEG (edd.), Literarische Orte in deutschsprachigen Erzählungen des Mittelalters. Ein Handbuch, Berlin – Boston 2018, S. 225–240.

9 Ähnlich bezeichnet Ulrich SCHÜTTE, *Stadttor und Hausschwelle. Zur rituellen Bedeutung architektonischer Grenzen in der frühen Neuzeit*, in: Werner PARAVICINI (ed.), Zeremoniell und Raum. 4. Symposium der Residenzen-Kommission der Akademie der Wissenschaften in Göttingen, Potsdam, 25. bis 27. September 1994 (= Residenzenforschung, 6), Sigmaringen 1997, S. 305–324, hier S. 306, Stadttore, Schlossportale und andere „Durchbrechungen von Raumgrenzen" als „Orte im städtisch-höfischen Feld, an denen Distanz und Separierung wie Durchlässigkeit und Kommunikation gleichermaßen Bedeutung gewinnt".

10 *Die klevischen Hofordnungen* (= Rechtsgeschichtliche Schriften, 9), Klaus Flink (ed.) unter Mitw. von Bert Thissen, Köln – Weimar – Wien 1997, Nr. 4, S. 15: *Item dat nymant uyt den ampten myt heuken affgaen en sall, hij en slae sijn heuke ander poirten so op, dat die poirter sien moigen, dat hie dair onder nyet en draige.* [...] *Item die poirter soilen pande nemen vanden ghoenen, die schoetellen of poette affdraigen, dat sie die weder brengen soilen.* Bei dem letzten Satz handelt es sich um einen Nachtrag im Text.

GRENZEN UND ÜBERGÄNGE

Sanktioniert wird die Praxis des „Austragens" oder „Abtragens"[11] in vielen Hofordnungen, diesen nach Form und Inhalt mannigfaltigen Quellen, deren Zahl im deutsch-

---

11 Neben den im Folgenden angeführten Texten (vgl. beispielsweise unten Anm. 14 zur Landshuter Hofordnung von 1491) sei auf wenige weitere Beispiele für die Verwendung dieser Begriffe hingewiesen. Jana MELZER, *Die älteste überlieferte Hofordnung der Festung Marienberg in Würzburg: Die Hofordnung des Fürstbischofs Lorenz von Bibra (1495–1519). Edition, Kommentar und Vergleich mit anderen Hofordnungen geistlicher Fürstentümer der Zeit*, in: Helmut FLACHENECKER – Dirk GÖTSCHMANN – Stefan KUMMER (edd.), Burg — Schloss — Festung. Der Marienberg im Wandel (= Mainfränkische Studien, 78), Würzburg 2009, S. 49–154, hier S. 128: *Der voyt soll nyemandts, er sey, wer er wolle, weder brot, wein, fleisch oder ander essent dingk auß dem schloss tragen oder furen lassen, auch dasselbig den thorwarten bey den pflichten beuelchen, ein vleyssig aufsehens dorauf zu haben, es sey dann sonderlich unser beuelche.* Der vorliegende Beitrag nimmt vornehmlich auf weltliche Residenzen Bezug. Zu entsprechenden Regelungen in Hofordnungen geistlicher Fürsten vgl. ibidem, S. 71–73. – *Die hessischen Zentralbehörden von 1247 bis 1604*, Bd. 2: *Urkunden und Akten* (= Veröffentlichungen der Historischen Kommission für Hessen und Waldeck, 16,2), Franz Gundlach (ed.), Marburg 1932, Nr. 36, S. 50 (§ II.12f. – Hofordnung Philipps des Großmütigen von Hessen, 1522): *Die pfortener sollen [...] vleißig ufsehens habe uf das uftragen, auch kein schossel oder zienen abtragen zu lassen. Die phortner sollen auch geloben und schweren, vleißig ufsehen zu haben, damit nichts ungeburlichs vom sloß getragen werde.* Bei dem ersten Teil des Zitats handelt es sich um einen nachträglichen Zusatz zum Text. – *Deutsche Hofordnungen des 16. und 17. Jahrhunderts*, 2 Bde. (= Denkmäler der deutschen Kulturgeschichte, Abt. 2: Ordnungen, 1–2), Arthur Kern (ed.), Berlin 1905, 1907, Bd. 1, S. 186 (Hofordnung Herzog Albrechts VII. von Mecklenburg, 1524): *Item fur uns, unsere Gemahll, frauenzymmer und all ander unser hofgesinde sollen die koche sampt ihren knechten allerwegen und zu eins yeden Zeit aufs allerreinlichst und lustigst kochen und ein yedes, dahin es pillich gehort, anrichten, geben und geben laßen und sunst nichts abtragen oder an den, dahin es nit gehört, reichen, geben oder geben laßen.* – *Die Hofordnung Kurfürst Joachims II. von Brandenburg. Neu herausgegeben und durch Untersuchungen über Hofhalt und Verwaltung unter Joachim II. erläutert* (= Historische Studien, 87), Martin Hass (ed.), Berlin 1910 [ND Vaduz 1965], S. 48 (1542/46): *Wir wollen, das unser hausvogt [...] mit sampt dem thorwerter bei ihren pflichten vleysigk und guth auffsehn [habe], das niemands, wer der sey, und furnemlich, so ihme nicht gebüre, wenigk ader gar nichts abschleppe ader abtrage, auch durch sich ader die ihren nicht thun lassen. So sollen sie auch beiderseits auff die prebender und abspeyser zu jder zeit gut auffsehn haben, das dieselben nicht mehr dann inen geburth abtragen, dasselbig nicht allein an dem fordern, sonder auch an dem hinterthor thun [...].* – *Deutsche Hofordnungen*, Bd. 2, S. 189 (Hofordnung Pfalzgraf Johanns I. von Zweibrücken, 1581): *Und das er es an gebuerendem orten zuvorn anzeigt, darbey ihme, Pförtner, hiemit auch nit allein erlaubt, sondern auch bey seinen Pflichten ufferlegt sein soll, da jemandts, es were, wer der wölle, sich einiges abtrags wollte anmaßen oder darinnen verdachtig erzeigen, denselben nit allein darumb zu redt zu setzen, sondern auch, da er einen befind, solches allsbalt anzuzeigen.* Vgl. auch den Abschnitt zum Almosen, ibidem, S. 189f. – Ibidem, S. 55 (Hofordnung Kurfürst Christians I. von Sachsen, 1586): *Vom Hof weder an Eßen noch trincken nichts heimblich abtragen laßen, der Gwardi* [d.h. Wache] *auch macht geben, die vordechtigen Personen zu besuchen, und, do bei jemandt etwas befunden, dieselben nach gelegenheit in gebührliche straff nehmen.*

sprachigen Raum seit der zweiten Hälfte des 15. Jahrhunderts stetig zunahm.¹² Beispielsweise widmet die Neuburger Hofordnung Pfalzgraf Ottheinrichs (1502–1559) von 1526 dem *Außtragen* – so die Überschrift – einen eigenen Abschnitt. Mit nachdrücklichen Worten wird darin dem Torwärter eingeschärft, darauf zu achten, dass niemand, weder *Haußvogt, kellner, kuchenschreiber, köch noch Hofgesind noch auch ander,* [...] *weder klain noch gros*, Essen und Getränke *aus*[-] *oder abtrag*, sofern dies nicht in der Ordnung ausdrücklich gestattet sei oder eine besondere Anweisung von Hofmeister oder Hausvogt vorliege. Delinquenten habe der Torwärter dem Pfalzgrafen, dem Hofmeister oder dem Hausvogt anzuzeigen, der *außtrager* solle *darumb mit dem Thurn oder in ander weg gestraft werden*.¹³ Turmhaft droht etwa auch die von Herzog Georg dem Reichen (1455–1503) im Februar 1491 erlassene Landshuter Hofordnung an, und auch dieser Text artikuliert deutliches Misstrauen gegenüber den Angehörigen des Hofes, insbesondere den Küchenbediensteten.¹⁴

---

12 Zu Hofordnungen siehe die Überblicke und Abrisse bei Werner PARAVICINI, *Europäische Hofordnungen als Gattung und Quelle*, in: Holger KRUSE – Werner PARAVICINI (edd.), Höfe und Hofordnungen 1200-1600. 5. Symposium der Residenzen-Kommission der Akademie der Wissenschaften in Göttingen, Sigmaringen, 5. bis 8. Oktober 1996 (= Residenzenforschung, 10), Sigmaringen 1999, S. 13–20; Ellen WIDDER unter Mitarb. von Volker OHLENSCHLÄGER, *Hofordnungen*, in: Werner PARAVICINI (ed.), Höfe und Residenzen im spätmittelalterlichen Reich, [Bd. 3:] Hof und Schrift (= Residenzenforschung, 15.III), Jan Hirschbiegel – Jörg Wettlaufer (Bearb.), Ostfildern 2007, S. 391–407, hier bes. S. 391–393; Michael SCHOLZ, *Hofordnungen*, in: Handwörterbuch zur deutschen Rechtsgeschichte, Bd. 2, Albrecht Cordes et al. (edd.), 2., völlig überarb. und erw. Aufl., Berlin 2012, Sp. 1095–1097.

13 *Deutsche Hofordnungen*, Bd. 2, S. 171. Vgl. auch ibidem kurz zuvor den Abschnitt *Nichts aus der kuchin ze geben*.

14 Max HIRSCHBERGER, *Ordnung wie's am Hofe Herzog Georg des Reichen im Schlosse zu Landshut gehalten worden ist vom Jahre 1491*, Verhandlungen des historischen Vereines für Niederbayern 18, 1874, S. 64–80, hier S. 74f.: *Item wir wellen auch, daz vnnser Hawspfleger vnd Stulknappn bey dem Innern Tor, desgeleichs die aussern vnd nidern Torwerttl, yeder bey dem Tor vnd Turlein, das Im bevolhen ist, solhen fleis thun, das kainer von Essen noch Trinkhn, nichts, ausserhalb des geordenten Slaftrinkhen, aus, fur oder abtrag, auch selbs nit thun, on besonnder erlaub, vnnser, oder vnnsers kuchenmeisters, oder kuchenschreibers, Sonnder bey wem Sy es betreten, dasselb annemen, vnd In behallten, vnd in den Turn zu ainer Straff legen, wo aber die Torwart daruber annders, oder sewmig erfunden wurden, Sollen Sy darumb auch gestrafft, vnd darzw geurlawbt werdn.* Ibidem, S. 70: *Item, Es sol auch nymannds, ab dem Sloß, in die Stat, weder koch, noch aus der kuchen, gespeist werdn, dann auf vnnser sunder haissen oder bevelch.* Ibidem, S. 71: *Item, Es sol auch kain Maisterkoch, noch auch die anndern koch, allt noch Jung, kainer ausgenomen, nichts aus der kuchen geben, ausschikhen, noch selbs abtragen, oder abzutragen bestellen, dann sein Slaftrinkhen, noch auch ausm Sloß in die Stat geen, alles, on des kuchenmeisters, oder aber in seinem abwesen, eines kuchenschreibers wissen, vnd erlauben.*

Fast um dieselbe Zeit, zu der Bartholomäus Sastrow in Pforzheim weilte, im Jahr 1548, erließ auch Fürst Johann IV. von Anhalt (1504–1551) für seine Residenz in Zerbst eine Hofordnung mit ganz ähnlichen Bestimmungen:

Niemandes soll auß kuchin oder keller oder von den tischen, was ubergeblieben, oder sonsten einig eßen oder das man karren [d.h. Gericht] nennet, vom schlos hinabtragen oder schicken ohne unsern, unser gemahel und verwalter bevelich. Was aber mit bewilligung geschicht, sol zugelaßen sein; so aber einer ahne verwilligung in solchen betreten wurde, soll er unser straff gewarten.[15]

Eine entsprechende Regelung findet sich schon in der brandenburgischen (kurmärkischen) Hofordnung von 1470, nur wird dort explizit hervorgehoben, dass einem bestehenden Missstand abgeholfen werden soll, denn man wolle so den bislang dadurch entstandenen Kosten entgegenwirken (*do mit man vbrig sey, den vngnuglichen kosten, der biszher auszgetragen ist, furkommen werd*).[16] Zwar könnte dieser Text solche

---

15 *Deutsche Hofordnungen*, Bd. 2, S. 25. Ibidem, S. 23, ist die Hofordnung in das Jahr 1546 gesetzt, zur korrekten Datierung auf 1548 siehe Ulla JABLONOWSKI, *Das Rote Buch oder Blutbuch der Dessauer Kanzlei (1542–1584) im Kontext der Verwaltungs- und Rechtsgeschichte Anhalts im 16. Jahrhundert*, Beucha 2002, S. 140f. Vgl. zu dieser Ordnung auch Michael HECHT, *Hofordnungen, Wappen und Geschichtsschreibung. Fürstliches Rangbewusstsein und dynastische Repräsentation in Anhalt im 15. und 16. Jahrhundert*, in: Werner FREITAG – Michael HECHT (edd.), Die Fürsten von Anhalt. Herrschaftssymbolik, dynastische Vernunft und politische Konzepte in Spätmittelalter und Früher Neuzeit (= Studien zur Landesgeschichte, 9), Halle (Saale) 2003, S. 98–122, hier S. 101. – Ältere Hofordnungen sind für die Fürsten von Anhalt nicht überliefert, vgl. ibidem, sowie Helmut ASSING – Michael HECHT, *Anhalt*, in: Werner PARAVICINI (ed.), Höfe und Residenzen im spätmittelalterlichen Reich, [Bd. 1:] Ein dynastisch-topographisches Handbuch, Teilbd. 1: Dynastien und Höfe; Teilbd. 2: Residenzen (= Residenzenforschung, 15.I), Jan Hirschbiegel – Jörg Wettlaufer (Bearb.), Ostfildern 2003, Teilbd. 1, S. 742–748, hier S. 746.

16 Die Hofordnung von 1470 ist (unter falscher Datierung auf 1473) wiedergegeben in: *Codex diplomaticus Brandenburgensis. Sammlung der Urkunden, Chroniken und sonstigen Geschichtsquellen für die Geschichte der Mark Brandenburg und ihrer Regenten*, Hauptteil III: *Sammlung für allgemeine Landes- und kurfürstliche Haus-Angelegenheiten*, Bd. 2, Adolph Friedrich Riedel (ed.), Berlin 1860, S. 115–128 (einschließlich des zugehörigen Personenverzeichnisses), die zitierte Passage S. 124. Korrekturen zu diesem Abdruck bietet Gerhard SCHAPPER, *Die Hofordnung von 1470 und die Verwaltung am Berliner Hofe zur Zeit Kurfürst Albrechts*, Leipzig 1912, S. 270–272, 326f., allerdings nicht zu dem Abschnitt mit der hier angeführten Bestimmung (diese ist erwähnt ibidem, S. 79). Zur Datierung der Hofordnung siehe ibidem, S. 2–5. Vgl. darüber hinaus Volker OHLENSCHLÄGER, *Spätmittelalterliche Hofwirtschaft im Spiegel von Hofordnungen. Das Beispiel Kurbrandenburg (1470)*, in: Jan HIRSCHBIEGEL – Werner PARAVICINI (edd.), Atelier Hofwirtschaft. Ein ökonomischer Blick auf Hof und Residenz in Spätmittelalter und Früher Neuzeit (= MRK, Sonderhefte, 9), Kiel 2007, S. 9–15; Karl-Heinz AHRENS, *Residenz und Herrschaft. Studien zu Herrschaftsorganisation, Herrschaftspraxis und Residenzbildung der Markgrafen von Brandenburg im späten Mittelalter* (= Europä-

Missstände etwas übertrieben ausgemalt haben,[17] doch generell scheint die überaus häufige Sanktionierung des „Austragens" auf eine weit verbreitete gegenläufige Praxis hinzudeuten. Dass dabei jedoch noch ein anderes Problem auftauchte, spiegelt die Hofordnung Markgraf Friedrichs des Älteren (1460–1536) von Brandenburg-Ansbach von 1512. Darin wird den *zwen thorwarten* nicht allein aufgetragen, *mit vleiß* darüber zu wachen, *damit nymands nichts außtrag*. Vielmehr wird zudem ausdrücklich klargestellt, dass die Torwärter *ir eßen und trincken (so man inen gibt) nit verkauffen noch hinauftragen*. Sollten sie ihre Pflichten vernachlässigen, droht ihnen der Turm, gegebenenfalls auch die Entlassung durch den Hausvogt.[18] Ganz ähnlich schärft zum Beispiel die Landshuter Hofordnung von 1491 den Torwärtern nicht nur ein, die unerlaubte Mitnahme von Speisen und Getränken zu unterbinden, sondern dies *auch selbs nit* [zu] *thun*, und droht mit Strafe und Entlassung.[19] Die damit aufgeworfene Frage, wie die Torwärter, denen solchermaßen eine wesentliche Kontrollfunktion zugewiesen war, selbst zu kontrollieren seien, beantwortete die genannte Ansbacher Hofordnung mit der strikten Anweisung, dass die *zwen thorwarten* sich keinesfalls wöchentlich abwechseln, sondern beide jede Woche Dienst tun müssten (*sollen bede sambtlich alle wochen aufwarten und nit ain wochen umb die andern abwechßeln*): Auch wenn es der Text nicht ausspricht, scheint dahinter der Gedanke der gegenseitigen Kontrolle zu stehen.[20]

Hinzu tritt in Hofordnungen im Zusammenhang mit der Abgrenzung der Residenz ein anderer Aspekt. Werner Paravicini zählt zu den zentralen Aufgaben des Hofes die Organisation von „Zugang und Sicherheit" des Fürsten,[21] was zuvorderst ganz

---

ische Hochschulschriften, Reihe III: Geschichte und ihre Hilfswissenschaften, 427), Frankfurt a.M. u.a. 1990, zu der angeführten Passage S. 199; Achim BEYER, *Die kurbrandenburgische Residenzenlandschaft im „langen 16. Jahrhundert"* (= Veröffentlichungen des Brandenburgischen Landeshauptarchivs, 65), Berlin 2014, bes. S. 171f.

17 V. OHLENSCHLÄGER, *Spätmittelalterliche Hofwirtschaft*, S. 13.
18 *Deutsche Hofordnungen*, Bd. 2, S. 230. Dem Ansbacher Hausvogt oblag zu dieser Zeit die Leitung des fürstlichen Haushalts, die in der Folge weitgehend auf den Marschall übergehen sollte, Karin PLODECK, *Hofstruktur und Hofzeremoniell in Brandenburg-Ansbach vom 16. bis zum 18. Jahrhundert. Zur Rolle des Herrschaftskultes im absolutistischen Gesellschafts- und Herrschaftssystem*, Jahrbuch des Historischen Vereins für Mittelfranken 86, 1971/72, S. 1–260, hier S. 100.
19 M. HIRSCHBERGER, *Ordnung*, S. 75. Vgl. oben Anm. 14.
20 Wie Anm. 18.
21 Werner PARAVICINI, *Die ritterlich-höfische Kultur des Mittelalters* (= Enzyklopädie deutscher Geschichte, 32), 3., um einen Nachtrag erw. Aufl., München 2011, S. 66. – Zu den im Weiteren berührten praktischen Folgen, insbesondere den Kontrollaufgaben der Torwärter, und ebenso zu rechtlichen Aspekten vgl. auch Matthias MÜLLER, *Das Schloß als Bild des Fürsten. Herrschaftliche Metapho-

praktisch zu denken ist, und dafür bildeten die Tore die neuralgischen Punkte. Entsprechend gehört die Frage, wer die Residenz betreten dürfe, zu den in Hofordnungen immer wieder behandelten Themen. So wurde für Zerbst 1548 festgelegt, dass *die beden thor hinden und fornen* den ganzen Tag über geschlossen sein müssten. Das Passieren war nur Hofangehörigen zu gestatten. Weiter heißt es: Wenn jemand vor einem der Tore erscheine und *sein ansenliche gescheft* anzeige, um derentwillen er einen Angehörigen des Hofes zu sprechen wünsche, habe der Torwärter dies dem Betreffenden zu melden, damit er zum Tor komme. Ausnahmen von dieser Regel bildeten allein anhaltische Diener und Räte, denen der Zugang offenbar ohne besondere Voraussetzungen gewährt werden konnte. Abends um neun Uhr oder wann immer der Fürst seinen Schlaftrunk zu sich genommen hatte, mussten die Tore verschlossen werden. Die Schlüssel hatte der Burgvogt im Gemach des Fürsten zu deponieren, am folgenden Morgen wurden sie ihm durch den Kammerdiener wieder ausgehändigt.[22] Zur sicheren Verwahrung der Schlüssel trat so die am Zerbster Hof ganz unmittelbar umgesetzte Symbolik patriarchalischer Herrschaft: Nicht nur markierte der Schlaftrunk des Herrn wie auch andernorts[23] die Schließung des Zugangs zur Residenz, die Schlüsselgewalt und damit die letzte Kontrolle dieses Zugangs lagen unmittelbar beim Fürsten.

---

rik in der Residenzarchitektur des Alten Reichs (1470–1618) (= Historische Semantik, 6), Göttingen 2004, S. 232–235, 289–291.

22 *Deutsche Hofordnungen*, Bd. 2, S. 25. – Ähnlich, aber in den Ausnahmen weiter gefasst ist die Zugangsregelung in der hessischen Hofordnung Philipps des Großmütigen von 1522, *Die hessischen Zentralbehörden*, Bd. 2, Nr. 36, S. 50 (§ II.12): *Die pfortener sollen uffsehen haben, das sie niemants in das sloß lassen dan die ihenen, so hofgesinde und uffgezeichnet sein, er were dan beschriben ader sein landseß vom adel ader sonst m. g. h. amptman, knecht ader diener, aber frembde botten sol er nit einlassen an bescheid der rete [...].*

23 Beispielsweise nach dem „Ordinanzzettel" Herzog Wilhelms IV. von Jülich-Berg von 1479: *Ouch wille[n] syne gnad[en], wann[en] syne gnad[en] den wyn zur nacht have[n], dat dan koche, keln[er] ind becker slaiffen gain ind de ampt[er]e sliesse[n] sullen ind datma[n] dan de portze van stunt zo sliesse. Die jülich-kleve-bergischen Hof-, Hofämter- und Regimentsordnungen 1456/1521 bis 1609* (= Residenzenforschung, 26), Brigitte Kasten – Margarete Bruckhaus (edd.), Ostfildern 2015, Nr. 4, S. 18; auch schon bei Brigitte KASTEN, *Residenzen und Hofhaltung der Herzöge von Jülich im 15. und beginnenden 16. Jahrhundert*, in: Wilhelm G. BUSSE (ed.), Burg und Schloß als Lebensorte in Mittelalter und Renaissance (= Studia humaniora, 26), Düsseldorf 1995, S. 33–82, hier S. 64 (Edition), 76 (Übersetzung). Die Bestimmung wird 1490 wiederholt, *Die jülich-kleve-bergischen Hof-, Hofämter- und Regimentsordnungen*, Nr. 5, S. 24; vgl. B. KASTEN, *Residenzen*, S. 69f. (Edition), 81f. (Übersetzung). Zu den Hofordnungen von 1479 und 1490 siehe auch Brigitte KASTEN, *Überlegungen zu den jülich-(klevisch-)bergischen „Hofordnungen" des 15. und 16. Jahrhunderts*, in: H. KRUSE – W. PARAVICINI (edd.), Höfe und Hofordnungen, S. 421–455, hier S. 435f.

Am vermutlich ungleich größeren jülich-klevischen Herzogshof waren hingegen um die Mitte des 16. Jahrhunderts die Schlüssel zur Nacht beim Hofmeister zu deponieren oder bei demjenigen, der *davan bevelh hait*.[24] Die Gewalt des Herzogs über Hof und Residenz war damit nicht in Frage gestellt, die praktische Verantwortung aber delegiert. Hingegen betont die Wolfenbütteler Hofordnung, die Herzog Julius von Braunschweig (1528–1589) 1587 erließ, ebenfalls die persönliche Verfügung des Herrn über die Torschlüssel: Wenn zu Beginn der Mahlzeit die *pforte* zugesperrt werde, seien *die schlüßel in das furstliche gemach, da der furst ißet*, zu hängen, *damit S. f. G. selbs idesmahlß zu sehen, wan zu vnd auffgeschloßen, vnd wie dero ordnung in deme gehalten wirdet*. Entsprechend sei während der Predigt zu verfahren.[25]

Durchgehend geschlossene Tore wie in Zerbst scheinen in Hofordnungen des 15. und 16. Jahrhunderts eher eine Ausnahme gewesen zu sein, doch werden das Versperren der Tore und die Verweigerung jeglichen Passierens oftmals nicht nur während der Nachtstunden, sondern ebenso – wie 1587 in Wolfenbüttel – zu den Mahlzeiten vorgeschrieben. So war in Landshut gemäß der Ordnung von 1491 während des Essens das innere Tor zu schließen – öffnen durfte es der *Inner Torwartt* allein auf Geheiß des Marschalls oder des Küchenmeisters, in deren Abwesenheit des Küchenschreibers.[26] Auch dabei geht es neben der Sicherung der Residenz um die Abgrenzung des Haushalts, wird dies doch nicht selten verbunden mit der Maßgabe, dass der Pförtner nur diejenigen einlassen dürfe, die zur Teilnahme am gemeinsamen Essen berechtigt seien. Beispielsweise legte der „Ordinanzzettel" Herzog Wilhelms IV. von Jülich-Berg (1455–1511) von 1479 fest, dass niemand eingelassen werden dürfe, der nicht in die-

---

24 *Die jülich-kleve-bergischen Hof-, Hofämter- und Regimentsordnungen*, Nr. 34, S. 141 (Pförtnerordnung, um 1550?). – Weitere Beispiele: In Kleve wurde 1448 bestimmt, dass *die porter all avent die sloetelle vanden poirten* dem Burggrafen (*borchgreve*) ablieferten, *Die klevischen Hofordnungen*, Nr. 5, S. 20. Gemäß der Wolfenbütteler Hofordnung von 1547/48 (?) fiel die Verwahrung der Schlüssel dem Marschall anheim, siehe unten Anm. 26. Die Hofordnung Joachims II. von Brandenburg von 1542/46 legte fest, dass der Hausvogt jeden Abend nach Verschließung des Tors die Schlüssel an sich nehmen müsse, um sie dem Türknecht des Kurfürsten zu übergeben, *Die Hofordnung Kurfürst Joachims II.*, S. 50.

25 Arnd REITEMEIER et al., *Die Hofordnung von Herzog Julius von Braunschweig-Lüneburg (Wolfenbüttel) von 1587*, Braunschweigisches Jahrbuch für Landesgeschichte 94, 2013, S. 101–134, hier S. 126 (§ 26).

26 M. HIRSCHBERGER, *Ordnung*, S. 74. Vgl. beispielsweise *Deutsche Hofordnungen*, Bd. 2, S. 10 (Wolfenbütteler Hofordnung von 1547/48 [?], vgl. unten bei Anm. 39): *Wen es dan under dem Eßen ist, morgens oder abens, so sollen allezeit die Pforten des Schloßes alle zugeschloßen und die Schloßel dem Marschalck, ist der nicht da, demjennigen, so an seiner Stadt bevelch hatt, uberantwortet werden*.

sem Verzeichnis des Hofpersonals stehe, es sei denn, dass der Herzog selbst oder einer seiner Räte den Pförtner entsprechend anweise.[27] Gemäß der 1535 in Kraft gesetzten Hofordnung Herzog Johanns III. von Kleve-Mark (1490–1539) und seiner Gemahlin Maria von Jülich-Berg (1491–1543) sollten gleichfalls regelmäßig schriftliche Verzeichnisse in Form von Zetteln (*zedelen*) angefertigt und dem Pförtner übergeben werden, um festzuhalten, wer zur Verköstigung am Hof berechtigt war.[28] Als diese Ordnung drei Jahre später zur Überarbeitung anstand, wurde neben der Aushändigung von Zetteln an die Pförtner die zweifache Kontrolle am äußeren und am inneren Burgtor (*vorderste portz* und *bynnerste portz*) hervorgehoben.[29] Zusammengefasst, erweitert und ergänzt wurden diese Bestimmungen in einer wohl um 1550, in der Herrschaftszeit Wilhelms V. von Jülich-Kleve-Berg (1516–1592), eigens niedergeschriebenen Pförtnerordnung.[30] Darin wurde mehrmals auf die *hoffszedell* Bezug genommen, in denen verzeichnet war, wem der Zutritt auch ohne besondere Erlaubnis der fürstlichen Räte zu gewähren sei. Zugleich wurden manche Differenzierungen und Ausnahmen der bereits früher vorgenommenen Regelungen angebracht. Wenn sich aber gleich unter den ersten Bestimmungen des Textes der Eintrag findet, dass keine Barbiere (*bartscherer*) auf die Burg gelassen werden sollen, um ihr Gewerbe an den Hofangehörigen

---

27 *Die jülich-kleve-bergischen Hof-, Hofämter- und Regimentsordnungen*, Nr. 4, S. 17: *Ouch en wille[n] syne gnad[en] nyet have[n], dat ma[n] yemantz inlaisse die in deser zedel[e]n nyet en stain, id en werde dan van syne[n] gnad[en] off yemantz van raide bevoile[n] dem portzener*. Auch schon bei B. KASTEN, *Residenzen*, S. 63 (Edition), 76 (Übersetzung). Bestimmung 1490 wiederholt, *Die jülich-kleve-bergischen Hof-, Hofämter- und Regimentsordnungen*, Nr. 5, S. 23; vgl. B. KASTEN, *Residenzen*, S. 69 (Edition), 81 (Übersetzung). Zwar wird hier nicht ausdrücklich auf die Mahlzeiten verwiesen, so dass die Bestimmung allgemeineren Charakter haben könnte, doch steht sie in einer Reihe weiterer Regelungen zum Essen am Hof. – Auch in der klevischen Hofordnung von 1448 wird im Zusammenhang mit den Mahlzeiten von Personenlisten ausgegangen: *Item salmen den poirteren beschreven geven dat degelixsche huxsgesynde, die op gaen eten. Die klevischen Hofordnungen*, Nr. 4, S. 14. In der Landshuter Hofordnung von 1491 hingegen wird die Kontrolle über den bei den Mahlzeiten in der Burg zu verköstigenden Personenkreis an Marschall, Küchenmeister und Küchenschreiber übertragen, und zwar anhand der *Fueterzedl* und der *Zedl, der eintzigen Person gesetzt sind*: Dabei handelt es sich zum einen offenbar um die Listen derjenigen, deren Pferde am Hof versorgt wurden, zum anderen wohl um Listen mit weiteren Personen. M. HIRSCHBERGER, *Ordnung*, S. 74 (Zitat), 79 (zu den Futterzetteln).

28 *Die jülich-kleve-bergischen Hof-, Hofämter- und Regimentsordnungen*, Nr. 20, S. 86: *It[em] das alle zeit zedel[en] gemacht, wer uff de borch unnd zo hoff sall essen. [...] Dem portzener zedelen zu gheven, wen man sall uffgain lassen essen*. Siehe zu dieser Hofordnung B. KASTEN, *Überlegungen*, S. 436–443.

29 *Die jülich-kleve-bergischen Hof-, Hofämter- und Regimentsordnungen*, Nr. 21, S. 94.

30 Ibidem, Nr. 34, S. 140–142.

zu verrichten, könnte dieses etwas unvermittelte Verbot ein Fingerzeig auf eine von den strengen Normen zuweilen abweichende Praxis sein. Zumindest aber zeigt sich darin, dass restriktive Zugangsregelungen praktische Schwierigkeiten mit sich bringen mussten, denn Residenz und Hof blieben gerade auch im Alltag auf die Stadt und ihr Gewerbe angewiesen. So beschränkte die Landshuter Hofordnung von 1491 die erforderliche Kommunikation mit Handwerkern ebenso wie mit fremden Knechten für sämtliche Hofangehörige, auch jene adligen Standes, auf das Burgtor:

Item, Es sol auch durch kainen vnnsers Hofgesinds, Edel, Einspennig noch annder, kain frembder knecht, oder annder, in vnnsern Hof vnd Turnitz gefurt, bey vermeidung vnnser vngenaden vnd Straffen, noch auch kain Hanndwerchsman, Schneider, Schuster, noch annder, Ins Sloz gelassen werden, Sonnder wer bey In zu thun het, der sol das bey dem nidern Tor ausrichten […].

Wurden so bezeichnete Personen im Schloss aufgegriffen, sollten sie durch Küchenmeister und Küchenschreiber *ausgeschafft* werden, und die Torwärter, die sie eingelassen hatten, seien zu bestrafen.[31] Ähnliche Probleme mussten sich aus dem Umstand ergeben, dass Hofangehörige ihren eigenen Haushalt außerhalb der Residenz in der Stadt führten. Gemäß der Hofordnung des brandenburgischen Kurfürsten Joachim II. (1505–1571) von 1542/46 durften Diener und Amtsknechte keinesfalls von ihren Frauen und Kindern oder ihrem Hausgesinde im Schloss aufgesucht werden; hätten diese mit ihnen dringend zu sprechen, müssten sie durch den Torwärter oder Wächter *fur die brugke* [des Schlosstors] *erforderth werden*.[32]

Tatsächlich vermögen wir kaum abzuschätzen, wie effektiv die im 16. Jahrhundert möglicherweise zunehmende Praxis der schriftlichen Erfassung von Zugangsberechtigten sowie der Ausschluss bestimmter Personengruppen waren.[33] Erkennen wir in der

---

31 M. Hirschberger, Ordnung, S. 74. Vgl. beispielsweise auch die Würzburger Hofordnung aus der Zeit des Bischofs Lorenz von Bibra (1495–1519), wonach der Vogt angewiesen wird, *weder schuster, schneyder oder ander handtwercks lewt am feyrtag oder sonst herein* [zu] *lassen, er hab dann redlich ursach*. J. Melzer, Hofordnung, S. 133.

32 *Die Hofordnung Kurfürst Joachims II.*, S. 48f. Vgl. bereits oben bei Anm. 22 zu Zerbst (1548).

33 Eine ganz ähnliche Regelung wie in der Hofordnung Johanns III. von Kleve-Mark von 1535 findet sich z.B. kurz darauf in einem auf 1537/40 zu datierenden Entwurf für Einschränkungen der Hofspeisung in der hessischen Residenz Kassel: *Und damit uff alle personen, so zu unserm hove zu Cassell geen, desto besser uffsehens mochte gehabt werden, so sollet ir einen geschickten pfortner verordnen, der da schreiben und lesen konne, alle malzeit unterm tore unsers hauses zu Cassell stee, nbenen dem burggrafen ein register und verzeichnus aller der personen, so zu hove geen sollen, habe, und do einer zu hove geen wolte, der nit in seinem register stunde, denselbigen alspalt widerumb zuruckwiesen […]. Die hessischen Zentralbehörden*, Bd. 2, Nr. 34, S. 43f. Die hessische Hofordnung Philipps des Großmütigen von

Zerbster Ordnung von 1548 und in der Wolfenbütteler von 1587 mit der Verwahrung der Torschlüssel im Gemach des Fürsten praktisch wie symbolisch die personelle Ausrichtung des Hofes auf den Herrn, so deutet sich mit den Zugangslisten und den damit verbundenen Bestimmungen eine Tendenz zur verstärkten sachlichen Regulierung von Hof und Verwaltung an.

In dieselbe Richtung weist noch eine andere Bestimmung der jülich-klevischen Pförtnerordnung aus der Mitte des 16. Jahrhunderts: Dort wird festgelegt, dass an den Herzog gerichtete Bittschreiben (*supplicationen*) an den Toren von den Pförtnern entgegenzunehmen seien. Diese hätten die Schriftstücke aber nicht direkt dem Fürsten zu übergeben, sondern müssten sie an ihn über die Räte oder die Türwärter weiterleiten.[34] Bereits 1538 war in einer anderen Ordnung festgelegt worden, dass die Türwärter, die verschiedene Aufsichtsfunktionen am Hof wahrnahmen, alle Bittschreiben im Anschluss an die herzogliche Inaugenscheinnahme unverzüglich an die Kanzlei abzuliefern hätten.[35] Erkennbar werden damit in der Kommunikation des Hofes mit seiner Umwelt um die Mitte des 16. Jahrhunderts Ansätze eines regelmäßigen Geschäftsganges, der sich funktional, aber auch räumlich lesen lässt: als Weg vom Tor über das Gemach des Herrn zur Kanzlei. Diese räumlich-funktionale Ordnung korrespondiert mit der baulichen Disposition einer Residenz, mit der Gestaltung und Nutzung von Zugängen in gestaffelter Folge vom (äußeren) Burg- oder Schlosstor über die Pforten ein-

---

1522 implizierte bereits ein ähnliches Verfahren, ohne diese Praxis aber genauer zu beschreiben: *Die pfortener sollen uffsehen haben, das sie niemants in das sloß lassen dan die ihenen, so hofgesinde und uffgezeichnet sein [...]*. Ibidem, Nr. 36, S. 50 (§ II.12); vgl. auch ibidem, S. 49 (§ II.1). In der Hofordnung des Würzburger Bischofs Lorenz von Bibra (1495–1519) wird von einem *verzeychnus [...] des teglichen hofgesinde, von den erbern reyßigen und andren ehalten* gesprochen, das dem Vogt zu übergeben sei, *uf das er sich mit dem herein lassen dornach habe zu richten*. J. MELZER, *Hofordnung*, S. 128.

34 *Die jülich-kleve-bergischen Hof-, Hofämter- und Regimentsordnungen*, Nr. 34, S. 141: *Die portzener sullen unnd mogen die supplicationen van den parthyen fur der portzen annemen, doch mynem gnedig[en] heren nit selbs overantworten, sonder dieselbig[en] syner f[urstlichen] g[naden] durch die rhede oder durwerter overantwort[en] lassen*.

35 Ibidem, Nr. 23, S. 104. Zu dieser Ordnung vgl. B. KASTEN, *Überlegungen*, S. 443–445. – Zum Amt der Türwärter oder Türhüter siehe Paul-Joachim HEINIG, *Türhüter, Torwächter*, in: Werner PARAVICINI (ed.), Höfe und Residenzen im spätmittelalterlichen Reich, [Bd. 2:] Bilder und Begriffe, Teilbd. 1: Begriffe (= Residenzenforschung, 15.II,1), Jan Hirschbiegel – Jörg Wettlaufer (Bearb.), Ostfildern 2005, S. 188–191; außerdem am Beispiel des habsburgischen Kaiserhofes IDEM, *Die Türhüter und Herolde Kaiser Friedrichs III. Studien zum Personal des deutschen Herrscherhofs im 15. Jahrhundert*, in: IDEM (ed.), Kaiser Friedrich III. (1440–1493) in seiner Zeit. Studien anläßlich des 500. Todestags am 19. August 1493/1993 (= Forschungen zur Kaiser- und Papstgeschichte des Mittelalters. Beihefte zu J. F. Böhmer, Regesta Imperii, 12), Köln – Weimar – Wien 1993, S. 355–375.

zelner Gebäude bis zu den Türen im Inneren,[36] wozu gleichsam an der Peripherie noch die Stadttore traten:[37] Zur Möglichkeit der Abschließung nach außen kam die Notwendigkeit der Differenzierung im Sinne der funktionalen wie sozialen Hierarchien des Hofes nach innen.

Repräsentationen: Performanz, Gestaltungen, Zeichen

Neben der Abgrenzung des Haushalts, der Kontrolle des Zugangs und der Regulierung der Kommunikation finden sich in Hofordnungen zuweilen Hinweise auf Formen fürstlicher Repräsentation als weiteres Bestimmungselement der Grenze zwischen Re-

---

36 Vgl. beispielsweise G. Ulrich GROSSMANN, *Renaissanceschlösser in Hessen. Architektur zwischen Reformation und Dreißigjährigem Krieg*, Regensburg 2010, S. 191 (mit Blick auf das 16. und 17. Jahrhundert): „Der Zugang zu allen größeren Schlössern ist gestaffelt. Immer sind wenigstens ein äußerer Zwinger und die Vorburg dem Kernschloss mit dem Haupttor vorgelagert, so dass insgesamt drei, manchmal vier Tore oder gar Torbauten und Portale durchschritten werden müssen, um das Innere zu betreten. Der Zugang zu den Innenräumen eines mehrflügeligen Schlosses erfolgt nie von der Außen-, sondern immer von der Hofseite aus. Ein Durchfahrtstor führt daher durch einen der Flügel in den Innenhof, erst hier gelangt man in das Gebäude." Vor allem mit Blick auf zeremonielle Funktionen auch U. SCHÜTTE, *Stadttor*, bes. S. 310–312. – Zu Torbauten mittelalterlicher Burgen sei hier allgemein auf einige kurze Abschnitte in der einschlägigen Handbuchliteratur verwiesen: Friedrich-Wilhelm KRAHE, *Burgen und Wohntürme des deutschen Mittelalters*, Bd. 1: *Burgen*, Stuttgart 2002, S. 27–31 (im Wesentlichen aus fortifikatorischer Sicht); Joachim ZEUNE, *Tor, Torbau und Torturm*, in: Horst Wolfgang BÖHME et al., Burgen in Mitteleuropa. Ein Handbuch, Bd. 1: Bauformen und Entwicklung, Darmstadt 1999, S. 235–237; Walter HOTZ, *Kleine Kunstgeschichte der deutschen Burg*, 5., verb. Aufl., Darmstadt 1991, S. 48f.

37 Zu mittelalterlichen Stadttoren in ihren praktischen, symbolischen und gestalterischen Aspekten vgl. beispielsweise Thomas BILLER, *Die mittelalterlichen Stadtbefestigungen im deutschsprachigen Raum. Ein Handbuch*, Bd. 1: *Systematischer Teil*; Bd. 2: *Topographischer Teil* [in 1 Bd. mit getrennter Paginierung], 2., durchges. Aufl., Darmstadt 2019, bes. Bd. 1, S. 145–225; Gerrit DEUTSCHLÄNDER, *Die Schlüssel zum Tor. Ein Forschungsvorhaben zur Kulturgeschichte des Stadttores*, MRK, N.F.: Stadt und Hof 4, 2015, S. 131–139; Ferdinand OPLL, *Trennen und Verbinden. Zur praktischen und symbolischen Bedeutung des Stadttores*, in: Lukas MORSCHER – Martin SCHEUTZ – Walter SCHUSTER (edd.), Orte der Stadt im Wandel vom Mittelalter zur Gegenwart. Treffpunkte, Verkehr und Fürsorge (= Beiträge zur Geschichte der Städte Mitteleuropas, 24), Innsbruck – Wien – Bozen 2013, S. 59–89; Angelika LAMPEN, *Das Stadttor als Bühne. Architektur und Zeremoniell*, in: Peter JOHANEK – Angelika LAMPEN (edd.), Adventus. Studien zum herrscherlichen Einzug in die Stadt (= Städteforschung, Reihe A: Darstellungen, 71), S. 1–36; Stefan SCHWEIZER, *Zwischen Repräsentation und Funktion. Die Stadttore der Renaissance in Italien* (= Veröffentlichungen des Max-Planck-Instituts für Geschichte, 184), Göttingen 2002.

sidenz und Stadt. Denn der Grenze als einem „Bereich beschleunigter semiotischer Prozesse"[38] kommt in der Produktion und Übertragung von Bedeutungen zwischen herrschaftlichen und städtischen Räumen erhebliches Gewicht zu. So ist etwa in der Wolfenbütteler Ordnung Herzog Heinrichs des Jüngeren von Braunschweig (1489–1568), die wahrscheinlich nach seiner 1547 erfolgten Rückkehr aus kaiserlicher Gefangenschaft entstand,[39] festgelegt, dass an zwei Terminen in der Woche das vom Mittagessen übriggebliebene Brot am Schlosstor (*vor der obern Schlußpforten*) den *armen Leuthen* ausgehändigt werden solle.[40] In der Neuburger Hofordnung von 1526 heißt es unter der Überschrift *Almusen*, dass alle Essensreste sorgsam gesammelt und durch den dazu verordneten Wächter *vor dem Sloß* an Bedürftige zu verteilen seien.[41] In Gestalt des Almosens Barmherzigkeit zu üben gehörte seit jeher zu den idealtypischen Pflichten eines Fürsten.[42] Dieser Erwartung am Burg- oder Schlosstor Genüge zu tun lag sicherlich aus praktischen Erwägungen nahe, garantierte aber zugleich die Sichtbarkeit eines solchen Aktes fürstlicher Frömmigkeit: Welcher Ort konnte für die gleichsam alltägliche performative Repräsentation des Fürsten geeigneter sein als der Grenz- und Übergangsbereich zwischen Residenz und Stadt, ganz im Sinne der „genuin räumliche[n] Verortung" einer „Präsenzöffentlichkeit"?[43]

38 Jurij M. LOTMAN, *Über die Semiosphäre*, Zeitschrift für Semiotik 12, 1990, S. 287–305, hier S. 293. Vgl. Kilian HECK, *Genealogie als Monument und Argument. Der Beitrag dynastischer Wappen zur politischen Raumbildung der Neuzeit* (= Kunstwissenschaftliche Studien, 98), München – Berlin 2002, S. 94f.
39 *Deutsche Hofordnungen*, Bd. 2, S. 8: „O. J., angeblich 1547/48". Vgl. Ellen WIDDER, *Hofordnungen im Niedersächsischen Reichskreis*, in: H. KRUSE – W. PARAVICINI (edd.), Höfe und Hofordnungen, S. 457–495, hier S. 489.
40 *Deutsche Hofordnungen*, Bd. 2, S. 10. Etwas verändert findet sich der Passus auch in der Hofordnung des Herzogs Julius, des Sohnes Heinrichs des Jüngeren, von 1587, A. REITEMEIER et al., *Hofordnung*, S. 130 (§ 38).
41 *Deutsche Hofordnungen*, Bd. 2, S. 182.
42 Vgl. die Hinweise bei Sven RABELER, *Historisierungen der Caritas? Karitatives Handeln zwischen Herrschaft und Gemeinde in residenzstädtischen Geschichtsbildern*, in: Gerhard FOUQUET et al. (edd.), Geschichtsbilder in Residenzstädten des späten Mittelalters und der frühen Neuzeit. Präsentationen – Räume – Argumente – Praktiken (= Städteforschung, Reihe A: Darstellungen, 103), Wien – Köln 2021, S. 273–315, hier S. 285–290.
43 Zur städtischen Öffentlichkeit in der Vormoderne siehe Gerd SCHWERHOFF, *Stadt und Öffentlichkeit in der Frühen Neuzeit – Perspektiven der Forschung*, in: IDEM (ed.), Stadt und Öffentlichkeit in der Frühen Neuzeit (= Städteforschung, Reihe A: Darstellungen, 83), Köln – Weimar – Wien 2011, S. 1–28, hier bes. S. 23–25 (Zitate S. 23). Vgl. auch Pierre MONNET, *Die Stadt, ein Ort der politischen Öffentlichkeit im Spätmittelalter? Ein Thesenpapier*, in: Martin KINTZINGER – Bernd SCHNEIDMÜLLER (edd.), Politische Öffentlichkeit im Spätmittelalter (= Vorträge und Forschungen, 75), Ost-

Die performative Nutzung dieses Bereiches eignete sich aber auch zur höfischen Repräsentation in den Formen des Nicht-Alltäglichen. Ab 1538 ließ der brandenburgische Kurfürst Joachim II. das Schloss in Cölln, die kurmärkische Hauptresidenz der Hohenzollern, erheblich umbauen und erweitern. Während der um die Mitte des 15. Jahrhunderts errichtete Hauptbau des Schlosses Friedrichs II. (1413–1471), der sich entlang der Spree erstreckte, in Teilen erhalten blieb, wurde nun rechtwinklig dazu ein neuer Flügel errichtet, vor dem ein Turnierplatz, die sogenannte Stechbahn (auf dem Areal des späteren Schlossplatzes), angelegt wurde.[44] Zwar ist für die Feierlichkeiten anlässlich der Vermählung Markgraf Johanns (1455–1499) mit Margarete von Sachsen (1449–1501) im August 1476 bezeugt, dass vor dem Schloss – vermutlich

---

fildern 2011, S. 329–359, der hypothesenhaft den „Ort" und den „Raum der Öffentlichkeit" unterscheidet (ibidem, S. 358).

44 Zur Baugeschichte der Cöllner Schlosses unter den Kurfürsten Friedrich II. und Joachim II. ist bis heute trotz manch überholter Angabe grundlegend Albert GEYER, *Geschichte des Schlosses zu Berlin*, Bd. 1: *Die kurfürstliche Zeit bis zum Jahre 1698*, Berlin 1936 [ND (zusammen mit Bd. 2, mit einer Einführung von Jürgen Julier) Berlin 2010], S. 9–32. Wichtige Ergänzungen und Korrekturen dazu liefert Goerd PESCHKEN, *Das königliche Schloß zu Berlin*, Bd. 1: *Die Baugeschichte von 1688–1701, mit Nachträgen zur Baugeschichte des Schlosses seit 1442*, München 1992, S. 16–68. Vgl. außerdem Liselotte WIESINGER, *Das Berliner Schloß. Von der kurfürstlichen Residenz zum Königsschloß*, Darmstadt 1989, S. 7–48; Hans-Werner KLÜNNER, *Vom Hohen Haus zur „Burg" Kurfürst Friedrichs II.*, in: Goerd PESCHKEN – Hans-Werner KLÜNNER, Das Berliner Schloß, Frankfurt a. M. – Wien – Berlin 1982, S. 11–19, hier S. 16–19; Goerd PESCHKEN, *Von der kurfürstlichen Residenz zum Königsschloß*, in: Ibidem, S. 20–69, hier S. 22–27. Eine Zusammenfassung bietet auch Guido HINTERKEUSER, *Funktion und Prestige: Der Ausbau des Berliner Schlosses im 16. Jahrhundert*, in: Cranach und die Kunst der Renaissance unter den Hohenzollern – Kirche, Hof und Stadtkultur [Aust.-Kat. Berlin, 31. Okt. 2009–24. Jan. 2010], Berlin – München 2009, S. 111–125, hier bes. S. 111–114. Weiterhin A. BEYER, *Die kurbrandenburgische Residenzenlandschaft*, S. 41–88; Winfried SCHICH, *Anlage und Funktion des Schlosses und des Schloßbezirks in Mittelalter und Renaissance*, in: Wolfgang RIBBE (ed.), Schloß und Schloßbezirk in der Mitte Berlins. Das Zentrum der Stadt als politischer und gesellschaftlicher Ort, Berlin 2005, S. 25–44; Wolfgang NEUGEBAUER, *Residenz – Verwaltung – Repräsentation. Das Berliner Schloß und seine historischen Funktionen vom 15. bis 20. Jahrhundert* (= Kleine Schriftenreihe der Historischen Kommission zu Berlin, 1), Potsdam 1999, bes. S. 10–20. – Gemäß einer späten Nachricht im ‚Chronicon Berolinense' des Ferdinand Pusthius († 1711), Konrektors am Joachimsthaler Gymnasium, ließ Joachim II. die Stechbahn 1538 im Zusammenhang mit den Feierlichkeiten anlässlich einer Taufe anlegen: *1538. Da Churf. Joachimus II seine Fräulein Tochter Elisabetham Magdalenam taufen, und nach verrichtetem heil. Actu ein ansehnl. Ritterspiel halten laßen, hat er das Steinpflaster vor dem Dom und Schloß aufreißen, und die Stechbahn anfertigen, und das alte Judicier Häuslein aufbauen laßen.* [Ferdinand PUSTHIUS], *Chronicon Berolinense continens res Berolini actas ab a. 1307. vsque ad a. 1699, Accedit Series consulum Berolinensium* (= Schriften des Vereins für die Geschichte der Stadt Berlin, 4), Berlin 1870, S. 16f.

bereits im Bereich der späteren Stechbahn – ein Turnier stattfand.[45] Ob es sich dabei aber um eine dauerhafte Anlage handelte, wissen wir ebenso wenig wie wir Kenntnis von dem an der Stelle des Stechbahnflügels Joachims II. zu vermutenden älteren Schlosstrakt haben.[46] Jedenfalls muss die in Formen der Renaissance aufwendig gestaltete Fassade dieses neuen Saalbaus bei den davor abgehaltenen Turnieren und anderen höfischen Vergnügungen als prächtige Kulisse gewirkt haben, wie es für das späte 16. Jahrhundert eine Radierung vor Augen führt (Abb. 1). Illustriert wird damit der im Frühjahr 1593 in den Frankfurter Messrelationen (‚*Historicae relationis continuatio*')[47] erschienene Bericht über die Festlichkeiten, die im Dezember des Vorjahres anlässlich der Taufe Sigismunds, eines Sohnes des brandenburgischen Kurfürsten Johann Georg

---

45 *Politische Correspondenz des Kurfürsten Albrecht Achilles*, Bd. 2: *1475–1480* (= Publicationen aus den K. Preußischen Staatsarchiven, 67), Felix Priebatsch (ed.), Leipzig 1897, S. 257 (Graf Heinrich von Stolberg, Heinrich von Brandenstein, der Hofmeister Burkhard Schenck und Dietrich von Hopfgarten an Herzog Wilhelm von Sachsen, den Brautvater, 27./28. Aug. 1476): Die Turnierteilnehmer seien *uf die ban vor das sloß kommen*.

46 H.-W. KLÜNNER, *Vom Hohen Haus zur „Burg"*, S. 19.

47 Jacobus FRANCUS [d.i. Conrad Lautenbach], *Historicae relationis continuatio. Warhafftige Beschreibunge aller fürnemen vnnd gedenckwirdigen Geschicht / so sich hin vnd wider nicht allein in hoch vn(d) nieder Teutschlanden / sonder auch in Franckreich / Saphoy / Italia / Hungern / Crabaten / Türckey / etc. sonderlich aber in dem Churfurstenthumb Sachsen / vnd dem Bisthumb Straßburg / hiezwischen nechst verschiener Franckfurter Herbstmeß / Anno 1592. vnd etliche Monat darvor / biß auff gegenwertige Fastenmeß verlauffen vnd zugetragen haben*, [Oberursel] 1593 [digitalisiertes Exemplar der Bayerischen Staatsbibliothek München, Signatur Res. 4° Eur. 182 (15), urn:nbn:de:bvb:12-bsb00025025-7 (19.5.2022)]. Der Druck ist verzeichnet bei Esther-Beate KÖRBER, *Messrelationen. Biobibliographie der deutsch- und lateinischsprachigen „messentlichen" Periodika von 1588 bis 1805*, Bd. 1 (= Presse und Geschichte – Neue Beiträge, 93,1), Bremen 2018, Nr. 159 (A), S. 221–223; Klaus BENDER, *Relationes historicae. Ein Bestandsverzeichnis der deutschen Meßrelationen von 1583 bis 1648* (= Beiträge zur Kommunikationsgeschichte, 2), Berlin – New York 1994, Nr. 40, S. 19. Zu Verleger und Verlagsort siehe Esther-Beate KÖRBER, *Messrelationen. Geschichte der deutsch- und lateinischsprachigen „messentlichen" Periodika von 1588 bis 1805* (= Presse und Geschichte – Neue Beiträge, 92), Bremen 2016, S. 101f., zur wahrscheinlichen Auflösung des auf dem Titelblatt für den Kompilator angegebenen Pseudonyms Jacobus Francus mit dem Frankfurter Pfarrer Conrad Lautenbach (†1595) ibidem, S. 91–95. Zu den Messrelationen, die als Vorläufer der Zeitung gelten, vor allem aber als „eine fortlaufend ergänzte Chronik der Gegenwart fungierten" und „aus der Perspektive ihrer Herausgeber als konstitutiver Teil der Zeitgeschichtsschreibung", vgl. auch Ulrich ROSSEAUX, *Die Entstehung der Meßrelationen. Zur Entwicklung eines frühneuzeitlichen Nachrichtenmediums aus der Zeitgeschichtsschreibung des 16. Jahrhunderts*, HJb 124, 2004, S. 97–123 (Zitate S. 123); zur knappen, aber konzisen Einordnung in die Geschichte frühneuzeitlicher Nachrichtenmedien auch Andreas WÜRGLER, *Medien in der Frühen Neuzeit* (= Enzyklopädie deutscher Geschichte, 85), 2., durchges. Aufl., München 2013, S. 33f., 103f.

(1525–1598) und seiner Gemahlin Elisabeth von Anhalt (1563–1607), stattgefunden hatten.[48] Gezeigt sind – so die Bildunterschrift – *Auffzuge Vndt ring rennen sogehalten Worden nach des Churfursten Von Brandenburg Kindtauffen Zu Collen an der Spree Vom 11 bis 15 Nouemb:* [sic] *92*.[49] Die Fassade des Renaissancebaus, dessen Errichtung zu diesem Zeitpunkt gut ein halbes Jahrhundert zurücklag, erscheint als Teil der tatsächlichen wie medialen Inszenierung fürstlicher Magnifizenz. Ein Altan mit Arkaden im Erdgeschoss und Balkonen auf der Höhe der beiden Obergeschosse akzentuiert nicht allein die zentrale Fassadenachse, er bietet auch Zuschauern des davor stattfindenden Spektakels einen besonders vornehmen Platz und spielt mit Innen und Außen, ermöglicht gleichermaßen zu sehen wie gesehen zu werden.

Anekdotisch reflektiert den Ausblick auf die Stadt von den Wohnbereichen der Residenz, insbesondere aus einem dem Herrn zugehörenden Raum, die eingangs wiedergegebene Episode in den Erinnerungen Bartholomäus Sastrows: der Fürst, der von seinem über der Pforte gelegenen Gemach dem Treiben vor dem Schloss auf dem Weg

---

48 J. Francus, *Historicae relationis continuatio*, Bl. 40r–43v. Die genannte Radierung ist eingefügt zwischen Bl. 40 und 41. Zu diesem Bericht gehört außerdem eine weitere Radierung (zwischen Bl. 42 und 43), die unter Beibehaltung des Blicks auf Schlossfassade und Stechbahn das Feuerwerk am Abend des 14. Dez. 1592 zeigt. – Ingeborg Preuss, *Philipp Uffenbach (1566–1636)? Ringrennen und Feuerwerk vor dem Schloß zu Cölln an der Spree 1592*, Berlinische Notizen, 1984, Nr. 5, S. 12–16, hier S. 12, gibt an, dass als „Zeichner der beiden Radierungen [...] der Maler und Kupferstecher Philipp Uffenbach genannt" werde. Dieser vorsichtigen Zuschreibung hat Ursula Opitz, *Philipp Uffenbach. Ein Frankfurter Maler um 1600* (= Kunstwissenschaftliche Studien, 180), Berlin – München 2015, S. 87, mit guten Argumenten widersprochen, so dass die Urheberschaft als nicht geklärt gelten muss. Dementsprechend zu korrigieren wäre auch der Katalogeintrag in: Cranach und die Kunst der Renaissance unter den Hohenzollern, Nr. III.4, S. 191 (Ruben Rebmann). Vgl. zur Darstellung der Architektur in diesen Radierungen außerdem A. Geyer, *Geschichte*, S. 26; L. Wiesinger, *Das Berliner Schloß*, S. 32f.; G. Peschken, *Das königliche Schloß zu Berlin*, Bd. 1, S. 18. Verzeichnet sind beide Radierungen bei Guido Hinterkeuser, *Das Berliner Schloß. Der Umbau durch Andreas Schlüter*, Berlin 2003, S. 290 (Kat. 1f.).

49 Im Text selbst wird die Taufe auf *den 10. tag Christmonats*, mithin auf den 10. Dez. datiert, die anschließenden Festlichkeiten entsprechend auf *die folgende*[n] *vier Tage / biß an den 15. tag gemeldes Monats*, J. Francus, *Historicae relationis continuatio*, Bl. 40r. Diese Datierung in den Christmonat bzw. *Decemb.* 1592 findet sich auch auf den folgenden Seiten der Festbeschreibung, ibidem, Bl. 40v–43v. Dass die Datierung in der Bildunterschrift falsch ist, ergibt sich allein schon aus dem Umstand, dass der Täufling, Sigismund, erst am 19. Nov. geboren wurde, wie der Cöllner Stadtschreiber in den chronikalischen Notizen in den Bürgermatrikeln vermerkte. *Die Chronik der Cölner Stadtschreiber vom Jahre 1542 bis zum Jahre 1605*, [Ernst] Fidicin (ed.), in: Schriften des Vereins für die Geschichte der Stadt Berlin, Bd. 1, Heft 1, Berlin 1865, S. 1–44, hier S. 42. Im Übrigen ist die zweite Radierung, die das Feuerwerk zeigt (siehe oben Anm. 48), korrekt mit dem *14 Decem.* bezeichnet.

Abb. 1 Aufzüge und Ringrennen auf der Stechbahn vor dem Schloss zu Cölln an der Spree im Jahr 1592, Radierung 1593.

hinunter in die Stadt zusieht.⁵⁰ Daneben wurde freilich im 16. Jahrhundert – nicht zuletzt unter dem Einfluss des Humanismus und der italienischen Renaissancearchitektur⁵¹ – auch im mitteleuropäischen Schlossbau der Ausblick in die Landschaft im-

---

50 Siehe oben bei Anm. 2. – Dass der Raum über dem Tor „der herrschaftlichen Sphäre zugeordnet" war, ist im Schlossbau etwa des 16. Jahrhunderts nicht ungewöhnlich, M. MÜLLER, *Das Schloß*, S. 292f. Den gleichsam ‚klassischen' Fall eines über dem Tor gelegenen Gemachs des Herrschers bildet die *estude* Karls V. (1338–1380) in Vincennes, siehe dazu Uwe ALBRECHT, *Von der Burg zum Schloss. Französische Schlossbaukunst im Spätmittelalter*, Worms 1986, S. 36f.; M. MÜLLER, *Das Schloß*, S. 265–267.

51 Hinsichtlich der Bedeutung inszenierter Ausblicke in der italienischen Architektur der Renaissance sei hier nur auf das frühe und prominente Beispiel der Medici-Villa in Fiesole (1451–1457) mit ihrer

mer wichtiger. Besser als Laufgänge oder Terrassen eigneten sich dafür unter den etwas raueren klimatischen Bedingungen nördlich der Alpen etwa Räume im Obergeschoss von Türmen, die oftmals beheizbar waren und deren Durchfensterung einen architektonisch in mehrere Richtungen gelenkten, ästhetisch wie herrschaftssymbolisch bedingten „Fächerblick" (Stephan Hoppe) eröffnete.⁵² Damit konnte das unmittelbare

---

Aussicht auf Florenz und das Tal des Arno verwiesen, vgl. Gerd BLUM, *Fenestra prospectiva. Architektonisch inszenierte Ausblicke: Alberti, Palladio, Agucchi* (= Studien aus dem Warburg-Haus, 15), Berlin – Boston 2015, S. 84–87; James S. ACKERMAN, *The Villa. Form and Ideology of Country Houses* (= Bollingen Series XXXV: The A. W. Mellon Lectures in the Fine Arts, 34), Princeton 1990, S. 77. Vgl. auch Stephan HOPPE, *Die funktionale und räumliche Struktur des frühen Schloßbaus in Mitteldeutschland. Untersucht an Beispielen landesherrlicher Bauten der Zeit zwischen 1470 und 1570* (= Veröffentlichungen der Abteilung Architekturgeschichte des Kunsthistorischen Instituts der Universität zu Köln, 62), Köln 1996, S. 454.

52 Für Mitteleuropa ist insbesondere auf Arbeiten von Stephan Hoppe zu verweisen, so Stephan HOPPE, *Das renaissancezeitliche Schloss und sein Umland. Der architekturgebundene Fächerblick als epochenspezifische Herrschaftsgeste*, in: Kornelia HOLZNER-TOBISCH – Thomas KÜHTREIBER – Gertrud BLASCHITZ (edd.), Die Vielschichtigkeit der Straße. Kontinuität und Wandel in Mittelalter und früher Neuzeit. Internationales Round-Table-Gespräch, Krems an der Donau, 29. November bis 1. Dezember 2007 (= Österreichische Akademie der Wissenschaften, Philosophisch-Historische Klasse, Sitzungsberichte, 826 = Veröffentlichungen des Instituts für Realienkunde des Mittelalters und der frühen Neuzeit, 22), Wien 2012, S. 303–329; außerdem IDEM, *Funktionale und räumliche Struktur*, S. 454–460; IDEM, *Blickregie*, in: W. PARAVICINI (ed.), Höfe und Residenzen, Bd. 2,1, S. 449–453 (Erwähnung des Altans der Stechbahnfassade des Cöllner Schlosses auf S. 452); IDEM, *Architektur als politische Sprache und intellektuelle Aufgabe. Raumgestalt und Raumfunktionen des Wittenberger Kernschlosses unter Kurfürst Friedrich dem Weisen und Herzog Johann im Kontext von älterer Residenztradition und beginnender Renaissance*, in: Leonhard HELTEN et al. (edd.), Das ernestinische Wittenberg: Residenz und Stadt (= Wittenberg-Forschungen, 5), Petersberg 2020, S. 59–94, hier S. 85–87. Vgl. auch A. BEYER, *Die kurbrandenburgische Residenzenlandschaft*, S. 61–64; zu „hochgelegenen Rückzugsräume[n] und Studierstuben" M. MÜLLER, *Das Schloß*, S. 263–279; Stephan HOPPE, *Rückzugsorte*, in: W. PARAVICINI (ed.), Höfe und Residenzen, Bd. 2,1, S. 417–420. – Hochgelegene Umgänge, die einen Ausblick auf die Landschaft zu eröffnen vermochten, sind in französischen Schlossbauten bereits seit der zweiten Hälfte des 14. Jahrhunderts anzutreffen. Dass diese Funktion intendiert war, erscheint plausibel, obwohl explizite schriftliche Belege fehlen. Vgl. U. ALBRECHT, *Von der Burg zum Schloss*, S. 30 (zu Villandraut, um 1305/09), 53 (zu Mehun-sur-Yèvre, Ausbau ab 1367). Auch in französischen Schlössern des frühen 16. Jahrhunderts finden wir die „chambre haute", IDEM, *Der Adelssitz im Mittelalter. Studien zum Verhältnis von Architektur und Lebensform in Nord- und Westeuropa*, München – Berlin 1995, S. 107: „Abseits von aller störenden Zirkulation, war es von hier aus dem Schloßherren möglich, Haus, Hof und Ländereien zu überblicken, den Eingang zu kontrollieren, aber auch wichtige Dokumente, sein Archiv etwa, sicher zu verwahren oder ganz einfach in Ruhe Stunden der Arbeit und der Muße zu verbringen." Vgl. auch ibidem, S. 112f. (L'Herm), 115 (Les Bories); Wolfram PRINZ – Ronald G. KECKS (mit Beiträgen von

urbane Umfeld der Residenz einerseits sogar aus dem Blick geraten, andererseits vermochte daraus aber ein komplexes Spiel mit den Beziehungen zwischen Residenz, Stadt und Landschaft zu resultieren. Mittelbar findet dies auch in Sastrows Schilderung der Residenzstadt Pforzheim seinen Niederschlag:

Pfortzheim [...] ligt gar im Grunde an einer schönen lustigen Wisen, dardurch laufft ein clares, gesundes Wasser, gibt allerlei wollschmeckende Fische, daran man des Sommers gar gute Kurtzweile haben kan, zwuschen vberaus hohen Bergen, so mit Holtzungen, einer Wiltnussen nicht vngleich, bewachssen, so guth Wildbreth gibt. Das furstliche Schloß ligt woll niderich, aber respectu oppidi zimblich hoch [...].[53]

Exakt benannt werden die Höhenverhältnisse dieses ‚locus amoenus': Das Schloss liegt deutlich über der Stadt, höher erheben sich die ringsum liegenden Berge (dass diese „überaus hoch" seien, darf als eine gelinde Übertreibung bezeichnet werden, die dem Beobachter aus dem norddeutschen Tiefland nachgesehen werden mag). Damit aber zeichnet diese kurze Skizze auch die möglichen Ausblicke nach, insbesondere die Sichtverbindungen des Schlosses gleichermaßen auf die tiefer gelegene Stadt wie in die umgebende Landschaft.

Wenig subtil wirkt im Vergleich zum variantenreichen Spiel mit Aus- und Einblicken die Markierung der Grenze zwischen Residenz und Stadt mittels bildlicher, heraldischer und inschriftlicher Zeichen, wie sie an Fassaden und Toren allgemein vorauszusetzen ist.[54] Der Stechbahnflügel des Cöllner Schlosses zeigte nach Ausweis der

---

Uwe ALBRECHT und einem Beitrag von Jean GUILLAUME), *Das französische Schloss der Renaissance. Form und Bedeutung der Architektur, ihre geschichtlichen und gesellschaftlichen Grundlagen* (= Frankfurter Forschungen zur Kunst, 12), 2., durchges. und erw. Aufl., Berlin 1994, S. 58, 144–146.

53 B. SASTROW, *Herkommen*, Tl. 1, S. 266. – Zu dem damit angeschnittenen Thema des (humanistischen) Städtelobs sei ein angemessener Literaturüberblick an dieser Stelle gar nicht erst versucht. Verwiesen sei stattdessen einzig auf Klaus ARNOLD, *Städtelob und Stadtbeschreibung im späteren Mittelalter und in der frühen Neuzeit*, in: Peter JOHANEK (ed.), Städtische Geschichtsschreibung im Spätmittelalter und in der Frühen Neuzeit (= Städteforschung, Reihe A: Darstellungen, 47), Köln – Weimar – Wien 2000, S. 247–268.

54 J. ZEUNE, *Tor*, S. 237, stellt fest, dass die „Anbringung von Wappen- und Figurenschmuck über den Toren [...] wohl in das Hochmittelalter" zurückreiche, dies habe „jedoch besonders intensive und prachtvolle Anwendung ab dem 15. Jh." gefunden. Bei G. U. GROSSMANN, *Renaissanceschlösser*, S. 191f., heißt es mit Blick auf das 16. und 17. Jahrhundert: „Über einem großen Tor sitzen in der Brüstung des Obergeschosses Wappen- und Inschriftfelder. Das äußere Tor vermittelt den Wechsel vom öffentlichen Raum in den Schlossbezirk, der nicht mehr für jedermann zugänglich war, falls man diese Sperre nicht erst an den Eingang zum Kernschloss legte. Die Torhäuser dienen der Einlasskontrolle; sie wirken aber nicht unbedingt abweisend wie noch bei Burgen. Rustiziertes Mauerwerk,

Radierung von 1593 (Abb. 1) reiche Fassadenmalereien: Unter anderem erkennbar sind am zentralen Balkon des ersten Obergeschosses Wappen, darüber im zweiten Obergeschoss Bildnisse, bei denen es sich um Fürstendarstellungen handeln könnte. Fast zeitgleich zu diesem Bau ließ Markgraf Ernst von Baden, der Dienstherr Sastrows, 1537 an dem in seinem Auftrag erneuerten unteren Schlosstor seiner Pforzheimer Residenz einen prachtvollen Wappenstein samt Inschrift anbringen.[55] Als Medien herrschaftlicher Repräsentation waren solche überaus weit verbreiteten Zeichen offenbar sehr effektiv.[56]

Topographien: Residenz und Stadtraum

Der Grenze zwischen Residenz und Stadt kamen somit wesentliche kommunikative Funktionen zu, sie war ein Ort, dessen Gestaltung sowohl eine Fläche für die Präsentation herrschaftlicher Zeichen als auch eine Bühne für die Inszenierung höfischer Pracht und fürstlichen Verhaltens bot.[57] Ganz praktisch erwies sich die Nutzung für eine nach außen gerichtete höfische Kommunikation, wenn zum Beispiel das 1592 im Rahmen der Tauffeierlichkeiten in Cölln veranstaltete Ringrennen *allen Rittermessigen Personen* mit einem *Patendt* angekündigt wurde, das *an das Schlossthor geschlagen* war.[58]

---

selbst Schießscharten, finden sich an den Torhäusern nur in Einzelfällen, lediglich die geschlossenen Mauern im Erdgeschossbereich der Torhäuser weisen auf eine Wehrfunktion hin. [...] Dagegen nimmt die Demonstration der Besitzverhältnisse einen besonderen Rang ein, indem über dem Torbogen das herrschaftliche Wappen oft als Doppelwappen (Allianzwappen) eine zentrale Stelle besetzt." Zu Form und Ikonographie von Schlosstoren siehe auch M. MÜLLER, *Das Schloß*, S. 140–142.

55 Das Wappen war über dem kleineren Tordurchgang angebracht, während über dem größeren 1575 Ernsts Sohn und Nachfolger Karl II. gleichfalls einen Wappenstein einfügen ließ. Das Tor wurde 1861 abgebrochen, beide Wappensteine aber sind erhalten. *Die Inschriften der Stadt Pforzheim* (= Die Deutschen Inschriften, 57 = Heidelberger Reihe, 15), Anneliese Seeliger-Zeiss (Bearb.), Wiesbaden 2003, Nr. 126, S. 97; Nr. 182, S. 138f.; Emil LACROIX – Peter HIRSCHFELD – Wilhelm PAESELER, *Die Kunstdenkmäler der Stadt Pforzheim* (= Die Kunstdenkmäler Badens, 9,6), Karlsruhe 1939 [ND Frankfurt a. M. – Bad Liebenzell 1983], S. 283f. Zum Pforzheimer Schloss vgl. unten bei Anm. 81ff.

56 Vgl. zu den Funktionen von Wappen in residenzstädtischen Räumen allgemein K. HECK, *Genealogie*.

57 Vgl. dazu aus anderer Perspektive Sven RABELER, *Courtly Sites in Late Medieval Towns. Interaction and Representation, Perception and Construction*, in: Gerhard FOUQUET et al. (edd.), Social Functions of Urban Spaces through the Ages / Soziale Funktionen städtischer Räume im Wandel (= Residenzenforschung, N.F.: Stadt und Hof, 5), Ostfildern 2018, S. 63–108.

58 J. FRANCUS, *Historicae relationis continuatio*, Bl. 40v. Vgl. oben bei Anm. 48.

GRENZEN UND ÜBERGÄNGE

Doch lässt sich auch fragen, wo die Grenze zwischen Residenz und Stadt verlief. Neben normativen Ansprüchen, performativen Nutzungen und materiellen Gestaltungen berührt das nicht zuletzt die Frage des topographischen Verhältnisses der damit bezeichneten Raumkompartimente.

Das betraf nicht nur den Umstand, dass in aller Regel zahlreiche Angehörige des Hofes gar nicht in der Burg oder im Schloss wohnten, sondern ein Haus in der Stadt besaßen.[59] Im 15., mehr noch im 16. Jahrhundert intensivierte sich vielmehr in zahlreichen (fürstlichen) Residenzstädten die herrschaftliche Prägung des urbanen Raumes durch die Auslagerung höfisch-administrativer Aufgaben samt entsprechender architektonischer Repräsentationen außerhalb des Burg- oder Schlossareals.[60] Bezeichnend für diese Tendenz sind zum Beispiel die vielerorts anzutreffenden Kanzleibauten. Bartholomäus Sastrow etwa charakterisierte die Lage seines ‚Arbeitsplatzes' im Verhältnis zum markgräflichen Schloss kurz und bündig: *Das Haus Pfortzheim ligt aufm hohen Berge, die Cantzlei vnder in der Statt*.[61] Der Unterbringung der markgräflichen Kanzlei, die im 15. Jahrhundert offenbar noch im Schloss tätig gewesen war, diente seit den 1530er Jahren ein ehemaliger Adelshof, gelegen unterhalb des Schlosses an der zum Marktplatz führenden Straße.[62] 1558 ließ Markgraf Karl II. (1529–1577) dann eine neue Kanzlei westlich des Schlossbezirkes an der Stadtmauer errichten.[63] Diese funktionale und räumliche Ausdehnung der Residenz innerhalb der Stadt war indes nicht allein baulicher Art, bedingte sie doch auch eine Ausweitung der hofbezogenen Kommunikation im Stadtraum. So erfahren wir von Sastrow nebenher, dass man in Pforzheim vom Schloss aus *zu Mittag zu Dische bließ*,[64] die Hofangehörigen also durch ein

---

59 Belegt ist das z.B. für Eisenach schon ab dem 13. Jahrhundert, Sven RABELER, *Frühe Beziehungen zwischen Residenz und Stadt. Eisenach, 13.–14. Jahrhundert*, in: Jan HIRSCHBIEGEL – Sven RABELER – Sascha WINTER (edd.), Residenzstädte im Alten Reich (1300–1800). Ein Handbuch, Abt. II: Soziale Gruppen, Ökonomien und politische Strukturen in Residenzstädten, Tl. 1: Exemplarische Studien (Norden) (= Residenzenforschung, N.F.: Stadt und Hof, II,1), Ostfildern 2020, S. 3–120, hier S. 52f.
60 Vgl. auch den Abriss bei Jens FRIEDHOFF, *Architektonische Verzahnung von Stadt und Residenz*, in: W. PARAVICINI (ed.), Höfe und Residenzen, Bd. 2,1, S. 244–247; außerdem Andreas RANFT, *Residenz und Stadt*, in: Ibidem, S. 27–32, hier S. 27f.
61 B. SASTROW, *Herkommen*, Tl. 1, S. 268.
62 Simon M. HAAG – Andrea BRÄUNING, *Pforzheim. Spurensuche nach einer untergegangenen Stadt* (= Archäologischer Stadtkataster Baden-Württemberg, 15 = Materialhefte zur Stadtgeschichte der Stadt Pforzheim, 15), Ubstadt-Weiher 2001, S. 131 (Kanzlei im Schloss), 145 (Nr. 92); zur Lage vgl. Karte 4 (Beilage).
63 Ibidem, S. 146f. (Nr. 96); vgl. Karte 4 (Beilage).
64 Wie Anm. 61.

akustisches Signal, das zumindest in Teilen der Stadt zu hören war, zum gemeinsamen Mahl im Schloss zusammengerufen wurden. Auch eine spätere badische Hofordnung von 1568 erwähnt, dass *zu eßenszeiten* [...] *zugeblasen* werde.[65] Demselben Zweck dienten gemäß der von 1570 datierenden Hofordnung Landgraf Wilhelms IV. von Hessen-Kassel (1532–1592) Glocken, mit denen morgens und abends pünktlich zu den Essenszeiten *zu Hoff* geläutet werden sollte.[66] Doch weit häufiger ist auch in anderen Hofordnungen des 16. Jahrhunderts von geblasenen Signalen die Rede, wie sie Sastrow erwähnt, wobei allerdings nicht immer klar ist, ob diese Signale auch außerhalb des Schlossareals vernehmbar waren – jedenfalls nicht so klar, wie in der Hofordnung Markgraf Johanns von Küstrin (1513–1571) von 1561, wonach der *Hausman* vom Schlossturm herab zu den Mahlzeiten zu blasen hatte.[67] Parallel zur Entwicklung baulicher Strukturen scheinen Residenzen auch die sinnlichen Wahrnehmungen, die Atmosphären und Zeitrhythmen der sie umgebenden urbanen Räume zunehmend geprägt zu haben.[68]

---

65 *Deutsche Hofordnungen*, Bd. 2, S. 137 (Hofordnung Markgraf Karls II., in dieser Fassung nach der Verlegung der Residenz nach Durlach entstanden).
66 Ibidem, S. 91. – Zur Funktion städtischer Glocken (Kirchen, Rathäuser) zuletzt Arnd REITEMEIER, *Städtische Pfarrkirchen als „Soundzentren" des Mittelalters*, in: Martin CLAUSS – Gesine MIERKE – Antonia KRÜGER (edd.), Lautsphären des Mittelalters. Akustische Perspektiven zwischen Lärm und Stille (= Beihefte zum Archiv für Kulturgeschichte, 89), Wien – Köln – Weimar 2020, S. 291–300, hier S. 291–294; Gerald SCHWEDLER, *Untrügliche Zeichen von Veränderung. Glocken, Gemeinschaftsformierung und spätmittelalterliche Stadtaufstände am Beispiel von Chemnitz und Braunsberg*, in: Ibidem, S. 271–290; IDEM, *Akustische Raummarkierung. Zur Bedeutung der Rathausglocke bei Auseinandersetzungen zwischen Bischof und städtischen Gruppen im späten Mittelalter – das Beispiel der Bischofsstadt Passau (mit Edition)*, in: Andreas BIHRER – Gerhard FOUQUET (edd.), Bischofsstadt ohne Bischof? Präsenz, Interaktion und Hoforganisation in bischöflichen Städten des Mittelalters (1300–1600) (= Residenzenforschung, N.F.: Stadt und Hof, 4), Ostfildern 2017, S. 75–104.
67 *Deutsche Hofordnungen*, Bd. 1, S. 71f. Vgl. beispielsweise ibidem, S. 120 (Ordnung Herzog Johann Friedrichs von Pommern, 1575); ibidem, Bd. 2, S. 173 (Ordnung Pfalzgraf Ottheinrichs, 1526); A. REITEMEIER et al., *Hofordnung*, S. 126 (§ 24, Ordnung des Herzogs Julius von Braunschweig, 1587).
68 Zu städtischen „Atmosphären" (Definition und „Segmente", darunter „Geräusche") siehe allgemein (aus Sicht der geographischen Stadtforschung) Jürgen HASSE, *Atmosphären der Stadt. Aufgespürte Räume*, Berlin 2012, bes. S. 12, 20–25. Zu der in jüngerer Zeit betriebenen Erforschung von „soundscapes" der Vormoderne sei neben dem Sammelband: M. CLAUSS – G. MIERKE – A. KRÜGER (edd.), Lautsphären des Mittelalters, mit Blick auf Städte beispielsweise verwiesen auf David GARRIOCH, *Sounds of the City: The Soundscape of Early Modern European Towns*, Urban History 30, 2003, S. 5–25; Elizabeth EWAN, *'Hamperit in ane hony came': Sights, Sounds and Smells in the Medieval Town*, in: Edward J. COWAN – Lizanne HENDERSON (edd.), A History of Everyday Life in Me-

Eine grundsätzlich ältere Stufe einer herrschaftlich-höfischen Ausgestaltung des Stadtraumes konnte auf der Installation kirchlicher Institutionen und geistlicher Gemeinschaften basieren, wie es beispielsweise für Eisenach als Residenzstadt der ludowingischen, nach 1247 wettinischen Landgrafen von Thüringen gezeigt werden kann: Abgesehen von kleineren Einrichtungen, entstanden in der Stadt und ihrer unmittelbaren Umgebung zwischen dem späten 12. und dem frühen 14. Jahrhundert neben der Pfarrkirche St. Georg nicht weniger als sechs Klöster und ein Kollegiatstift, die von den Fürsten größtenteils fundiert oder zumindest erheblich gefördert wurden, aber auch über Dignitäten und Pfründen sowie über Funktionen wie Grablege, Memoria und Seelsorge eng mit den Herren und ihrem Hof verbunden blieben. In der Summe resultierte aus dieser quantitativen wie qualitativen Konzentration geistlicher Gemeinschaften und Einrichtungen eine dichte, an den Interessen von Dynastie und Hof orientierte und nicht zuletzt architektonische Prägung des Stadtraumes, den die fürstliche Residenz sakral in erheblichem Maße überlagerte und funktionalisierte.[69]

In Pforzheim erscheinen die Beziehungen zwischen den badischen Markgrafen und den geistlichen Gemeinschaften in der Stadt – zu nennen sind unter anderem immerhin drei Bettelordensklöster[70] – zumeist weniger gut belegt als in Eisenach, jedenfalls wenn man auf die Stiftungsvorgänge schaut. Gleichwohl zeigen sich auch hier wichtige Bindungen: Die Markgrafen gründeten im 14. Jahrhundert das Heilig-Geist-Spital,[71]

---

dieval Scotland, 1000 to 1600 (= A History of Everyday Life in Scotland, 1), Edinburgh 2011, S. 109–144. Zu Zeitrhythmen in spätmittelalterlichen Städten Gerhard FOUQUET, *Zeit, Arbeit und Muße im Wandel spätmittelalterlicher Kommunikationsformen. Die Regulierung von Arbeits- und Geschäftszeiten im städtischen Handwerk und Gewerbe*, in: Alfred HAVERKAMP (ed.), Information, Kommunikation und Selbstdarstellung in mittelalterlichen Gemeinden (= Schriften des Historischen Kollegs, Kolloquien, 40), München 1998, S. 237–275; zum höfischen Kontext Jan HIRSCHBIEGEL, *Städtische Uhren und höfische Ordnung. Einige Überlegungen zu Zeitgebrauch und Zeitverbrauch an den Höfen des späten Mittelalters*, in: Harm von SEGGERN – Gabriel ZEILINGER (edd.), „Es geht um die Menschen". Beiträge zur Wirtschafts- und Sozialgeschichte des Mittelalters für Gerhard Fouquet zum 60. Geburtstag, Frankfurt a.M. u.a. 2012, S. 29–46.

69 Dazu im Einzelnen (mit Nachweisen) S. RABELER, *Frühe Beziehungen*, S. 7–14, 33–51.
70 Dazu einstweilen als kurzer Überblick (mit knappen Literaturangaben) die einschlägigen Artikel der Internetpräsentation ‚Klöster in Baden-Württemberg' (https://www.kloester-bw.de/index.php): Sven RABELER, *Dominikanerinnenkloster Pforzheim*, http://www.kloester-bw.de/?nr=145 (19.5.2022); IDEM, *Dominikanerkloster Pforzheim*, http://www.kloester-bw.de/?nr=146 (19.5.2022); IDEM, *Franziskanerkloster Pforzheim*, http://www.kloester-bw.de/?nr=295 (19.5.2022). Siehe zukünftig die betreffenden Artikel im ‚Badischen Klosterbuch' (erscheint 2024).
71 Zum Pforzheimer Heilig-Geist-Spital und seinen Verbindungen zu den badischen Markgrafen wie zum Rat der Stadt, der weitgehend die Spitalpfleger stellte, siehe Sven RABELER, *Benannt, gegeben*

sie förderten in der ersten Hälfte des 15. Jahrhunderts Baumaßnahmen an den Klöstern der Dominikaner und der Dominikanerinnen,[72] in denen 1429 bzw. 1442 unter Mitwirkung Markgraf Bernhards I. (1364–1431) und seines Sohnes Jakob I. (1407–1453) die Observanz eingeführt wurde.[73] Als 1443 auch das Franziskanerkloster im Sinne der Observanz reformiert wurde, sorgte der Markgraf dafür, dass der größte Teil des Vermögens dem Heilig-Geist-Spital zugewiesen wurde.[74] Der herrschaftliche Anspruch, die Ökonomien dieser größtenteils im 13. Jahrhundert entstandenen und im 14. Jahrhundert ergänzten kirchlichen Ausstattung der Residenzstadt bei Bedarf nutzen zu können, erwies sich ganz unmittelbar in dem auch sie erfassenden situativen Rückgriff auf die urbane Infrastruktur. Gut bezeugt ist das im Zusammenhang mit der Hochzeit Karls I. (1427–1475) mit Katharina von Österreich (†1493) im Jahr 1447, als die illustre Gästeschar teils in den vor allem im Umfeld des Marktes gelegenen Häusern der wohlhabenden Familien der Stadt oder des Adels, aber auch in den Klöstern oder im Heilig-Geist-Spital untergebracht wurde, so der Erzbischof von Mainz bei den Dominikanern, der Bischof von Speyer im Spital, der Vater des Bräutigams, Markgraf Jakob I., bei den Franziskanern.[75] Die stadtherrliche Burg allein hätte nie und nimmer ausreichend Platz geboten: Diese sei *angeslagen für 80 frauwen darin zu legen*, heißt es

---

und gemacht zu einem Spital armen und elenden Siechen. Zur Sozial- und Wirtschaftsgeschichte des Pforzheimer Heilig-Geist-Spitals (14. bis 16. Jahrhundert), in: Stefan PÄTZOLD (ed.), Neues aus Pforzheims Mittelalter (= Materialien zur Stadtgeschichte, 19), Heidelberg u.a. 2004, S. 87–122; außerdem IDEM, *Pforzheim, Heilig Geist-Spital*, in: Sönke LORENZ – Oliver AUGE – Sigrid HIRBODIAN (edd.), Handbuch der Stiftskirchen in Baden-Württemberg, Ostfildern 2019, S. 478–481.

72 E. LACROIX – P. HIRSCHFELD – W. PAESELER, *Die Kunstdenkmäler*, S. 226, 256.
73 Johannes MEYER, *Buch der Reformacio Predigerordens. IV und V Buch* (= Quellen und Forschungen zur Geschichte des Dominikanerordens in Deutschland, 3), Benedictus Maria Reichert (ed.), Leipzig 1908, S. 76 (Dominikanerkloster, 1429), 102 (Dominikanerinnenkloster, 1442). Vgl. Gabriel M. LÖHR, *Der Dominikanerorden und seine Wirksamkeit im mittelrheinischen Raum*, Archiv für mittelrheinische Kirchengeschichte 4, 1952, S. 120–156, hier S. 150, 156.
74 S. RABELER, *Benannt, gegeben und gemacht*, S. 96 mit Anm. 34.
75 *Regesten der Markgrafen von Baden und Hachberg 1050–1515*, Bd. 3: *Regesten der Markgrafen von Baden von 1431 (1420)–1453*, Heinrich Witte (ed.), Innsbruck 1907, Nr. 6769, S. 195. Vgl. dazu Heinz KRIEG, *Eine standesgemäße Hochzeit: Die Vermählung Markgraf Karls I. von Baden mit Katharina von Österreich*, in: Gerhard FOUQUET – Harm von SEGGERN – Gabriel ZEILINGER (edd.), Höfische Feste im Spätmittelalter (= MRK, Sonderhefte, 6), Kiel 2003, S. 39–54, hier bes. S. 50. Zu Pforzheim als Residenz der Markgrafen von Baden, darunter zum ansatzweisen Ausbau der Residenzfunktion um die Mitte des 15. Jahrhunderts, vgl. IDEM, *Pforzheim*, in: W. PARAVICINI (ed.), Höfe und Residenzen, Bd. 1,2, S. 448–450; Andrea M. KROLL, *Das spätmittelalterliche Pforzheim: Eine landesherrliche „Residenz auf Zeit" der Markgrafen von Baden*, Neue Beiträge zur Pforzheimer Stadtgeschichte 4, 2014, S. 5–34; Sven RABELER, *Stift – Residenz – Stadt. Das Pforzheimer Michaels-*

in der Quartiersübersicht.⁷⁶ Sie diente damit gerade einmal der Unterbringung der Braut mit jenem Teil ihres Gefolges, den sie selbst mitgebracht hatte, sowie der Markgräfin Margarethe von Brandenburg, einer Tochter Jakobs I., ebenfalls nur mit einem Teil ihres Gefolges, nämlich der Hofmeisterin samt acht Frauen.⁷⁷ Für die Gesamtdimension dieser gewaltigen logistischen Herausforderung ist hingegen die mit 2700 veranschlagte Zahl der in allen Teilen der Stadt unterzubringenden Pferde bezeichnend.⁷⁸ In ähnlicher Weise wurde auch in anderen Residenzorten auf die urbane Infrastruktur in Gestalt von Klöstern, Herbergen und Häusern städtischer wie höfischer Führungsgruppen zurückgegriffen. So seien – um nur ein weiteres Beispiel anzuführen – anlässlich der 1458 ausgerichteten Hochzeit des brandenburgischen Markgrafen Albrecht Achilles (1414–1486) mit Anna von Sachsen (1437–1512), die mit ungefähr 2250 Pferden fast die Dimensionen der Pforzheimer Festlichkeiten gut ein Jahrzehnt zuvor erreichte, *dy Fursten in den [...] herberigen vnd viertayll der Stat zu Onolzspach* [d.h. Ansbach] *eingetailt vnnd gelegen*.⁷⁹

Die wichtigste geistliche Gemeinschaft in der Stadt Pforzheim war für die Markgrafen jedoch das Kollegiatstift, das auf ihr Betreiben 1460 an der südlich des Schlossareals befindlichen Pfarrkirche St. Michael errichtet wurde.⁸⁰ Im 13. Jahrhundert war die Burg, in deren unmittelbaren Nähe schon die Vorgängerbauten der Michaelskir-

---

stift, die Stadt Pforzheim und die Markgrafen von Baden im 15. und 16. Jahrhundert, Jahrbuch für badische Kirchen- und Religionsgeschichte 11, 2017, S. 51–100, hier S. 58–66.

76 *Regesten der Markgrafen von Baden*, Bd. 3, Nr. 6769, S. 195.
77 Ibidem, Nr. 6770, S. 195.
78 Ibidem, Nr. 6769, S. 195. Vgl. H. Krieg, *Eine standesgemäße Hochzeit*, S. 49f.
79 *Codex diplomaticus Brandenburgensis* III, Bd. 2, S. 24. Vgl. Reinhard Seyboth, *Die landesherrlichen Residenzen der fränkischen Hohenzollern im späten Mittelalter*, Zeitschrift für Bayerische Landesgeschichte 60, 1997, S. 567–597, hier S. 578f.
80 Zum Stift St. Michael in Pforzheim siehe Gerhard Fouquet, *St. Michael in Pforzheim. Sozial- und wirtschaftsgeschichtliche Studien zu einer Stiftskirche der Markgrafschaft Baden (1460–1559)*, in: Hans-Peter Becht (ed.), Pforzheim im Mittelalter. Studien zur Geschichte einer landesherrlichen Stadt (= Pforzheimer Geschichtsblätter, 6), Sigmaringen 1983, S. 107–169; S. Rabeler, *Stift*; außerdem Idem, *Pforzheim, Michael*, in: S. Lorenz – O. Auge – S. Hirbodian (edd.), Handbuch der Stiftskirchen in Baden-Württemberg, S. 482–486; zur Pfarrkirche vor der Stiftsgründung auch Stefan Pätzold, *Von der Pfarre wegen zu Pforzheim. St. Martin und St. Michael im Mittelalter*, in: Idem (ed.), Neues aus Pforzheims Mittelalter, S. 57–86. Zur Michaelskirche (Schlosskirche) und ihrer Baugeschichte Ch. Timm et al., *Pforzheim*, S. 199–236; S. M. Haag – A. Bräuning, *Pforzheim*, S. 148f. (Nr. 107); E. Lacroix – P. Hirschfeld – W. Paeseler, *Die Kunstdenkmäler*, S. 65–246; Erwin Vischer, *Die Schloss-(Stifts-)Kirche zum heiligen Michael in Pforzheim* (= Studien zur deutschen Kunstgeschichte, 141), Straßburg 1911.

che, eine vorromanische Kapelle und ein romanischer Kirchenbau des 12. Jahrhunderts, gelegen hatten, in die Ummauerung der um 1200 gegründeten Neustadt einbezogen worden.[81] Sie schützte den nördlichen Zugang zur Stadt, der später als oberes Schlosstor bezeichnet wurde. In mehreren Phasen wurde das Areal der Residenz erweitert.[82] Da die Burg- und Schlossbauten mit Ausnahme des sogenannten Archivbaus[83] nicht erhalten sind, sind wir für die Rekonstruktion vor allem auf den 1766 von dem Geometer Michael Hörrmann gezeichneten Plan des Schlossbezirkes angewiesen (Abb. 2).[84] Zu diesem Zeitpunkt war Pforzheim seit zwei Jahrhunderten keine Residenz mehr, und so lässt der Gebäudebestand die Situation des 16. Jahrhunderts und teils auch die vorhergehenden Bauphasen in groben Zügen erkennen. Erhalten geblieben war der hochmittelalterliche Bergfried (der „Alte Hohe Turm", Nr. 1),[85] während das im 15. Jahrhundert errichtete „Alte Gebäu" (Nr. 2)[86] noch die Umrisse der einstigen Burganlage in Teilen erahnen lässt. Das obere (Nr. 6) und das mittlere Schlosstor (Nr. 7)[87] markieren die schon im 13. Jahrhundert bestehenden Zugänge: Durch erste-

---

81 Zur Pforzheimer Stadtmauer S. M. HAAG – A. BRÄUNING, *Pforzheim*, S. 117–130; E. LACROIX – P. HIRSCHFELD – W. PAESELER, *Die Kunstdenkmäler*, S. 37–46. – Urkundlich nachweisbar ist die (zumindest in erheblichen Teilen fertige) Stadtmauer 1290 mit der Erwähnung der *porta dominarum*, [Joseph] D[AMBACHER], *Urkunden-Archiv des Klosters Herren-Alb. XIII Jahrhundert* (Fortsetzung), Zeitschrift für die Geschichte des Oberrheins 2, 1851, S. 216–256, hier S. 253. Zum Frauentor, dessen Name auf das nahe Dominikanerinnenkloster verweist, vgl. S. M. HAAG – A. BRÄUNING, *Pforzheim*, S. 120f.; E. LACROIX – P. HIRSCHFELD – W. PAESELER, *Die Kunstdenkmäler*, S. 40.

82 Zur Baugeschichte von Burg/Schloss in Pforzheim S. M. HAAG – A. BRÄUNING, *Pforzheim*, S. 130–135; E. LACROIX – P. HIRSCHFELD – W. PAESELER, *Die Kunstdenkmäler*, S. 278–300. Versuch einer digitalen Rekonstruktion (Zustand zu Beginn des 17. Jahrhunderts) bei C[arolin] DIECKMANN – J[eff] KLOTZ, *Das Schloss Pforzheim und die Schlosskirche* (= Kunst & Kultur – Sehenswürdigkeiten in Baden-Württemberg, 3), Remchingen 2018, S. 10–13.

83 Dazu Ch. TIMM et al., *Pforzheim*, S. 237–241; S. M. HAAG – A. BRÄUNING, *Pforzheim*, S. 134f. (Nr. 65); E. LACROIX – P. HIRSCHFELD – W. PAESELER, *Die Kunstdenkmäler*, S. 286–291.

84 Zum Hörrmann-Plan siehe Christoph TIMM, *Pforzheim in historischen Karten und Ansichten. Begleitheft zur Planmappe*, Pforzheim 1995, S. 12f. (Blatt 3); E. LACROIX – P. HIRSCHFELD – W. PAESELER, *Die Kunstdenkmäler*, S. 26; verzeichnet auch bei Max SCHEFOLD, Alte Ansichten aus Baden, Bd. 2: Katalogband, Weißenhorn 1971, S. 600 (Nr. 31900).

85 S. M. HAAG – A. BRÄUNING, *Pforzheim*, S. 132 (Nr. 59); E. LACROIX – P. HIRSCHFELD – W. PAESELER, *Die Kunstdenkmäler*, S. 285f.

86 S. M. HAAG – A. BRÄUNING, *Pforzheim*, S. 135 (Nr. 66); E. LACROIX – P. HIRSCHFELD – W. PAESELER, *Die Kunstdenkmäler*, S. 293f.

87 S. M. HAAG – A. BRÄUNING, *Pforzheim*, S. 132 (Nr. 58), 133 (Nr. 62); E. LACROIX – P. HIRSCHFELD – W. PAESELER, *Die Kunstdenkmäler*, S. 284f.

GRENZEN UND ÜBERGÄNGE

Abb. 2 Michael Hörrmann, *Geometrischer Situations-Plan* des Pforzheimer Schlosses (Ausschnitt), Federzeichnung (koloriert), 1766: 1 Bergfried (Alter Hoher Turm) – 2 Altes Gebäu – 3 Neues Schloss – 4 Archivbau – 5 Michaelskirche – 6 Oberes Schlosstor – 7 Mittleres Schlosstor – 8 Unteres Schlosstor – 9 Marktplatz.

res verließ man im Norden die Stadt, durch letzteres betrat man ursprünglich von der Stadt aus die Burg. Im Spätmittelalter erfolgten größere Um- und Neubauten im Burgareal, doch wurde dieses auch vergrößert, indem zur Stadt hin im frühen 15. Jahrhundert eine neue Mauer errichtet wurde samt dem unteren Schlosstor (Nr. 8).[88] Damit ergab sich aber eine neue Situation, denn diese Ummauerung schloss nunmehr die Michaelskirche (Nr. 5) ein, die zwar vor allem nach der 1460 erfolgten Stiftsgründung eng an die Herrschaft gebunden war, gleichwohl aber weiterhin die einzige Pfarrkirche der Stadt blieb. Die Hof- und Kollegiatkirche in die Residenz einzubeziehen mag nur folgerichtig erschienen sein, den Zugang zur Pfarrkirche aber konnte man der Stadtbevölkerung schlechterdings nicht verwehren. Wie man dies praktisch löste, wissen wir nicht. Es fällt aber auf, dass das stadtseitige Tor der alten Kernburg, jetzt das mittlere Schlosstor (Nr. 7), beibehalten wurde, was die Kontrolle des gestaffelten Zugangs erleichtert haben dürfte. Fraglich ist allerdings, inwieweit auf der Straße, die das Schlossareal vom südlich gelegenen Markt (Nr. 9) her kommend entlang der Tore durchschnitt, nicht ohnehin mit Personen- und Güterverkehr zu rechnen ist, bildete das obere Schlosstor doch den Zugang zur Stadt im Norden, wo die Straße aus dem kraichgauischen Bretten auf den Mauerring traf.[89] Dabei sei noch einmal auf Bartholomäus Sastrow verwiesen, der schreibt, dass Markgraf Ernst von seinem *Gemach vber der Pforten des Hauses* – gemeint ist das erst kurz zuvor errichtete sogenannte Neue Schloss (Nr. 3) – beobachtet habe, *was [den Schlossberg] auf oder hinnunter ging*.[90] Auch dies könnte auf einen mehr oder weniger regen Verkehr durch den Schlossbezirk hindeuten. Insgesamt ergibt sich damit eine eigentümliche räumliche Verklammerung von Residenz und Stadt, changierend zwischen Grenze und Übergang.

Grenz- und Übergangserfahrungen: Reisebeschreibungen

Abschließend sei die Frage gestellt, wie Grenzen und Übergänge zwischen Residenz und Stadt zeitgenössisch wahrgenommen und erfahren werden konnten. Auskunft

---

88 S. M. Haag – A. Bräuning, *Pforzheim*, S. 133 (Nr. 61f.); E. Lacroix – P. Hirschfeld – W. Paeseler, *Die Kunstdenkmäler*, S. 283f.

89 Zur Einbindung Pforzheims in das mittelalterliche Wegenetz S. M. Haag – A. Bräuning, *Pforzheim*, S. 38f.

90 Wie Anm. 2. – Zum Neuen Schloss S. M. Haag – A. Bräuning, *Pforzheim*, S. 133f. (Nr. 63); E. Lacroix – P. Hirschfeld – W. Paeseler, *Die Kunstdenkmäler*, S. 294f.

darüber geben zuweilen Selbstzeugnisse.⁹¹ Doch während Bartholomäus Sastrow dies – wie eingangs angesprochen – nur ohne unmittelbaren Bezug auf seine eigene Person reflektiert, spiegeln andere Quellen persönliches Erleben, wenngleich stets in nachträglicher verschriftlichter Formung. Vorgestellt sei dies anhand zweier Beispiele.

Im November 1578 besuchte Hans von Schweinichen (1552–1616) Wolfenbüttel. Der schlesische Edelmann gehörte zu dem kleinen Reisegefolge Herzog Heinrichs XI. von Liegnitz (1539–1588), dem er als Hofmarschall diente. In seinen ‚Denkwürdigkeiten', wahrscheinlich nicht lange nach den jeweils berichteten Ereignissen sukzessiv aufgezeichneten Erinnerungen,⁹² schildert Hans von Schweinichen ausführlich, wie es ihm bei der Ankunft in der kleinen Residenzstadt des Braunschweiger Herzogs Julius (1528–1589) erging.⁹³ Obgleich dem welfischen Fürsten das Kommen des Liegnitzer Herzogs schriftlich angekündigt worden war, wurde diesem am Tor der Heinrichstadt, die dem Schloss östlich vorgelagert war, der Einlass verweigert. Stattdessen wurde ihm bedeutet, dass er *zuvor* seinen *Hofmeister 'neinschicken* solle. Zusammen mit einer Wache (*Guardia*) musste Hans von Schweinichen *zu Fuß 'neingehen [...], im Koth bis an die Knie* – diese verärgerte Bemerkung mag etwas übertrieben sein, doch war es um die Straßen der Residenzstadt wohl nicht zum Besten bestellt. Nach Durchquerung der Heinrichstadt, benannt nach Julius' Vater, Herzog Heinrich dem Jüngeren (1489–1568), gelangte Hans von Schweinichen in die *Festung Wolfenbüttel* – gemeint ist damit das befestigte Residenzschloss –, wo er vor Herzog Julius geführt wurde. Dieser unterzog ihn höchstpersönlich einem genauen Ver-

---

91 Zu Selbstzeugnissen siehe allgemein Sabine SCHMOLINSKY, *Sich schreiben in der Welt des Mittelalters. Begriffe und Konturen einer mediävistischen Selbstzeugnisforschung* (= Selbstzeugnisse des Mittelalters und der beginnenden Neuzeit, 4), Bochum 2012.

92 Conrad WUTKE, Schweinichen, Hans von, Allgemeine Deutsche Biographie 33, 1891, S. 360f., hier S. 361.

93 Das Folgende nach Hans von SCHWEINICHEN, *Denkwürdigkeiten*, Hermann Oesterley (ed.), Breslau 1878, S. 197f. Zu Hans von Schweinichen siehe G. JANCKE, *Selbstzeugnisse im deutschsprachigen Raum*, https://www.geschkult.fu-berlin.de/e/jancke-quellenkunde/verzeichnis/s/schweinichen/index.html (19.5.2022), mit Bibliographie. Zu der hier herangezogenen Textstelle auch Sven RABELER, *Von der Residenz zur Residenzstadt. Wolfenbüttel und die Braunschweiger Herzöge bis zur Mitte des 16. Jahrhunderts*, in: IDEM (ed.), Welfische Residenzstädte im späten Mittelalter (14.–16. Jahrhundert) (= MRK, N.F.: Stadt und Hof, Sonderhefte, 1), Kiel 2014, S. 39–72, hier S. 39–41. – Zur Entwicklung der Residenzstadt Wolfenbüttel siehe daneben auch (jeweils mit weiteren Literaturhinweisen) Christian LIPPELT, *Wolfenbüttel*, in: Harm von SEGGERN (ed.), Residenzstädte im Alten Reich (1300–1800). Ein Handbuch, Abt. I: Analytisches Verzeichnis der Residenzstädte, Bd. 1: Nordosten (= Residenzenforschung, N.F.: Stadt und Hof, I,1), Ostfildern 2018, S. 643–648; Uwe OHAINSKI, *Wolfenbüttel*, in: W. PARAVICINI (ed.), Höfe und Residenzen, Bd. 1,2, S. 639–642.

hör: *Wer er sei, wie er heiße, ob er Hofmeister sei, ob er des langen Schweinichen sein Sohn wär, welcher bei Herzog Jorgen, seinem geliebten Herrn Schwager,* in Dienst gestanden hatte. Es schlossen sich weitere Fragen nach seinem Herrn, dem Liegnitzer Herzog, an, nach dessen Reiseweg, Anliegen, Gefolge und anderem. Mit den Auskünften zufrieden, habe Herzog Julius vom Hofmeister schließlich verlangt, ihm zu schwören, dass dies alles wahr sei und sein Herr samt dem Gefolge Frieden halten werde. Unter dieser Bedingung, so Julius,

> *wil ich euren Herrn bis in meine Heinrichstadt lassen, und wo alsdenn euer Herr meinen Räthen diese Punkte alle angeloben werde, welche Räthe ich mit euch 'naus schicken will, alsdenn soll euer Herr in mein Festung Wolfenbüttel auch gelassen werden, und wir wollen ihn alsdenn gern sehen und anhören, was eures Herrn Gewerb und Obliegen sein werde.*

Also begab sich Hans von Schweinichen in Begleitung zweier braunschweigischer Räte wieder zum Liegnitzer Herzog, der immer noch am Stadttor ausharrte. Jene trugen dem hohen Gast vor, was sein Hofmeister ausgesagt hatte.

> *Derwegen so sollten IFG. in die Heinrichstadt vorrücken und ins Losement einziehen, und wo alsdenn IFG. dies, was ich allbereit bewilliget, auch zusagen würden, so wollte Herzog Julius IFG. in die Festung Wolfenbüttel lassen.*

Der ganze Vorgang habe sich über *etliche Stunden* hingezogen, inzwischen war die Nacht hereingebrochen. Bei Herzog Heinrich sei die Angelegenheit zwar auf Unverständnis und Misstrauen gestoßen, doch habe er versprochen, die Zusagen seines Hofmeisters einzuhalten und sich *auch in anderm freundlichen [zu] erweisen*. Daraufhin wurde ihm der Einlass in die Heinrichstadt gewährt, wo er in einer Herberge erneut etwa eine Stunde lang warten musste. Endlich seien drei Räte und sechs Adlige erschienen, die *IFG. aufs neue [empfingen] und baten, sich zu ihrem Herrn in die Festung zu begeben, ihr Herr wollten IFG. gern sehen.* Und so sei der Liegnitzer Herzog auf einem *Roß mit einer schwarzen Sammetdecke,* das die Empfangsdelegation mitgebracht hatte, zum Schloss geritten, während sein Gefolge erneut *im Koth* habe gehen müssen *bis über die Füße*, wie Hans von Schweinichen pikiert anmerkt. Im Schloss wurde der fürstliche Gast von dem jungen Heinrich Julius (1564–1613), dem Sohn des welfischen Herzogs, *mit einer lateinischen Rede* empfangen. Dieser *entschuldiget auch beineben den alten Herrn, daß er IFG. nicht engegen gegangen; denn sie nicht wohl auf wären. Führeten ihn also ins Zimmer, in welchem auch gespeiset ward.* Die Episode schließt wenn schon nicht auf Seiten des Liegnitzer Herzogs, so doch des Hans von Schweinichen ebenso verstimmt, wie sie begonnen hat: Dort seien *die Herren nach Gelegenheit ziemlich guter Dinge* gewesen.

Der Bericht spiegelt den gestaffelten Zugang zur Residenz, der mit dem mehrmals zurückgelegten Weg vom Stadttor zum Schloss räumlich erfahren wird, mit der städtischen Herberge eine Zwischenstation aufweist und schließlich im fürstlichen Speisezimmer seinen Endpunkt erreicht, während die architektonische Gestaltung der Schnittstellen zwischen Umland, Stadt und Residenz gänzlich unerwähnt bleibt. Dabei war der Einlass in die Residenz für die schlesischen Besucher mit allerlei Beschwernissen verbunden und gestaltete sich ähnlich zäh wie die Schilderung des Hans von Schweinichen. Das Warten des Liegnitzer Herzogs am Stadttor, das lange Verhör seines Hofmeisters im Schloss, der seine Aussagen beeiden musste, die Wiederholung dieses Eides durch seinen Herrn, das erneute Warten in der Herberge: all das scheint den Schlesiern befremdlich vorgekommen zu sein. Aus den bohrenden Fragen des Welfen, wie sie Hans von Schweinichen überliefert, scheint die Sorge vor Übergriffen der Stadt Braunschweig auf, und dem seit Jahrzehnten andauernden Konflikt zwischen den in Wolfenbüttel residierenden Herzögen und der unweit gelegenen widerspenstigen Metropole, die sich ihrer Herrschaft seit langer Zeit weitgehend entzog,[94] dürfte dieses komplizierte Procedere wenigstens zum Teil geschuldet gewesen sein, auch wenn es um diese Zeit keine handgreiflichen Auseinandersetzungen gab. Dass Herzog Julius der persönlichen Kontrolle des Zugangs zur Residenz große Beachtung schenkte, demonstriert allerdings auch die bereits angeführte spätere Hofordnung von 1587.[95] Jedenfalls bleibt der Eindruck der Verwunderung ob dieser Umstände seitens des Liegnitzer Herzogs, die zumindest bei seinem Hofmeister in Verärgerung umgeschlagen zu sein scheint.

---

94 Vgl. dazu zuletzt Henning STEINFÜHRER, *Braunschweig und die Welfen – Zum Verhältnis von Stadt und Landesherrschaft im späten Mittelalter und in der frühen Neuzeit*, in: Rudolf HOLBACH – Henning STEINFÜHRER (edd.), Hansestädte und Landesherrschaft (= Hansische Studien, 28), Wismar 2020, S. 95–114; IDEM, *Zwischen Reich und Fürstenherrschaft – Die Städte Braunschweig und Magdeburg im Ringen um ihre Selbständigkeit zwischen dem 15. und 17. Jahrhundert*, in: Mathias KÄLBLE – Helge WITTMANN (edd.), Reichsstadt als Argument. 6. Tagung des Mühlhäuser Arbeitskreises für Reichsstadtgeschichte, Mühlhausen 12. bis 14. Februar 2018 (= Studien zur Reichsstadtgeschichte, 6), Petersberg 2019, S. 151–176; Sven RABELER, *Metropole und Residenzstadt: Ökonomische Beziehungen und Konkurrenzen. Braunschweig, 14.–18. Jahrhundert*, in: J. HIRSCHBIEGEL – S. RABELER – S. WINTER (edd.), Residenzstädte im Alten Reich, Bd. II,1, S. 161–201, 641f.; IDEM, *Herrschaftsmittelpunkt ohne Residenz. Braunschweig, 14.–17. Jahrhundert*, in: Jan HIRSCHBIEGEL – Sven RABELER – Sascha WINTER (edd.), Residenzstädte im Alten Reich (1300–1800). Ein Handbuch, Abt. III: Repräsentationen sozialer und politischer Ordnungen in Residenzstädten, Tl. 1: Exemplarische Studien (Norden) (= Residenzenforschung, N.F.: Stadt und Hof, III,1), Ostfildern 2020, S. 289–336, 638–645.
95 Vgl. oben bei Anm. 25.

Erklärlich wird das, wenn wir exemplarisch ein anderes Zeugnis für adlige Hofesreisen[96] in den Blick nehmen. 1483 brach der Breslauer Stadtadlige Nikolaus von Popplau (†1490/94) von Wien zu einer ausgedehnten Reise auf, deren wichtige Etappenziele und Aufenthaltsorte Residenzen bildeten: Bis 1486 besuchte er unter anderem die Höfe der Herzöge von Niederbayern und von Tirol, der Pfalzgrafen, der Kölner Erzbischöfe und der burgundischen Herzöge, der Könige von England, Portugal, Spanien und Frankreich sowie des Herzogs der Bretagne.[97] Im Reich scheint Nikolaus von Popplau bei allen besuchten Fürsten ohne Umstände gute Aufnahme gefunden zu haben. Dies verdankte er neben den mitgeführten Empfehlungsschreiben, etwa Kaiser Friedrichs III., in dessen Dienst er gestanden hatte und dessen *familiaris* er immer noch war, vermutlich persönlichen Bekanntschaften.[98] So heißt es zu seiner Ankunft in Landshut, dass er dort *Hertzog Georgen fand, welcher über meiner Ankunft sehr erfreuet war, nahm mich mit Freuden auf, und verordnete beydes Roßen und Dienern, Futterung, Speiße und Nothdurfft.*[99] Auch zu Innsbruck berichtet er, dass Herzog Sigismund ihm unmittelbar nach seiner Ankunft habe ausrichten lassen, er *solte alsbald, mit Stiefel und*

---

96 Zu adligen Hofesreisen allgemein W. Paravicini, *Ritterlich-höfische Kultur*, S. 45; Idem, *Von der Heidenfahrt zur Kavalierstour. Über Motive und Formen adeligen Reisens im späten Mittelalter*, in: Horst Brunner – Norbert Richard Wolf (edd.), Wissensliteratur im Mittelalter und in der Frühen Neuzeit (= Wissensliteratur im Mittelalter, 13), Wiesbaden 1993, S. 91–130; Andreas Ranft, *Die Hofesreise im Spätmittelalter*, in: Rainer Babel – Werner Paravicini (edd.), Grand Tour. Adeliges Reisen und europäische Kultur vom 14. bis zum 18. Jahrhundert. Akten der internationalen Kolloquien in der Villa Vigoni 1999 und im Deutschen Historischen Institut Paris 2000 (= Beihefte der Francia, 60), Ostfildern 2005, S. 89–103.

97 Zur Reise und zum Reisebericht des Nikolaus von Popplau Werner Paravicini (ed.), *Europäische Reiseberichte des späten Mittelalters. Eine analytische Bibliographie, Tl. 1: Deutsche Reiseberichte* (= Kieler Werkstücke, Reihe D: Beiträge zur europäischen Geschichte des späten Mittelalters, 5), Christian Halm (Bearb.), 2., durchges. und um einen Nachtr. erg. Aufl., Frankfurt a.M. u.a. 2001, Nr. 89, S. 220–223, 550f., mit bibliographischen Angaben. An neuerer Literatur sei hier nur verwiesen auf Werner Paravicini, *Der Fremde am Hof: Nikolaus von Popplau auf Europareise (1483–1486)*, in: Thomas Zotz (ed.), Fürstenhöfe und ihre Außenwelt. Aspekte gesellschaftlicher und kultureller Identität im deutschen Spätmittelalter (= Identitäten und Alteritäten, 16), Würzburg 2004, S. 291–337; Idem, *Besonders adlig. Nikolaus von Popplau an den Höfen Europas (1483–1485)*, Silesia Nova 11,2, 2014, S. 6–28 (beide Texte unter Kennzeichnung der ursprünglichen Paginierung erneut abgedruckt in: Idem, *Ehrenvolle Abwesenheit. Studien zum adligen Reisen im späteren Mittelalter*, Jan Hirschbiegel – Harm von Seggern [edd.], Ostfildern 2017, S. 503–560, mit Nachträgen S. 594–598).

98 W. Paravicini, *Der Fremde*, S. 296.

99 *Reisebeschreibung Niclas von Popplau, Ritters, bürtig von Breslau*, Piotr Radzikowski (ed.), Kraków 1998, S. 26f.

Sporn zu ihn kommen.[100] Drei Tage später stattete ihm der Fürst seinerseits in der Herberge, die Popplau in der Stadt bezogen hatte, einen Besuch ab.[101] Von Misstrauen und Befragungen, Hindernissen und Wartezeiten ist keine Rede.

Schwieriger gestaltete sich für den Breslauer der Zugang zum Herrscher an den Höfen Westeuropas, denn dort galt es, die richtigen Kontakte zu knüpfen und spezifische Regeln zu beachten, was dem Landfremden unterschiedlich gut gelang. So drohten im portugiesischen Setúbal Popplaus ausführlich dargestellte Versuche, Kontakt zum König herzustellen, kläglich zu scheitern: Nur mit Glück fand er in einer öffentlichen Herberge eine erbärmliche Unterkunft, einen Angehörigen des Hofes – des Königs Koch, der ihm zu diesem Zweck empfohlen worden war – als Vermittler einzuschalten schlug fehl, eine schriftliche Bitte um Audienz blieb unbeantwortet, in der Kanzlei wurde er abgewiesen, einer seiner beiden Diener wurde infolge eines blutig ausgehenden Streits in der Herberge inhaftiert.[102] In dieser äußerst misslichen Lage scheint Popplau nur einen Ausweg gesehen zu haben:

Als ich nun vermerckete, daß ich von Jedermann verlaßen und verspottet ward, gieng ich selbst zum Könige, unter dem Mahl= oder Eßens=Zeit, mit meinem andern Diener, der konte frantzösich. Balld als mich der König ansichtig ward, schikket er einen Doctor zu mir, der mich fraget, ob mir eine Herberge bestellet wär, und zeigte mir im Nahmen des Königes an, ich wollte Geduld haben. Bald nach Eßens wollte mich der König verhören.

Damit löst sich der Knoten: Popplau wird vom König gnädig empfangen, dieser veranlasst die Freilassung seines Dieners und sorgt für eine angemessene Unterbringung.[103]

Deutlich wird hier, dass zwischen dem sozialen Zugang zum Hof und insbesondere zum Herrscher einerseits, dem physischen Zugang zur Residenz andererseits unterschieden werden muss: Obgleich ihm der erstere personell über Mittelsleute wie institutionell über die Kanzlei verschlossen bleibt, kann Popplau offensichtlich die Residenz betreten und sich so aufstellen, dass der König ihn während des Mahls (oder auf dem Weg zum Mahl?) persönlich wahrnimmt. Für den adligen Besucher erscheinen Residenzen so als zugängliche Orte, selbst wenn sich die Kommunikation mit dem Hof als schwierig erweist.

---

100 Ibidem, S. 30.
101 Ibidem, S. 32.
102 Ibidem, S. 67–71. Vgl. zum Folgenden ausführlich W. PARAVICINI, *Der Fremde*, S. 297–301.
103 *Reisebeschreibung Niclas von Popplau*, S. 71f. (Zitat S. 71).

Vor diesem Hintergrund werden die Irritationen Herzog Heinrichs von Liegnitz und seines Hofmeisters Hans von Schweinichen in Wolfenbüttel nur allzu verständlich. Dennoch könnte dort, fast ein Jahrhundert nach Popplaus Reise, neben situativen Bedingungen, vielleicht auch der Persönlichkeit des Fürsten noch ein anderes Moment eine Rolle gespielt haben. Denn die 1578 erfahrenen Komplikationen korrespondieren mit der Tendenz zur stärkeren Zugangsregulierung, wie sie sich auf normativer Ebene in Hofordnungen des 16. Jahrhunderts abzeichnet.[104] Die Reaktion des Hans von Schweinichen und seines Herrn illustrieren freilich, dass dieser Prozess noch längst nicht zum Abschluss gekommen war.

Schluss

Die Grenzen zwischen Residenz und Stadt bilden nicht allein Trennlinien, sondern modellieren zugleich Übergänge, Überschneidungen und Verschränkungen höfischer und kommunaler Räume innerhalb des Siedlungskomplexes ‚Residenzstadt'. Der Blick auf diese Grenze berührt wesentliche strukturelle Aspekte der Begegnung von Residenz und Stadt, Hof und Gemeinde in ihren praktischen Konkretisierungen. Im Zentrum der normativen Ausgestaltung dieser Grenze stand die notwendige Separierung des fürstlichen Haushalts von seiner städtischen Umwelt, greifbar in der immer wieder eingeschärften Beschränkung der Mahlzeiten auf das Hofpersonal und der damit verbundenen Schließung der Tore. Schwierigkeiten erwuchsen jedoch schon allein daraus, dass in der Regel etliche Hofangehörige außerhalb von Burg oder Schloss in der Stadt wohnten, aber auch daraus, dass Fürst und Hof auf Kontakte zu den in der Stadt gesessenen Handwerkern und Kaufleuten angewiesen waren. Trotz der an Komplexität im Laufe der Zeit tendenziell zunehmenden Zugangsregelungen, die der Sicherheit ebenso wie der Kanalisierung der Kommunikation dienten, ist bis in die frühe Neuzeit hinein nicht von einer konsequenten Abschottung der Residenz auszugehen. Zu sehen ist dies auch im Zusammenhang mit der situativen wie institutionellen Funktionalisierung des urbanen Raumes für die Interessen und Bedürfnisse von Fürst und Hof, womit die Residenz ökonomisch wie baulich gleichsam auf die Stadt ausgriff. Welche Überschneidungen und Verzahnungen höfischer und städtischer Räume daraus resultieren konnten, zeigt sich nicht zuletzt am Pforzheimer Beispiel. Markiert werden konnten Grenzen zwischen Residenz und

---

104 Vgl. oben bei Anm. 27–33.

Stadt vorzugsweise an Toren und Fassaden, doch setzte gerade auch die bildliche wie performative fürstlich-höfische Repräsentation über die Mechanismen von Inszenierung, Partizipation und Rezeption den Austausch zwischen Residenz und Stadt in Gang.

Begegnungen

Interaktion und Raumbildung in Residenzstädten

JAN HIRSCHBIEGEL

1810 berichtete Johann Reinhard Häfner (1764–1830), ein historisch interessierter evangelischer Pfarrer aus Barchfeld im heutigen thüringischen Wartburgkreis,[1] im zweiten Teil seines mehrbändigen Werkes über die vormalige Herrschaft Schmalkalden von der sogenannten Hirschspende,[2] wenige Jahre später erneut aufgegriffen von dem hessischen Heimatforscher Karl Lyncker (1823–55) in seiner Sammlung der „Sagen und Sitten in hessischen Gauen".[3] Als Schmalkalden noch hennebergisch war,[4] habe es in der Stadt gegen Ende des 14. Jahrhunderts ein großes Hirschessen gegeben, ein „öffentliches Bürgerfest", wie Lyncker schreibt. Denn dem Magistrat sei aus den gräflichen Jagdrevieren ein Hirsch geschenkt worden,[5] der an sämtliche Beamte und

---

1 Zu Häfner, der in Marburg studiert hatte und seit 1796 Pfarrer in Barchfeld bei Schmalkalden war, gibt es kaum biographische Hinweise, siehe stattdessen den Eintrag *Häfner (Biogr.)*, hier *2) Johann Reinhard*, in: *Das große Conversations-Lexicon für die gebildeten Stände*, Abt.1, Bd. 14: *A bis N*, Hildburghausen u.a. 1849, S. 597.
2 Johann Reinhard HÄFNER, *Die sechs Kantone der vormaligen Herrschaft Schmalkalden in historischer, topographischer und statistischer Hinsicht*, Bd. 2, Schmalkalden 1810, S. 8–10.
3 Karl LYNCKER, *Deutsche Sagen und Sitten in hessischen Gauen*, Cassel 1854, S. 229f.
4 Bislang unersetzt Johann G. WAGNER, *Geschichte der Stadt und Herrschaft Schmalkalden, nebst einer kurzen Uebersicht der Geschichte der ehemaligen gefürsteten Grafschaft Henneberg*, Marburg u.a. 1849, hier zur Hirschspende S. 348–350.
5 Nach Hans LOHSE, *Das Hirschessen*, Heimatkalender für den Kreis Herrschaft Schmalkalden 1922, S. 33f., hier S. 34 habe sich im Audienzsaal des Schmalkalder Rathauses „ein von Professor Piderit aus Hanau 1914 ausgeführtes Wandgemälde" befunden, auf dem zu sehen sei, „wie eben die herrschaftlichen Jäger unter Geleit den fälligen Hirsch auf einer Bahre angebracht haben [...]". Wahrscheinlich handelt es sich um Georg Philipp Otto Piderit (1851–1922). Das Bild scheint verschollen, wie einem Schreiben von Frau Ute Simon vom Stadt- und Kreisarchiv Schmalkalden zu entnehmen ist. Allerdings scheint das Wandgemälde unter dem Titel „Hirschessen und Marktfest" noch 1939 existiert zu haben, wie ein im Schmalkalder Archiv unter der Signatur B 1–5 verwahrter Prospekt „Be-

Diener der Stadt, aber auch an die Geistlichen verteilt worden sei. Ratsmeister und Stadtschreiber hätten dem Grafen gedankt und ihn eingeladen, am folgenden Tag, dem 15. August, also zu Mariä Himmelfahrt, an einem gemeinsamen Festmahl mit seinem Hofstaat teilzunehmen, zudem habe der Rat dem Grafen ein halbes Fuder und sechs Kannen Wein sowie ein Fass Einbecker Bier verehrt. Und so sei es dann auch gekommen. Die gräfliche Familie sei mit 60 bis 80 Personen auf dem Rathaus erschienen, zum Auftakt habe es auf dem Markt ein Schauspiel gegeben, alsdann sei man zu Tisch gesessen, es habe drei Gänge gegeben, Fisch, Braten, Krebse, Kuchen, Konfekt und Obst, schließlich sei getanzt worden. Das Fest soll drei Tage gedauert haben und hinfort auch nach dem Aussterben des Henneberger Grafenhauses[6] 1584 unter den Landgrafen von Hessen bis weit ins 17. Jahrhundert begangen worden sein,[7] die seit Wilhelm IV. (1532–92)[8] sogar noch einen zweiten Hirsch dazugegeben hätten[9] – eine Tradition, die 1991 wiederbelebt wurde.[10]

Tatsächlich ist die Hirschspende urkundlich überliefert, bei Häfner im Anhang wiedergegeben,[11] bei Johann Conrad Geisthirt (1672–1734), dem bedeutendsten schmalkaldischen Geschichtsschreiber,[12] der seine ‚Historia Schmalcaldica' in sechs

---

    sucht Schmalkalden im Thüringer Wald" aus jenem Jahr zeigt, den Frau Simon freundlicherweise als Scan zur Verfügung stellte.

6 Zu den Hennebergern v.a. Johannes MÖTSCH, *Henneberg, Gf.en von*, in: Werner PARAVICINI (ed.), Höfe und Residenzen im spätmittelalterlichen Reich. Ein dynastisch-topographisches Handbuch, Jan Hirschbiegel – Jörg Wettlaufer (Bearb.), 2 Bde. (= Residenzenforschung, 15/I, 1–2), Stuttgart 2003, hier Bd. 1, S. 96–108; IDEM, *Henneberg*, in: Ibidem, S. 798–807, hier zur Schleusinger Linie S. 798–804.

7 J. G. WAGNER, *Geschichte*, S. 350. Persönlich anwesend gewesen seien die hessischen Landgrafen 1603, 1613, 1616 und 1630.

8 Walther RIBBECK, *Wilhelm IV., Landgraf von Hessen*, in: Allgemeine Deutsche Biographie, Bd. 43, Leipzig 1898, S. 32–39; Senta SCHULZ, *Wilhelm IV. Landgraf von Hessen-Kassel (1532–1592)*, Diss. Univ. Leipzig 1941.

9 Siehe bspw. Margret LEMBERG, *Juliane Landgräfin zu Hessen (1587–1643). Eine Kasseler und Rotenburger Fürstin aus dem Hause Nassau-Dillenburg in ihrer Zeit* (= Quellen und Forschungen zur hessischen Geschichte, 90), Darmstadt u.a. 1994, S. 98–105, hier S. 99.

10 Siehe http://stadtfest.schmalkalden.de/index.php?id=44 (9.1.2022).

11 J. R. HÄFNER, *Die sechs Kantonen*, S. 152.

12 Paul MITZSCHKE, *Geisthirt, Johann Konrad*, in: Allgemeine Deutsche Biographie, Bd. 49, Berlin 1904, S. 276. Zu Geisthirt auch H. LOHSE, *Hirschessen*, S. 33.

Büchern um 1718 „aus den Quellen geschöpft" habe,[13] ebenfalls,[14] allerdings mit dem Vermerk, dass er nur eine Kopie in Händen halte und sich nicht sicher sei, ob der Kopist akkurat abgeschrieben habe.[15] Immerhin habe Graf Heinrich X. (V.) von Henneberg-Schleusingen (gest. 1405)[16] 1379 bestimmt, dass die Hirschspende *ewecklichin ierlich* erfolgen solle.[17] Die sogenannte *Hirtz Costung* war für die Stadt allerdings kein billiges Vergnügen, wie den Stadtrechnungen zu entnehmen ist.[18] 1543 wurden für die Anlieferung des Hirsches, den Zukauf weiteren Fleisches, für Lebens- und Genussmittel, für Wein und Bier, für Spesen und Bewirtung der Jäger insgesamt zwar nur gut 50 Gulden aufgewendet, allerdings sind zu diesem Jahr auch keine Kosten für Krebse, Hechte, Barben, Karpfen, Forellen, Kuchen oder Konfekt notiert – Ausgaben, die aus Anlass des Hirschessens in anderen Jahren öfter angefallen seien.[19] So urteilt Gudrun Clemen in einer Arbeit zur Auswertung des Rechnungsbuches von 1543 bei städtischen Gesamteinnahmen von knapp 3000 Gulden, dass die Gesamtkosten gemessen an dem als außergewöhnlich und kostspielig angesehenen Ereignis in jenem Jahr nicht so hoch gewesen seien, wie zu vermuten wäre.[20] Gleichwohl meint Geisthirt, dass das

---

13 Johann Conrad GEISTHIRT, *Historia Schmalcaldica oder historische Beschreibung der Herrschafft Schmalkalden*, Schmalkalden 1718, gedruckt Schmalkalden 1881–1889 (Zeitschrift des Vereins für Hennebergische Geschichte und Landeskunde zu Schmalkalden. Supplementheft, 1–6), ND Schmalkalden 1992. Kritisch Kai LEHMANN, *Geisthirt muss nicht immer Recht haben. Ein Beitrag zu 500 Jahre Schmalkalder Stadtkirche St. Georg*, Schmalkalder Geschichtsblätter 15/16, 2009, S. 55–70.

14 J. C. GEISTHIRT, *Historia Schmalcaldica*, Buch IV (1885), S. 129–132. Dazu auch H. LOHSE, *Hirschessen*, S. 33f.

15 J. C. GEISTHIRT, *Historia Schmalcaldica*, Buch IV (1885), S. 130. Vgl. M. LEMBERG, *Juliane*, S. 100f. Siehe auch Max KRÜGER, *Das Schmalkalder Hirschessen*, Heimatbuch für den Kreis Herrschaft Schmalkalden 27, 1940, S. 34–39, der sich bei der Wiedergabe des Wortlauts der Urkunde von 1379 S. 34f. auf den Schmalkalder Stadtarchivar Friedrich Luther bezieht. Ansonsten gilt der Text von Krüger dem Hirschessen in Form eines historischen Festaktes im Jahr 1939, nachdem dieses Ereignis 1937 wiederbelebt worden sei.

16 Bislang hat Graf Heinrich keinerlei geschichtswissenschaftliche Beachtung gefunden.

17 J. R. HÄFNER, *Die sechs Kantonen*, S. 152.

18 Gudrun CLEMEN, *Stadtrechnungen als Quelle zu Alltags- und Sozialgeschichte: Schmalkalden im 16. Jahrhundert*, Magisterarbeit Univ. Siegen 2003, https://nbn-resolving.org/urn:nbn:de:hbz:467-2458 (11.10.2021), S. 20, 39, 72f., 113f., 149, 151f. Vgl. Karl-Heinz SCHMÖGER, *Schmalkalden im 16. Jahrhundert*, in: Verein für Schmalkaldische Geschichte und Landeskunde e.V. (ed.), Der Schmalkaldische Bund und die Stadt Schmalkalden, Schmalkalden 1996, S. 113–128, hier S. 127f.

19 G. CLEMEN, *Stadtrechnungen*, S. 73 mit Verweis auf J. C. GEISTHIRT, *Historia Schmalcaldica*, Buch III (1885), S. 219 und K.-H. SCHMÖGER, *Schmalkalden*, S. 128.

20 G. CLEMEN, *Stadtrechnungen*, S. 72f.

Hirschessen wohl 1660 ein letztes Mal stattgefunden habe, weil sich der Rat wegen der hohen Kosten nicht sehr danach gesehnt habe, das Fest fortzuführen.[21] Immerhin ist in den ‚Denkwürdigkeiten' des schmalkaldischen Geschichtsschreibers Johann Georg Pforr (1612–87) zum Jahr 1603 notiert, dass sich die Kosten auf etwas über 725 Gulden summiert hätten.[22] Eine frühere Chronik ist bis auf diejenige aus der Feder des Vincent Marold (1577–1620) nicht überliefert.[23] Auch Marold beginnt mit der *Lehnschafft des Hirschs*, also mit der Verfügung Graf Heinrichs von Henneberg-Schleusingen aus dem Jahr 1379, fährt aber dann mit der Wiedergabe einer 48 Artikel umfassenden *Ordnung undt Reformation Der Stadt Schmalkalden* aus dem Jahr 1527 fort.[24] In dieser von Landgraf Philipp von Hessen (1504–67)[25] und Wilhelm VI. (IV.) von Henneberg-Schleusingen (1478–1559)[26] erlassenen Ordnung ist zum 32. Artikel be-

---

21 J. C. GEISTHIRT, *Historia Schmalcaldica*, Buch IV (1885), S. 131. Eine kurze Notiz zum Jahr 1660 bei Johann Georg PFORR, *Beschreibung etzlicher denckwurdigen Geschichten. Eine Chronik von Schmalkalden 1400–1680*, Renate T. Wagner (ed.), Jena 2007, S. 207. Immerhin informiert Pforr S. 209 noch darüber, dass die Gesamtausgaben dieses Jahres mit etwas mehr als 4407 Gulden die Einnahmen um knapp 96 Gulden überstiegen.

22 G. PFORR, *Beschreibung*, S. 82. Zu Pforr Hermann HABICHT, *Schmalkalder Geschichtsschreiber bis zum 18. Jahrhundert*, Zeitschrift des Vereins für Hennebergische Geschichte und Landeskunde zu Schmalkalden 2, 1877, S. 49–73, hier S. 60–67.

23 Vincent MAROLD, *Chronik von Schmalkalden*, ca. 1607, unpag. Die Transkription des in der Bibliothek des Museums Schloss Wilhelmsburg zu Schmalkalden unter der Inv.-Nr. 15186 verwahrten Manuskripts besorgte Petra Dittmar, Dipl.-Museologin daselbst, der ich herzlich danke für die Übersendung des Transkripts und weiterführende Hinweise.

24 Gudrun CLEMEN, *Schmalkalden – Biberach – Ravensburg. Städtische Entwicklungen vom Spätmittelalter zur Frühen Neuzeit* (= Vierteljahrschrift für Sozial- und Wirtschaftsgeschichte. Beihefte, 203), Stuttgart 2009, S. 36 mit Anm. 74 weist darauf hin, dass diese Ordnung, erlassen zwei Jahre nach dem Bauernkrieg, das Ende der städtischen Selbstverwaltung bedeutet habe, zudem habe Graf Wilhelm VI. von Henneberg-Schleusingen wohl nur namentlich als hennebergischer Stadtherr die reformatorischen Bestimmungen in dieser Ordnung mit unterfertigt, dem zwar an der stadtherrschaftlichen Kontrolle über die Stadt gelegen gewesen sei, aber nicht an der von Landgraf Philipp betriebenen Einführung der Reformation. Immerhin hielt Graf Wilhelm am alten Glauben fest, auch verblieben bis 1543 geistliche Einrichtungen in der Stadt katholisch, und in der städtischen Pfarrkirche St. Georg wurden die Gottesdienste abwechselnd von beiden Konfessionen gehalten, siehe auch J. G. WAGNER, *Geschichte*, S. 366f.

25 Siehe bspw. Manfred RUDERSDORF, *Landgraf Philipp der Großmütige von Hessen. Territorialherr, Reformationsfürst und Allianzpolitiker der ersten Stunde*, in: Armin KOHNLE – Manfred RUDERSDORF (edd.) unter Mitarbeit von Marie Ulrike Jaros, Die Reformation. Fürsten – Höfe – Räume (= Quellen und Forschungen zur sächsischen Geschichte, 42), Stuttgart 2017, S. 21–38.

26 Wilhelm GERMANN, *Wilhelm, Graf von Henneberg*, in: Allgemeine Deutsche Biographie, Bd. 43, Leipzig 1898, S. 24–27, hier zu Wilhelm IV., S. 26f.

stimmt, dass *Raht Vnd Burger, gemeintlich* [in] *der Statt haben Jehrlich* [in] *der Statt Von Henneberg Vndt Von Ihren nachkommen Erb. Zu Lehn einen gantzen Hirsch, den der Herschafft Ingefachen Vnd Alßo gantz hatt wortten soll vf Vnßer frauen tagk Alsumptionis in dz Rathauß Zu Schmalkaltten, In hatts Vrkunth darüber sagender*. Marold, zu seiner Zeit hessischer Schultheiß in Schmalkalden und Leutnant der Schmalkalder Bürgergarde,[27] beziffert die von der Stadt zu tragenden Kosten für die Hirschspende zu diesem Jahr auf *ein Zweij oder dritthalb Hundert f.* Weitere Hirschessen nennt Marold für die Jahre 1512, 1537, 1538, 1580, 1582 und 1583. 1572, 1575, 1579 und 1581 sei das Hirschessen allerdings ausgeblieben oder habe ohne den Herrn stattgefunden. 1585 habe dann Landgraf *Wilhelm 2 Hirsch demk Raht vbersenden laßen Vnd hat J.f.g. dz erste Hirsch Eßen oder Conúiúim uffm Raht Haus besucht*, auch sei am 11. Juli *eine Comedia agirt word*, 1586 sei aus Anlass des Hirschessens *ein Tragaetia vom reichen Mann agirt worden* – mithin wurde auch diese von den Hennebergern etablierte Tradition fortgesetzt.[28] Auch in den Jahren 1587, 1588 und 1589 haben nach Marold Hirschessen stattgefunden. Wegen *Ihrer f.g. Vngelegenheit* sei das Hirschessen 1590 allerdings abermals ausgefallen, wiewohl der *Statt Hirsch Versend worden*, sei aber in den nächsten Jahren, folgen wir Marold, bis 1603 nahezu regelmäßig veranstaltet worden.[29]

Allerdings war Schmalkalden seit 1567 nur noch hessische Nebenresidenz, denn der Landesherr saß nun in Kassel[30] und nach dem Dreißigjährigen Krieg war die Stadt dann nur noch kurzzeitig Witwensitz bis zum Tod von Landgräfin Hedwig Sophie 1683,[31] zudem habe es sich eingebürgert, dass sowohl in der Stadt als auch vor den Toren jährlich etliche Tage zu Pfingsten und zu Johannis Kirchmess gefeiert worden

---

27 Aufschluss über Marold gibt auch die von dem Schmalkalder Pfarrer Sebastian HERRNSCHWAGER gehaltene Leichenpredigt: *Corona Vitæ, Die Kron des Lebens* [...], Cassel: Wilhelm Wessel 1620, digital zugänglich unter https://tudigit.ulb.tu-darmstadt.de/show/Gue-8160-44/0026/image (18.3.2022).

28 Vgl. M. LEMBERG, *Juliane*, S. 103.

29 Zum Jahr 1593 Friedrich LUTHER, *Das Hirschessen des Jahres 1593. Zur Geschichte des Schmalkalder Hirschessens*, in: Thüringer Tageszeitung (11. und 12.8.1939).

30 Vgl. Christian PRESCHE, *Landgraf Wilhelm IV. und seine Residenzstadt Kassel*, Zeitschrift des Vereins für hessische Geschichte und Landeskunde 123, 2018, S. 31–52. Siehe künftig auch Stefan SCHWENK, *Kassel*, in: Harm von SEGGERN (ed.), Residenzstädte im Alten Reich (1300–1800). Ein Handbuch. Abt. I: Analytisches Verzeichnis der Residenzstädte, Tl. 3: Südwesten (= Residenzenforschung. N.F.: Stadt und Hof, I,3), Ostfildern [2024].

31 Siehe Kai LEHMANN, *Schmalkalden*, in: Harm von SEGGERN (ed.), Residenzstädte im Alten Reich (1300–1800). Ein Handbuch. Abt. I: Analytisches Verzeichnis der Residenzstädte, Tl. 1: Nordosten (= Residenzenforschung. N.F.: Stadt und Hof, I,1), Ostfildern 2018, S. 512–516.

sei, wo insbesondere *das junge Volck mit tantzen u. Springen ihre eitele u. nichtige Freude bezeiget* und *mancher so excediret, dass er sich nach der Freude hinter den Ohren eine lange Zeit zu kratzen pfleget*, weil er nicht wisse, wie er seine Schulden zahlen soll. Auch der Obrigkeit sei es nicht gelungen, *diesen schändlichen Missbrauch der Zeit und Gaben Gottes*, wie Geisthirt schreibt, einzudämmen.[32]

Ebenso erwähnt Kai Lehmann das festliche Hirschessen in einem Artikel zur Residenzstadt Schmalkalden und sieht dieses Fest als Beispiel für die „Begegnung höfischer und kommunaler Sphäre".[33] Diese Feststellung berührt eine der zentralen Fragen der Residenzstadtforschung,[34] wie Harm von Seggern unterstreicht, wenn er die Qualität einer Residenzstadt „als Begegnungsraum städtischer und höfischer Lebenswelten und -praktiken"[35] hervorhebt. Einem solchen Raum lassen sich die unterschiedlichsten Formen jener herrschaftlich-städtischen Begegnungen subsumieren, die entsprechende residenzstädtische Orte im Nahbereich residenzstädtischer Lebenswirklichkeiten profilieren und diesen eine soziale und räumliche Ordnung geben. Freilich ist dies auch stets eine Frage der Überlieferung, die meist nur kleine Fenster öffnet. Am gegebenen Beispiel sollte aber bereits deutlich geworden sein, dass das Augenmerk in Anknüpfung an Sven Rabelers „Überlegungen zum Begriff ‚Residenzstadt'"[36] auf die Interakti-

---

32 J. C. GEISTHIRT, *Historia Schmalcaldica*, Buch IV (1885), S. 131f.
33 K. LEHMANN, *Schmalkalden*, S. 515.
34 Vgl. Jan HIRSCHBIEGEL, *Hof, Residenz, Residenzstadt – alte und neue Forschungsfelder. Das Forschungsvorhaben „Residenzstädte im Alten Reich (1300–1800). Urbanität im integrativen und konkurrierenden Beziehungsgefüge von Herrschaft und Gemeinde"*, in: Susanne TAUSS (ed.) unter Mitarbeit von Joachim HERRMANN, Herrschen – Leben – Repräsentieren. Residenzen im Fürstbistum Osnabrück 1600–1800. Beiträge der wissenschaftlichen Tagung vom 13. bis 15. September im Schloss Osnabrück (= Kulturregion Osnabrück, 30), Regensburg 2014, S. 303–313; IDEM – Sven RABELER, *Residential Cities in the Holy Roman Empire (1300–1800). Urbanism as a Network of Integrative and Competing Relationships between Seignorial Rulership and Civic Community (A New Research Project of the Göttingen Academy of Sciences)*, in: Léonard COURBON – Denis MENJOT (edd.), La Cour et la ville dans l'Europe du Moyen Âge et des Temps Modernes (= Studies in European Urban History 1100–1800, 35), Turnhout 2015, S. 91–100.
35 Harm von SEGGERN, *Einleitung*, in: IDEM (ed.), Residenzstädte im Alten Reich (1300–1800). Ein Handbuch, I,1, S. IX–XVII, hier S. XI. Vgl. Jan HIRSCHBIEGEL – Sven RABELER – Sascha WINTER, *Einleitung*, in: IIDEM (edd.), Residenzstädte im Alten Reich (1300-1800). Ein Handbuch. Abt. II: Soziale Gruppen, Ökonomien und politische Strukturen in Residenzstädten, Tl. 1: Exemplarische Studien (Norden) (= Residenzenforschung. N.F.: Stadt und Hof, II,1), Ostfildern 2020, S. XIf.
36 Sven RABELER, Überlegungen zum Begriff ‚Residenzstadt', MRK. N.F.: Stadt und Hof 3, 2014, S. 17–33; IDEM, *Stadt und Residenz in der Vormoderne. Akteure – Strukturen – Prozesse*, in: Gerhard FOUQUET – Jan HIRSCHBIEGEL – Sven RABELER (edd.), Residenzstädte der Vormoderne. Umrisse

on „unterschiedlicher individueller wie kollektiver Akteure [...] in ihren schriftlichen, mündlichen und symbolischen Dimensionen"[37] gerichtet ist. Die Akteure sind mit dem Stadtherrn und seinem Hof einerseits, andererseits vor allem mit den Ratsherren der Stadt bestimmt.[38]

Über den hennebergischen Hof beziehungsweise das höfische Personal informieren Ordnungen aus dem 16. Jahrhundert und Einzelbelege, zusammengestellt zu einem Gesamtbild von Johannes Mötsch.[39] Schmalkalden war freilich unter den Hennebergern der Schleusinger Linie seit der Zeit Graf Bertholds VII. (1272–1340)[40] nur zweite Residenz,[41] Hauptsitz war Schleusingen,[42] zudem unterlag die Stadt seit 1360 einem hennebergisch-hessischen Kondominat,[43] nachdem die durch Erbfolge an die Burggrafen von Nürnberg gelangte Stadt von diesen je zur Hälfte an die Henneberger zurückverkauft und an die Landgrafen von Hessen veräußert worden war.[44]

Diese Doppelherrschaft zeigte sich auch im Stadtbild. Die Henneberger saßen, wenn sie in der Stadt weilten, in dem im 14. Jahrhundert erbauten Henneberger Hof, die hessische Verwaltung im sogenannten Hessenhof,[45] dazwischen steht das 1419 er-

---

eines europäischen Phänomens (= Residenzenforschung. N.F.: Stadt und Hof, 2), Ostfildern 2016, S. 43–66.

37 S. Rabeler, Überlegungen, S. 30. Vgl. auch Marc von der Höh, *Symbolische Interaktion in der Residenzstadt des Spätmittelalters und der Frühen Neuzeit. Zur Einleitung*, in: Gerrit Deutschländer – Marc von der Höh – Andreas Ranft (edd.), Symbolische Interaktion in der Residenzstadt des Spätmittelalters und der Frühen Neuzeit (= Hallische Beiträge zur Geschichte des Mittelalters und der Frühen Neuzeit, 9), S. 9–26.

38 Siehe auch unten S. 12.

39 J. Mötsch, *Henneberg*, S. 798–804, zur Überlieferung ibidem, S. 806. Eine Hofordnung für die Jahre 1544/45 ist ediert bei Ernst Koch, *Die von Graf Georg Ernst zu Henneberg aufgestellte Ordnung des gräflichen Hofhaltes und der gräflichen Beamtenstellen*, Zeitschrift des Vereins für Thüringische Geschichte und Altertumskunde. N.F. 15, 1905, S. 355–386.

40 Georg Brückner, *Bertold VII., Graf von Henneberg,* in: Allgemeine Deutsche Biographie, Bd. 2, Leipzig 1875, S. 522f.; Wolfgang Huschke, *Bertold VII., Graf von Henneberg-Schleusingen*, in: Neue Deutsche Biographie, Bd. 2, Berlin 1955, S. 155.

41 K. Lehmann, *Schmalkalden*, S. 512.

42 Johannes Mötsch, *Schmalkalden*, in: W. Paravicini (ed.), Höfe und Residenzen, Bd. 2, S. 519–523.

43 Knapp G. Clemen, *Schmalkalden*, S. 77–80.

44 Bislang unersetzt Carl Knetsch, *Die Erwerbung der Herrschaft Schmalkalden durch Hessen*, Marburg an der Lahn 1899. Siehe auch J. G. Wagner, *Geschichte*, S. 21, 154f., zum Übergang der Herrschaft von den Hennebergern an Hessen ibidem, S. 154–158.

45 J. G. Wagner, *Geschichte*, S. 324f. zum Henneberger Hof, S. 325f. zum Hessenhof.

Abb. 1 Schmalkalden, Altmarkt mit Rathaus in der Mitte der Häuserzeile und Stadtkirche St. Georg.

richtete Rathaus am Altmarkt,[46] ab dieser Zeit Schauplatz des jährlichen Hirschessens (Abb. 1) – Herrschaft und Gemeinde befanden sich also in unmittelbarer Nähe zueinander. Nach Übernahme der Herrschaft durch die hessischen Landgrafen ließ Wilhelm IV. auf einem Hügel am Rand der Stadt die einstige Burg abreißen und zum Ende des 16. Jahrhunderts Schloss Wilhelmsburg errichten, eine der bedeutendsten Renaissanceanlagen Mitteldeutschlands.[47] Mithin saß zwar sowohl der hennebergische als auch der hessische Stadtherr nicht dauerhaft in seiner Stadt (Abb. 2), scheint aber regelmäßig anwesend gewesen zu sein.

---

46 K. Lehmann, *Schmalkalden*, S. 514.
47 Siehe Helmut-Eberhard Paulus, *Schloss Wilhelmsburg in Schmalkalden: „Dieses wohlgebaute Schloss führt den Namen Wilhelms Burg von Landgraf zu Hessen Wilhelm IV. dem Weissen"*, in: Idem (ed.), Höfische Kostbarkeiten in Thüringen. Historische Anlagen der Stiftung Thüringer Schlösser und Gärten (= Große Kunstführer der Stiftung Thüringer Schlösser und Gärten, 3; Große Kunstführer, 232), Regensburg 2007, S. 190–199; Cornelia Dörr, *Schloß Wilhelmsburg in Schmalkalden*, in: Eckhart Goetz Franz – Hans-Peter Lachmann (edd.), Das kulturelle Erbe des Hauses Hessen. Moritz Landgraf von Hessen zum 75. Geburtstag (Quellen und Forschungen zur hessischen Geschichte, 128), Darmstadt 2002, S. 53–62. Siehe auch Niels Fleck – Dietger Hagner – Claudia Narr, *Schloss Wilhelmsburg in Schmalkalden*, 2., vollständig überarb. Aufl., Berlin u.a. 2015; Peter Handy, *Schloss Wilhelmsburg Schmalkalden. Ein Bau- und Kunstdenkmal der deutschen Spätrenaissance*, 5., erw. Aufl., Schmalkalden 1988.

BEGEGNUNGEN

Abb. 2 Schmalkalden, von Nordwesten aus gesehen. Deutlich zu erkennen die Ummauerung, im Hintergrund Schloss Wilhelmsburg, rechts davon näher im Vordergrund die Stadtkirche St. Georg am Altmarkt.

An der Spitze des hennebergischen Hofes stand ein Hofmeister meist ritteradliger Herkunft, eine Hofmeisterin war für die Belange der Gräfin zuständig. In der Kanzlei dienten anfangs unter Leitung eines gräflichen Kaplans meist geistliche Schreiber, in Schmalkalden in einem 1604 erbauten eigenen Kanzleigebäude, das zum Schlossensemble gehörte, in dem dann juristisch gebildete Kanzler auf Grundlage einer Rats- und Kanzleiordnung mit einem Sekretär, einem Korn- und Küchenschreiber, einem Kanzleischreiber, einem Kopisten und zwei weiteren Schreibern arbeiteten. An Hofämtern sind der Marschall, dem das Hofpersonal unterstand, ein Truchsess, ein Schenk, ein Kämmerer, ein Kammermeister und ein Küchenmeister zu nennen. Ab dem 15. Jahrhundert ist ein Hofrat als festes Gremium aus sechs Personen nachweisbar, darunter der Hofmeister, der Marschall und der Hausvogt. Finanzielle Angelegenheiten unterstanden einem Rentmeister. Auf der unteren Verwaltungsebene erscheinen schließlich Amtleute, die vor allem für die gräflichen Burgen und Schlösser zuständig waren. Von Fall zu Fall ist auch ein Hofrichter überliefert, dem ein Gremium aus 16 adligen Lehnsleuten als Urteiler an der Seite stand, im 15. Jahrhundert ersetzt durch den Hofrat. Gelehrte und Künstler kamen als Gäste an den Hof, der Henneberger hatte einen Beichtvater, verfügte über einen Mathematiker und einen Leibarzt. Zudem hat der regionale Ritteradel seine Söhne zur Erziehung an den Hof geschickt: 1543 gehörten zur Umgebung des Grafen zwei Edelknaben, zu derjenigen der Gräfin sechs Jungfrauen und drei Edelknaben.[48]

---

48 J. MÖTSCH, *Henneberg*, S. 798–804.

Die Stadt, 1227 *oppidum*,⁴⁹ 1272 *civitas*,⁵⁰ ab 1335 mit Stadtrecht begabt,⁵¹ war vor allem durch Eisenerzvorkommen, die Kleineisenverarbeitung und Wälder, die sowohl für die Herstellung der für die Eisenverarbeitung notwendigen Holzkohle als auch für die Gewinnung von Bau-, Gruben- und Brennholz von Belang waren, recht wohlhabend.⁵² Schmalkalder Eisenwaren, die sogenannten „Schmalkalder Artikel", waren ein wichtiges Exportgut.⁵³ In der Stadt arbeiteten Stahl-, Schwert-, Klingen-, Messer-, Sichel-, Ahlen-, Scheren-, Huf-, Löffel-, Nagel-, Hack-, Schnitt- und Bohrerschmiede, entsprechend bestanden Zünfte der Stahl- und Schwertschmiede, der Klingenschmiede, Messerer und Sichelschmiede – um die Mitte des 16. Jahrhunderts gab es in der Stadt allein bei den Zünften der Eisenbetriebe 196 Meister und 29 Meisterwitwen, produziert wurde in 270 Schmiedewerkstätten.⁵⁴ Dazu gesellten sich Leineweber, Wollweber, Schneider, Schumacher, Bäcker, Metzger, Gerber und verschiedene Holzberufe.⁵⁵ Hofhandwerker scheint es in Schmalkalden nicht gegeben zu haben. Der Rat bestand aus zwölf Personen, denen ein Schultheiß vorstand; ihm entstammten im jährlichen Wechsel zwei Bürgermeister beziehungsweise Ratsmeister und zwei Kämmerer, die sich um die Ein- und Ausgaben kümmerten, bis 1539 per Los bestimmt, danach durch Wahl.⁵⁶ Im städtischen Dienst standen unter anderem *Holzförster, Stadtknechte, Bierfuerer, Brewermeister, Türmer, Nachtwächter, Statdiener, Statt Poten, Marcktmeister, Decker, Bronnenmaister*, dazu drei Hebammen, ein Schulmeister, ein Pfarrer, ein Schützenmeister.⁵⁷ 1543 seien in der Stadt – Grundlage ist das genannte Rechnungsbuch – 744 Steuerbürger gezählt worden, so dass die Stadt in der Mitte des 16. Jahrhunderts etwa 4500 Einwohner gehabt habe, am Ende des Jahrhunderts seien es bereits 5000 gewesen.⁵⁸

---

49 K. Lehmann, *Schmalkalden*, S. 512.
50 G. Clemen, *Schmalkalden*, S. 20, 70, Anm. 6, 80, Anm. 8.
51 Ibidem, S. 91.
52 G. Clemen, *Stadtrechnungen*, S. 17–19; differenziert Eadem, *Schmalkalden*, S. 100–104. Zentral für die Beschäftigung mit der Schmalkalder Eisenherstellung u.a. Hans Lohse, *Schmalkalder Bergbau, Huettenwesen und Eisenhandwerk. Ein Beitrag zur Wirtschaftsgeschichte Südthüringens*, Schmalkalden 1955.
53 K. Lehmann, *Schmalkalden*, S. 513.
54 G. Clemen, *Stadtrechnungen*, S. 18.
55 Ibidem. Vgl. Eadem, *Schmalkalden*, S. 100–104. Siehe auch J. G. Wagner, *Geschichte*, S. 379–389.
56 G. Clemen, *Stadtrechnungen*, S. 20f. Siehe auch J. G. Wagner, *Geschichte*, S. 356–363.
57 G. Clemen, *Stadtrechnungen*, S. 21, 41.
58 Ibidem, S. 17, 27, 94, 147.

Damit ist bis auf die zunächst altgläubige, dann auch reformierte Geistlichkeit[59] der Kreis derer bestimmt, die an den mit dem Hirschessen verbundenen gleichsam öffentlichen Vergnügungen teilnahmen, nicht zu vergessen die Bürgersfrauen, -söhne und -töchter, Handwerker, Knechte und Mägde, Musiker und Gaukler, insgesamt einige hundert Personen, wobei am Hirschessen selbst mit dem Stadtherrn, der Gräfin, dem Frauenzimmer, adligen Gästen und den Hofräten nur die Ratsherren mit ihren Frauen teilnahmen.[60] Immerhin ist überliefert, dass Ratsmeister und Stadtschreiber auch sonst regelmäßig an der Tafel des Herrn saßen.[61]

So ist aus Anlass der Hirschspende ein regelmäßig jährlich über einen längeren Zeitraum etablierter Begegnungsraum entstanden, zum einen deutlich bestimmt von ökonomischen, rechtlichen, sozialen und kulturellen Aspekten, wie etwa an den Ausführungen zu den Kosten, den Teilnehmern, dem Ablauf, dem Ort des Festes ablesbar. Und ganz offensichtlich hielten sowohl Stadt wie Herrschaft trotz Herrschaftswechsel etwa dreihundert Jahre an diesem Ereignis fest. Zum anderen sind ebenso deutlich soziale Positionierungen erkennbar. Denn der hennebergische wie hessische Stadtherr hat seine Stellung der Stadt gegenüber mit der Hirschspende nicht zuletzt als Inhaber des Jagdrechtes markiert.[62] Und er hat einen Hirsch gestiftet, den König des Waldes, die Krone der Jagd.[63] Die Stadt wiederum bestimmte den Ablauf, hatte allerdings auch den Großteil der Kosten zu tragen. Als Landgraf Moritz (1572–1632)[64] sich im Mai 1603 in zweiter Ehe mit Juliane von Nassau-Dillenburg (1587–1643)[65] verband, sollte das Beilager in Schmalkalden stattfinden. Die Stadt ließ Rat- und Kaufhaus und die Häuser um den Markt neu streichen, die Gassen reinigen und die Häuser putzen, allerdings fand das Beilager dann in Dillenburg statt. Nach den Dillenburger Feierlichkeiten reiste der Landgraf mit seiner neuen Gattin zunächst nach Kassel, von dort aber im Sommer nach Schmalkalden und nahm auch am Hirschessen teil. Und der Aufwand

---

59 Vgl. J. G. WAGNER, *Geschichte*, S. 364–379.
60 J. C. GEISTHIRT, *Historia Schmalcaldica*, Buch IV, S. 130. Vgl. J. G. WAGNER, *Geschichte*, S. 349f.
61 J. C. GEISTHIRT, *Historia Schmalcaldica*, Buch IV, S. 130.
62 Vgl. Eilhard ZICKGRAF, *Die gefürstete Grafschaft Henneberg-Schleusingen. Geschichte des Territoriums und seiner Organisation* (= Schriften des Instituts für Geschichtliche Landeskunde von Hessen und Nassau, 22), Marburg 1944, S. 187f.
63 Vgl. etwa Sigrid SCHWENK, *Die Jagd im Spiegel mittelalterlicher Literatur und Jagdbücher*, in: Werner RÖSENER (ed.), Jagd und höfische Kultur im Mittelalter (= Veröffentlichungen des Max-Planck-Instituts für Geschichte, 135), Göttingen 1997, S. 407–464, hier S. 429f.
64 Zu Moritz von Hessen-Kassel u.a. Heiner BORGGREFE (ed.), *Moritz der Gelehrte. Ein Renaissancefürst in Europa*, Eurasburg 1997.
65 M. LEMBERG, *Juliane*.

dieses Jahres war für die Stadt erheblich, denn allein schon mit den zur Begrüßung ausgegebenen Getränken – der Wein schlug mit 72, das Bier mit 13 Gulden zu Buche – und Geschenken – vergoldete Pokale und Becher – entstanden zusätzliche Ausgaben, die sich in jenem Jahr auf über 490 Gulden beliefen und wohl in den von Pforr benannten Aufwendungen von 725 Gulden enthalten sind,[66] nicht gerechnet allerdings die Vorbereitungen im Vorfeld, die Versorgung der Pferde, die Einquartierung zahlreizahlreicher Gäste.[67]

Das jährliche Hirschessen war freilich nicht die einzige Gelegenheit zur Begegnung von Hof und Stadt. Regelmäßig erschien die Herrschaft zur Jagd, auf den Schützenfesten oder nahm an dem seit 1511 durchgeführten Scheibenschießen mit Armbrust und Büchse teil.[68] Etwas absonderlich mutet die landgräfliche Vorliebe für Kriegsspiele an. Im Sommer 1601 ließ Moritz auf dem Markt zu Schmalkalden drei Fähnlein, etwa 1200 Mann, der Bürgerschaft zusammentreten, die dann auf dem sogenannten Siechenrasen vor der Stadt eigens aufgeworfene Schanzen erstürmen mussten, dabei aber auch Gefangene machen, Deserteure in Ketten legen und Verräter hängen. Gehängt wurde tatsächlich, aber eine Strohpuppe, was allerdings zum großen Vergnügen des Landgrafen nicht von allen Zuschauern erkannt wurde, die entsetzt meinten, einer der ihren sei an den Galgen gebracht worden. Zur Entspannung spendierte der Landgraf ein Fuder Wein.[69]

Solcherart etablierte soziale Räume sind unter anderem in Entsprechung des raumsoziologischen Konzepts von Martina Löw dadurch bestimmt, dass sie prozessual und performativ durch Handlung – Kommunikation und Interaktion – und Wahrnehmung der Akteure entstehen, verstanden als Kombination einer je spezifisch „strukturierten" Ordnung und einer ebenso je spezifisch „verhandelten" Anordnung, temporär begrenzt und lokal bedingt.[70] Wie am gegebenen Beispiel vorgeführt ist die „allgemei-

---

66 Siehe oben S. 3.
67 M. LEMBERG, *Juliane*, S. 103–105.
68 Ibidem. Vgl. Jean-Dominique DELLE LUCHE, *Schützenfeste und Schützengesellschaften in den Residenzstädten: Konfigurationen zwischen Stadt und Fürsten im 15. und 16. Jahrhundert (Pforzheim, Würzburg, Ansbach, Stuttgart)*, in: Jan HIRSCHBIEGEL – Werner PARAVICINI (edd.) in Zusammenarbeit mit Kurt ANDERMANN, In der Residenzstadt. Funktionen, Medien, Formen (= Residenzenforschung. N.F.: Stadt und Hof, 1), Ostfildern 2014, S. 157–174; IDEM, *Das „goldene Zeitalter" der Schützenfeste in Süddeutschland im 15. und 16. Jahrhundert*, in: Michaela EIGMÜLLER – Mathilde WOHLGEMUTH (edd.), Schützen – Das Buch. 500 Jahre Kulturgeschichte in Süddeutschland, Illerbeuren 2021, S. 102–121.
69 M. LEMBERG, *Juliane*, S. 101f.
70 Martina LÖW, *Raumsoziologie*, Frankfurt am Main 2001.

ne" Spezifik mit dem Aufeinandertreffen von Herrschaft und Gemeinde, die „konkrete" mit Akteuren und Anlässen bestimmt. Der raumsoziologische Zugang sieht dabei nicht ab von realen Räumen – natürlich macht es einen Unterschied, ob städtische Vertreter zum Hof an die Tafel des Herrn gebeten werden oder sich die Herrschaft ins Rathaus begibt –, beobachtet aber die in ihren Handlungen sichtbaren interaktiven Beziehungen der Akteure zueinander, im Raum und zum Raum und zu den Objekten im Raum, folgt mithin einem relationalen Raumbegriff, dem Kern des ‚spatial turn'.[71] In Entsprechung dieser hier nur äußerst verkürzt wiedergegebenen Konzeption hängt an dem von Gerd Schwerhoff als „Historische Raumpflege" apostrophierten Vorgehen sowohl die Heuristik als auch die Interpretation der Überlieferung.[72] Dazu ein letztes Beispiel, das dem schmalkaldischen Begegnungsmuster von Herrschaft und Gemeinde eine andernorts beobachtete weitere Note beifügt.

So unterstreicht der Freiberger Chronist Andreas Möller (1598–1660)[73] die Verbundenheit Herzog Heinrichs des Frommen (1473–1541) mit seiner Residenzstadt[74] und illustriert dies unter anderem damit, dass er *mit den Burgern zu Freybergk nach dem Vogel geschossen* habe und dabei sogar selbst König geworden sei.[75] Möller bezieht sich in seinem Werk auf die einzigartige Lebensgeschichte des Herzogs, die sein vertrauter Sekretär Bernhard Freydiger angefertigt hat, der seine Beobachtungen aus

---

71 Vgl. Stephan GÜNZEL, *Raum. Eine kulturwissenschaftliche Einführung*, 3., aktual. Aufl., Bielefeld 2020, insbes. S. 126–133 u.a. zum ‚spatial turn' und S. 134–141 zum relationalen Raumverständnis. Siehe auch Doris BACHMANN-MEDICK, *Spatial Turn*, in: EADEM, *Cultural Turns. Neuorientierungen in den Kulturwissenschaften*, 5. Aufl. mit neuem Nachwort, Reinbek bei Hamburg 2014, S. 284–328.
72 Gerd SCHWERHOFF, *Historische Raumpflege. Der „spatial turn" und die Praxis der Geschichtswissenschaften*, in: Wilfried REININGHAUS – Bernd WALTER (edd.), Räume – Grenzen –Identitäten. Westfalen als Gegenstand landes- und regionalgeschichtlicher Forschung (= Forschungen zur Regionalgeschichte, 71; Veröffentlichungen der Historischen Kommission für Westfalen. N.F., 9), Paderborn u.a. 2013, S. 11–27.
73 Viktor HANTZSCH, *Möller, Andreas,* in: Allgemeine Deutsche Biographie, Bd. 52, Leipzig 1906, S. 440–443.
74 Vgl. Jan HIRSCHBIEGEL, *Herrschaftliche Ansprüche – städtische Autonomie, Freiberg, 16. Jahrhundert*, in: IDEM – S. RABELER – S. WINTER (edd.), Residenzstädte im Alten Reich (1300–1800). Ein Handbuch, II,1, S. 383–426.
75 Andreas MÖLLER, *Theatrum Freibergense Chronicum: Beschreibung der alten loblichen BergHaupt-Stadt Freyberg in Meissen/ Darinnen des reichen herrlichen Silber=Bergwercks/ und der Stadt uhrsprung/ Gelegenheit/ Gebawde/ Privilegia [...] zu befinden/ Ingleichen was sich bisher innerhalb funffhundert Jahren im Lande Meissen [...] denckwurdiges begeben [...]*, Freyberg 1653, S. 154.

nächster Nähe zu Papier brachte.[76] Freydiger berichtet, Heinrich habe in seiner Stadt *jedermann freye Tafel gehalten*, denn *es sei ihm auch eine besondere Freude gewesen, wenn er sehr essen und trincken sehe, konnte wohl leiden, das Burger und Bauren und andre, wer sie waren, aus seinem eignen Keller truncken von ihm hinweg giengen*, und er sei *gar milde mit Wildpret weggeben* gewesen.[77] Seine Diener habe er gefördert, *wo das Vermogen darbey gewesen*,[78] den Handwerkern sei er zugeneigt gewesen und habe sie *auch offtermahls selbst in ihren Werckstatten besucht*,[79] begleitet nur von einem Türknecht, einem jungen Hofmohren und einem *englischen Hund*,[80] auch bei den Bergleuten sei er beliebt und gern gesehen gewesen, oft sei man gemeinsam zu Tisch gesessen, in Freiberg, aber auch in dem von Heinrich gegründeten Marienberg, gekleidet *wie ein anderer Berghauer*,[81] schließlich, so urteilt Freidiger, habe Heinrich gern ohne jedwede *Hoffarth* mit *armen Leuten* geredet.[82]

Solchen Schilderungen ließen sich weitere hinzufügen. Es zeigt sich, dass in den kleinen Residenzstädten des Alten Reichs mit ihren Präsenzgesellschaften Räume der Begegnung von Herrschaft und Gemeinde, von Stadt und Hof möglich waren und entstanden, die diese Städte in besonderer Weise auszeichnen und profilieren, zudem in der Überlieferung ein offensichtlich spezifisch residenzstädtisches Selbstverständnis offenbaren, das sich dem Verhältnis des Herrn zu seiner Stadt verdankt. Als Herzog Bogislaw (1544–1606) 1605 seine Stadt Barth[83] verließ, um nach Stettin überzusiedeln, sei, wie der Chronist Matthias Wichmann 1612 schreibt, „diese Ueberweisung nicht mit geringer Wehklage der Untertanen geschehen, ja I. F. G. selber haben sich des Weinens nicht mäßigen können".[84] Ihre Funktion als Begegnungsraum hatte die Stadt

---

76 Bernhard FREYDIGER, *Kurtze Verzeichnis etliches Thuns Hertzog Heinrichs zu Sachsen*, in: Adam Friedrich Glafey, Kern der Geschichte des Hohen Chur- und Fürstlichen Hauses zu Sachsen. Mit Urkunden und Zeugnissen bewahrter Scribenten belegt, 4. Aufl., aufs neue übersehen und verbessert, auch mit Kupfern gezieret, Nebst einem vollständigen Register, Nürnberg 1753, S. 107–127.
77 Ibidem, S. 126.
78 Ibidem, S. 111f.
79 Ibidem, S. 126.
80 Ibidem, S. 111f.
81 Ibidem, S. 112.
82 Ibidem, S. 126.
83 Vgl. Jan HIRSCHBIEGEL, *Herrschaftlich bedingte ökonomische und infrastrukturelle Initiativen, Barth, 16.-17. Jahrhundert*, in: IDEM – S. RABELER – S. WINTER (edd.), Residenzstädte im Alten Reich (1300–1800). Ein Handbuch, II,1, S. 601–634.
84 Matthias WICHMANN, *Barthisches Chronicon*, 1619, zit. nach Wilhelm BÜLOW, *Chronik der Stadt Barth*, Erich Gülzow (ed.), Barth 1922, S. 177.

freilich verloren. Als allerdings Herzog Heinrich verstarb, entstand ein neuer Ort der Begegnung, denn er wurde in der von ihm gegründeten wettinischen Grablege im Dom zu Freiberg zur letzten Ruhe gebettet, um, wie er selbst es wollte, *bey seinen Freybergern ruhen und schlaffen* zu können.[85]

---

85 A. MÖLLER, *Theatrum*, 184f.

RESIDENZEN IN DER LANDSCHAFT

Das Netzwerk von gelegentlichen Residenzen der böhmischen Könige in den Ländern der Böhmischen Krone im Spätmittelalter

LENKA BOBKOVÁ

Das Fürstentum und spätere Königreich Böhmen hatte seit langem sein Zentrum in Prag, wo sich auch der Sitz des Herrschers befand. Seit dem frühen Mittelalter war dies die weithin sichtbare Prager Burg, die auf einem Felsvorsprung über der Moldau erbaut wurde. Neben den für die Versorgung der Herrscherresidenz notwendigen Gebäuden befanden sich im Burgareal sowohl der Sitz der Repräsentanten der höchsten Kircheninstitution, d. h. der Bischöfe und später (seit 1344) Erzbischöfe als auch das älteste Landeskloster der Benediktinerinnen St. Georg. Unterhalb der Burg entwickelten sich allmählich Ballungsräume. Am rechten Moldauufer entstand die Prager Altstadt, am linken Ufer die Kleinstadt, die später als „Kleinseite" bezeichnet wurde. In den Burgräumen fanden die wichtigsten herrschaftlichen Akte und Festlichkeiten statt, z. B. die Annahme oder Wahl eines Herrschers und dessen Krönung, Empfänge von vornehmen Gästen usw. Fürsten, dann Könige bewohnten die Burg oft tatsächlich, wenn ihnen auch weitere Burgen und später Häuser in den Prager Städten zur Verfügung standen. Mit der Ausweitung des Territoriums, das die Könige von Böhmen beherrschten, wuchs auch die Zahl ihrer Verwaltungszentren und gelegentlichen Residenzen. Der territoriale Zuwachs unter den letzten Přemysliden überlebte die Zeit ihrer Herrschaft nicht. Erst den Luxemburgern gelang es, ein dauerhafteres, auch rechtlich stabile territoriale Union aufbauen, die als *Corona regni Bohemiae* (Krone des Königreichs Böhmen) bezeichnet wurde. Sie gründeten auch ein Netz funktionierender Residenzen in den Ländern, die zu dieser neuen politisch-territorialen Einheit gehörten.

Vor einiger Zeit versuchte ich, das Netz der von Karl IV. gebauten königlichen Sitze im Hinblick auf ihren Zweck und ihre Stellung in der Verwaltungsstruktur der Kronländer zu behandeln.[1] Jetzt möchte ich mich diesem Thema auf Grundlage einer brei-

---

1 Lenka BOBKOVÁ, *Rezidenční a správní centra v zemích Koruny české za vlády Lucemburků*, in: EADEM – Jana KONVIČNÁ (edd.), Rezidence a správní centra v zemích České koruny (= Korunní země

teren Sichtweise widmen, die es mir ermöglicht, einerseits auf die Großzügigkeit und Konzeption von Karls Bauaktivitäten hinzuweisen und andererseits den Verlust ihrer Funktionalität unter den veränderten sozial-politischen Bedingungen des 15. Jahrhunderts festzuhalten. Dabei ließ ich mich von der Karte „Fürstliche Residenzen und zentrale Orte im Reich um 1500" inspirieren, die auf der Deckelinnenseite des zweiten Teiles des ersten Bandes des Handbuches zu den Höfen und Residenzen des Alten Reichs von 1300 bis 1800 in der Reihe Residenzenforschung abgebildet ist.[2] Das Netz der Residenzen auf dem Gebiet der Böhmischen Krone sieht auf dieser Karte aus böhmischer Sicht ein wenig seltsam aus, z. B. sind im Vergleich mit der beträchtlichen Zahl an Residenzen in Sachsen in manchen Ländern der Böhmischen Krone – konkret in den beiden Lausitzen – auffällige „weiße" Orte zu sehen. Ein wenig „arm" wirkt auch Böhmen selbst. Als königliche Residenzen sind dort außer Prag nur Karlstein, Totschnik/Točník und Kuttenberg/Kutná Hora markiert. Dicht besiedelt ist dagegen Schlesien mit den Residenzen der einzelnen Linien der schlesischen Fürsten (z. B. wird Münsterberg/Ziębice markiert, während Frankenstein/Ząbkowice Śl. fehlt, Schweidniz/Świdnica ist gekennzeichnet, aber nicht Jauer/Jawor).[3] In Mähren sind nur zwei herrschaftliche Residenzen markiert, die (irrtümlich) als Kurfürstensitze bezeichnet werden und zwar das bischöfliche Olmütz und Brünn (um 1500 gab es dort kein selbständiger Markgraf von Mähren). Weiter befinden sich logischerweise die bischöfliche

---

v dějinách českého státu, 3), Praha 2007, S. 23–48; EADEM, *Corona Regni Bohemiae und ihre visuelle Repräsentation unter Karl IV.*, in: Jiří FAJT – Andrea LANGER (edd.), Kunst als Herrschaftsinstrument. Böhmen und das Heilige Römische Reich unter den Luxemburgern im europäischen Kontext, Berlin – München 2009, S. 120–135.

2   Werner PARAVICINI (ed.), *Höfe und Residenzen im spätmittelalterlichen Reich, [Bd. 1:] Ein dynastisch-topographisches Handbuch*, Jan Hirschbiegel – Jörg Wettlaufer (Bearb.), 2 Bde. (= Residenzenforschung, 15/I, 1–2), Ostfildern 2003. Die Landkarte befindet sich im im zweiten Band des Werkes, das Artikel zu den Residenzen des Alten Reiches von 1300–1800 enthält. Auf die Probleme bei der Auswahl der Residenzen machte schon Lars-Arne DANNENBERG in seiner Rezension der erwähnten Publikation in: NLM, N.F. 7, 2004, S. 169–173 aufmerksam.

3   Der Verfasser der Artikel zu den schlesischen Residenzstädten in W. PARAVICINI (ed.), *Höfe und Residenzen*, Bd. 2, ist vorwiegend Andreas RÜTHER, Breslau wird als Bischofssitz (Norbert CONRADS) und als Residenz der Piasten (Andreas RÜTHER) behandelt, deren Rechte 1335 an den König von Böhmen übergingen. Über die Zugehörigkeit der übrigen Fürstentümer zur Böhmischen Krone informieren ibidem, Bd. 1, nur Andreas RÜTHER, *Schlesien*, S. 895–896, und Ivan HLAVÁČEK, *Böhmen*, S. 413–434. Das brandenburgische Tangermünde wird mit Recht als Residenz der Markgrafen aus der Linie der Hohenzollern bezeichnet, Marie BLÁHOVÁ, *Tangermünde*, in: Ibidem, Bd. 2, S. 573–575.

Residenz Kremsier/Kroměříž und die herzogliche Residenz Troppau/Opava auf der Karte.[4]

Diese spiegelt in Bezug auf die Residenzsitze auf dem Gebiet der Böhmischen Krone zwei Probleme historischer Karten wider und zwar einerseits in zeitlicher, andererseits in terminologischer Hinsicht. Für die Bewertung der Residenzen der Böhmischen Krone ist der gewählte Zeitraum zudem ein wenig irreführend. Denn zu dieser Zeit büßte die Prager Residenz allmählich ihre außerordentliche Stellung ein, weil der böhmische König Vladislav II. Jagiello, der zugleich König von Ungarn war, überwiegend in Ofen saß (seit 1490). Noch dazu fehlte auch der höchste kirchliche Würdenträger im Land, weil der Prager Erzbischofsstuhl in den Jahren 1421–1561 nicht besetzt war. Aus terminologischer Sicht entsteht die Frage, wie die verschiedenen Typen der Herrschersitze zu spezifizieren sind. Welche sind als Residenzen oder als gelegentliche Residenzen zu bezeichnen und bei welchen handelt es sich eher um nur repräsentative Bauten ohne konkrete Bestimmung? Was das Bild des Netzes der Residenzen auf dem Gebiet der Böhmischen Krone betrifft, spiegelt die Karte teilweise die Schlussphase in der Errichtung der einzelnen Herrschersitze wider, die unter Karl IV. ihren Höhepunkt erreichte. Darum halte ich es für nützlich, ins 14. Jahrhundert zurückkehren, um den angedeuteten Prozess zu verfolgen und zu dokumentieren.

Königliche Paläste und Häuser in den Nebenländern der Böhmischen Krone unter der Herrschaft der Luxemburger

Johann von Luxemburg legte die Fundamente für die Böhmische Krone, Karl IV. sicherte ihren herrschaftsrechtlichen Status und erweiterte das Territorium. Es ging um ein verhältnismäßig lockeres Bündnis von Ländern, die durch die Person des Herrschers verbunden waren. Manche Länder unterstanden unmittelbar dem König von Böhmen, andere waren an ihn durch den Lehnseid gebunden. Zur zweiten Gruppe gehörte die Markgrafschaft Mähren, die in den Händen der luxemburgischen Sekundogenitur war, das Herzogtum Troppau und die meisten schlesischen Fürstentümer, sehr locker auch Brandenburg und nach 1383 das Herzogtum Luxemburg, das dem König von Böhmen nach dem Tod des Luxemburger Herzogs Wenzel zufiel. Diese Länder hatten mit jeweils eigener Verwaltung ihre eigenen Herrscher, die unter ande-

---

4   Siehe ibidem, Bd. 2, Tomáš BALETKA, *Brünn*, S. 87–90, Roman ZAORAL, *Olmütz*, S. 432–434), und Andreas RÜTHER, *Troppau*, S. 591f.).

rem auch eigene Residenzen bauten.⁵ Die erste Gruppe der immediaten Länder unter dem König von Böhmen wiesen eine gewisse historisch gegebene verwaltungspolitische Eigenständigkeit auf, die beibehalten wurde. Zu den Kronländern gehörten die Ober- und Niederlausitz, das Fürstentum Breslau, das böhmische Territorium in der Oberpfalz (1353–1373) und seit 1392 auch das Fürstentum Schweidnitz-Jauer.⁶

Den Residenzen, die dieser berühmte Luxemburger in den Ländern der Böhmischen Krone erbaute, widmete unlängst Richard Němec eine umfangreiche Monographie., in der er die Ergebnisse seines langjährigen Studiums der erhaltenen Denkmäler und eine große Zahl an schriftlichen Quellen verwertete.⁷ Er trat an die einzelnen Bauten v. a. als Kunsthistoriker heran und hob das Engagement Karls IV. bei der Realisierung der beschriebenen Sitze sowie die Exklusivität mancher dieser Denkmäler hervor. Im Anschluss an diese Studie möchte ich mich aber eher dem Zweck der einzelnen Bauten widmen und die Berechtigung ihrer Bezeichnung als Residenzen behandeln. Weiter möchte ich auch die nicht erhaltenen Bauten erwähnen, die für die Beschreibung des Netzes der Residenz- und Verwaltungssitze nicht zu übergehen sind.

Im Prinzip lassen sich die Bauten in zwei Gruppen teilen. Erstens geht es um die historisch gegebenen Verwaltungs- und Landesherrensitze, die die Luxemburger über-

---

5   Für die schlesischen Fürstentümer übersichtlich Hugo WECZERKA, *Die Residenzen der Schlesischen Piasten*, in: Hans PATZE – Werner PARAVICINI (edd.), Fürstliche Residenzen im spätmittelalterlichen Europa (= Vorträge und Forschung, 36), Sigmaringen 1991, S. 311–347.

6   Zu den Residenzen in den Nebenländern der Böhmischen Krone siehe den Sammelband L. BOBKOVÁ – J. KONVIČNÁ (edd.), Rezidence a správní centra v zemích České koruny (= Korunní země v dějinách českého státu 3), Praha 2007. Hier sind z. B. diese Studien abgedruckt: Lenka BOBKOVÁ, *Rezidenční a správní centra v zemích Koruny české za vlády Lucemburků*, S. 23–48; Marie BLÁHOVÁ, *Rezidence a propaganda. Pražský hrad za vlády Karla IV.*, S. 49–60; Antoni BARCIAK, *Wrocław jako centrum administracyjne w dobie Luksemburgów*, S. 245–154; Martin ČAPSKÝ, „… okna sklenná ale některá kolečka od povětří vybita …". *Reflexe rozpadu zeměpanské rezidenční sítě na pozdně středověkém Opavsku*, S. 187–206; Lars-Arne DANNENBERG, *War Bautzen eine Residenz? Überlegungen zu Ursprung und Genese einer Residenzstadt*, S. 367–402; Marius WINZELER, *Görlitz als Residenzstadt des Herzogs Johann von Luxemburg (1377–1396) – eine Spurensuche*, S. 415–434; Jana FANTYSOVÁ-MATĚJKOVÁ, *Rezidence Václava Českého, vévody lucemburského a brabantského, jejich funkce a úloha v rodinných a „mezinárodních" vztazích*, S. 527–553; Klaus NEITMANN, *Von der „Residenz" des fürstlichen Stellvertreters zum „hauptstädtischen" Regierungssitz. Der Aufstieg der Stadt Lübben zum politischen Mittelpunkt des Markgraftums Niederlausitz (14. – 17. Jahrhundert)*, S. 461–478.

7   Richard NĚMEC, *Architektur – Herrschaft – Land. Die Residenzen Karls IV. in Prag und den Ländern der Böhmischen Krone*, Petersberg 2015; ich habe an der Übersetzung ins Tschechische dieses Buches gearbeitet: Richard NĚMEC, *Architektura – vláda – země. Rezidence Karla IV. v Praze a zemích Koruny české*, Dolní Břežany 2015.

nahmen (Bautzen, Schweidnitz, Jauer) beziehungsweise renovierten oder radikal umbauten (Breslau). Die zweite Gruppe bilden neue repräsentative Sitze (Lauf, Oybin), Sitze der Verwaltung (Görlitz, Zittau in der Oberlautitz, Mylau im Vogtland) oder verwaltungsmilitärische Zentren (Rothenberg, Karlsfried), die aufgrund der Initiative Karls IV. einerseits durch den Umbau der älteren mehr oder weniger verfallenen Bauten entstanden beziehungsweise auf noch unbebautem Gebiet errichtet wurden.

Es kann festgestellt werden, dass die baulichen Aktivitäten Karls IV. in den immediaten Kronländern Bestandteil seiner Herrschaftskonzeption und seiner Vorstellungen über die verwaltungspolitische Struktur der Böhmischen Krone waren. Angesichts der unterschiedlichen Verwendungszwecke der einzelnen Bauten ist im Fall mancher Gebäude die Bezeichnung „Residenz" unpassend. Die meisten dieser Bauten sind eher als Haus oder Hof zu bezeichnen, was auch den zeitgenössischen Quellen entspricht, eventuell ist auch der Terminus „gelegentliche Residenz" zu benutzen. Königliche Häuser oder Paläste befanden sich in den Verwaltungszentren der einzelnen Länder und dienten den königlichen Hauptleuten. In solchen Bauten befand sich gewöhnlich eine Kanzlei, auchfanden dort Landgerichte statt und sie waren Sitz der höchsten Verwaltungsorgane. Die Aufgaben dieser Bauten konnten unterschiedlich sein, sie repräsentierten dennoch alle den Herrscher und wiesen dadurch auf ihn. Sie waren eines der Sinnbilder seiner Macht wie die Wappen mit dem böhmischen Löwen und die St. Wenzel-Statuen, die im öffentlichen Raum platziert wurden. In jedem Land allerdings gestaltete sich die Realisierung der königlichen Bauten anders. Es scheint jedoch, dass Karl IV. die Existenz von drei Typen der visuellen Erinnerung an die königliche Majestät für ideal hielt: den Verwaltungssitz, die repräsentative Burg oder das repräsentative Haus und die Festung, die zu Militär- beziehungsweise Verwaltungszwecken diente.

Das traditionelle Verwaltungszentrum der Oberlausitz war Bautzen. Auch hier verwies die altertümliche Festung Ortenburg, deren Anfänge bis ins 10. Jahrhundert reichen, auf den Landesherrn. Das weitläufige Areal befand sich auf einem Vorsprung über einem Mäander der Spree und wurde von der entstehenden Stadt durch einen Graben getrennt. Auch wenn die Ortenburg mehrmals renoviert wurde, blieb sie doch schon allein wegen ihrer Lage immer imposant (Abb. 5). Schon vor den Luxemburgern benutzen die Landesherren die Burg und zwar sowohl die Wettiner (seit 1031) und die Přemysliden (1086/1136–1253) als auch die Askanier (bis 1319).[8] Eingriffe der böh-

---

8 Lenka BOBKOVÁ – Mlada HOLÁ – Tomáš VELIČKA – Marius WINZELER – Jan ZDICHYNEC, *Královská Horní Lužice. Panovnická reprezentace – mechanismy vlády – komunikace* (= Korunní země v dějinách českého státu, 8), Praha 2021, S. 24, 27, 42.

mischen Přemysliden in den Bau der Burg sind zwar nicht zu belegen, ihr Interesse an der Gestaltung der Ortenburg ist jedoch vorauszusetzen. Die Burg war nämlich mit dem Amt des höchsten landesherrlichen Amtsträgers in der Oberlausitz, des Hauptmanns (*capitaneus, advocatus*), verbunden, der später als Landvogt bezeichnet wurde. Karl IV. musste das Burgareal wahrscheinlich instand setzen, wenn auch sowohl schriftliche Quellen wie auch materielle Belege dafür fehlen. Eventuelle kleine Umbauten konnten infolge der wiederholten Brände der Ortenburg (1400, 1441) vernichtet oder in mit neuen Objekten verbaut worden sein.[9] Karl IV. hielt sich hier höchstwahrscheinlich im Februar 1340 auf. Damals fand in Bautzen eine große Herrscherversammlung statt, die in den Versöhnungsvereinbarungen zwischen Karl IV. und den Söhnen des verstorbenen Kaisers Ludwig dem Bayern gipfelte. Zur gleichen Zeit hielten sich auch die meißnischen Wettiner, der König von Dänemark, Waldemar IV., Herzog Erich von Lauenburg, Ruprecht von der Pfalz, der sächsische Herzog Rudolf und viele bedeutende kirchliche Würdenträger (einschließlich des Erzbischofs von Prag, Ernst von Pardubitz) in der Stadt auf.[10]

Aus der Regierungszeit Wenzels IV. blieb eine seltene konkrete Nachricht über den Aufenthalt des Landvogts auf der Ortenburg im Jahre 1405 erhalten. Damals kam es in der Stadt zum Aufruhr gegen den Stadtrat und die Aufständischen versuchten, auch die Ortenburg zu stürmen. Den abwesenden Landvogt Boleslav von Münsterberg vertrat sein Sohn. Diesem gelang es zwar, die Burg mit Erfolg zu verteidigen, er blieb jedoch bis 8. September 1405 eingekesselt. Danach befreite sein Vater mit militärischer Hilfe des mährischen Markgrafen Jobst die ganze Besatzung.[11]

---

9 Joachim MEFFERT, *Die Ortenburg in Bautzen – Der archäologische Forschungsstand und die Ausgrabungen von 1999–2001*, Arbeits- und Forschungsberichte zur sächsischen Bodendenkmalpflege 44, 2002, S. 75–178; Kai WENZEL, *Die Kapellen St. Georg und St. Marien*, in: Silke KOSBAB – Kai WENZEL, *Bautzens verschwundene Kirchen*, Bautzen 2008, S. 31.

10 Näher Lenka BOBKOVÁ, *Budyšín, místo diplomatických schůzek Karla IV.*, in: Viktor KUBÍK (ed.), Regnum Bohemiae et Sacrum Romanorum Imperium. Sborník k poctě Jiřího Kuthana, Praha 2005, S. 103–114. Zu den in Bautzen ausgestellten Urkunden siehe *Dokumente zur Geschichte des Deutschen Reiches und seiner Verfassung. 1350–1353* (= MGH. Const., 10), Margarete Kühn (ed.), N.D. Weimar 1991, S. 6–47, Nr. 12–61.

11 Zu den Ereignissen in Bautzen in den Jahren 1405 und 1408 vgl. Richard REYMANN, *Geschichte der Stadt Bautzen*, Bautzen 1902, S. 21–23. Karl CZOK, *Die Auswirkungen des Bautzener Aufstandes von 1405*, Lětopis, Reihe B: Geschichte 8, 1961, S. 108–126. Jörg SCHALIN – Henrik STEGLICH, *Bautzener Handwerkeraufstand 1405 und königliches Blutgericht 1408*, in: Gerd SCHWERHOFF – Marion VÖLKER – Silke KOSBAB (edd.), Eide, Statuten und Prozesse. Ein Quellen- und Lesebuch zur Stadtgeschichte von Bautzen 14.–19. Jahrhundert, Bautzen 2002, S. 62–67. Die Verfasser stützten sich auf einen Eintrag in der Chronik der Stadt Bautzen, siehe Stadtarchiv Bautzen, Handschriftensamm-

DAS NETZWERK VON GELEGENTLICHEN RESIDENZEN

Auch in der zweiten Hälfte des 15. Jahrhunderts blieb die Ortenburg eine bedeutende landesherrliche Burg. Im Rahmen seiner Huldigungsreise in die Oberlausitz übernachtete dort König Georg von Poděbrad und vielleicht auch weitere Mitglieder seiner Begleitung, die nach chronikalischen Berichten aus 2000 Reitern und 100 Wagen (*kammerwagen*) mit böhmischen Herren und Höflingen bestand.[12]

Unter der Regierung der brandenburgischen Askanier war die Oberlausitz in zwei Teile geteilt und so entstand – neben Bautzen – auch ein zweites verwaltungspolitisches Zentrum in Görlitz. Es handelte sich um eine sich schnell entwickelnde reiche Stadt, deren Bedeutung sowohl Johann von Luxemburg als auch sein Sohn Karl IV., der sogar ein neues königliches Haus in Görlitz bauen ließ, schätzten. Dazu bewogen ihn die beunruhigenden Ereignisse im Jahre 1368, als die oberlausitzischen, im Sechsstädtebund vereinigten Städte versuchten, die Städtchen Ostritz (im Besitz des Klosters St. Marienthal) und Neuhaus/Neuhof an der Großen Tschirne (im Besitz der Fürsten von Schweidnitz; heute Nowoszów) gewaltsam zu liquidieren.[13] Karl war zu der Zeit auf dem Weg nach Rom und diese Angelegenheit löste er erst nach seiner Rückkehr im Frühling 1369. Aus der Untersuchung beider Gewalttaten geht hervor, dass Görlitz der Hauptinitiator des Überfalls und der Zerstörung der kleinen Städte war, im Fall von Ostritz unter beträchtlicher Beteiligung der Stadt Zittau.

Es ist anzunehmen, dass gerade dieses Ereignis Karl IV. davon überzeugt hat, seinen eigenen Sitz in Görlitz als ständige Erinnerung an die Macht des Königs von Böhmen über die Stadt zu errichten. Als Ort für das königliche Haus benutzte er nicht die ehemalige Burg der Askanier in der Nähe der St. Peter und Paul-Kirche, weil dort offen-

---

lung, Sign. U III 35, sowie eine ausführlichere, nichtsdestoweniger viel jüngere Chronik von Christian Gottlieb Platz, siehe ibidem, Sign. U III 200/5.

12 Die Beschreibung von Georgs Besuch in Bautzen einschließlich seiner Begrüßung und Unterbringung sind in den meisten Bautzener Chroniken enthalten, z. B. in der Chronik Möller I, Beschreibung des Landes Ober Lausitz, Domstiftsarchiv Bautzen, Mscr. 3516 (E II. 29), S. 364–367; Beschreibung des Landes Ober Lausitz, des gleichen der alten Königlichen Haupt Sechs Stadt Budußin, Stadtarchiv Bautzen, Handschriftensammlung, Sign. U III 165, p. 374–378. Siehe auch R. REYMANN, *Geschichte der Stadt Bautzen*, S. 27f.; Lenka BOBKOVÁ, *Cesta krále Jiřího do Budyšína v roce 1462*, in: Robert Novotný, Petr Šámal et al., Zrození mýtu. Dva životy husitské epochy (= Historická paměť. Velká řada, 22), Prag 2011, S. 140–149.

13 Die Umstände und Folgen des Angriffs auf beide Städtchen beschreibt Johann von Guben ausführlich in seiner Chronik der Stadt Zittau. Die Beschreibung dieser Ereignisse macht fast die Hälfte seines Textes aus. Siehe *Jahrbücher des zittauischen Stadtschreibers Johannes von Guben und einiger seiner Amtsnachfolger* (= SRL N.F.1), Ernst Friedrich Haupt (ed.), Görlitz 1839, S. 11–15, 20–31, 34–47.

sichtlich der Vogt von Görlitz amtierte.[14] Karl platzierte das neue Gebäude an der Stadtmauer in der Nähe des südlichen Stadttors, von dem der Weg nach Zittau führte, den die von Böhmen kommenden Reisenden am häufigsten benutzten. Der Bau wurde als *Neuhaus* oder *keysers hof* beziehungsweise nur als „Hof" (*curia*) bezeichnet.[15] Die gewählte Lage des Sitzes entsprach den Gewohnheiten, die aus den böhmischen königlichen Städten bekannt waren, in denen die königlichen Burgen auch an den Mauern standen. Solche Bauwerke sind z. B. in Písek und Kaaden/Kadaň bis heute erhalten.

Nach der Gründung des Herzogtums Görlitz (1377), das Karl IV. seinem jüngsten Sohn Johann (1370–1396) unterstellte, wurde das königliche Haus in Görlitz in die Residenz des jungen Herzogs umgewandelt.[16] Das Objekt grenzte an einen Turm, der nach der Einweihung der nahen, außerhalb der Stadtmauer stehenden Frauenkirche (Jungfrau Maria-Kirche) „Frauenturm" genannt wurde.[17] Aus den Görlitzer Ratsrechnungen geht hervor, dass sich die Stadt an der Finanzierung des Umbaus beteiligte. Kleinere baulichen Veränderungen des Palastes fanden auch im Jahre 1376 statt.[18] Zu wesentlicheren Baueingriffen kam es im September 1376, als die Stadt Zimmerleute bezahlte, die *dy blankin* vor den Wohnräumen des Herzogshauses erbauten und den auf die Mauer führenden Steg errichteten.[19] Ein Jahr später verbesserten oder beendeten sie den Wehrgang. Weitere Umbauten des Hauses folgten im Jahre 1380, wie die Ausgaben für Kalk, Stein und Sand für den Bau *myns heren huzu* und für den Bau der

---

14 Die Burg benutzte Beneš von der Dubá auf Liběšice, der in den Jahren 1369–1389 als oberlausitzischer Landesvogt und nach 1377 auch als Hofmeister Johanns von Görlitz wirkte. Siehe Richard JECHT, *Benesch von der Duba, Landvogt der Oberlausitz 1369–1389*, NLM 86, 1910, S. 103–143, hier S. 104; Lenka BOBKOVÁ – Tomáš VELIČKA – Mlada HOLÁ – Jan ZDICHYNEC, *Johann von Görlitz. Der dritte Sohn Karls IV.* (= Beihefte zum Neuen Lausitzischen Magazin, 22), Zittau-Görlitz 2019, S. 107.

15 Marius WINZELER, *Vizuální přítomnost nepřítomného*, in: L. BOBKOVÁ – M. HOLÁ – T. VELIČKA – M. WINZELER – J. ZDICHYNEC, *Královská Horní Lužice*, S. 488f.

16 L. BOBKOVÁ – T. VELIČKA – M. HOLÁ – J. ZDICHYNEC, *Johann von Görlitz*, S. 31ff. Vgl. M. WINZELER, *Görlitz als Residenzstadt*, S. 415–434.

17 Das Objekt stand *zu der brocken by dem huse in der stat, als man zu unser frauen gehet*. Siehe Richard JECHT, *Geschichte der Stadt Görlitz*, Bd. 1,1: *Allgemeine Geschichte der Stadt Görlitz im Mittelalter*, Görlitz 1926; Bd. 1/2: *Topographie der Stadt Görlitz*, Görlitz 1934, hier Bd. 1,2, S. 428.

18 *CDLS* III, S. 10, Zeile 4, in der Abrechnung für März erscheinen 4 Schock 12 Groschen für die Renovierung der Durchfahrt, die durch *daz nue hus* führt.

19 *CDLS* III, S. 27, Zeile 12, *Daz man dy blankin buwite bi dem nuwin huse vor cymmyr 5½ sol. Den cymmirluthen ½ sch. Den knechten, dy yn hantreichten, 16 gr.*

Gräben und Mauern in den Ratsrechnungen belegen.[20] Der Vogt von Görlitz, Beneš Berka von Dubá, befahl 1384 im Namen des Herzogs den Bürgern von Görlitz, Stadtmauern auf beiden Seiten des neu errichteten Hauses (*das newe haus*) zu bauen. Sie sollten auch eine Treppe auf den Turm anfertigen und diese wie die anderen Tore auch bewachen. Desweiteren sollten sie das Haus baulich so anpassen, damit der erwähnte Weg durch das Haus führen konnte.[21] Vorwiegend ging es also um Umbauten, die Sicherheitsansprüchen dienten, der einerseits der Stadt zugutekam und andererseits dem Herzog die Möglichkeit einer gewissen Kontrolle über die Stadt bot. Zu den letzten Eingriffen in Johanns Residenz kam es nach einem Brand der Stadt im Juni 1391, als die Stadt dem Herzog das Baumaterial für die Reparatur des Flurs im Erdgeschoss (*zur untersten Stube des Ganges*), der Küche und der Kammer lieferte.[22] Nach dem Tod Johanns von Görlitz (1396) stand das Haus leer und um seine Instandhaltung kümmerte sich nur die Stadt. Als letzte Angehörige der königlichen Familie wurde hier die Gattin Wenzels IV., Sofia von Bayern, 1408 während des kurzen Besuchs des Herrscherpaars in Görlitz untergebracht. Der König bewohnte damals den sog. Schönhof ganz in unmittelbarer Nähe des Rathauses.[23] Der allmählich baufällig werdende Palast verschwand endgültig im letzten Viertel des 15. Jahrhunderts in Zusammenhang mit dem Bau der neuen Stadtmauer.

Zum Bau des Herrscherhauses in Zittau motivierte Karl die unruhige Atmosphäre in der Stadt, welche sowohl von noch frischen Erinnerungen der Stadtbewohner als auch von neuen Konflikten beeinflusst wurde, die in verschiedenen Varianten auch in anderen Städten stattfanden. Zittau wurde nämlich in der ersten Hälfte des 14. Jahrhunderts wiederholt verpfändet. Endgültig wurde Zittau erst 1358 vom König ausgelöst und zwar dank der ausgiebigen Unterstützung der Bürger, die nach dem Verfasser der ältesten Zittauer Chronik, Johann von Guben, mit einem Betrag von 1000 Schockgroschen dazu beitragen mussten. Dies führte zu einer finanziellen Erschöpfung der Stadt.[24] Das Missfallen der Bürger erweckte auch die kaiserliche Verordnung, nach

---

20 *CDLS* III, S. 63, Zeile 29: [...] *von der muwir uf myns herren huzu zu buwun vor kalk, steyn, sandfur, den grebern unde mueren* [...]; S. 66, Zeile 3: [...] *pro via subterranea in curia ducis* [...] (Juni 1380).

21 Die Urkunde wurde am 1. April 1384 in Prag ausgestellt, siehe Rats- und Stadtarchiv Görlitz, Urkunden, Sign. 123/86; vgl. R. JECHT, *Benesch von der Duba*, S. 104.

22 *CDLS* III, S. 215, Zeile 18–28.

23 Richard JECHT, *Fürstliche Besuche in Görlitz. Festschrift zur Enthüllung des Reiterstandbildes seiner Majestät des hochseligen Kaisers und Königs Wilhelm I. am 18. Mai 1893 in Görlitz*, S. 19.

24 *Jahrbücher des zittauischen Stadtschreibers Johannes von Guben*, E . F. Haupt (ed.), S. 10; siehe auch Joachim PROCHNO, *Regesten zur Geschichte der Stadt und des Landes Zittau 1234–1437*, NLM 113, S. 79–198, hier S. 156*, Nr. 224, 224a.

dem Brand der Stadt ausschließlich nur steinerne Häuser zu bauen. Noch dazu brachen Zwiste zwischen dem Zittauer Stadtrat und den Zunfthandwerkern aus. Diese betrafen die Errichtung der Stadtwaage und die Strafen für Kaufleute, die minderwertige Tuche verkauften. Anfang 1361 beauftragte Karl IV. seinen Ratgeber Dietrich von Portitz[25] die angesprochenen Auseinandersetzungen zu lösen. Dieser zwang die Stadt, die Entscheidungen des Herrschers anzunehmen. Der Kaiser befahl jedoch nicht nur, die Waage zu errichten, sondern er drückte auch seinen Wunsch aus, in der Stadt ein Haus zu bauen, damit er dort während seiner Aufenthalte in Zittau wohnen könne. Der Bau des Hauses wurde im Juni 1361 begonnen. Das Herrscherhaus wurde an der Stadtmauer errichtet, ähnlich wie etwas später in Görlitz.[26] Nach Guben sollte ein großer Graben um das Haus herum ausgehoben werden,[27] analog zu dem Graben zwischen der Ortenburg und der Stadt Bautzen. Karl IV. konnte das neue Haus jedoch nicht oft nutzen, da er Zittau nachweisbar nur fünfmal besuchte. In den Räumen des Hauses amtierte höchstwahrscheinlich der Zittauer Vogt, der dort möglicherweise auch wohnte.[28] Das Gebäude ist nicht erhalten, es wurde schon im zweiten Jahrzehnt des 16. Jahrhunderts niedergerissen und die Trümmer dienten als Baumaterial.

Zu den Bauten, die Karl IV. im Land Zittau initiierte, gehörte auch die kleine Burg Karlsfried, die in den zeitgenössischen Quellen auch als „Neuhaus" angeführt wird (Abb. 1). Sie wurde auf der sog. Zittauer oder Gabler Straße erbaut, die aus Böhmen nach Zittau und weiter nach Görlitz oder Bautzen führte. Die Burgbesatzung sollte die Sicherheit auf diesem Weg gewähren und zugleich Zollabgaben einziehen. Die Festung hatte also ihre spezifische Funktion in Bezug auf den erwähnten Weg und zugleich erinnerte sie an den Herrscher, der gerade diese Straße mit ihren Verordnungen präferier-

---

25 *Jahrbücher des zittauischen Stadtschreibers Johannes von Guben*, E . F. Haupt (ed.), S. 12. Johann von Guben musste seine Nachricht erst einige Monate nach den Ereignissen geschrieben haben, weil er Dietrich von Portitz als Erzbischof von Magdeburg bezeichnete. Dieser wurde jedoch erst im Herbst 1361 Erzbischof.

26 R. NĚMEC, *Architektura,* S. 207ff. mit Berufung auf Johann Benedict CARPZOV, *Analecta Fastorum Zittaviensium oder Historischer Schauplatz der Loeblichen Alten Sechs-Stadt des Marggraffthums Ober-Lausitz Zittau*, Zittau 1716, Teil 1, Kap. 22, S. 157.

27 *Jahrbücher des zittauischen Stadtschreibers Johannes von Guben*, E .F. Haupt (ed.), S. 12–15. Zum Königshaus in Zittau zuletzt R. NĚMEC, *Architektura,* S. 207–210.

28 Ebenso ist Karl IV. auch im Vogtland verfahren, wo die Luxemburger einige verstreute Besitzungen besaßen. Nach dem Erwerb des Gutes Reichenbach-Mylau (1358) ließ er die Burg in Mylau umbauen, die zur Residenz des Hauptmanns des böhmischen Königs wurde, dazu R. NĚMEC, *Architektur*, S. 207–210.

Abb. 1 Karlsfried, Burgruine an der so genannten Gabler Straße.

te und schützte.²⁹ Karlsfried wurde im Sommer 1357 gegründet und nach der Darstellung Johanns von Guben sollte Oldřich Tista von Libštejn (*Ulrich Cista*) mit der Bauführung beauftragt werden, der als Burggraf der böhmischen königlichen Burg Bezděz/ Bösig wirkte.³⁰ Im Unterschied zu dem königlichen Haus in Zittau sind die kargen

---

29 Auf der tschechischen Seite wird sie Zittauer Straße und auf der deutschen Seite Gabler Straße genannt, d. h. nach dem letzten Ort auf der böhmischen Seite – Deutsch Gabel/ Jablonné v Podještědí. Lenka BOBKOVÁ, *Karlsfried, královský hrad na Žitavské cestě*, in: Gunter OETTEL (ed.), Die Besiedlung der Neißeregion. Urgeschichte – Mittelalter – Neuzeit, Zittau 1995, S. 83; Richard NĚMEC, *Žitavská cesta a založení celestinského kláštera na Ojvíně v intencích územní politiky Karla IV.*, HG 31, 2001, S. 211–226.
30 *Jahrbücher des zittauischen Stadtschreibers Johannes von Guben*, E .F. Haupt (ed.), S. 10.

Abb. 2 Oybin, die Reste der Burg aus der Zeit von Karl IV.

Ruinen der Karlsfried bis heute sichtbar,[31] wenn auch die Burg schon in den 40er Jahren des 15. Jahrhunderts zerstört wurde.[32]

Viele Fragen provoziert der dritte Bau, den Karl in der Nähe von Zittau erbaute – den stattlichen Komplex in Oybin (Abb. 2). Er wurde auf einem Felsenberg über

---

[31] Richard Němec, „halden vnd bekostugen". Die Zollburg und Landvogt-Residenz Karlsfried in der Burgenpolitik Karls IV. im Zittauer Land, in: Markus Winzeler (ed.), Für Krone, Salz und Kelch, Weg von Prag nach Zittau (= Zittauer Geschichtsblätter, 45), Zittau – Görlitz 2011, S. 64–71; Idem, Architektura, S. 199–207. Der Verfasser bietet zugleich die verlockende Hypothese, dass die Burg die Residenz des Zittauer Vogts gewesen sein sollte. Ich meine jedoch, dass der Vogt in Zittau nicht nur amtierte, sondern auch wohnte.

[32] Die oberlausitzischen Städte kauften die Burg zusammen mit Zittau und ließen Karlsfried im Sommer 1442 abreißen, was in den Görlitzer Ratsrechnungen verzeichnet ist, siehe Codex diplomaticus Lusatiae superioris IV. Oberlausitzer Urkunden von 1437–1457, Richard Jecht (ed.), Görlitz 1911–1927, S. 212; R. Jecht, Geschichte der Stadt Görlitz, Bd. 1/1, S. 179.

DAS NETZWERK VON GELEGENTLICHEN RESIDENZEN

einem aus Böhmen in die Oberlausitz führenden Nebenweg erbaut. Der Komplex bestand aus einer auf den Trümmern eines anderen Baus entstandenen Burg und aus dem Neubau eines Cölestinerklosters mit der Hl. Geist-Kirche. Für die Gründung des Klosters entschied sich Karl erst einige Jahre nach dem Beginn seiner Bautätigkeit in Oybin.[33] Die Cölestiner kamen aus Prag nach Oybin und wirkten hier bis zur Reformation. Der Kaiser zeigte am Bau des Klosters ohne Zweifel großes Interesse, wovon auch die Beteiligung der Meister des Prager Hofkreises am Bau zeugt. Die imposante Kirche wurde jedoch erst nach seinem Tod beendet und unter der Regierung seines Sohns Wenzel im Jahre 1384 vom Prager Erzbischof Jan von Jenštejn geweiht.[34] Angesichts der Tatsache, dass Karl in Oybin nur einmal (im Oktober 1369) übernachtete,[35] ist schwerlich von einer funktionierenden Herrscherresidenz zu sprechen, die sich noch dazu in entlegenen Wäldern befand. Abgesehen von der repräsentativen Funktion bleibt also der Sinn dieses herrlichen Baus ein wenig fraglich. Möglicherweise plante der Kaiser, Oybin hin und wieder zu besuchen, um sich hier zu erholen. Dank glücklicher Umstände gehören die Ruinen des ganzen Komplexes zu den am besten erhaltenen Bauten Karls IV. in den Nebenländern. Die malerische Gestaltung, die hohe künstlerische Qualität mit der beeindruckenden technischen Bewältigung der Errichtung auf dem felsigen Terrain verbindet, erweckt bis heute Bewunderung. Im Jahre 1574 erwarb die Stadt Zittau sowohl Oybin als auch den Besitz des untergegangenen Klosters.[36]

Während sich die Bauaktivitäten des Herrschers in Schlesien nur auf die immediaten Länder bezogen, bauten die schlesischen Fürsten ihre Sitze in ihren Lehensfürstentümern. Die böhmischen Könige widmeten der Stadt Breslau besonders viel Aufmerksamkeit, die ihnen mit dem gesamten Herzogtum Breslau nach dem Tod Heinrichs VI. von Breslau (1335) zugefallen war. Die ehemalige Residenzstadt wurde dann zum natürlichen Zentrum der königlichen Verwaltung und wurde bald zur zweitbe-

---

33 Richard Němec widmet seine Aufmerksamkeit der Baugestaltung und ihrer Entwicklung in vielen Studien. Zuletzt hat er seine Erkenntnisse im schon zitierten Werk R. NĚMEC, *Architektura*, S. 210–265 zusammengefasst.

34 Über die Weihe schrieb im 16. Jahrhundert Christophorus MANLIUS, *Commentariorum rerum Lusaticarum libri VII.*, Christian Gottfried Hoffmannus (ed.), in: SRL, 1,2, Lipsiae – Budissae 1719, S. 99–468, hier S. 317.

35 Nach der Erwähnung von Johann von Guben, siehe *Jahrbücher des zittauischen Stadtschreibers Johannes von Guben*, E .F. Haupt (ed.), S. 48ff.

36 Christian Adolph PESCHECK, *Geschichte der Cölestiner des Oybins*, Zittau 1840, S. 84.

deutendsten Stadt der Böhmischen Krone.³⁷ Diese stattliche, ökonomisch prosperierende und politisch agile Stadt war auch der Sitz des Bischofs von Breslau. Ebenso besuchten die beiden ersten Luxemburger auf dem böhmischen Thron Breslau häufig.³⁸ Johann von Luxemburg benutzte Räume des fürstlichen Areals auf dem linken Ufer der Oder. Gerade dort begann Karl IV. etwas später seine eigene Residenz zu bauen, die an den älteren, Anfang des 14. Jahrhunderts erbauten Piastenhof anknüpfte.³⁹ Sein Palast wurde zunächst „Königshof" genannt und nach Karls kaiserlicher Krönung als „Kaiserhof" *(curia regis, curia imperialis)* bezeichnet. Danach setzten auch Karls Nachfolger den Bau dieses Palastes fort. Dieses Haus diente nicht nur den böhmischen Königen während ihrer Besuche in Breslau,⁴⁰ denn dort amtierte auch der Hauptmann von Breslau und es fanden Sitzungen des Hofgerichts statt.⁴¹ Das Objekt diente diesen

---

37 Gemeinsame Merkmale beider Städte betont Bogusław CZECHOWICZ, *Dvě centra v Koruně. Čechy a Slezsko na cestách integrace a rozkolu v kontextu ideologie, politiky a umění (1348–1458)*, České Budějovice 2011.

38 Ivan HLAVÁČEK, *Vratislav jako místo pobytu Karla IV. a Václava IV. K interpretaci pozdněstředověkých panovnických itinerářů*, in: Kazimierz BOBROWSKI (ed.), Źródłoznawstwo i studia historyczne, Wrocław 1989, S. 165–174; Mlada HOLÁ, *Pobyty Karla IV. a jeho dvora ve Vratislavi v letech 1348–1372*, in: Dana Dvořáčková-Malá (ed.), Dvory a rezidence ve středověku, Praha 2006, S. 163–189; EADEM, *Pobyty Jana Lucemburského a jeho syna Karla ve Vratislavi v letech 1327–1345*, in: Józef DOBOSZ – Jakub KUJAWIŃSKI – Marzena MATLA-KOZŁOWSKA (edd.), Pierwsze polsko-czeskie forum młodych mediewistów. Materiały z konferencji naukowej Gniezno 27–29 września 2005 roku, Poznań 2007, S. 217–231.

39 Aus der älteren Literatur z. B. Herman LUCHS, *Über die ehemalige kaiserliche Burg in Breslau, Programm der höheren Töchterschule St. Maria Magdalena*, Breslau 1863; Ludwig BURGERMAISER, *Die ehemalige kaiserliche Burg zu Breslau*, Zeitschrift des Vereins für Geschichte und Alterthum Schlesiens 36, 1902, S. 271–317; Kurt BIMLER, *Die ehemalige Kaiserburg in Breslau*, Breslau 1933. Zum Aufbau des Palastes unter Karl IV. Edmund MAŁACHOWICZ, *Książęce rezydencje, fundacje i mauzolea w lewobrzeżnym Wrocławiu*, Wrocław 1994, S. 145ff; Zusammenfassung der Erkenntnisse Rafał EYSYMONTT, *Palac Uniwersytecki – niektóre aspekty rozplanowania zabudowy w okresie średniowiecza, renesancu i baroku*, in: Jerzy ROZPĘDOWSKI (ed.), Architektura Wrocławia 2, Wrocław 1997, S. 87–105; übersichtlich Mlada HOLÁ, *Curia imperialis. K možnosti ubytování dvora českých králů ve Vratislavi a k funkcím jejich sídel (1335–1526)*, in: Dana Dvořáčková-Malá – Jan Zelenka (edd.), Skladba a kultura dvorské společnosti II. Dvory a rezidence ve středověku, Praha 2008, S. 169–196.

40 Mlada HOLÁ, *„Fuit honorifice susceptus." Holdovací cesty českých panovníků do Vratislavi v pozdním středověku*, in: Lenka BOBKOVÁ – Jana KONVIČNÁ (edd.), Rezidence a správní sídla v zemích České koruny ve 14.–17. století (= Korunní země v dějinách českého státu, 3), Praha 2007, S. 273–299; EADEM, *Holdovací cesty českých panovníků do Vratislavi v pozdním středověku a raném novověku (1437–1617)*, Praha 2012.

41 Mlada HOLÁ, *Vratislavští hejtmané. Reprezentanti královského majestátu prvních Lucemburků na českém trůně (1335–1378)*, in: Lenka BOBKOVÁ – Mlada HOLÁ (edd.), Lesk královského majestátu

Zwecken noch im 15. und 16. Jahrhundert und wurde im Laufe dieser Zeit weiter ausgebaut.

Nach dem Tod der Witwe von Bolek II. von Schweidnitz – Agnes von Schweidnitz-Habsburg († 1392) – wurde das Fürstentum Schweidnitz-Jauer zu einem weiteren großen immediaten schlesischen Fürstentum. König Wenzel IV. ernannte für beide Fürstentümer einen gemeinsamen Hauptmann und zwar den böhmischen Adeligen Beneš von Choustník, der dort schon zu Lebenszeiten der Fürstin Agnes wirkte. Im Unterschied zu ihr hielt er sich nicht so oft in der stattlichen Piastenburg in Schweidnitz (Świdnica) auf,[42] sondern bevorzugte die Stadt Jauer, das zweite Zentrum des großen Fürstentums Schweidnitz-Jauer. Auch hier stand eine altertümliche Piastenburg, die den Fürsten von Jauer als Residenz diente. Als diese 1346 ausstarben, wurde sie von Bolek von Schweidnitz zusammen mit dem verlassenen Fürstentum übernommen. Als die Erbschaft den Königen von Böhmen zufiel, wurde die Burg schließlich zum Amtssitz ihrer Hauptmänner.

In Jauer blieb ein besonderes Denkmal erhalten und zwar die öffentlich platzierten und von weitem sichtbaren Porträts der Herren des Fürstentums, die den Rathausturm schmücken. Diese ließ die Stadt Jauer wahrscheinlich aufgrund einer Initiative des Hauptmanns Beneš von Choustník anfertigen. Die Figuren stellen den regierenden böhmischen König Wenzel IV., die schon verstorbenen Fürsten Bolek II. von Schweidnitz und seinen Bruder Heinrich II. von Schweidnitz († 1345), d. h. den Vater Annas von Schweidnitz (und deshalb den Großvater Wenzels IV.), sowie eine Gruppe von Rittern dar.[43] Die skulpturale Dekoration des Rathausturms dokumentiert nicht nur

---

ve středověku. Pocta Prof. PhDr.Františku Kavkovi, CSc. k nedožitým 85. narozeninám, Praha-Litomyšl 2005, S. 161-176; EADEM, *Vratislavská hejtmanská kancelář za vlády Jana Lucemburského a Karla IV.*, SAP 61 – Supplementum 2, Praha 2011, S. 65ff. Der Herrscher vertraute die königliche Verwaltung über das ganze Fürstentum Breslau mehrmals auch dem Stadtrat von Breslau an und in dieser Zeit wurde die Verwaltung in die Räume des Rathauses verschoben.

42 Tomasz JUREK, *In sede viduali. Nad itinerarium księżnej świdnickiej Agnieszki z lat 1385–1393*, in: Krystyna ZIELINSKA-MELKOWSKA (ed.), Europa środkowa i wschodnia w polityce Piastów, Toruń 1997, S. 275–289.

43 Janusz KĘBŁOWSKI, *Pomniki Piastów śląskich w dobie średniowiecza*, Wrocław 1971, S. 134–139; Jacek WITIKOWSKI, *Posągi na wieży ratuszowej w Jaworze. Warsztat, czas i okoliczności fundacji*, Biuletyn Historii Sztuki 56, 1994, S. 229–239; Dagmar ADAMSKA, *Czeski rycerz na świdnickim dworze – przyczynek do kultury politycznej czeskich starostów w księstwie świdnicko – jaworskim*, in: Lenka BOBKOVÁ – Jana KONVIČNÁ (edd.), Společné a rozdílné. Česká koruna v životě a vědomí jejích obyvatel ve 14.–16. století (= Korunní země v dějinách českého státu, 2), Praha 2005, S. 25–36; Bogusław CZECHOWICZ, *Lokale Synthese zweier dynastischer Traditionen. Das historische Gedächtnis von Sweidnitz im 15.–18. Jahrhundert*, in: Lenka BOBKOVÁ – Jan ZDICHYNEC (edd.), Geschichte

den zeitgemäßen Trend, eine Herrscherfigur im öffentlichen Raum zu platzieren (z. B. Karl IV. mit seiner Gemahlin auf dem Balkon über dem südlichen Eingang der Marienkirche in Mühlhausen, die Konsolen in Form der Herrscherporträts auf dem Tympanon in Luckau). Die Verzierung des Rathauses in Jauer stellt auch einen Wendepunkt in der Geschichte des Fürstentums Jauer dar, d. h. die zu Ende gehende Ära der Piastenfürsten, deren Macht und Rechte auf ihren Erben in der weiblichen Linie – den böhmischen und römischen König Wenzel IV. – übergingen.

Wir haben zwar keinen Beleg für einen Besuch Wenzels IV. in Jauer, er könnte jedoch die Stadt besichtigt haben, als er sich 1404 nachweisbar in Schweidnitz aufhielt. Damals war die Gestaltung des Turms offenbar schon beendet. Im September 1459 verbrachte auch König Georg von Podiebrad einige Wochen im Fürstentum Schweidnitz. In der Stadt Schweidnitz empfing er die Huldigung der Repräsentanten des Fürstentums Schweidnitz-Jauer und hielt sich danach in Jauer auf. Am 21. September 1459 fand dort dann auch die Huldigung des Landadels und der oberlausitzischen Städte (außer Görlitz) statt.[44]

Die baulichen Aktivitäten Karls IV. in der Oberpfalz und in Brandenburg

In der Auflistung der Bauten, die der Herrscher von Böhmen in den neu gewonnenen Ländern initiierte, dürfen auch diejenigen nicht fehlen, die ihren ursprünglichen Zweck nur kurzfristig erfüllten, weil ihre Bindungen an die Böhmische Krone nur einige Jahrzehnte andauerten. Es geht um die Residenzen und Verwaltungssitze in der Oberpfalz und in Brandenburg, um deren Errichtung oder Renovierung Karl IV. sich verdient gemacht hat.

Den wesentlichen Teil der Oberpfalz gewann Karl IV. im Jahre 1353 von den pfälzischen Wittelsbachern und weitere Gebiete folgten im Laufe der nächsten Jahre. Die

---

– Erinnerung – Selbstidentifikation. Die schriftliche Kultur in den Ländern der Böhmischen Krone im 14.–18. Jahrhundert (= Die Kronländer i der Geschichte des böhmischen Staates, 5), Praha 2011, S. 278–296, hier S. 280.

44 CDLS VI, S. 115. Vgl. Rudolf URBÁNEK, *Věk poděbradský*, České dějiny III/3, Praha 1930, S. 554 n., der sich auf die Schilderung des Breslauer Stadtschreibers Peter Eschenloer († 1481) stützt: *Geschichte der Stadt Breslau*, Teilbd. 1: *Chronik bis 1466*, Gunhild Roth (ed.), Münster – New York – München 2003, S. 273. Die Repräsentanten von Görlitz übergaben dem König zwar in Jauer die Geschenke, die Huldigung leisteten sie Georg jedoch erst im nächsten Jahr in Prag. Das geht aus den Görlitzer Ratsrechnungen hervor, siehe CDLS VI, S. 61.

böhmischen Besitzungen wurden um die Handelsroute (die sog. Goldene Straße) herum konzentriert, die von Nürnberg nach Böhmen führte. Die Straße verlief durch den nördlichen Teil des Territoriums, das nach der Teilung der wittelsbachischen Besitzungen 1329 in Bayern den Pfalzgrafen am Rhein blieb. Karl IV. versuchte, die gewonnenen verstreuten Besitzungen zusammenzuführen und auf diese Weise ein neues, administrativ geschlossenes Kronland zu bilden. Diesen Prozess vollendete er mit der Ausstellung einer Inkorporierungsurkunde, durch die er als mittlerweile römischer Kaiser die Besitzungen in der Oberpfalz der Böhmischen Krone einverleibte. Einen außerordentlichen Glanz verliehen dieser Urkunde der Ort und das Datum ihres Siegels: Rom, am 5. April 1355, d. h. am Tag von Karls Kaiserkrönung.[45]

Karl IV. widmete seine Aufmerksamkeit auch der Verwaltung der böhmischen Oberpfalz. Als ihre Hauptstadt bestimmte er Sulzbach, den ehemaligen Sitz der längst ausgestorbenen Linie der Grafen von Sulzbach. Im Geist der historischen Kontinuität benutzte er auch ihr Wappen – sechs silberne Lilien in einem roten Feld – als heraldisches Symbol des ganzen Gebiets und dasselbe Wappen hatte auch die Stadt Sulzbach (ähnlich deckte sich das Wappen der Oberlausitz mit dem Wappen der Stadt Bautzen oder das Wappen der Niederlausitz mit dem Wappen von Luckau.) In Sulzbach stand auch eine alte Burg, die der königliche Hauptmann mit der neu errichteten Kanzlei für die Angelegenheiten der böhmischen oberpfälzischen Besitzungen nutzte, während der Kaiser im Laufe seiner verhältnismäßig zahlreichen Besuche von Sulzbach meistens in den Stadthäusern wohnte. Eine ganz andere Funktion erhielt die neu umgebaute Burg Rothenberg, die als militärische Festung konzipiert wurde, die 20 Burgmänner sichern sollten.[46] Die Festung sollte also noch eindrucksvoller als Karlsfried die Rolle eines Wächters der Landessicherheit erfüllen.

Einen eindeutig repräsentativen Charakter wies Karls dritter Bau in der Oberpfalz auf, eine Burg bei Lauf an der Pegnitz auf einer vorgelagerten Insel, die zum größten Teil erhalten blieb (Abb. 3). Die Lage der Burg in der Nähe von Nürnberg sowie ihre Ausschmückung stellen im Wesentlichen die steinerne Materialisierung seines politischen Triumphs dar, den die Verschiebung der Grenzen der Böhmischen Krone ins Zentrum des Reiches für Karl IV. bedeutete. Auf symbolischer Ebene weist darauf besonders die Verzierung eines der Burgsäle – des sog. Wappensaals – hin (Abb. 4). Die

---

45 Lenka BOBKOVÁ, *Soupis českých držav v Horní Falci a ve Francích za vlády Karla IV.*, in: SAP 30, 1980, S. 169–229; EADEM, *Bayern und die Oberpfalz in der Politik Karls IV.*, in: Robert Luft – Ludwig Eiber (edd.), Bayern und Böhmen. Kontakt, Konflikt, Kultur, München 2007, S. 35–58.

46 Den militärischen Dienst sollten 20 Burgmänner ausüben, deren Pflichten die Urkunde Karls IV. vom 5. Febr. 1363 beschreibt, siehe RBM VII, S. 806–809, Nr. 1336.

Abb. 3 Lauf an der Pegnitz, das Eingangstor zur Wenzelsburg.

an den Wänden aufgehängten Wappen repräsentieren sowohl die rechtliche Konstruktion der Böhmischen Krone als auch den Königshof, der überwiegend aus dem böhmischen Adel bestand, der einerseits das Land repräsentierte und andererseits als Stütze des Herrschers fungierte.[47] Symbolisch war auch die Bezeichnung der Burg (Wenzelsburg), die an den böhmischen Landespatron erinnerte. Auch seine Abbil-

---

47 Vladimír Růžek, *Česká znaková galérie na hradě Laufu u Norimberka z roku 1361. Příspěvek ke skladbě královského dvora Karla IV.*, SAP 38, 1988, S. 37–311; Idem, *Neue Erkenntnisse zum Laufer Wappensaal*, in: Daniel Burger (ed.), Burg Lauf a.d. Pegnitz. Ein Bauwerk Kaiser Karls IV., (= Schriften des deutschen Burgenmuseums, 2), Nürnberg 2006, S. 71–80; Lenka Bobková, *Die Oberpfalz und die Burg Lauf in den territorial-dynastischen Plänen Karls IV.*, in: D. Burger (ed.), Burg Lauf a.d. Pegnitz, S. 25–34.

Abb. 4 Lauf an der Pegnitz, Wenzelsburg, Wappensaal.

dung wurde in die Burgverzierung eingegliedert.⁴⁸ Karl IV. besuchte Lauf mehrmals und lud in die Burg auch vornehme Gäste zu der Taufe seines Sohns Wenzel ein, die im April 1361 im nahen Nürnberg stattfand.⁴⁹ Der Wappensaal präsentierte auf symbolische, aber deutliche Weise den anwesenden Gästen die künftige Machtsphäre des unlängst geborenen Kindes (Abb. 3, 4).

Das Bemühen um die visuelle Präsentation des neuen Landesherrn wurde auch mit Karls späteren territorialen Erfolgen verbunden. Das betraf sowohl die Niederlausitz, die 1368 endgültig an die Böhmische Krone angeschlossen wurde, als auch die Mark Brandenburg, die Karl 1373 kaufte und seinen Söhnen zu sichern versuchte. Weil er

---

48 Die St. Wenzel-Plastik, welche sich heute gemeinsam mit dem böhmischen Löwen über dem Eingangstor befindet, könnte ursprünglich für einen inneren Burgraum (vielleicht für die Kapelle) bestimmt gewesen sein. Das Relief des Heiligen ist auch auf der Wand des Wappensaals zu finden.

49 František KAVKA, *Vláda Karla IV. v době jeho císařství* I, Praha 1993, S. 180 an. Franz MACHILEK, *Privatfrömmigkeit und Staatsfrömmigkeit*, in: Ferdinand SEIBT (ed.), Kaiser Karl IV. Staatsmann und Mäzen, München 1978, S. 100.

Abb. 5 Bautzen, Ortenburg.

aber unmittelbar danach alle seine Kräfte aufbieten musste, um Brandenburg zu sichern und der Niederlausitz nicht allzu viel Aufmerksamkeit wie der böhmischen Oberpfalz widmete, kann man nur theoretisch über die Absicht des Kaisers spekulieren, ein Zentrum der königlichen Verwaltung in der Stadt Luckau einzurichten. Genauso ist es nur theoretisch anzunehmen, dass er auch hier die Errichtung eines Königshauses geplant habe. Ein solches Haus hätte in der Nähe der St. Nikolaikirche platziert werden können, die am Rande der Stadt – abseits des Platzes – stand. Gerade dieser Kirche widmete der Kaiser nämlich die seltene Reliquie des heiligen Paulinus, die er in der italienischen Stadt Lucca erhalten hatte. Am südlichen Eingang dieser Kirche blieb das Portal aus den 70er Jahren des 14. Jahrhunderts erhalten, das Konsolen in Form der Köpfe eines Herrschers und einer Herrscherin schmücken, die gewöhnlich mit Elisabeth von Pommern und Karl IV. Verbunden werden.[50] Meiner Mei-

---

50 Marie-Luise FAVREU-LILIE, *Von Lucca nach Luckau. Kaiser Karl IV. und das Haupt des heiligen Paulinus,* in: Franz J. FELTEN – Nikolas JASPERT (edd.), Vita Religiosa im Mittelalter. Festschrift für Kaspar Elm zum 70. Geburtstag (= Berliner historische Studien, 31), Berlin 1999, S. 899–915; Dirk

nung nach zeigt das ausdruckvolle jugendliche Gesicht des männlichen Kopfes aber nicht den Kaiser, sondern einen seiner noch nicht erwachsenen Söhne, anders gesagt dem vorgesehenen künftigen lausitzischen Markgrafen. Der Künstler mag sich von den Ereignissen vom Mai 1363 inspiriert haben lassen, als die Repräsentanten von Brandenburg und der Niederlausitz in Guben dem jungen (schon 1363 gekrönten) böhmischen König Wenzel IV. die Huldigung leisteten. Dieser stellte damals – zusammen mit seinen Brüdern Sigismund und Johann – eine umfangreiche Urkunde über die Untrennbarkeit der Markgrafschaft Brandenburg vom Königreich Böhmen und den dazu gehörigen Ländern (d. h. auch von der Niederlausitz) aus.[51] Es ist also nicht auszuschließen, dass die Porträtkonsole in Luckau die Züge von Wenzel trägt.

Eine Reihe schwer zu beantwortender Fragen ist auch mit der letzten Residenz von Karl verbunden, die er im brandenburgischen Tangermünde (Altmark, heute Sachsen-Anhalt) erbauen ließ. Bei der St. Johannes-Burgkapelle gründete der Kaiser (ähnlich wie auf der Burg Karlstein) ein Kollegiatkapitel, in dessen Gründungsurkunde er schrieb, dass er und seine Erben, die Markgrafen von Brandenburg, die Burg Tangermünde als *domicilium principale* besitzen.[52] Damit drückte er klar aus, dass er sie für den Hauptsitz der Markgrafen hielt. Dem entsprach auch der Bau selbst mit seiner Ausstattung und Verzierung. Weil aber die Burg während des Dreißigjährigen Kriegs vollständig vernichtet wurde, müssen wir uns bei ihrer Beschreibung auf bruchstückhafte Informationen aus schriftlichen Quellen und einige wenige materielle Belege verlassen. Ein Kupferstich von Matthäus Merian aus der Zeit um 1630 zeigt die Residenz und sporadisch vorkommende archäologische Funde belegen die prunkvolle Ausschmückung der Kapelle, bei der Karl die Gründung des Kapitels initiierte. Die Gestaltung des großen Burgsaals, der mit umfangreichen figuralen Wandmalereien geschmückt werden sollte, bezeugt nur ein Inventar aus dem Jahre 1564. An einer Wand wurde eine Turnierszene abgebildet, an weiteren drei Wänden befanden sich Herrschergruppen, die römische Kaiser, Ehepaare der Luxemburger und Kurfürsten dar-

---

SCHUMANN, *Der mittelalterliche Kirchenschatz der Nikolaikirche*, in: Detlef KARG (ed.), Zwischen Himmel und Erde. Entdeckungen in der Luckauer Nikolaikirche (= Arbeitshefte des Brandenburgischen Landesamtes Denkmalpflege und Archäologischen Landesmuseums, 13), Berlin 2006, S. 28–36, hier S. 15.

51 Die Urkunde wurde am 28. Mai 1374 in vielen Exemplaren ausgestellt. Siehe *RCDB* II/3, S. 39–42, Nr. 1561. Karl IV. bestätigte sie unmittelbar danach als Kaiser, siehe *RCDB* II/3, S. 42–47, Nr. 1162 (Tangermünde 29. Juli 1374).

52 RCDB I/16, S. 22–24, Nr. 28, hier S. 22: […] *in Castro Tangermunde super Albee fluvio, diecesis Halberstandensis, in quo nos et heredes nostri Marchiones Brandenburgenses ab ista parte Albee in antiqua Brandemburdensis Marchia tenemus domicilium principale.*

stellten. Während die Ausschmückung des Wappensaals in Lauf v. a. den König von Böhmen repräsentierte, wurde in Tangermünde die Haus- und Reichsmacht der Luxemburger sowie die Eingliederung der brandenburgeischen Markgrafschaft betont. Die Konzeption der Burg und ihre Ausschmückung verwiesen ohne Zweifel auf den (vorgesehenen) künftigen Brandenburger Markgrafen, Karls zweitgeborenen Sohn Sigismund. Sein Vater wollte ihm offensichtlich einen ausreichend repräsentativen Sitz vermachen, der an die Herrscherresidenzen in Böhmen erinnerte. Analog verhielt sich Karl auch in Bezug auf seinen jüngsten Sohn Johann. Für ihn ließ er sein schon erwähntes königliches Haus in Görlitz umbauen, wenn auch nicht in solch großzügigem Stil wie in Tangermünde.[53]

Verwaltungssitze und Sitze der böhmischen Könige in den immediaten Ländern um 1500

Die Könige, die nach Karls Tod den böhmischen Thron bestiegen, erweiterten die Zahl ihrer Residenzen in den Nebenländern nicht. Sie konzentrierten ihre Aufmerksamkeit lediglich auf die Verwaltungszentren der Länder, die in Verbindung mit der Böhmischen Krone blieben. Brandenburg mit Tangermünde sowie der größte Teil der böhmischen Oberpfalz einschließlich Sulzbach und Lauf fielen nämlich bis zur Mitte des 15. Jahrhunderts von der böhmischen Krone ab und die Niederlausitz wurde verpfändet.

Nach dem Tod Johanns von Görlitz (1396) verlor sein Palast in Görlitz seine ursprüngliche Funktion und die Bürger wollten sich seiner entledigen. Die Stadt Görlitz wollte dem König ihre Loyalität und ihren Reichtum durch eigene Mittel und durch die Gastfreundschaft in eigenen Gebäuden zeigen. Als Beispiel für diese Haltung kann der Besuch Wenzels IV. in Görlitz im Jahre 1408 dienen. Die Stadt brachte damals Königin Sophia im ehemaligen Herzogshaus unter, während dem König das Bürgerhaus, genannt „Schönhof", zur Verfügung gestellt wurde, das in der Nähe des Rathauses – d. h. des hoheitlichen Sinnbilds der Stadt – stand.[54] Zu dieser Lösung trug auch die damals angespannte Atmosphäre zwischen der Stadt und dem König bei. Mit dem Herzogshaus rechnete Görlitz jedoch nicht einmal später, als die Könige Albrecht, La-

---

53 L. BOBKOVÁ – T. VELIČKA – M. HOLÁ und J. ZDICHYNEC, *Johann von Görlitz*, S. 31–34.
54 L. BOBKOVÁ – M. HOLÁ – T. VELIČKA – M. WINZELER – J. ZDICHYNEC, *Královská Horní Lužice*, S. 77, 256ff.

dislaus Posthumus oder Georg von Podiebrad die Stadt besuchten. Auch auf dem königlichen Haus in Zittau bestand man nicht, die Stadt blieb nämlich im Unterschied zum überwiegend utraquistischen Böhmen katholisch und klammerte sich endgültig an die Oberlausitz. Von den ehemaligen luxemburgischen königlichen Häusern behielten nur die Ortenburg in Bautzen und das Kaiserschloss in Breslau ihre Funktion der Herrscherrepräsentation und dienten als Unterbringung für die königlichen Ämter. Beide Paläste wurden im Laufe der Zeit weiter umgebaut.

In den letzten Jahren der Regierung König Georgs (1458–1471) geriet die Böhmische Krone in eine tiefe Krise, die nach Georgs Tod in die Teilung zwischen zwei böhmischen Königen (endgültig aufgrund der Verträge von Olmütz 1478–1479) mündete. König Vladislav II. Jagiello regierte lediglich Böhmen, während sein Gegner Matthias Corvinus, der König von Ungarn, alle anderen Kronländer (einschließlich Mährens) beherrschte.

Unter der Herrschaft von Matthias Corvinus erfuhr auch der Eingangsraum der Ortenburg in Bautzen eine besonders prunkvolle Veränderung.[55] Diesen Umbau realisierte der Landvogt von König Matthias Corvinus, Georg von Stein, der zwar zugleich Hauptmann von Schweidnitz-Jauer war, aber sich im Unterschied zu seinen böhmischen Vorgängern lieber in Bautzen als in Jauer aufhielt.[56] Dank seiner Initiative wurde ein Relief mit dem majestätischen Porträt von König Matthias an den Eingangsturm über der Tordurchfahrt der Burg Ortenburg platziert. Dieses Denkmal mit einer thronenden Sandsteinfigur des Königs, der von den Wappen seiner Länder umgeben ist, trägt die Inschrift *MATHIAS REX / ANNO MCCCLXXXVII SALV[ATIONIS]*.[57]

---

55 Kai WENZEL, *Der spätgotische Neubau der Bautzener Ortenburg*, in: Tomasz TORBUS – Markus HÖRSCH (edd.), Die Kunst im Markgraftum Oberlausitz während der Jagiellonenherrschaft (= Studia Jagellonica Lipsiensia, 3). Ostfildern 2006, S. 85–102.

56 Siehe Rudolf KNESCHKE, *Georg von Stein. Versuch einer Biographie*, Weida i.Th. 1913; Elfi-Marit EIBL, *Die Lausitzen unter König Wladislaw II. von Ungarn und Böhmen. Corvinische und jagellonische Einflussnahme im Wechselspiel*, in: T. TORBUS – M. HÖRSCH (edd.), Die Kunst im Markgraftum Oberlausitz, S. 30, spricht die Annahme aus, dass Matthias die Ortenburg als Residenz für seinen unehelichen Sohn Johann Corvinus aufbauen wollte; Marius WINZELER, *Vizuální přítomnost nepřítomného*, in: L. BOBKOVÁ – M. HOLÁ – T. VELIČKA – M. WINZELER – J. ZDICHYNEC, Královská Horní Lužice, S. 484, bemerkte berechtigt, dass diese verlockende Mutmaßung mit Quellen nicht zu belegen ist.

57 Zum Monument Szilard PAPP, *Das Denkmal des Königs Matthias Corvinus und die St. Georgskapelle in der Bautzener Ortenburg*, in: T. TORBUS – M. HÖRSCH (edd.), Die Kunst im Markgraftum Oberlausitz, S. 103; Manfred THIEMANN, *Das Matthias-Corvinus-Denkmal in Bautzen – Ehrung oder Machtanspruch*, NLM N.F. 135, 2013, S. 7–34. Die Urheberschaft des Monuments ist nicht eindeutig zu bestimmen, weil direkte Belege dafür fehlen. Walter BIEHL, *Der Meister des Bautzener Corvi-*

Die Bauarbeiten auf der Burg, die in die damalige Befestigung eingriffen, erfolgten nichtsdestoweniger gegen den Willen des Bautzener Stadtrats, der schließlich bereit war, auch einen Konflikt mit dem König zu riskieren. Der Umbau des Eingangsturms sowie das Relief von Matthias wurden jedoch beendet und sind bis heute in einem verhältnismäßig guten Zustand erhalten.

Die Nachbarstadt Görlitz reagierte auf die politische Realität ganz anders. Der Stadtrat begrüßte die Herrschaft von Matthias und zeigte es ihm deutlich. Die Stadt versuchte, sowohl ihre beträchtliche Selbstständigkeit als auch ihre breiten Rechte zu festigen. Sie nutzte auch die Gelegenheit, sich des verfallenen herzoglichen Hauses zu entledigen, das die ehemalige herzogliche und königliche Macht verkörperte. Die Repräsentanten der Stadt ersuchten Matthias um das Abreißen des Hauses (1474) und begründeten dies mit dem Wunsch, eine bessere Stadtbefestigung zu bauen. Matthias gab seine Zustimmung zur Beseitigung des Hauses *von Königlicher Macht, als ein König zu Böhmen, und ein Fürst zu Görlitz*.[58] Für das Tor in der neuen Befestigung in der Nähe des ehemaligen königlichen Palastes ließ die Stadt ein monumentales Stadtwappen anfertigen, das heute den erhaltenen Frauenturm schmückt. Die positive Haltung zu König Matthias drückte Görlitz auf eine einzigartige Weise aus. Der Stadtrat ließ sein Wappen in prunkvoller Ausführung anfertigen, das dann am Rathausgebäude angebracht wurde. Es befindet sich bis heute an der Wand über der Treppe, die zum Rathauseingang führt.[59] So demonstrierte die Stadt sowohl ihre Loyalität gegenüber dem neuen Herrscher als auch ihren Stolz und ihre politische Eigenständigkeit (Abb. 6). Matthias Corvinus besuchte jedoch weder Görlitz noch Bautzen und daher hat er die besagten Reliefs nie gesehen. Die Bautzener Ortenburg übernahmen später die Stände der Oberlausitz. Damals wurde eine aufwändige Stuckverzierung mit Szenen aus der Landesgeschichte an der Decke des Audienzimmers der Burg angebracht. Dort werden auch einzelne Herrscherlinien thematisiert, die die Oberlausitz regieren. Die Gesamtheit und Anordnung der Gemälde zielen jedoch eindeutig auf die Apotheose der

---

nus-Denkmals, Forschungen und Fortschritte 25, 1949, S. 176–179 hält den Bildhauer Brikcius Gauske für den Urheber, der in Görlitz und auch in Breslau tätig war. M. WINZELER,„ *Vizuální přítomnost nepřítomného,* S. 502, hält die Urheberschaft von Hans von Olmütz für wahrscheinlicher, der ab 1488 in Görlitz belegt wurde.

58 Samuel GROSSER, *Lausitzische Merkwürdigkeiten,* Leipzig – Budißin 1714, S. 147. Matthias' Urkunde wird ibidem in der Anmerkung zitiert. Im ersten Jahrzehnt des 16. Jahrhunderts wurde die St. Anna-Kapelle und die zu ihr gehörige Schule an der Stelle des niedergerissenen Palastes erbaut.

59 Katja M. MIETH – Marius WINZELER, *Das Wappen von König Matthias Corvinus am Görlitzer Rathaus. Subtile Huldigungsgeste und städtische Selbstdarstellung,* NML N.F. 11, 2008, S. 7–26. Die ebenfalls nicht gesicherte Urheberschaft wird am häufigsten Hans von Olmütz zugeschrieben.

Abb. 6 Görlitz, Rathaus, Wappen von Matthias Corvinus.

sächsischen Wettiner, die dieses Land (gemeinsam mit der Niederlausitz) im Jahre 1635 übernahmen.[60]

Matthias Corvinus konzentrierte seine Aufmerksamkeit vor allem auf Schlesien als verwaltungspolitische Grundlage der Kronländer, die er regierte. Breslau nahm er als natürliches Landeszentrum und Sitz der künftigen königlichen Verwaltung wahr. Er hatte jedoch kein Interesse am politischen Aufstieg der Stadt Breslau. Das enttäuschte die dortigen Bewohner, die ihn mit Begeisterung begrüßten und mit der Eingliederung seines Wappens in den Gewölbeschlussstein des sog. Fürstensaals des Rathauses feierten. Matthias Corvinus besuchte Breslau zum ersten Mal bereits im Mai 1469, also

---

60 Kai WENZEL, *Geschichtswerk und Erinnerungsort. Die Stuckdecke im kurfürstlichen Kammergemach der Ortenburg zu Bautzen*, in: L. BOBKOVÁ – J. ZDICHYNEC (edd.), Geschichte – Erinnerung – Selbstidentifikation, S. 297–314.

noch zu Lebzeiten von König Georg, um die Huldigung der Stadt und der schlesischen Fürsten zu empfangen. Der Stadtrat stattete für Matthias den ehemaligen kaiserlichen Hof mit allem Notwendigen aus und der König verbrachte dort einige Wochen. Als nach vielen Jahren (1511) Vladislav II. Jagiello und seine Kinder (Thronfolger Ludwig und Prinzessin Anna) in Breslau ankamen, wohnten sie schon in Bürgerhäusern auf dem Hauptmarkt.[61] In den Räumen des kaiserlichen Hofs kam erst wieder Maximilian II. im Laufe seiner Huldigungsreise (1563) unter, während sein Sohn Rudolf II. (1577) die geräumigeren und luxuriöseren Bürgerhäuser bevorzugte. Der Kaiserhof diente jedoch weiter zu Amts- und Gerichtszwecken. Im Jahre 1659 schenkten die Habsburger dann das gesamte Burgareal den Jesuiten, die an dieser Stelle allmählich eine Kirche (1689–1698) und ein Kollegium erbauten, in dem 1702 die Universität gegründet wurde. In diesem Komplex ging die ursprüngliche königliche Residenz völlig verloren.

Fazit

Wenn wir diese kurze Beschreibung des Netzes der königlichen Häuser auf dem Gebiet der Böhmischen Krone im Spätmittelalter zusammenfassen wollen, ist es nötig, zwei Etappen zu unterscheiden. Die erste hängt mit der Regierungszeit der ersten Luxemburger zusammen, die die Böhmische Krone aufbauten. Karl IV., der im Geiste seiner Konzeption die Integrität dieses Staatsmodells als König sicherstellte und repräsentierte, realisierte auch die Dislokation und den Aufbau der königlichen Sitze und Verwaltungszentren. Wenn auch diese herrschaftlichen Häuser aus verschiedenen unmittelbaren Gründen entstanden und für unterschiedliche Zwecke bestimmt waren, waren sie doch alle ein repräsentatives Zeichen der Majestät des Königs von Böhmen.

In der ersten Hälfte des 15. Jahrhunderts durchlebte die Böhmische Krone eine ganze Reihe von Erschütterungen. Diese verursachten sowohl eine Herrscherkrise als auch die gesellschaftlich-politischen Probleme des Königreichs Böhmen, die zur Hussitenbewegung und zu den nachfolgenden Kriegen führten. Nach der Beendigung der Kämpfe wurde die Böhmische Krone allmählich erneuert, wenn auch in territorial reduzierter Gestalt. Die Funktion der königlichen Paläste, die die Herrschermacht repräsentierten, behielten nur die Ortenburg in Bautzen und das Kaiserschloss in Breslau. Diese beiden Residenzen befanden sich in den Verwaltungszentren der entsprechenden Länder und erfüllten zugleich zumindest teilweise auch die Aufgaben der Landes-

---

61 M. HOLÁ, *Holdovací cesty českých panovníků*, S. 60, 65–68.

verwaltung. Zu grundsätzlichen gesellschaftlich-politischen Veränderungen kam es jedoch in allen Nebenländern. Auch dort wurden die Landstände immer stärker und ihre Institutionen kamen in den schon bestehenden Zentren – d. h. in Bautzen und in Breslau – zur Geltung. Diese neuen Verhältnisse spiegelten sich sowohl in der Stellung und den Aufgaben der erwähnten Zentren als auch in der Weise der Interaktion zwischen dem Herrscher und der ständischen Repräsentation wider. Die Behandlung dieser Veränderungen liegt jedoch schon außerhalb des Themas dieser Studie.

Residenzlandschaft(en) des jagiellonischen Prinzen Sigismund um das Jahr 1500

Auf dem Weg zwischen Ofen, Krakau, Breslau, Troppau und Großglogau

PETR KOZÁK

Die vorliegende Studie knüpft an die mittlerweile schon traditionelle Residenzenforschung an, folgt also der Debatte: „was ist (war)" bzw. „was ist nicht (war nicht)" eine landesherrliche Residenz im Mittelalter und/oder während der Frühen Neuzeit. Es liegt auf der Hand, dass die „Banalität" einer solchen Frage nur relativ ist. Die vor allem mit dem Umfeld der deutschen Geschichtswissenschaft verbundene Diskussion wird seit mehreren Jahrzehnten mit unterschiedlicher Intensität geführt, die Ergebnisse in Form von Teilanalysen und weitergehenden monographischen Bearbeitungen sind heute im Stande, eine gut ausgestattete Seminarbibliothek zu füllen.[1] Die jahrelange Forschung hat naturgemäß Verschiebungen hinsichtlich der Fragestellung mit sich gebracht, auch die methodischen Ausgangspunkte wurden weiterentwickelt. Unter anderem wurde die Frage nach der Existenz von Residenznetzen akzentuiert, also von hierarchisch organisierten Siedlungssystemen, denen verschiedene Funktionen vorbehalten waren (oder gewesen sein könnten). Die Frage nach der Organisa-

---

[1] Aus rein praktischen Gründen ist es einfach nicht möglich an dieser Stelle die Menge der bisher veröffentlichten Titel zur Residenzen- und Hoffrage zu zitieren. Es ist aber notwendig zu betonen, dass die entscheidende Rolle nicht nur im Sinne der Organisation dieser wissenschaftlichen Arbeit, sondern auch im Sinne der Anregung weiterer Forschungen die Residenzen-Kommission der Akademie der Wissenschaften zu Göttingen spielte. Ich beziehe mich zudem auf das nachfolgende, aktuell laufende Projekt „Residenzstädte im Alten Reich (1300–1800)", https://adw-goe.de/forschung/forschungsprojekte-akademienprogramm/residenzstaedte/ (29.4.2022). Siehe dazu auch Jan HIRSCHBIEGEL, *Dynastie – Hof – Residenz. Fürstliche Höfe und Residenzen im spätmittelalterlichen Reich. Allgemeine Auswahlbibliographie zu einem Projekt der Residenzen-Kommission der Akademie der Wissenschaften in Göttingen*, Kiel 2000. Laufende Bibliographien zum Thema wurden in der Zeitschrift MRK veröffentlicht. Aus tschechischer Perspektive wurde die Thematik vor kurzem von D. Dvořáčková-Malá einer gründlichen Bewertung unterzogen. Dana DVOŘÁČKOVÁ–MALÁ, *Dvůr jako téma. Výzkum panovnické společnosti v českém středověku – historiografie, koncepty, úvahy*, Praha 2020 (insbesondere S. 63–76).

tion bzw. der Hierarchisierung von landesherrlichen Residenzen in dem Machtbereich, der durch die Herrschaft eines bestimmten Fürsten definiert wurde, ist auch das Thema dieser Fallstudie. In der Praxis wird es sich um eine kürzere, aber kompakte Analyse handeln, basierend auf der Aufarbeitung von Daten, die die Aufenthalte und Bewegungen (Itinerar) eines Monarchen in einer spezifischen Lebenssituation dokumentieren.

Was konkret ist mit dem Adjektiv „spezifisch" gemeint? Die vorgestellten Überlegungen sind eigentlich die Suche nach einer Antwort auf die Frage, wie die inhaltsbezogenen Nuancen der Begriffe Residenz und Residenznetz eines Fürsten zu verstehen sind, der in ein abgegrenztes Gebiet unversehens von außen kam (also eine natürliche Bindung zu diesem Gebiet vermissen ließ), dessen Herrschaftsgebiet in seinen natürlichen Gegebenheiten ziemlich heterogen war und für den die neue Heimat zuallermeist keinen Lebensmittelpunkt darstellte, sondern nur gleichsam eine provisorische Zwischenstufe war, wobei seine Ambitionen das begrenzte Machtgebiet deutlich überstiegen. Ein Beispiel für einen solchen Fürsten war um die Wende vom 15. zum 16. Jahrhundert der jagiellonische Prinz Sigismund.

Der spätere polnisch-litauische Herrscher, der in der Geschichte als Sigismund I. der Alte bekannt ist,[2] verbrachte fast die Hälfte seines langen Lebens an der Machtperipherie (er starb 1548 im Alter von 81 Jahren). Während seine Brüder regierten oder für kirchliche Karrieren bestimmt waren,[3] war Sigismund viele Jahre lang ein landloser

---

[2] Zu den Synthesen der jagiellonischen Geschichte vgl. aus den letzten Jahren Natalia NOWAKOWSKA (ed.), Remembering the Jagiellonians, London – New York 2019; Urszula BORKOWSKA, *Dynastia Jagiellonów w Polsce*, Warszawa 2011; Almut BUES, *Die Jagiellonen. Herrscher zwischen Ostsee und Adria*, Stuttgart 2010; Josef MACEK, *Jagellonský věk v českých zemích I–IV*, Praha 1992–1999. Auf der ungarischen Seite nähert sich z. B. Tibor Neumann schrittweise der synthetischen Erfassung der Geschichte der Jagiellonen-Zeit an. Was die Biographie König Sigismunds I. betrifft, hat man de facto bis heute nur das ältere Buch von Z. Wojciechowski, oder die jüngere, populär gehaltene Darstellung von J. Besala zur Verfügung: Zygmunt WOJCIECHOWSKI, *Zygmunt Stary (1506–1548)*, Warszawa 1979; Jerzy BESALA, *Zygmunt Stary i Bona Sforza*, Poznań 2012.

[3] Männliche Mitglieder der Jagiellonen-Dynastie um das Jahr 1500 waren: Wladislaus (König von Ungarn und Böhmen), Johann Albrecht (König von Polen), Alexander (Großfürst von Litauen, später auch König von Polen), Sigismund und schließlich Friedrich (Kardinal, Bischof von Krakau und Erzbischof von Gnesen). Johann Albrecht und Alexander warten (trotz der Existenz relativ zahlreicher Teilstudien) bis heute auf moderne Biographien – vgl. deshalb Fryderyk PAPÉE, *Aleksander Jagiellończyk*, Kraków 1949; IDEM, *Jan Olbracht*, Kraków 1936. Eine neue Biographie zu Kardinal Friedrich schrieb Natalia NOWAKOWSKA, *Church, State and Dynasty in Renaissance Poland: The Career of Cardinal Fryderyk Jagiellon (1468–1503)*, Aldershot 2007.

Fürst, der vom Willen anderer Mitglieder der Dynastie abhängig war.[4] Er bekam erst mit dreißig Jahren eine Chance, als ihm der älteste der jagiellonischen Brüder, König Wladislaus von Böhmen und Ungarn, zwei Länder aus dem Staatsverband der Böhmischen Krone schenkte: das niederschlesische Fürstentum Glogau (1499) und das oberschlesische Herzogtum Troppau (1501).[5] Gleichzeitig machte er ihn im Jahre 1504 (mit dem Titel eines Oberstatthalters) zu seinem Stellvertreter in Schlesien und in der Lausitz und übergab ihm das Amt des Landeshauptmanns im niederschlesischen Fürstentum Schweidnitz-Jauer.[6] Sigismund nutzte die Chance – er präsentierte sich als äußerst agiler Herrscher, übernahm gleichzeitig die Rolle eines Vermittlers zwischen den jagiellonischen Machtzentren in Ofen und Krakau und erklärte nachdrücklich seinen Anspruch auf das väterliche Erbe. Als den kinderlosen polnischen König Johann Albrecht der Tod ereilte und sich die Krankheit seines Nachfolgers, des ebenfalls kinderlosen litauischen Großfürsten Alexander verschlimmerte, wurde Sigismund zu einem echten Erben der polnisch-litauischen Union, was seine Position innerhalb der jagiellonischen Dynastie radikal veränderte.

Bis 1498 bewegte sich Sigismund im polnisch-litauischen Raum, vor allem aber in der Nähe des polnischen Königs Johann Albrecht. Mitte November desselben Jahres zog er, umgeben von einem kleineren Hof – mehrere Höflinge wurden damals vom polnischen Königshof an seinen Fürstenhof befohlen, wie aus den erhaltenen Hofrechnungen hervorgeht –,[7] in das ungarische Ofen, wo er bis Ende 1501 blieb. In den

---

4   Zum Leben von Prinz Sigismund, bevor er die Throne in Polen und Litauen bestieg: Petr KOZÁK, *Zrod stavovského Hlohovska. Mocenská uskupení ve slezském pozdním středověku*, Opava 2008, S. 156–267; Zygmunt BORAS, *Zygmunt Stary w Głogowie*, Katowice 1983; Stanisław NOWOGRODZKI, *Rządy Zygmunta Jagiellończyka na Śląsku i w Łużycach (1499–1506)*, Kraków 1937; Władysław DZIEGIEL, *Król polski Zygmunt I na Śląsku*, Katowice 1936; Adorján DIVÉKY, *Zsigmond lengyel herczeg II. Ulászló udvarában*, Századok 48, 1914, S. 449–463, 562–576; Ernst BREYTHER, *König Sigismund von Polen in Schlesien*, Striegau 1906; Adolf PAWIŃSKI, *Młode lata Zygmunta Starego*, Warszawa 1893.

5   Petr KOZÁK, *Princ Zikmund Jagellonský hlohovským a opavským knížetem. Příspěvek k dějinám politické komunikace na přelomu středověku a raného novověku*, Średniowiecze Polskie i Powszechne, 2, 2010, S. 215–233.

6   Luděk BŘEZINA, *Dolnolužické zemské fojtství za vlády Jagellonců (1490–1526)*, MHB 12/1, 2009, S. 45–96; IDEM, *Mezi králem a stavy. Dolnolužické zemské fojtství na prahu novověku (1490–1620)*, Praha 2016, S. 73–80; S. NOWOGRODZKI, *Rządy Zygmunta*, S. 55–89, 131–144.

7   Mindestens ging es im Jahre 1498 um Raphael Leszczyński und Bernhard Potocki, die expressis verbis vom polnischen Königshof an den Fürstenhof Prinz Sigismunds befohlen wurden. *Mezi periferií a centrem jagellonského světa: Registrum dvořanů knížete a krále Zikmunda I. Jagellonského z let 1493–1510. Between the Periphery and the Centre of the Jagiellonian World: The Register of Courtiers of*

Schlüsseljahren 1502 bis 1506 war er jedoch fast ständig unterwegs.[8] Er besichtigte persönlich seine Länder, besuchte politische Partner unter den schlesischen Fürsten – insbesondere die jüngeren, aus der jagiellonischen dynastischen Perspektive zukunftsreichen Persönlichkeiten wie Friedrich II. von Liegnitz, Bartholomäus von Münsterberg oder Karl I. von Münsterberg-Oels – und die schlesische Metropole Breslau, wo er regelmäßig an den schlesischen Fürstentagen teilnahm.[9] Nach 1504 berief er diese Versammlungen selbst ein und bestimmte ihre Tagesordnung. Er reiste stets auch nach Schweidnitz, wo er persönlich den Gerichtssitzungen vorstand.[10] Daneben begab er sich noch oft nach Ofen und Krakau – in Ungarn begleitete er seinen Bruder anlässlich dessen Hochzeit mit der französischen Prinzessin Anna von Foix (1502),[11] vermittelte bei Streitigkeiten zwischen dem König und der Magnaten-Opposition, angeführt vom Zipser Grafen Johann Zápolya (1505), oder koordinierte die gemeinsame Politik der einzelnen jagiellonischen Herrscher gegenüber dem Reich der osmanischen Sultane.[12]

Prince and King Sigismund I Jagiellon from 1493–1510, Petr Kozák – Krisztina Rábai (edd.), Opava 2015, S. 26, 39. Zur Entwicklung der Hofgesellschaft des Prinzen Sigismund vgl. Marek Ferenc, *Foreigners amongst the Horse Courtiers of Duke Sigismund Jagiellon. A Contribution to the Problem of Ethnicity of the Court*, Przegląd Historyczny 112, 2021, Nr. 2, S. 325–362; Petr Kozák, *Dvorská společnost hlohovského a opavského vévody Zikmunda Jagellonského*, in: Dana Dvořáčková-Malá – Jan Zelenka (edd.), Skladba a kultura dvorské společnosti (= Dvory a rezidence ve středověku, 2), MHB, Supplementum 2, Praha 2008, S. 257–284.

8 Ausführlich Petr Kozák, *Mezi centrem a periferií: Itinerář pozdějšího krále Zikmunda I. Starého z doby jeho pobytu v Uhrách a v českých zemích (1498–1507)*, in: Bożena Czwojdrak – Jerzy Sperka – Piotr Węcowski (edd.), Jagiellonowie i ich świat. Dynastia królewska w drugiej połowie XV i w XVI wieku (= Studia Jagiellonica, 2), Kraków 2015, S. 117–171.

9 Vgl. dazu Petr Kozák, *Związki książąt śląskich z dynastii Piastów, Podiebradów i Przemyślidów z dworami Jagiellonów na przełomie XV i XVI wieku*, in: Wojciech Mrozowicz (ed.), Czeska historia Śląska. Ze szczególnym uwzględnieniem Oleśnicy i Księstwa Oleśnickiego, Wrocław – Oleśnica 2017, S. 207–220. Die Fürstentage Schlesiens (einschließlich der Zeitangaben der Versammlungen) analysierte Kazimierz Orzechowski, *Ogólnośląskie zgromadzenia stanowe*, Warszawa – Wrocław 1979.

10 S. Nowogrodzki, *Rządy Zygmunta*, S. 81–82, 125–126.

11 Aus der neuesten Literatur vgl. Attila Györkös, *Egy francia nő Budán. Anna királyné, II. Ulászló felesége, 1502–1506*, in: Kornél Szovák – Attila Zsoldos (edd.), Királynék a középkori Magyarországon és Európában, Székesfehérvár 2019, S. 173–185; Idem, *Le mariage d'Anne de Foix et la diplomatie franco-hongroise au début du XVIe siècle*, in: Attila Györkös – Gergely Kiss (edd.), „M'en anei en Ongria". Relations franco-hongroises au Moyen Âge II (= Memoria Hungariae, 4), Debrecen 2017, S. 127–140.

12 Vgl. Petr Čornej – Milena Bartlová, *Velké dějiny zemí Koruny české VI. 1437–1526*, Praha – Litomyšl 2007, S. 589–591; S. Nowogrodzki, *Rządy Zygmunta*, S. 149; hauptsächlich T. Neuman, *Two palatines and a voivode, or the Szapolyai family's journey to the royal throne*, in: Pál Fodor

In Krakau zwang Sigismund seinen Bruder Alexander zu Zugeständnissen bezüglich des Erbes seines Vaters, König Kasimirs IV. (es ging damals zum Beispiel um die Verwaltungsübernahme in Königlich Preußen),[13] vertrat die Dynastie bei den Beerdigungen von Kardinal Friedrich (1503)[14] und der Königinmutter, Elisabeth von Habsburg (1505)[15] und baute zielbewusst ein Netzwerk von politischen Unterstützern und Verbündeten auf, das ihm in der Zukunft die Machtübernahme erleichtern könnte.

Wo fühlte er sich in diesen Jahren „zu Hause"? Was kann man als seine Residenz bezeichnen, und wenn es mehrere davon gegeben haben sollte, kann man unter diesen ein System erkennen, sie irgendwie strukturieren, hierarchisch anordnen? Es ist klar, dass die Schlüsselrolle bei den angegebenen Überlegungen der Analyse des Itinerars von Prinz Sigismund zukommt. Glücklicherweise ist das Itinerar in einem ziemlich guten Zustand verfügbar.[16] Die erhaltenen Hofrechnungen, drei Manuskripte, die fast eintausend Blätter umfassen,[17] ergänzt durch andere Quellen, machen es möglich, die Bewegungen und Aufenthalte von Prinz Sigismund in den Jahren 1500 bis 1506/1507 buchstäblich Tag für Tag zu verfolgen. Dieses Itinerar wird daher zum Ausgangspunkt für die Suche nach der Antwort auf die Schlüsselfrage, nämlich welchem der Orte,

---

– Szabolcs VARGA (edd.), A forgotten hungarian royal dynasty: the Szapolyais, Budapest 2020, S. 41–44.
13 F. PAPÉE, *Aleksander Jagiellończyk*, S. 106–114; S. NOWOGRODZKI, *Rządy Zygmunta*, S. 149–156; A. PAWIŃSKI, *Młode lata*, S. 105–117, 179.
14 P. KOZÁK, *Mezi centrem a periferií: Itinerář*, S. 145.
15 Ibidem, S. 159.
16 Ibidem, passim.
17 Die Handschriften sind heute im Warschauer Hauptarchiv der Alten Akten (Archiwum Główne Akt Dawnych) deponiert. Das Material wurde jedoch von Petr Kozák und Krisztina Rábai als Quellenedition veröffentlicht. *Účty dvora prince Zikmunda Jagellonského, vévody hlohovského a opavského, nejvyššího hejtmana Slezska a Lužic, z let (1493) 1500–1507: Kritická edice pramene. Rationes curiae Sigismundi Iagellonici, ducis Glogoviensis et Opaviensis, Silesiae et Lusatiarum summi capitanei, de annis (1493) 1500–1507: Editio critica*, Petr Kozák (ed.), Praha 2014; *Jagelló Zsigmond herceg udvarának számadáskönyve (1504–1507). The Court Account Book of Sigismund Jagiellon (1504–1507)*, Krisztina Rábai (ed.), Szeged 2014; *Mezi periferií a centrem jagellonského světa: Registrum dvořanů knížete a krále Zikmunda*, P. KOZÁK – K. RÁBAI (edd.). Vgl. auch Petr KOZÁK, *The Courtly Accounts of Prince Sigismund Jagiello (Late 15th to Early 16th Centuries) and Their Historical Context*, in: Roman ZAORAL (ed.), Money and Finance in Central Europe during the Later Middle Ages, Palgrave Studies in the History of Finance, Basingstoke 2016, S. 129–151. Die polnischen (und ebenso die litauischen) Hofrechnungen behandelte bis heute unübertroffen Jadwiga KARWASIŃSKA, *O najdawniejszych księgach tzw. „Rachunków dworu królewskiego"*, Archeion 1927, Nr. 1, S. 155–175.

zwischen denen sich Prinz Sigismund seinerzeit regelmäßig bewegte, eine Residenzqualität zugeschrieben werden kann.

Zunächst sei geklärt, welche Möglichkeiten zur Residenznutzung Sigismund in dem abgegrenzten Zeitraum hatte. Von November 1498 bis November 1501 hielt sich er bei seinem Bruder Wladislaus in Ungarn auf, nach Schlesien reiste er eher nicht. Er residierte damals auf der Burg in Ofen beziehungsweise lebte in der Nähe des Königs, zum Beispiel in Preßburg, Plintenburg, Tolnau oder Batsch.[18] Nach der Übernahme der Fürstentümer Glogau und Troppau erwarb er die örtlichen Fürstenresidenzen. Vor allem handelte es sich um die Burgen in Glogau und Troppau, gotische Anlagen, die Teil der Fortifikationssysteme der jeweiligen Stadt waren. Typologisch repräsentierten diese deshalb die Gruppe der sogenannten „Stadtburgen", die recht typisch für die fürstlichen Residenzen Schlesiens sind.[19] Die Burg in Glogau, die über der Oder gebaut wurde, war größer und bestand im Kern aus drei Gebäuden und einem hohen Turm. Mehr als zehn Jahre lang erfüllte die Burg jedoch nicht die Rolle einer fürstlichen Residenz, sondern hier amtierten die Landeshauptleute.[20] Ähnlich war es bei der Burg in Troppau, die überdies ein bescheidenerer Bau war. Ab 1485, als die Regierung Herzog Viktorins von Münsterberg-Troppau (von Podiebrad) zu Ende ging,[21] befand sich auch hier die Verwaltung eines Hauptmannes. Beide Residenzen dienten zugleich als Zentren der mit ihnen durch die Verwaltung verbundenen Kammergüter, die sie zumindest teilweise mit Nahrungs- und Futtermitteln versorgen konnten.[22]

Noch in der zweiten Hälfte des 15. Jahrhunderts gab es aufgrund historischer Entwicklungen in der Stadt Glogau zwei Burgen.[23] Die Fürstenresidenz der Zeit des Prin-

---

18 P. KOZÁK, *Mezi centrem a periferií: Itinerář*, S. 131–137.
19 Aus der tschechischen Perspektive vgl. zumindest Pavel KOUŘIL – Dalibor PRIX – Martin WIHODA, *Městské hrady v českém Slezsku*, Archaeologica historica 22, 1997, S. 249–272.
20 P. KOZÁK, *Zrod stavovského Hlohovska*, passim.
21 Zum Fall von Herzog Viktorin vgl. Martin ČAPSKÝ, *Konstruování (ne)spravedlivého zeměpána. Viktorin z Poděbrad v roli rozhodčího sirotčích sporů*, in: Martin NODL – Martin WIHODA (edd.), Rituál smíření. Konflikt a jeho řešení ve středověku, Brno 2008, S. 147–158.
22 Vgl. dazu Viktor POHANKA, *Proměny zeměpanské domény v prostoru středověkého Ratibořského předměstí Opavy*, Slezský sborník 109, 2011, S. 5–32 und insbesondere die ältesten Inventare und Urbare: *Inventář knížecího zámku v Opavě z roku 1544*, Petr Kozák (ed.), in: Sborník Zemského archivu v Opavě 2017, Opava 2017, S. 182–201 sowie „*Alt Grundbuch vber das ganze Glogische Furstenthumb samber seinen Weichbildern was von einhalt zum Schlos vor Alters gehoret hat*" aus dem Jahre 1520 (Archiwum Państwowe we Wrocławiu, Archivbestand Księstwo Głogowskie, Rep. 24, Sign. 135, S. 66–108).
23 Dominik NOWAKOWSKI, *Siedziby książęce i rycerskie księstwa głogowskiego w średniowieczu*, Wrocław 2008, S. 335–342.

zen Sigismund hatte ursprünglich den Sitz der Glogauer Piasten gebildet, dessen Entstehung bis ins 13. Jahrhundert zurückreichte. Nach der Besetzung eines Teils des Fürstentums samt der Hälfte der Stadt Glogau durch König Johann von Luxemburg gelangte diese ursprüngliche Fürstenresidenz jedoch in die Hände der böhmischen Monarchen und später der Fürsten von Teschen.[24] Die Glogauer Landesherren, die meistenteils an anderen Orten residierten – zum Beispiel auf der Burg in Freystadt – bauten deshalb zu Beginn des 15. Jahrhunderts in der Stadt eine ganz neue Burg. Es handelte sich wahrscheinlich um ein kleineres Objekt, das Fürst Johann II. (von Sagan) nach der gewaltsamen Wiedervereinigung des Landes im Jahre 1480 an die Bürger von Glogau veräußerte.[25] Die Stadt riss das Gebäude daraufhin ab und bebaute das Areal komplett neu. Während der Regierungszeit Prinz Sigismunds existierte diese zweite, kleinere Burg wahrscheinlich nicht mehr. Die erhaltenen Rechnungen deuten darauf hin, dass Sigismund einen mehr oder weniger radikalen Umbau seiner Residenz erwog, also wahrscheinlich der Burg in Glogau, wo er, wie wir noch sehen werden, die meiste Zeit verbrachte. Während seines Aufenthaltes in Buda im Herbst 1502 ließ er nämlich eine Belohnung in Höhe von einem halben Florin an einen unbekannten Italiener auszahlen, *qui picturas edificionum domino principi dedit*.[26]

Nach den neuesten Ergebnissen der archäologischen und historischen Forschung wurde die Burg in Troppau zwischen 1390 und 1403 von Herzog Přemysl (Přemek) von Troppau erbaut. Es handelte sich also um eine relativ junge Residenz von ebenfalls eher bescheidenem Umfang, deren Kern ein Wohnpalast und zwei prismenförmige Türme bildeten.[27] Während die Residenz in Glogau bis heute in Form eines Schlosses erhalten ist, wurde das fürstliche Schloss in Troppau um die Jahreswende 1891/1892 vollständig abgerissen. Die Informationen über sein Aussehen sind daher heute be-

---

24 Ausführlich Jana WOJTUCKA, *Začlenění Hlohovska do Koruny české a jeho vývoj v letech 1331–1384*, in: Lenka BOBKOVÁ (ed.), Integrační a partikulární rysy českého státu v pozdním středověku, Korunní země v dějinách českého státu I, Praha 2003, S. 96–160.

25 Zu den Ereignissen des ausgehenden 15. Jahrhunderts (aus der neuesten Literatur) vgl. P. KOZÁK, *Zrod stavovského Hlohovska*, S. 57–155; Barbara TECHMAŃSKÁ, *Niespokojny książę Jan II Żagański*, Kraków 2001.

26 *Účty dvora prince Zikmunda*, S. 238.

27 Zur mittelalterlichen Bauphase vgl. František KOLÁŘ – Petra KANIOVÁ – Jana KOUDELOVÁ – Dalibor PRIX – Romana ROSOVÁ – Michal ZEZULA, *Opavský hrad a středověké jádro tzv. Müllerova domu čp. 1*, Průzkumy památek 28, 2021, Nr. 2, S. 37–84. Zur Geschichte des Schlosses in der (Frühen) Neuzeit vgl. Hana MIKETOVÁ – Karel MÜLLER et al., *Opavský zámek*, Opava 2012; Stanislav DRKAL, *Historie opavského zámku*, in: Anděllín GROBELNÝ – Bohumil SOBOTÍK (edd.), Opava. Sborník k 10. výročí osvobození města, Ostrava 1956, S. 134–164.

grenzt. Ausgaben, die auf den Seiten der Hofrechnungsbücher des Prinzen Sigismund registriert wurden, beweisen das persönliche Interesse des jagiellonischen Königssohnes an der Troppauer Fürstenresidenz. Es handelte sich dabei um die Ausstattung des Interieurs (dessen Aussehen wir aber heute nur erahnen können), um den Komfort zu erhöhen und die Repräsentationsfunktionen des Gebäudes zu unterstreichen (zum Beispiel durch den Einbau von Kachelöfen, wahrscheinlich von den sogenannten großen farbigen Kachelöfen, die aus den jüngeren schriftlichen Quellen bekannt sind.[28]

Im Herzogtum Troppau besaß Sigismund noch die feste Burg Grätz, eine alte Fürstenresidenz, die als Zentrum eines großen Dominiums mit einem System von Vasallen funktionierte.[29] Im Fürstentum Glogau standen Sigismund die Stadtburgen in Freystadt,[30] das in der Vergangenheit mehrmals als fürstliche Residenz gedient hatte, Guhrau,[31] Sprottau,[32] Grünberg[33] und Schwiebus zur Verfügung.[34] In der Praxis handelte es sich jedoch um Sitze der lokalen Weichbildhauptmannschaften, die zu weit vom Glogauer Machtzentrum entfernt waren. Außerdem wurden einige dieser Schlösser an Adelsvertreter verpfändet – das Schloss in Schwiebus war zum Beispiel im Besitz der Familie von Nostitz.[35] Die Quellen belegen de facto nur drei kurze (wahrscheinlich ein- oder zweitägige) Besuche in Freystadt. Der Jagiellone erschien dort im Juni und August 1502 und im Oktober 1503.[36] Die Burg Grätz war damals schon durch ihre ländliche Lage völlig ungeeignet. Daher kamen allein die Zentren beider Fürstentümer, die Städte Glogau und Troppau, mit den dortigen landesherrlichen Burgen in Betracht, wobei die Burg in Glogau als ein größerer Komplex wahrscheinlich ein höheres Repräsentationspotential hatte.

Troppau, der wirtschaftliche Hegemon des Dreiecks zwischen Neisse, Oppeln und Olmütz, war wirtschaftlich stark und gut befestigt. Innerhalb der Stadtmauern von Troppau waren zahlreiche Klöster (Minoriten, Observanten, Klarissen, Dominikaner)

---

28 F. Kolář – P. Kaniová – J. Koudelová – D. Prix – R. Rosová – M. Zezula, *Opavský hrad*, S. 56; *Účty dvora prince Zikmunda*, S. 257, 436, 437.
29 Pavel Kouřil – Dalibor Prix – Martin Wihoda, *Hrady Českého Slezska*, Brno – Opava 2000, S. 166–198; Zdeněk Jirásek et al., *Hradec v dějinách*, Hradec nad Moravicí 2010; Adolf Turek, *Dějiny zámku Hradec*, Ostrava 1971.
30 D. Nowakowski, *Siedziby książęce*, S. 347–352, wo auch die ältere Literatur umfassend zitiert ist.
31 Ibidem, S. 342–344.
32 Ibidem, S. 392–395.
33 Ibidem, S. 411–413.
34 Ibidem, S. 399–401.
35 P. Kozák, *Zrod stavovského Hlohovska*, S. 207–208.
36 Idem, *Mezi centrem a periferií: Itinerář*, S. 139, 147.

und die Kommenden der Johanniter und der Ritter des Deutschen Ordens zu finden. Von Interesse konnte auch die Nähe der polnischen Hauptstadt Krakau sein, ebenso die strategische Lage an der Straße zwischen Ungarn, Schlesien und Polen. Die Bevölkerung von Troppau wird für das 16. Jahrhundert auf acht- bis zehntausend Einwohner geschätzt.[37] Übrigens hatte auch Barthel Stein, der Begründer der schlesischen Geographie, am Anfang des 16. Jahrhunderts in seinem Werk „Descriptio tocius Silesiae" nichts dagegen, Troppau den „besseren" schlesischen Städten zuzuordnen.[38]

Glogau gehörte zu den größten Städten Schlesiens mit einer für das Ende des 15. Jahrhunderts geschätzten Einwohnerzahl zwischen neun- und elftausend.[39] Obwohl Glogau durch die Kriegsereignisse am Ende der Regierung von Matthias Corvinus beschädigt worden war, erlebte es zur Zeit Sigismunds wieder einen wirtschaftlichen Aufschwung. Neben zahlreichen Klöstern (Dominikaner, Klarissen, Franziskaner) und der Johanniterkommende siedelte innerhalb seiner Mauern eine der bedeutendsten geistlichen Einrichtungen Schlesiens – das Stiftskapitel an der Kirche Mariä Himmelfahrt.[40] Die Lage von Glogau konnte als günstig für die Kontakte zu Polen, Litauen und dem Reich gelten. Das Fürstentum Glogau war größer und wichtiger als das Fürstentum Troppau. Während im Übrigen Sigismund im Fürstentum Troppau nur eine einzige freie landesherrliche (korrekter fürstliche) Stadt (Troppau) besaß, gab es im Fürstentum Glogau mehrere (Glogau, Freystadt, Sprottau, Grünberg, Guhrau, Schwiebus). Unter den Residenzen, von denen aus Prinz Sigismund in seinen Fürstentümern regierte, ging deshalb die Stadtburg in Glogau als die vorteilhafteste hervor.

Das Itinerar des jagiellonischen Prinzen für die Jahre 1502 bis 1505/1506 bestätigt diese Annahme in etwa. Die Angelegenheit ist jedoch nicht so klar. Konzentrieren wir uns jetzt auf Sigismunds Aufenthalte – abgesehen von kurzfristigen Zwischenstopps oder gelegentlichen Aufenthalten zu besonderen Anlässen, wie der königlichen Hochzeit und Krönung in Stuhlweißenburg,[41] der Jagd mit dem polnischen König in Niepo-

---

37 Karel. Müller – Rudolf Žáček et al., *Opava*, Praha 2006, S. 138.
38 *Descriptio tocius Silesie et civitatis regie Vratislaviensis per M. Bartholomeum Stenum. Barthel Steins Beschreibung von Schlesien und seiner Hauptstadt Breslau*, Hermann Markgraf (ed.) (= Scriptores rerum Silesiacarum, 17), Breslau 1902, S. 22.
39 Krystyn Matwijowski (ed.), Głogów. Zarys monografii miasta, Monografie Regionalne Dolnego Śląska, Wrocław – Głogów 1994, S. 115; Janusz Chutkowski, *Dzieje Głogowa. Tom I*, Legnica 1991, S. 122; Marian Kutzner, *Głogów*, in: Studia nad początkami i rozplanowaniem miast. Tom II, Zielona Góra 1970, S. 182–183.
40 Henryk Gerlic, *Kapituła głogowska w dobie piastowskiej i jagiellońskiej (1120–1526)*, Gliwice 1993.
41 P. Kozák, *Mezi centrem a periferií: Itinerář*, S. 142–143.

lomitz⁴² oder Nachbarschaftsbesuchen in den Residenzen ausgewählter schlesischer Fürsten.⁴³ Es stellt sich heraus, dass Sigismund mehrere Tage und wiederholt, was das wichtigste Kriterium darstellt, nur an folgenden Orten blieb: Glogau, Troppau, Breslau, Krakau und Ofen. Die Zahl der in Glogau verbrachten Tage bleibt konstant hoch – durchschnittlich 100 im Jahr (1503 waren es sogar 220 Tage).⁴⁴ Die in Troppau verbrachte Zeit fällt trotzdem nicht allzu bescheiden aus,⁴⁵ und die Aufenthalte in den beiden wichtigsten Metropolen der jagiellonischen dynastischen Welt – in Krakau und Ofen – sind auch nicht zu übersehen.⁴⁶ 1502 handelte es sich dabei um den größten Teil des Jahres, in den folgenden Jahren um ein Viertel oder ein Drittel. Auch die Weihnachts- und Neujahrsfeiertage (deren außerordentliche Bedeutung im Leben der Hofgesellschaft Sigismunds durch erhaltene Rechnungen bestätigt wird) sind gleichmäßig auf die fürstlichen Residenzen in Glogau (1503, 1505)⁴⁷ und Troppau (1502, 1504)⁴⁸ sowie auf die Hauptstädte von Polen (1501)⁴⁹ und Ungarn (1498–1500)⁵⁰ verteilt. Es hilft auch nicht, die zeremoniellen Einzüge in die Städte zu beobachten – der *adventus domini principis* wurde regelmäßig bei Besuchen in Troppau und Glogau sowie als Einzug in Breslau, Krakau und Ofen organisiert. 1505 wurde sogar ein Einzug in Schweidnitz und Kremsier in Mähren gefeiert.⁵¹

Besuche der schlesischen Hauptstadt Breslau waren vom politischen Kalender des Landes abhängig, und Sigismund genoss gewöhnlich die Gastfreundschaft führender Bürgerfamilien (zum Beispiel der Bockwitzer).⁵² Obwohl der Herrscher in der Stadt über seine eigene Residenz verfügte – diese wurde in den Quellen gewöhnlich als Kaiserhof (*curia imperialis*) bezeichnet –, übernachtete auch der ältere Bruder Sigismunds, König Wladislaus von Ungarn und Böhmen, im Jahre 1511 lieber in den prächtigen Patrizierhäusern am Breslauer Hauptplatz.⁵³ Der Prinz wurde nach Krakau und Ofen

---

42 Ibidem, S. 151.
43 P. KOZÁK, *Związki książąt śląskich*, passim.
44 P. KOZÁK, *Mezi centrem a periferií: Itinerář*, S. 139, 146–149, 156, 159–161, 163, 164.
45 Ibidem, S. 141, 144, 150, 151, 153, 154.
46 Ibidem, S. 138, 142, 143, 145, 151, 157, 158, 160, 162.
47 Ibidem, S. 148, 160.
48 Ibidem, S. 144, 153.
49 Ibidem, S. 138.
50 Ibidem, S. 131, 132, 135.
51 Ibidem, S. 138, 141, 149 (zweimal), 153, 156, 157 (zweimal), 159, 160 (zweimal), 162–164.
52 *Účty dvora prince Zikmunda*, S. 342.
53 Mlada HOLÁ, *Holdovací cesty českých panovníků do Vratislavi v pozdním středověku a raném novověku (1437–1617)*, Praha 2012, S. 42–43, 68.

gebracht, um dynastische und persönliche Interessen zu verteidigen – in Ofen lebte er wahrscheinlich im Areal des örtlichen Königsschlosses,[54] im Falle von Krakau ist es notwendig, sowohl den Wawel als auch die Unterkunft direkt in der Stadt zu berücksichtigen, denn die überlieferten Hofrechnungen zeugen von bemalten Wappentafeln, mit deren Hilfe der Übernachtungsort Sigismunds symbolisch von der übrigen Stadt getrennt wurde.[55] Die Metropolen Ofen und Krakau hatten einen sehr wichtigen Platz in Sigismunds persönlichem und öffentlichem Leben und konnten – insbesondere Krakau – als Residenzen sui generis angesehen werden. Aber dies waren nicht die Orte, an denen der jagiellonische Prinz tatsächlich Herr und Herrscher war, er blieb hier immer nur der zweite, der im Schatten seiner mächtigeren Geschwister stand. Das alles führt uns immer wieder nach Glogau und Troppau zurück. Er verweilte öfter in Glogau, aber es gibt noch einen anderen Unterschied. Die Analyse des Itinerars zeigt, dass Sigismund regelmäßig nach Glogau zurückkehrte: Von dort aus machte er sich auf den Weg, um seinen Regierungspflichten in Breslau und Schweidnitz nachzukommen, hier begann er auch seine Reise nach Polen und Ungarn. Und ebenfalls in Glogau beendete Sigismund meist solche Reisen. Troppau hingegen war viel häufiger ein (wenn auch manchmal wochen- bis monatelanger) Zwischenhalt auf dem Weg nach Krakau und Ofen. Vom Versammlungsort des schlesischen Fürstentages kehrte er hierhin nie zurück.

Die Daten über die Anzahl der Tage, die Prinz Sigismund an einzelnen Orten verbrachte (basierend auf seinem Itinerar), weisen das in Graphik 1–4 dargestellte Schema auf.[56]

Zusammenfassend lässt sich Folgendes sagen. Prinz Sigismund verfügte innerhalb seiner Länder über ein System von befestigten Herrensitzen. Als wirkliche Residenzen kann man jedoch nur die Burgen in den Hauptstädten seiner Fürstentümer, in Glogau und Troppau, bezeichnen, wobei die Glogauer Burg bei den Residenzen an erster Stelle stand und die Burg in Troppau an zweiter. Andere befestigte Sitze erfüllten keine

---

54 Zum Königsschloss in Ofen in der Jagiellonen-Zeit vgl. Péter FARBAKY, *A Budai királyi palota Mátyás és a Jagellók idején*, in: Katalin F. DÓZSA – Gabriella Szvoboda DOMÁNSZKY (edd.), A Budavári királyi palota évszázadai, Tanulmányok Budapest Múltjából 29, Budapest 2001, S. 205–216.

55 *Účty dvora prince Zikmunda*, S. 162 (*pictori, qui pingebat tabulam cum sczythi domini principis, que aplicata est ante hospicium domini principis*).

56 Visualisiert werden die Anteile der verschiedenen Orte an den im Itinerar belegten Tagen des jeweiligen Jahres. Die Summe der Tage kann deren Anzahl im Jahr geringfügig übersteigen, da die Tage, welche die Aufenthalte Sigismunds begrenzten, an denen er sich also zunächst noch an einem Ort befand, von dort aber zum nächsten Ort weiterreiste, mehrfach gezählt wurden.

Residenzfunktion mehr, sie wurden in Sitze der Weichbildhauptmannschaften und der Kammergüterverwaltungen umgewandelt. Zumindest wissen wir nichts über ihre Funktion als Teil des Residenznetzes (aus den Hofrechnungen sind nur drei Besuche der Stadtburg in Freystadt bekannt). Außerdem verbrachte Prinz Sigismund regelmäßig beträchtliche Teile des Jahres in den Residenzen seiner königlichen Geschwister oder in deren Nähe. Für eine bestimmte Zeit wurden diese so zu seinen Quasi-Residenzen. Meiner Meinung nach ist es daher in seinem Fall eher angebracht, über eine Residenzlandschaft als über ein Residenznetzwerk, also über ein strukturiertes System von Haupt- und Nebensitzen zu sprechen. Vielmehr können wir die begriffliche Durchdringung mehrerer Ebenen (privat-fürstlich, offiziell-hauptmannschaftlich und dynastisch) beobachten.

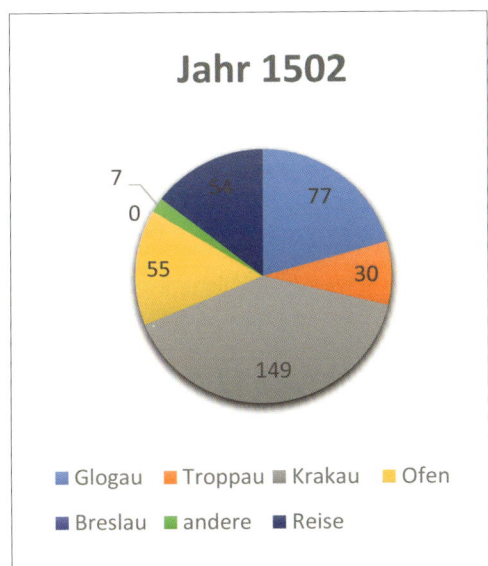
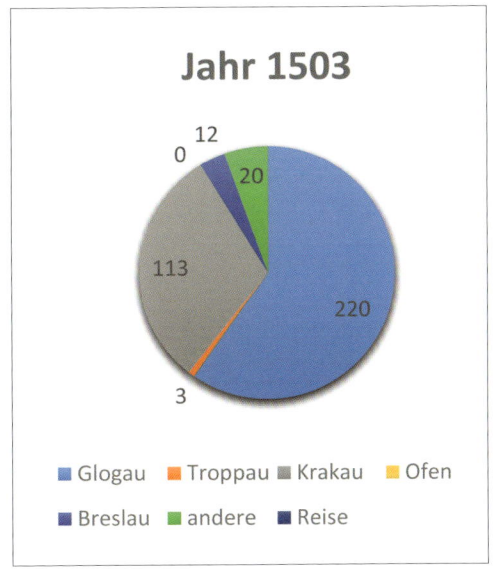
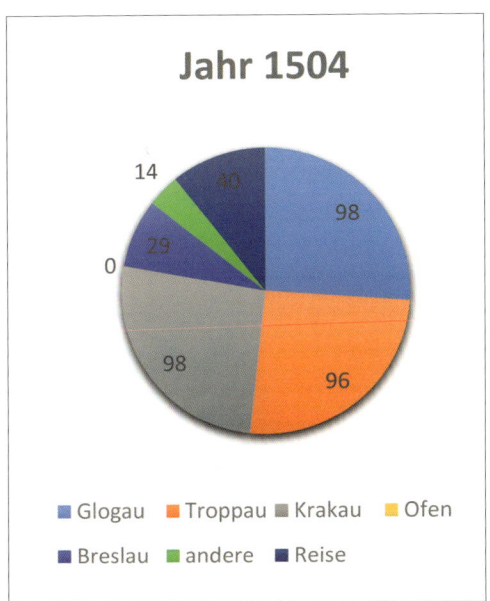
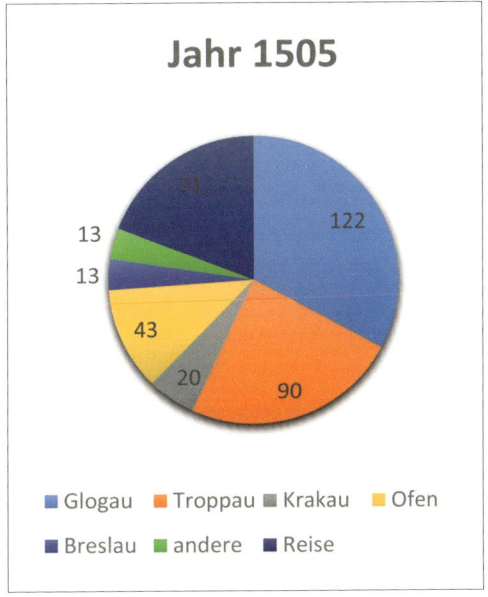

Graphiken 1–4
Aufenthaltsorte Sigismunds in den Jahren 1502–1505
(Angabe der Aufenthaltstage am jeweiligen Ort).

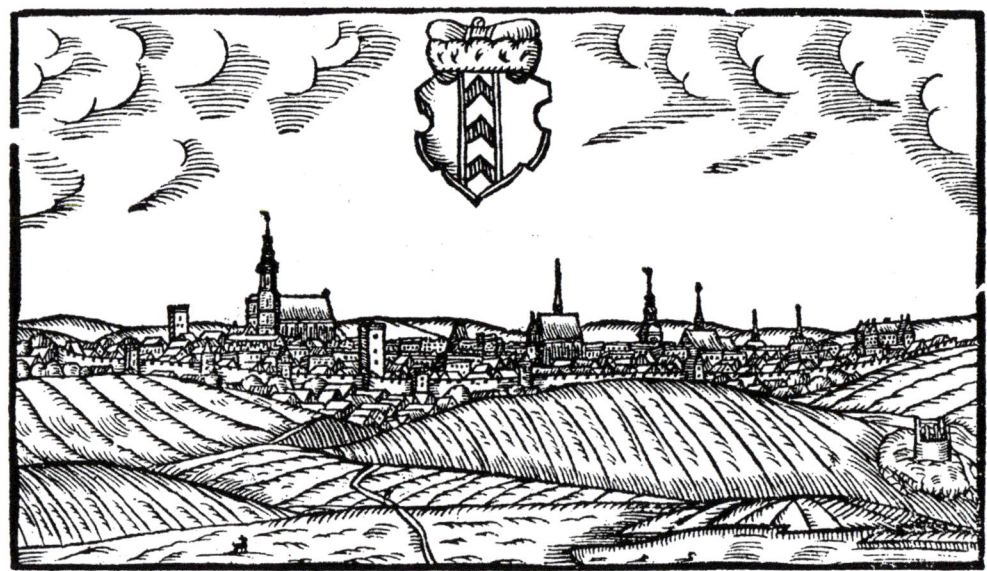

Abb. 1 Die älteste erhaltene Ansicht der Stadt Troppau, ein Holzschnitt von Johann Willenberger aus der Zeit vor 1593. Rechts die Troppauer Burg mit einem Palast und zwei Ecktürmen.

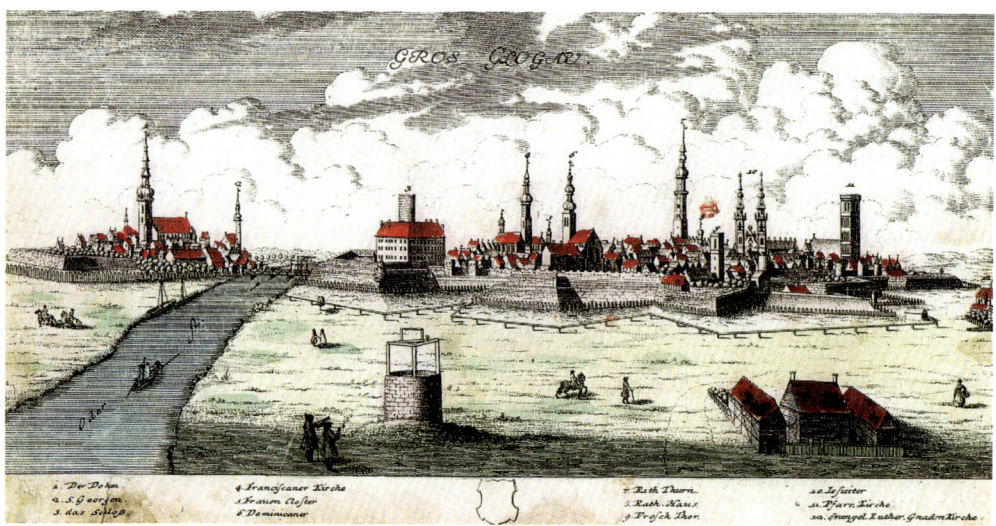

Abb. 2 Ansicht auf die Stadt Glogau und das dortige Fürstenschloß mit dem sogenannten Hungerturm (Mitte links) von Friedrich Bernhard Werner, um Mitte des 18. Jahrhunderts.

Im Jagdgehege der Göttin Diana

Die Schlösser in den Kammerherrschaften als Nebenresidenzen
der Habsburger während ihrer Aufenthalte in Böhmen
im 17. und 18. Jahrhundert

JIŘÍ HRBEK

Nach dem Ende des Dreißigjährigen Krieges nahm die Häufigkeit der Reisen der böhmischen Könige aus dem Hause Habsburg nach Böhmen ab. Kaiser Leopold I. hielt sich während seines selbständigen Regierens nur dreimal in den Prager Städten auf, zunächst als er von dort die Verhandlungen vor der Wahl des römisch-deutschen Königs verfolgte (1657–1658), sodann als er entgegen seinem ursprünglichen Vorhaben 1673 seinen Aufenthalt in Böhmen verlängerte und auf seiner Reise von Eger (Cheb) nach Prag kam, zuletzt als er sich mit dem Großteil seines Hofstaats auf die Flucht vor der Pest nach Prag begab (1679–1680).

Haupt- und Nebenresidenzen

Im Laufe der letzten 25 Jahre seiner Herrschaft kam Leopold I. gar nicht mehr nach Böhmen, und dasselbe galt für seinen Nachfolger Joseph I. in der Zeit seines selbständigen Regierens. Dabei wurde in Böhmen im Unterschied zu Ungarn nicht gekämpft, im Vergleich mit der Zeit während des Dreißigjährigen Krieges drohte dem Kaiser hier also keine unmittelbare Gefahr, und Prag stand hinsichtlich der komfortablen Unterkunft des Hofstaats Wien oder Linz in nichts nach. Der Kaiser ließ zudem seinen Sohn Joseph zu seinen Lebzeiten nicht zum König von Böhmen krönen, aber sehr wohl zum König von Ungarn (1687) und zum Königs des Heiligen Römischen Reichs (1690). Es stimmt zwar einerseits, dass Leopold I. in der zweiten Hälfte seiner Regierungszeit jegliche höfische Reisen einschränkte und bis auf die beiden Krönungsreisen nur noch die nahe Umgebung Wiens besuchte – er begab sich zu Wallfahrten ins steirische Mariazell und nach Wiener Neustadt.[1] Eine Ausnahme bildete nur eine kurze Ausfahrt in

---

1 Gründe der Reisen nach Wiener Neustadt waren Erholung (Mai 1684), Einkleidung der Freile von Windischgrätz (November 1686), Jagd (Oktober 1693) bzw. Hochzeit des Grafen von Traun (Au-

die Herrschaft seines Obersthofmeisters Ferdinand von Dietrichstein nach Nikolsburg (Mikulov), die mit einer Parade von Rekruten aus dem unweit gelegenen Göding (Hodonín) verbunden war.[2] Andererseits bildeten aber die böhmischen Länder zusammen mit den österreichischen Gebieten den wirtschaftlichen und politischen Kern der Habsburgermonarchie. Gründe für die physische Abwesenheit des Königs lassen sich nur schwer finden, einer davon könnte gewesen sein, dass man finanzielle Mittel sparen wollte, die in die kostspieligen militärischen Konflikte mit den osmanischen Türken, aber auch mit Frankreich flossen. Und gerade dort kann ein weiterer möglicher Grund des veränderten Residenzverhaltens des Herrschers aus dem Hause Habsburg beobachtet werden: Es scheint, als ob Leopold I. die „sesshafte" Lebensart seines großen Rivalen Ludwig XIV. kopieren wollte,[3] der Versailles und den umliegenden Schlössern in den letzten Jahrzehnten seines Regierens den Vorzug gegenüber langen Reisen durch sein Königreich gab. Es war wahrscheinlich eine bewusste Entscheidung Leopolds, Wien zur Hauptstadt der Monarchie zu machen, und diese Entscheidung lässt sich indirekt durch bauliche Aktivitäten auf dem Areal der Wiener Hofburg belegen (wo der Leopoldinische Trakt entstand)[4] und später durch die kühnen Pläne Johann Bernhard Fischers von Erlach zum spektakulären Umbau von Schönbrunn zu einer monumentalen Sommerresidenz.[5]

Auch während der Herrschaft Karls VI. änderte sich kaum etwas Wesentliches an diesem Trend. Im Laufe seiner Regierungszeit erschien der kaiserliche Hofstaat nur

---

gust 1700). Rotraut MILLER, *Die Hofreisen Kaiser Leopolds I.*, Diplomarbeit Universität Wien, Wien 1966, S. 242f.

2 Die Reise führte über Wolkersdorf, Wilfersdorf, Feldsberg/Valtice (wo die Hofleute als Gäste von Fürst Liechtenstein übernachteten) nach Göding. Nach der Militärparade begab man sich nach Nikolsburg, wo der Kaiser an Messen in der Loretokapelle teilnahm und Fürst Dietrichstein am 9. Juni 1691 ein Festmahl für die Spitzen des Hofes und der mährischen Ständegesellschaft veranstaltete; der Vespergottesdienst fand am selben Tag bei den Piaristen statt, und schließlich wurde der Kaiser „auf die Insel" zu einem festlichen Zitrusmahl geladen, das unter Klängen angenehmer Musik abgehalten wurde. Am 11. Juni reiste er über Hagenberg zurück nach Wien. ÖStA Wien, HHStA, Obersthofmeisteramt, Zeremonialprotokoll 4 (1681–1691), fol. 603–606.

3 Friedrich POLLEROSS, *Sonnenkönig und österreichische Sonne. Kunst und Wissenschaft als Fortsetzung des Krieges mit anderen Mitteln*, Wiener Jahrbuch für Kunstgeschichte 40, 1987, S. 239–256.

4 Harry KÜHNEL, *Der Leopoldinische Trakt der Wiener Hofburg*, Anzeiger der österreichischen Akademie der Wissenschaften. Philosophisch-Historische Klasse 93, 1956, S. 147–168.

5 Martin MUTSCHLECHER, *Vom Luftschloss zum Lustschloss – Schönbrunn und Fischer von Erlach*, online: https://www.habsburger.net/de/kapitel/vom-luftschloss-zum-lustschloss-schoenbrunn-und-fischer-von-erlach (11.1.2022). Hier werden unter anderem die Pläne Fischers von Erlach zum Umbau von Schönbrunn reproduziert.

zweimal in Prag: zur böhmischen Krönung (1723) und während einer Reise nach Karlsbad (1732). Vergleichbar selten waren ebenfalls die Aufenthalte Maria Theresias, die aber neben Prag (1743, 1754) auch andere Orte in Böhmen und Mähren besuchte, ohne sich dabei in der Landeshauptstadt aufzuhalten (1748, 1750, 1753). Häufiger kam nur ihr Gatte Franz Stephan von Lothringen in die böhmischen Länder und besuchte hier die Güter seiner Freunde zum Zeitvertreib, aber auch seinen wirtschaftlichen Interessen kam er nach, als er zu den oberungarischen Herrschaften Maria Schoßberg (Šaštín) und Holitsch (Holíč) 1762 die mährischen Herrschaften Göding (Hodonín) und Groß Pawlowitz (Velké Pavlovice) hinzukaufte.[6] Obwohl die Häufigkeit der Aufenthalte der Landesherren in den böhmischen Ländern ab der Mitte des 17. Jahrhunderts abnahm, blieb Prag offiziell eine Residenzstadt der Herrscher aus dem Hause Habsburg, worauf übrigens auch die offizielle Bezeichnung Prags als *Königliche Haupt- und Residenz-Stadt* hinwies.[7] Ob nun die Herrscher mit ihrem Hofstaat mehrere Monate auf der Prager Burg verbrachten, wie während des „Pestaufenthalts" Leopolds I. 1679–1680, oder nur eine einzige Woche, wie Maria Theresia und Franz Stephan von Lothringen bei ihrem letzten gemeinsamen Aufenthalt auf der Prager Burg Ende August/Anfang September 1754 –, immer teilten sie ihre Zeit zwischen Pflichten (Audienzen, Erledigung von Korrespondenzen, Teilnahme an Sitzungen von Beratungsgremien etc.) und Freizeit auf, die mit Entspannung und Erholung einherging.

Obwohl man bei einem Herrscher nur schwer die Grenze zwischen Arbeit und Freizeit ziehen kann, lässt sich sagen, dass Erholung mit der Einladung eines Adeligen in dessen Residenz auf dem Lande einherging, wo dieser für seinen Herrn Vergnügungen vorbereitete, die zugleich seiner eigenen Repräsentation vor der gesamten höfischen Gesellschaft dienten. Die böhmischen und mährischen Aristokraten wetteiferten also darum, vom König und seinem Gefolge besucht zu werden, da dieser hohe Besuch eine offenkundige Auszeichnung für den eventuellen Gastgeber bedeutete. Viele Adelssitze auf dem Lande wurden nach französischem Vorbild direkt als *maison de plaisance* aufgebaut, also als Orte, die ihrem Besitzer und seinen Gästen Freude bereiten sollten.[8] Eine besondere Stellung im Residenznetzwerk wohlhabender Aristo-

---

6 Renate ZEDINGER, *Franz Stephan von Lothringen (1708–1765). Monarch, Manager, Mäzen*, Wien – Köln – Weimar 2008, S. 224 ff.
7 Jan VLK (ed.), *Dějiny Prahy I*, Praha – Litomyšl 1997, S. 451.
8 Jiří KROUPA, *„Lieu de plaisance" und das barocke Mähren. Notizen zu einem „französischen Modus" in der Architektur des 18. Jahrhunderts*, Umění 43, 1995, S. 317–337. Auch IDEM, *Kupařovický dvůr jako typ „maison de plaisance"*, SPFFBU F 37–39, 1993–1995, S. 105–123.

kraten nahmen Bauten in der Nähe von Landeshauptstädten ein. Vorbild für die Errichtung solcher stadtnahen Residenzen war Wien, wo nach 1683, als die osmanischen Türken zuletzt erfolglos die Stadt belagerten, außerhalb der beengten Innenstadt zahlreiche sogenannte Gartenpalais entstanden.[9] Auch in der Umgebung von Prag, auf stadtnahen Höfen des einheimischen Adels, die zugleich als wirtschaftliches Hinterland für seine Prager Palais dienten, begannen insbesondere im 18. Jahrhundert Lustschlösser im Barock- und Rokokostil zu entstehen – und gerade dorthin konnte man den Herrscher mit seiner unverzichtbaren Begleitung einladen, wenn er sich in der Landeshauptstadt aufhielt. So hatte Maria Theresia bei ihrem letzten Besuch der Prager Städte im Jahre 1754 die Möglichkeit, in Begleitung ihrer Schwägerin Anna Charlotte von Lothringen den Garten des Schlosses in Nusle von Oberstburggraf Philipp Nerius Kolowrat-Krakowsky, den Vorstadtsitz des Oberstlandhofmeisters Philipp Joseph Gallas in Groß Kletzan (Klecany), das Schloss Winor (Vinoř) der Familie Czernin und das Schloss Kunratitz (Kunratice) der Familie von der Goltz zu besuchen.[10] Mit ihrem längsten und bedeutendsten Besuch samt Übernachtung beehrte sie jedoch den Präsidenten der Ministerial-Banco-Deputation Rudolf Chotek, der sich mit dem Schloss Weltrus (Veltrusy) brüsten konnte, wo er der Kaiserin und ihrem Gemahl mit einer Präsentation von böhmischen Manufakturprodukten aufwartete.[11]

Der Herrscher baute ebenfalls in Reichweite einer eintägigen Reise von seiner ständigen Residenz ein Netz an Landsitzen auf, von denen viele direkt als Ort der Erholung, der Kontemplation oder aber der Vergnügung geplant wurden. Eine ausgeklügelte Form erhielten diese kaiserlichen Anlagen in der Umgebung von Wien während der zweiten Hälfte des 17. Jahrhunderts; als Vorbild diente der bereits am Donauufer liegende manieristische Sitz Maximilians II., der den schlichten Namen *Neugebäude* trug.[12] Während der Herrschaftszeit Leopolds I. entstand dann ein Nutzungssystem dieser Nebenresidenzen: Wenn der Kaiser in Wien weilte, verbrachte er dort eine ge-

---

9 Als ein gewisses Vorbild für die Wiener Gartenpalais diente das Palais Liechtenstein in Rossau. Vgl. Friedrich POLLEROSS, *Utilità, virtù e bellezza – Fürst Johann Adam Andreas von Liechtenstein und sein Wiener Palast in der Rossau*, Österreichische Zeitschrift für Kunst und Denkmalpflege 47, 1993, S. 36–52.
10 Jiří HRBEK et al., *Panovnický majestát. Habsburkové jako čeští králové v 17. a 18. století*, Praha 2021, S. 426.
11 Otakar ŠPECINGER, *Průmyslová výstava ve Veltrusích*, SSH 16, 1981, S. 83–98; IDEM, *První vzorkový veletrh v Čechách roku 1754*, Hospodářské dějiny 13, 1985, S. 89–113.
12 Diese vor den Toren Wiens liegende Perle der Renaissance wurde einer Legende zufolge an jenem Ort errichtet, von wo aus 1529 Sultan Süleyman der Prächtige bei der ersten Belagerung Wiens das Kommando geführt hatte. Nach dem Tod Maximilians II. und nachdem der Kaiserhof nach Prag

nau definierte Zeitspanne im Jahr, wodurch eine „Spezialisierung" der einzelnen Objekte ermöglicht wurde. Diese waren durch ein dichtes Wegenetz miteinander verbunden, über das sich sowohl Kolonnen von Hofkutschen als auch schnelle Boten zur Überbringung von Informationen bewegen konnten. Im Mai und Juni weilte der Hof im ungefähr zehn Meilen südlich von Wien gelegenen Laxenburg, von Juni bis Oktober in der Favorita auf der Wieden, worauf in der Regel ein Jagdaufenthalt in Ebersdorf (heute Kaiserebersdorf) folgte.[13] Die lange Zeit, die Leopold I. dort verbrachte, bedeutete zugleich, dass der Aufenthalt nicht nur der Erholung diente: 1682 schloss er in Laxenburg mit verschiedenen Reichsfürsten einen gegen Frankreich gerichteten Vertrag (Laxenburger Allianz), 1703 wurde Erzherzog Karl in Favorita zum König von Spanien proklamiert. Erst in der Regierungszeit Maria Theresias verschob sich die Aufmerksamkeit eindeutig auf Schönbrunn, während die übrigen Landsitze nach und nach für andere Zwecke umfunktioniert wurden: Ebersdorf wurde 1745 ein Armenhaus, aus der Favorita entstand 1754 eine berühmte Bildungsanstalt (Theresianum). Neben diesen Gebäuden gehörten der kaiserlichen Familie im 18. Jahrhundert weitere Anlagen direkt in Wien und auch in dessen Umgebung: Die Alte Favorita im Augarten, deren Gärten Joseph II. 1766 für die Öffentlichkeit zugänglich machen ließ, das Obere und Untere Belvedere aus dem Nachlass von Prinz Eugen von Savoyen sowie verschiedene kleine Schlösser, die mit dem immer mehr an Dominanz gewinnenden Schönbrunn verbunden waren, wo die Kaiserin bis zu sieben Monate pro Jahr verbrachte und das die meisten Funktionen der älteren Residenzen übernahm.[14]

Auch in Böhmen entstand ein vergleichbares Netzwerk von Landgütern, die der Herrscher mit seinem Gefolge während seiner Aufenthalte auf der Prager Burg besuchte. Es war aber nicht so stark zentralisiert und spezialisiert wie das Wiener Netz, da diese Nebenresidenzen oft nicht in unmittelbarer Nähe der Landeshauptstadt lagen. Sie bildeten sich nach und nach aus den Zentren der Kammerherrschaften heraus, und einige behielten ihre bis ins Mittelalter zurückreichende Kontinuität, da sich in ihrer Mitte alte Königsburgen (Křivoklát/Pürglitz, Točník/Totschnik) befanden. Andere gehörten einst bedeutenden Adelsgeschlechtern und wurden erst später den Kammer-

---

verlagert worden war, war dieser Sitz verlassen, und manche seiner Elemente (Marmorsäulen) wurden später beispielsweise beim Umbau von Schönbrunn verwendet.

13 Friedrich POLLEROSS, *Tradition und Recreation. Die Residenzen der österreichischer Habsburger in der Frühen Neuzeit (1490–1780)*, Majestas 6, 1998, S. 91–148.

14 Dies waren insbesondere Hetzendorf, das als Witwensitz für die Kaiserwitwe Elisabeth Christine diente, und Ober-St.-Veit, wo sich Fresken mit Abbildungen exotischer Landschaften befanden, welche später die Vorlage einer ähnlichen Ausmalung von Schönbrunn bildeten. Ibidem, S. 147.

gütern hinzugefügt (1560 Pardubitz/Pardubice der Pernsteiner). Die Transformation königlichen Eigentums in ein System von Kammerherrschaften hatte Ferdinand I. ab den vierziger Jahren des 16. Jahrhunderts schrittweise vorangetrieben, indem verpfändete Güter ausgelöst und der Böhmischen Kammer unterstellt wurden.[15] Zu diesem Schritt hatten vor allem wirtschaftliche Gründe geführt, da eine konsolidierte königliche Domäne die Einnahmen der königlichen Kasse steigerte und zur Versorgung des Herrscherhofs beitrug, und zwar auch in Zeiten, in denen sich dieser nicht in Böhmen aufhielt. Es handelte sich dabei um den Holzeinschlag und nachfolgend um die Eisenproduktion in den unterhalb des mittelböhmischen Gebirges Brdy liegenden Herrschaften Pürglitz, Totschnik, Zbirow (Zbiroh) und Königshof (Králův Dvůr), sowie um den Anbau von Getreide und das damit verbundene Bierbrauen auf dem an der Elbe liegenden Großgrundbesitz Brandeis (Brandýs nad Labem, verbunden mit Elbekosteletz/Kostelec nad Labem und Prerow an der Elbe/Přerov nad Labem), Podiebrad (Poděbrady) und Pardubitz. Die Kammerdomäne war ursprünglich noch größer und umfasste ebenfalls Melnik (Mělník), Lissa an der Elbe (Lysá nad Labem) sowie Chlumetz an der Cidlina (Chlumec nad Cidlinou). Sie bildete somit einen sich über mehr als 100 Kilometer erstreckenden Besitzkomplex entlang der Elbe.

Die Kammerverwaltung, deren Funktionsweise bald auch für den böhmischen adeligen Großgrundbesitz zum Vorbild wurde, sorgte zugleich auch für die Residenzgebäude, in denen der König häufig weilte. Während der Herrscher so entlegenen Sitzen wie Zbirow und Pürglitz nur sporadisch einen Besuch abstattete, sodass diese zu Gefängnissen, Brauereien oder Verwaltungsräumlichkeiten umgebaut werden konnten, wurden in rudolfinischer Zeit insbesondere die näher an den Prager Städten liegenden Schlösser zu Nebenresidenzen. In der zweiten Hälfte des 16. Jahrhunderts und während des 17. Jahrhunderts behielt, trotz der Zerstörung während des Dreißigjährigen Kriegs, Brandeis unter ihnen eine vorrangige Stellung. Die leichte Erreichbarkeit über die gut instandgehaltene Landstraße sowie die strategische Lage an einer Elbbrücke verliehen dem Schloss eine Anziehungskraft, die zudem durch das unweit gelegene Altbunzlau (Stará Boleslav) gesteigert wurde, das insbesondere nach 1620 ein wichtiges Wallfahrtsziel des Herrschers und seines Hofstaats wurde.[16] Der Umbau des Schlosses Brandeis im Stil der Renaissance war zwar bereits während der Herrschaftszeit Maxi-

---

15 Eduard MAUR, *Český komorní velkostatek v 17. století*, Acta Universitatis Carolinae. Philosophica et historica. Monographia 1/59, Praha 1975.
16 Vgl. Marie-Elisabeth DUCREUX, *Symbolický význam pouti do Staré Boleslavi*, ČČH 95, 1997, S. 585–620.

milians II. durchgeführt worden, jedoch gewann das Schloss unter Rudolf II. an besonderer Bedeutung, denn es wurde von ihm als Zufluchtsort vor der hohen Prager Politik und vor der Pest genutzt.[17] Daneben besuchte er auch weitere Schlösser an der Elbe: Melnik, Lissa und Podiebrad.

Während die Kammerdomäne der böhmischen Herrscher in der Zeit vor der Schlacht am Weißen Berg eher vergrößert wurde und die Verpfändung einzelner Herrschaften nur für kurze Zeit erfolgte, wurde sie nach 1620 dauerhaft kleiner. Der Verkauf betraf auch symbolträchtige Besitzungen wie Melnik und Karlstein (Karlštejn). Den Höhepunkt stellte die Verpfändung der großen, ertragreichen Herrschaft Pürglitz an die Schwarzenberger (1658) und deren späterer Verkauf an die Familie Waldstein (1685) dar. Der Kaufvertrag erlegte zwar den neuen Eigentümern gewisse Pflichten gegenüber der Böhmischen Kammer auf, die beispielsweise ein Vorkaufsrecht hatte, aber der Zustand des königlichen Ärars gab keine große Hoffnung, die bereits veräußerten Kammergüter eines Tages zurückkaufen zu können.

Die Herrschaft Pürglitz war seit dem Mittelalter königliches Jagdrevier gewesen, und dieser Ruf hielt sich auch bis in die Zeit nach der Schlacht am Weißen Berg. Auch deswegen nahm Kaiserin Elisabeth Christine, die Gemahlin Karls VI., die Einladung des damaligen Herrn von Pürglitz, Johann Joseph von Waldstein, zur Jagd an, die er für sie im Juni 1721 in dem bei Pürglitz gelegenen Gehege unweit von Lahna (Lány) veranstaltete, als sie gerade auf der Rückreise von einem Erholungsaufenthalt in Karlsbad (Karlovy Vary) war. Zwei Jahre danach nahm auch Karl VI., der wegen der Königskrönung mit dem Großteil seines Hofstaats in Prag weilte, eine ähnliche Einladung persönlich an.[18] Jene Herrschaften, die weiterhin von der Böhmischen Kammer verwaltet wurden, erlebten im Laufe des 18. Jahrhunderts umfangreiche Veränderungen, welche 1744 begannen, als Maria Theresia diese ihrem Gatten, Franz Stephan von Lothringen, anvertraute, der dort verschiedene wirtschaftliche Innovationen ausprobierte und sie häufiger als die vorherigen Landesherren besuchte. Die dort befindlichen Schlösser bekamen hierdurch eine Art Sonderstatus von halbprivaten Residenzen des Gatten der Königin von Böhmen, der diese Orte besuchte, auch wenn er gar nicht nach Prag reiste. Wenngleich die Kammerherrschaften unter anderem im Zuge der sogenannten Raabisation in den siebziger Jahren des 18. Jahrhunderts große Veränderungen ihrer wirtschaftlichen Struktur erfuhren, dienten ihre Zentren weiterhin als Reservekapazi-

---

17 Josef JANÁČEK, *Rudolf II. a jeho doba*, Praha ²1997, S. 194, 275, 342.
18 Jiří HRBEK, *Císařský hon na křivoklátském panství v roce 1721*, Rakovnický historický sborník 8, 2011, S. 5–27.

täten für die Unterbringung des Herrschers und seines Hofstaats, wann immer diese nach Böhmen kamen. Im Laufe des 19. Jahrhunderts büßten sie jedoch ihre Sonderstellung unter den anderen Orten, an denen sich der Herrscher während seines Besuchs im Lande aufhielt, allmählich ein. Als sich Kaiser Ferdinand V. nach seiner Abdikation auf die Prager Burg zurückzog, gewannen die nordböhmischen Schlösser Ploschkowitz (Ploskovice) und Reichstadt (Zákupy) den Vorrang gegenüber anderen Residenzen auf dem Lande.[19] Während die übrigen Kammergüter im Laufe des 19. Jahrhunderts nach und nach verkauft wurden, hielt nur Brandeis seinen Kontakt zur Herrscherdynastie aufrecht, das 1860 von der Linie des Hauses Habsburg-Lothringen-Toskana gekauft und 1917 in den persönlichen Besitz Kaiser Karls I. überführt wurde.[20]

Die Jagd und der Herrscherhof im 17. und 18. Jahrhundert

Die Jagd ermöglichte der Gesellschaft im Mittelalter, die Anzahl der Wildtiere zu regulieren und somit Schaden an Eigentum und menschlichem Leben zu verhindern, zudem spielte sie auch eine Rolle beim Broterwerb.[21] Mit der Zeit wurde die Jagd ein Vorrecht des Herrschers, des Adels und der Obrigkeit (einschließlich der kirchlichen) allgemein, weil gerade sie die Rechte auf das dafür genutzte Territorium beanspruchten; außerdem wurde die Jagd als Ausdruck einer besonderen sozialen Stellung des Adels und seines besonderen Status und als Bestandteil seines spezifischen Lebensstils gesehen.[22] In der Frühen Neuzeit verschwand die traditionelle Hervorhebung der Jagd als Vorbereitung junger Edelleute auf den Krieg, wenngleich noch Mitte des 17. Jahrhunderts der niederösterreichische Adelige Wolf Helmhard von Hohberg die

---

19 Martin ASCHENBRENNER, *Pobyty císaře Ferdinanda, císařovny Marie Anny a jejich dvora v Ploskovicích (1850–1872)*, Porta Bohemica 8, 2017, S. 143–164. Ferdinand V. hat dabei auch die Kammerherrschaften gekannt – zu seinem Besuch von Brandeis kurz vor seiner böhmischen Krönung 1836 vgl. Milada SEKYRKOVÁ, *7.9.1836. Ferdinand V. Poslední pražská korunovace*, Praha 2004, S. 49.
20 Milan NOVÁK, *Náš arcivévoda císař a král Karel I. Rakouský v městě Brandýse nad Labem – Staré Boleslavi*, Brno 2011.
21 Vgl. Werner RÖSENER, *Jagd und Tiere*, in: Werner PARAVICINI (ed.), Höfe und Residenzen im spätmittelalterlichen Reich, [Bd. 2:] Bilder und Begriffe, Teilbd. 1 (= Residenzenforschung, 15.II,1), Jan Hirschbiegel – Jörg Wettlaufer (Bearb.), Ostfildern 2005, S. 326–336.
22 Dies galt in ganz Europa. Vgl. Jonathan POWIS, *Der Adel*, Paderborn 1986, S. 37.

Jagd als ein *praeludium belli* (ein Vorspiel des Krieges) bezeichnete.[23] Die Erprobung körperlicher Tüchtigkeit für künftige Kämpfe auf dem Schlachtfeld erfolgte mit der zunehmenden Professionalisierung der europäischen Heere auf andere Art und Weise, die Fertigkeiten auf dem Gebiet der Jagd blieben aber weiterhin ein wichtiger Bestandteil der Erziehung junger Adeliger. Sie hatten zahlreiche Gelegenheiten, ihren Altersgenossen die Kunst des schnellen Reitens, präzisen Schießens auf ein Ziel oder aber der Behändigkeit bei der Überwindung von Dickicht im Wald zu präsentieren, denn die Jagd wurde zu einem gesellschaftlichen Ereignis, bei dem zudem (zeitweilig) einige zeremonielle Regeln außer Kraft gesetzt wurden. Das war besonders wichtig, wenn bei der Jagd der Landesherr anwesend war, zu dem die Teilnehmer somit einen leichteren Zugang erhielten. Zugleich hatte die Jagd auch ihre genauen Regeln, die während der Frühen Neuzeit ähnlich wie weitere Bestandteile der landesherrlichen Alltagskultur präzisiert wurden. Neben den Arten der gejagten Tiere (Hochwild, Federwild, Schwarzwild, Vogeljagd, auch Vogelstellen genannt) wurde vor allem die Form der Jagd unterschieden, ob sie sich also in einem abgeriegelten Bereich abspielte (mit Schranken, aufgespannten Leintüchern, natürlichen Hindernissen), in den das Wild getrieben wurde, oder ob es sich um eine Art der Hetzjagd handelte, bei der die Reiter das ausgesuchte Stück Wild im Wald und auf dem Feld verfolgten. Während der Frühen Neuzeit kamen beide Formen der Jagd zur Geltung, wobei im 17. Jahrhundert und in der ersten Hälfte des 18. Jahrhunderts der erste erwähnte Typus überwog und mit der Zeit in Mitteleuropa durch die als „Parforcejagd" bezeichnete verbesserte französische Hetzjagd verdrängt wurde. Im 17. und 18. Jahrhundert frönte in Böhmen und Mähren vor allem der Adel der Jagd,[24] der oft auch seine Forstwirtschaft an sie anpasste. Die gezielte Überpopulation von Jagdwild brachte nicht zu vernachlässigende wirtschaftliche Schäden mit sich, über die sich die Untertanen sowie die Wirtschaftsbeamten selbst beschwerten; die Anpassung der Landschaft durch das Anlegen von Gehegen und das Schlagen von Schneisen schränkte wiederum die Waldverjüngung ein.[25] Sie wurde ebenso wie die Organisation der Jagden von spezialisiertem Personal beaufsichtigt, das zur Aufgabe hatte, die Obrigkeitsrechte gegen-

---

23 Otto BUNNER, *Adeliges Landleben und europäischer Geist. Leben und Werk Wolf Helmhards von Hohberg 1612–1688*, Salzburg 1949, S. 292f. Ähnlich wurde die Jagd beispielsweise von Niccolo Machiavelli in seinem Werk „Der Fürst" gesehen.
24 Konkrete Beispiele sind zu finden bei Jakub NOBICHT, *Lov a myslivost na panství Brtnice za vlády Antonína Rombalda Collalta v letech 1725–1740*, in: Jiří KUBEŠ – Radmila PAVLÍČKOVÁ (edd.), Šlechtic mezi realitou a normou, Olomouc 2008, S. 163–191.
25 Josef NOŽIČKA, *Přehled vývoje našich lesů*, Praha 1957, S. 43 ff.

über fremden Obrigkeiten (den Nachbarn) sowie gegenüber den eigenen Untertanen zu verteidigen, welche für unerlaubte Wilderei streng bestraft wurden. Die Jagd war für den Adel eine der wichtigsten Gelegenheiten, seinen Status zu demonstrieren, und zwar sowohl gegenüber den Untertanen, die er häufig in die Organisation (zum Beispiel durch Fronarbeit) mit einbezog, als auch gegenüber anderen hochgestellten Personen, die bei der Jagd zusammenkamen. Bei der Jagd konnte man sich nicht nur mit seiner Treffsicherheit brüsten, sondern auch mit Jagdhunden, die oft für teures Geld aus dem Ausland importiert worden waren, oder aber mit Gewehren, die beispielsweise mit Elfenbein ausgelegt sein konnten. Am kostspieligsten war jedoch der Bau von Gehegezäunen und -toren, Rastplätzen und vor allem von Jagdschlössern, die prunkvoll mit Jagdtrophäen, Waffen und Jagdszenen (auf Gemälden, Stichen etc.) ausgeschmückt waren.[26] Das Netz von Jagdschlössern und vor Wild strotzenden Gehegen diente auch dem Empfang von landesherrlichem Besuch, und so verbrachten Karl VI. und auch Franz Stephan von Lothringen während ihrer Aufenthalte in Böhmen ebenfalls Zeit im Jagdschloss des Geschlechts Kinsky in Chlumetz an der Cidlina, in den ostböhmischen Herrschaften Schleb (Žleby) und Opotschno (Opočno) sowie in Horschowitz (Hořovice) der Grafen von Würben und Freudenthal.

Die meisten Habsburger zählten nämlich, bis auf Maria Theresia und ihren Sohn Joseph II., zu glühenden Verehrern der Göttin Diana. Der berühmteste Jäger war an der Wende des 15. zum 16. Jahrhunderts Kaiser Maximilian I., der auf Alpenhängen Gämsen nachstellte und in Gebirgsseen fischte. Diese Leidenschaft wurde integraler Bestandteil seiner Repräsentation, was kostspielige Handschriften belegen, die an seinem Hof entstanden bzw. direkt von seinen ruhmreichen Taten beim Ringen mit der Natur berichteten.[27] Auch in den darauffolgenden Jahrhunderten hatte diese höfische Vergnügung eine nicht zu vernachlässigende öffentliche Dimension, da ein Herrscher, der mit seinem Scharfsinn und seinen physischen Fähigkeiten gefährliche wilde Tiere bezwang, nicht nur seine Dominanz über die Natur demonstrierte, sondern praktisch seine Vormacht im ganzen Land. Wenn er eine Einladung zur Jagd annahm, war es also selbstverständlich, dass dieser Zeitvertreib zu seinen Ehren veranstaltet wurde, was im Falle des sogenannten eingestellten Jagens (in einem mit aufgestellten Leintüchern abgegrenzten Gebiet) bedeutete, dass er der einzige Schütze war, vor den das Wild getrie-

---

26 Vgl. Ludmila OURODOVÁ-HRONKOVÁ, *Johann Georg de Hamilton ve službách Adama Františka ze Schwarzenberku*, in: Martin GAŽI (ed.), Schwarzenberkové v české a středoevropské kulturní historii, České Budějovice 2008, S. 229–250; Ludiše LETOŠNÍKOVÁ, *Lovecké zbraně v Čechách*, Praha 1980.
27 Karl VOCELKA – Lynne HELLER, *Život Habsburků*, Praha 2012, S. 39–41.

ben wurde. Es war daher keine Ausnahme, wenn dieser Schütze oder diese Schützin über 100 Stück Wild pro Tag erlegte, und die genauen Zahlen wurden entsprechend der Vorliebe der Barockzeit für Statistiken sorgfältig notiert und verglichen.[28] Der Höhepunkt dieser Jagdform ist in den Zeiten Karls VI. und seines Schwiegersohns Franz Stephan von Lothringen zu verzeichnen, wobei ihr in der ersten Hälfte des 18. Jahrhunderts auch Frauen in schicker Amazonenkleidung frönten.[29] Die Parforcejagd setzte sich nur sehr langsam durch, förderte aber die Entstehung neuer Gemeinschaften, da sie nicht mehr nur für einen einzigen edlen Besucher bestimmt war, sondern beispielsweise für den Herrscher und seine Gäste. Im Umkreis Franz Stephans von Lothringen finden wir eine Gruppe seiner „Jagdkumpane", Reisebegleiter und Teilnehmer der darauffolgenden Vergnügungen. Mit seinem Tod 1765 endet die Blütezeit der habsburgischen Barockjagd, da die Prinzipien der Physiokratie dazu rieten, den Wildüberhang zu reduzieren, die wirtschaftlichen Interessen der Untertanen zu schützen und dem Ertrag durch Holzverkauf den Vorzug vor den nutzlosen Vergnügungen des Adels zu geben. In diesem Sinne formulierte Kaiser Joseph II., der für die pure Leidenschaft seiner Vorfahren nur wenig Verständnis hatte,[30] die Jagd- und Wildschützenordnung vom 28. Februar 1786.

Jagden der Habsburger in böhmischen Kammerherrschaften in der Zeit nach der Schlacht am Weißen Berg

Während die Organisation der Jagd bei Besuchen führender Edelleute gänzlich auf deren eigenen Schultern ruhte, war hierfür in Fällen, bei denen der König seinen Wunsch äußerte, in Kammergütern auf die Jagd zu gehen, der Oberstlandjägermeister verantwortlich.[31] Dieser hatte ebenfalls zur Aufgabe, sich um die Jagd in Gehegen in unmittelbarer Nähe der Prager Burg – dem Königlichen Wildgehege im Baumgarten

---

28 Bekannt sind die als *Jagdkalender* bezeichneten Aufzeichnungen Karls VI., aufbewahrt im ÖStA Wien, HHStA, Habsburgisch-lothringisches Familienarchiv, Sammelbände, Kart. 2, Hefte I–X (gemeinsam mit den Heften von Karls Tagebüchern). Dazu auch Oskar von MITIS, *Jagd und Schützen am Hofe Karls VI.*, Wien 1912.
29 Stefan SEITSCHEK, *Die Tagebücher Kaiser Karls VI. Zwischen Arbeitseifer und Melancholie*, Horn 2018, S. 316.
30 Jan ČABART, *Vývoj české myslivosti*, Praha 1957, S. 204f.
31 Zur Funktionsweise dieses Amtes während des Höchststands der Reisen Franz Stephans von Lothringen nach Böhmen vgl. Romana MARTÍNKOVÁ – Aleš VALENTA – Veronika VILIMOVSKÁ, *Úřad nejvyššího lovčího z Leopolda Kinského (1751–1760)*, VSH 14, 2007, S. 109–141.

(Královská obora, Stromovka) sowie im Wildgehege Stern (obora Hvězda) – zu kümmern, von wo aus das Wild in den sechziger und siebziger Jahren des 17. Jahrhunderts allmählich in den direkt unterhalb der Prager Burg liegenden Hirschgraben (Jelení příkop) gebracht wurde.[32] Zu dem Amt des Oberstlandjägermeisters gehörte zudem die Pflege des sogenannten Jagdreservats, also des Bereiches im Umkreis von einer Meile vor der Prager Stadtmauer, wo aufgrund eines Beschlusses des ersten nach der Schlacht am Weißen Berg stattfindenden Landtags von 1627 das Jagdrecht ausschließlich dem Herrscher zustand, weil sämtliches dort befindliches Wild nur ihm gehörte.[33] Neben Hirschen und Wildschweinen kamen in den Wildgehegen, welche die Prager Städte umgaben, auch zahlreiche Damhirsche vor, denen Ferdinand III., sein Bruder Leopold Wilhelm und sein Sohn Leopold während des Krönungsaufenthalts 1656 begeistert nachjagten, während sie für Karl VI. 1723 eine Enttäuschung darstellten, da sie zu zahm waren und somit jeglichen Spaß an der Jagd verdarben.[34] Dieser Kaiser mochte ansonsten Aufenthalte im Baumgarten sehr, ließ ihn zum Park umgestalten und darin verschiedene künstliche stille Winkel anlegen. In diesem Wildgehege befanden sich zudem große Wasserflächen, die von einem auf Anordnung Rudolfs II. errichteten künstlichen Stollen gespeist wurden, wo Wasservögel nisten konnten. Im Jahre 1723 fand übrigens auch eine Jagd auf Wildenten und -gänse statt, bei der die Teilnehmer in kleinen Booten standen.

Oberstlandjägermeister zu sein war eine prestigeträchtige Funktion, um die sich die führenden Adeligen des Königreichs bewarben, da sie einen häufigen Briefwechsel mit den Spitzen des Herrscherhofes und mit dem Herrscher selbst mit sich brachte. Der Oberstlandjägermeister sollte bei festlichen Anlässen Wildbret aus Kammerherrschaften an die kaiserliche Tafel schicken, zum Beispiel 1678 zum Hochzeitsmahl Karls von Lothringen mit Eleonore Maria in Wiener Neustadt oder aber drei Jahre später Federwild ins ungarische Ödenburg (Sopron) zum Krönungsbankett Eleonore Magdalenes von Pfalz-Neuburg; ab Mitte des 18. Jahrhunderts dann regelmäßig in die kaiserliche

---

32 Im Hirschgraben jagte Karl VI. während seines Pragbesuchs 1723 Wild direkt aus dem Fenster des Spanischen Saals der Prager Burg. Vgl. Antonín NOVOTNÝ, *Život na Pražském hradě*, Praha ²2001, S. 12–20, 61 ff. Auf dem Gelände der Prager Burg diente ebenfalls der Löwenhof (Lví dvůr) der Jagd, wo beispielsweise 1708 die über Prag nach Portugal reisende Erzherzogin Maria Anna auf einen Bären schoss.

33 Anton GINDELY, *Geschichte der Gegenreformation in Böhmen*, Prag 1891, S. 521. Der Landtag kam in diesem Punkt dem Antrag Ferdinands II. entgegen, und zwar anfangs nur für drei Jahre. Später wurde die Bestimmung über das Jagdreservat verlängert.

34 Antonín NOVOTNÝ, *Královská obora*, Praha ²2000, S. 87.

Herrschaft Holitsch (Holíč) an der Grenze von Mähren und Oberungarn.[35] Der Oberstlandjägermeister hatte den Befehl über eine mehrköpfige und selbstbewusste Gruppe von Förstern, Jägern und Hegern, die in den Quellen als *Jägerparthey* bezeichnet wird. Sie waren in den Kammerherrschaften stationiert, trugen besondere Uniformen und Livreen und genossen zahlreiche Privilegien einschließlich einer unabhängigen Gerichtsbarkeit, was unter anderem ein angespanntes Verhältnis zu den Wirtschaftsbeamten der böhmischen Kammer mit dem Hauptmann an der Spitze mit sich brachte.[36] Den Höhepunkt ihrer Unabhängigkeit genoss diese *Jägerparthey* zu den Zeiten Franz Stephans von Lothringen, nach dessen Tod die meisten ihrer Privilegien von Maria Theresia aufgehoben wurden. Der Oberstlandjägermeister sollte im Zusammenhang mit der königlichen Jagd für Anpassungen des Geländes, genügend Wild sowie für Pferde und Fuhrwerke sorgen, auf denen die Jagdwaffen und im Falle des eingestellten Jagens auch Stangen, Leintücher und Abriegelungen transportiert werden konnten. Er wandte sich daher häufig an die Obrigkeit in der Nachbarschaft mit der Bitte um Aushilfe, unter anderem darum, Untertanen als Treiber zur Verfügung zu stellen, was mehrere hundert Personen betreffen konnte.[37]

In der Nähe von Prag gehörten Brandeis und Podiebrad zu den langfristig beliebtesten Landsitzen der Habsburger. Beide Herrschaften waren durch eine homogene Waldfläche verbunden, aus der ein Jagdrevier entstanden war, das bis 1777 genutzt wurde. Dem dortigen Wildbestand wurden von Zeit zu Zeit Geschenke fremder Herrscher hinzugefügt: 1702 ließ hier Kaiser Leopold I. sechs weiße Hirsche aus Sibirien unterbringen, die er vom russischen Zaren Peter dem Großen bekommen hatte und die nur der Kaiser jagen durfte.[38] Die Erlaubnis zur Jagd an sich war in den Herrschaften Brandeis und Podiebrad eine exklusive Angelegenheit und wurde nur dem höchsten Besuch erteilt, zumeist Mitgliedern von Herrscherhäusern, die sich zeitweilig auf der Prager Burg aufhielten. Nach einer erschöpfenden Reise aus Heidelberg rasteten hier im November 1702 der römisch-deutsche König Joseph I. und seine Gemahlin Wilhelmine Amalie, und sie setzten von hieraus ihre Reise direkt nach Wien fort. In den Jahren 1719 und 1739 waren hier Erzherzogin Maria Josepha und ihr sächsischer Gatte, der Kurprinz und spätere polnische König Friedrich August (August III.), auf der

---

35 Národní archiv, Nová manipulace, Sign. K1/42, K1/48, Kart. 292.
36 Justin V. PRÁŠEK, *Brandejs nad Labem. Město, panství i okres II*, Brandýs nad Labem 1910, S. 262.
37 1723 nahmen an der Jagd in der Kammerherrschaft Zbirow angeblich an die 900 Personen aus dem Pilsner Kreis, 600 aus dem Rakonitzer Kreis und 500 aus dem Berauner Kreis teil. Národní archiv, Česká komora, Inv.- Nr. 17097, Sign. 1723/VIII/b/79, Kart. 157.
38 Národní archiv, Nová manipulace, Sign. K1/72, Kart. 294.

Jagd. 1721 äußerte auch Kaiserin Elisabeth Christine den Wunsch, in den Wäldern zwischen Elbe und Iser (Jizera) auf die Jagd zu gehen, als sie hier auf ihrer Reise nach Karlsbad sowie auf ihrer Rückreise nach Wien haltmachte. Bei ihrem zweiten Besuch wurde die Kaiserin bereits beim Durchfahren der Dörfer zwischen Prag und Brandeis feierlich begrüßt – mit Feldtrompeten und Trommeln, die in der Regel von Kirchtürmen ertönten, und schließlich wurde sie mit der Übergabe der Schlüssel zum Schloss auf einem silbernen Tablett willkommen geheißen. Die Jagd bei Teichen in der Umgebung des Dorfes Sojovice erfolgte jedoch erst, nachdem sich die Kaiserin vor dem Altbunzlauer Palladium verneigt hatte, das in der Regel von allen edlen Besuchern geehrt wurde, die von der Gastfreundschaft des Schlosses Brandeis Gebrauch machten.

Trotz sorgfältiger Planung und des Bestrebens, gefährlichen Situationen vorzubeugen, kam es dennoch hin und wieder zu tragischen Zwischenfällen. Wenn Untertanen, die bei der Veranstaltung der Jagd aushalfen, verletzt wurden, zahlte die Böhmische Kammer die Behandlungskosten, bei dauerhaften Folgen auch eine lebenslange Rente. Beides wurde als Beweis der Barmherzigkeit des Herrschers und seines Mitgefühls mit den verletzten Untertanen präsentiert.[39] Fatale Folgen der herrschaftlichen Jagd blieben aber auch nicht ihren adeligen Teilnehmern erspart, wie die Hirschjagd von Brandeis belegt, welche am 10. Juni 1732 zu Ehren Karls VI. veranstaltet wurde. Dabei wurde der Obersthofstallmeister Adam Franz von Schwarzenberg tödlich verletzt, wobei der Kaiser selbst der unglückselige Schütze war, der den Herzog von Krumau (Český Krumlov) in dessen linke Seite traf. Der Kaiser soll damals Hut und Perücke abgeworfen haben und zu dem Verletzten geeilt sein, er wurde jedoch vom Oberstfalkenmeister, Graf von Saint-Julien, zurückgehalten und von ihm zur Kutsche geführt, die ihn daraufhin nach Prag brachte. Fürst Schwarzenberg verstarb darauf in einem eiligst eingerichteten Zimmer im Parterre des Schlosses Brandeis, wohin er gebracht worden war.[40] Karl VI. war von dem unglückseligen Ereignis offenbar tief erschüttert, was unter anderem sein Tagebuch verrät.[41] Er suchte Trost in den Armen seiner Gattin, zu der er sich nahezu unmittelbar nach dem Unfall nach Karlsbad begab. In Brandeis machte

---

39 Zur Versorgung der Untertanen Jan Cipra und Jan Macek im Jahre 1723 vgl. Národní archiv, Česká komora, Inv.-Nr. 17097, Sign. 1723/XII/e/1, Kart. 162.
40 Vgl. Jiří ZÁLOHA, *Lovecký příběh s nešťastným koncem*, Dějiny a současnost 18, 1996, Nr. 3, S. 18–20; Otto G. SCHINDLER, *Smrt na lovu v Brandýse a zmařená divadelní slavnost v Krumlově*, Divadelní revue 7, 1996, Nr. 1, S. 14–35; Václav GRUBHOFFER, *Pod závojem smrti. Poslední věci Schwarzenberků v letech 1732–1914*, České Budějovice 2013, S. 110–113.
41 Vgl. Petra LUNIACZKOVÁ, *Dvorní cesty císaře Karla VI. do zemí Koruny české*, Státní okresní archiv Kroměříž. Archivní ročenka 2001, S. 9–33, hier S. 32.

er auch auf dem Rückweg nach Wien kurz halt, kehrte aber danach nie wieder dorthin zurück. Jagden wurden hier erst wieder nach seinem Tode veranstaltet, was Franz Stephan von Lothringen bzw. seinem Sohn Peter Leopold (dem späteren Leopold II.) zu verdanken war, der im Oktober 1764 nach Brandeis kam, um auf dem Feld Hasen, Fasane und Rebhühner zu schießen. Der Ruhm von Schloss Brandeis verblasste jedoch allmählich, oder besser gesagt, die Aufmerksamkeit des Herrschers verschob sich auf die andere Seite der weitreichenden Wälder, nämlich nach Podiebrad.

Im Schloss Podiebrad soll der Tradition zufolge Anfang des 15. Jahrhunderts der böhmische König Georg von Podiebrad geboren sein. Von dessen Nachfahren erhielt es Wladislaus Jagiello, und Ferdinand I. machte daraus das Zentrum einer umfangreichen Elbdomäne, wo er neben dem Anbau von Getreide und der gewinnbringenden Teichwirtschaft auch die Wälder pflegen ließ, die er häufig als Jagdrevier nutzte.[42] Bis ins 18. Jahrhundert diente das dortige über der Elbe liegende Schloss, das weiterhin eher die Form einer mittelalterlichen Festung hatte, als Ort, an dem der Herrscher auf seiner Reise von Wien nach Prag (und umgekehrt) haltmachte; längere Jagdaufenthalte waren eher eine Ausnahme. Dies änderte sich allmählich während der Herrschaftszeit Karls VI., denn der Kaiser wählte Podiebrad als Übernachtungsort während seiner Inspektionsbesuche des unweit gelegenen Gestüts Kladrub an der Elbe (Kladruby nad Labem) sowie bei Besuchen von Chlumetz an der Cidlina, wo der böhmische Obersthofkanzler Franz Ferdinand Kinsky ein neues Jagdschloss bauen ließ, das anschließend Karlskron (Karlova Koruna) genannt wurde.[43] Karl VI. nahm ebenfalls seinen zukünftigen Schwiegersohn Franz Stephan von Lothringen auf diese Reisen mit, der auch nach dem Tod seines Schwiegervaters intensive Kontakte mit Leopold Kinsky, dem Sohn von Franz Ferdinand, unterhielt.

Leopold Kinsky war nämlich zunächst Vertreter des kranken Oberstlandjägermeisters Franz Karl von Clary und Aldringen und übernahm nach dessen Tod sein Amt.[44] Franz Stephan von Lothringen besuchte häufig die zwischen den Kammergütern Po-

---

42 1548 gründete hier Ferdinand I. das erste Gehege, und Rudolf II. ließ es 1589 mit einer steinernen Mauer umgeben. David TŮMA, *Zlatý věk obor. Z historie obornictví v Čechách, na Moravě a ve Slezsku*, Plzeň 2018, S. 92.

43 Zum Beispiel während des Krönungsaufenthalts 1723. Štěpán VÁCHA – Irena VESELÁ – Vít VLNAS – Petra VOKÁČOVÁ, *Karel VI. a Alžběta Kristýna. Česká korunovace 1723*, Praha – Litomyšl 2009, S. 469–474. Také Aleš VALENTA, *Dějiny rodu Kinských*, České Budějovice 2004, S. 84.

44 Dies geschah, obwohl er 1741 in Prag dem Kurfürsten Karl Albrecht persönlich huldigte und während der französisch-bayerischen Besatzung Mitglied des Größeren Landrechts war. Eila HASSENPFLUG-ELHOLZ, *Böhmen und die böhmischen Stände in der Zeit des beginnenden Zentralismus*, München 1982, S. 86, 128f.

diebrad und Pardubitz liegende Herrschaft Chlumetz, deren Reviere dem Kaiser zur Versorgung mit Lebensmitteln dienten. Der Kaiser besuchte nicht nur Kinsky, sondern ebenfalls Rudolph Joseph Colloredo im Schloss Opotschno und Johann Adam von Auersperg in Schleb. Diese Edelleute waren zusammen mit ihren Dienern[45] wiederum beim Kaiser in den Kammerherrschaften zu Gast, und die gegenseitig abgestatteten Besuche kamen zumeist nicht ohne Jagdvergnügungen aus. Nahezu immer fehlte dabei Maria Theresia, die in Podiebrad, das ihr Gatte zu seiner Hauptresidenz in Böhmen machte, nur zweimal im Laufe des untersuchten Zeitraums weilte: während der Krönungsreise 1743[46] und bei einer Reise von Prag nach Olmütz (Olomouc) im September 1754.[47] Im Zusammenhang mit diesem Besuch werden auch Bauarbeiten auf dem Schloss datiert, das weiterhin sein durch Formen der Gotik und der Renaissance geprägtes Äußeres behielt und langfristig als Sitz der Beamten des Kammerguts Podiebrad diente.[48] Auch nach der Abreise Maria Theresias wurden die Bauarbeiten fortgeführt, es lässt sich erahnen, dass dies auf Anordnung von Franz Stephan geschah. Neben der Aufstockung des alten Schlossturms, der eine neue Kuppel erhielt, und der Errichtung eines Obergeschosses bei den Gebäuden im Vorburgbereich handelte es sich vor allem um das Eingangstor zum Burggelände, das bis heute mit drei Stuckwappen über dem bossierten Portal geschmückt ist: dem kaiserlichen, dem böhmischen und dem ungarischen Wappen.

Franz Stephan von Lothringen besuchte Podiebrad privat nach militärischen Manövern bei Olmütz (1748),[49] bei Neuhof unweit von Kuttenberg (Nové Dvory, 1750) sowie nach einer Parade in der Nähe von Moldautein (Týn nad Vltavou 1753). 1748 kehrte er Ende Juni gemeinsam mit Maria Theresia von Olmütz nach Wien zurück,

---

45 1753 reisten gemeinsam mit dem Kaiser sechs edle Gäste an, von denen jeder einen Kammerdiener, einen Lakaien und ein bis zwei Büchsenspanner bei sich hatte. In den Stallungen wurden damals 164 Pferde untergebracht. Státní oblastní archiv Praha, Velkostatek Poděbrady, Inv.-Nr. 1083, Sign. CXXII, Kart. 252, fol. 303–312.

46 Zur Ausstattung des Schlosses vor der Ankunft Maria Theresias ibidem, fol. 160–162.

47 ÖStA Wien, HHStA, Obersthofmeisteramt, Zeremonialprotokoll 24 (1753–1754), fol. 493f. Zur Unterbringung des Hofstaats im Schloss und in der Stadt vgl. ferner Eva ŠMILAUEROVÁ, *Poděbrady v proměnách staletí I (do roku 1850)*, Praha 2001, S. 144.

48 In den Jahren 1752–1757 wird Josef Hübner als Architekt dieser Umgestaltung genannt. Pavel VLČEK, *Encyklopedie českých zámků*, Praha 1998, S. 218.

49 Zu dieser Reise Zbyněk SVITÁK, *Návštěva Marie Terezie na Moravě v roce 1748. Pohled do každodenní praxe dvora*, in: Silvia NEMÉTHOVÁ (ed.), Mária Terézia a jej doba vo svetle pomocných vied historických, Bratislava 2017, S. 198–208; IDEM, *Návštěva. Marie Terezie na Moravě v roce 1748*, Brno 2022.

aber schon Ende August reiste er, begleitet von seinem Bruder Karl Alexander von Lothringen und weiteren Kavalieren per Postkutsche nach Böhmen und hielt sich bis Mitte September in Brandeis und in Podiebrad auf.[50] In den beiden darauffolgenden Fällen knüpften seine Besuche der Kammerherrschaften nahtlos an das Ende offizieller Reisen der Herrscherin, die er dabei begleitet hatte, an. Maria Theresia kehrte nach Wien zurück, Franz Stephan machte sich auf, um seiner Jagdlust nachzugehen. Der Kaiser legte während dieser Aufenthalte, welche in den Wiener Zeremonialprotokollen zumeist als *Urlaub* bezeichnet wurden, eine ungewöhnliche Mobilität an den Tag, wechselte rasch die Übernachtungsorte und reiste, begleitet von einem kleinen Freundeskreis, von Ort zu Ort, wobei der Hauptgrund hierfür die maximale Nutzung von Zeit und Raum für das Jagdvergnügen war.[51] Von der lockeren Atmosphäre, die bei solchen Reisen herrschte, zeugt zum einen die Menge des getrunkenen Weins,[52] zum anderen die Tatsache, dass die kaiserliche Gesellschaft ab und zu auf einer Wiese tafelte und im Schloss Podiebrad in den unlängst vollendeten und somit noch nicht eingerichteten Räumlichkeiten nächtigte. Podiebrad diente meistens als Basis, von wo aus man in die Umgebung aufbrach. Diese Aufenthalte konnten auch mehrere Wochen lang dauern, und der Kaiser und seine Freunde wechselten nicht nur die Aufenthaltsorte, sondern auch die Arten der Jagd, der tausende, ja zehntausende Tiere zum Opfer fielen.[53] Das geschossene Wild wurde nach der Jagd verkauft (vor allem an Prager Kaufleute), zum Teil für wohltätige Zwecke in der Herrschaft zur Verfügung gestellt oder aber als Almosen an verschiedene Ordensgemeinschaften gespendet – im Falle der Aufenthalte in Podiebrad am häufigsten an die Kapuziner im unweit gelegenen Kolin

---

50 ÖStA, HHStA, Obersthofmeisteramt, Zeremonialprotokoll 21 (1747–1748), fol. 386, 397.
51 So rechnete man beispielsweise 1753 während des Aufenthalts des Kaisers in den Kammerherrschaften nach der Anreise aus Wien mit einem zweitägigen Aufenthalt in Podiebrad, danach sollte man sich nach Chlumetz an der Cidlina, am dritten Tag nach der morgendlichen Hirschjagd und einer schnellen Erquickung weiter ins 50 Kilometer entfernte Opotschno begeben, nach einem auf der Jagd verbrachten Tag sollte eine acht Kilometer lange Reise nach Königshufen (Králova Lhota) folgen, um sich von dort zwei Tage später nach Wien zu begeben. Státní oblastní archiv Praha, Velkostatek Poděbrady, Inv.-Nr. 1083, Sign. CXXII, Kart. 252, fol. 346f., das geplante Programm wurde knapp zwei Monate vor der Ankunft des Kaisers von Leopold Kinsky zusammengestellt.
52 Ibidem, fol. 281f., 313–315.
53 Im August und September 1750 wurden in Pardubitz, Podiebrad und den umliegenden Herrschaften insgesamt 33 492 Stück Wild erlegt. R. MARTÍNKOVÁ – A. VALENTA – V. VILIMOVSKÁ, *Úřad nejvyššího lovčího*, S. 131, Anm. 94. In einigen Fällen handelte es sich um eine eingestellte Jagd, ein andermal wurde Leopold Kinsky von Franz Stephan gebeten, für ihn einen guten Hirsch zur Jagd bereitzustellen. J. ČABART, *Vývoj české myslivosti*, S. 149.

(Kolín), die während jener Aufenthalte in Podiebrad Seelsorge leisteten.[54] Im Unterschied zu seinen Vorgängern sah Franz Stephan von Lothringen die Jagd weniger als Repräsentation der Majestät, sondern eher als Augenblick der Vergnügung und Erholung, die er mit seinen Freunden verbringen wollte. Maria Theresia teilte seine Leidenschaft jedoch nicht, und nach seinem Tod gingen auch die ruhmreichen Zeiten des Schlosses Podiebrad zu Ende, das sie 1778 zu einem Heim für 22 pensionierte Offiziere umfunktionierte.[55]

Franz Stephan von Lothringen griff nach 1744 nicht nur in die Verwaltung der Kammerherrschaften ein, sondern vor allem in die dortige Forstwirtschaft, und er tat dies mittels seiner Vertrauensperson, des Haus- und Kassendirektors Baron François-Joseph Toussaint.[56] Dieser legte auch das Tagesprogramm des Kaisers fest und plante die Jagdreisen durch Böhmen. Der Wildbestand musste dabei vor jeder einzelnen Jagd persönlich vom Oberstlandjägermeister Kinsky kontrolliert werden, dem vor der Jagd 1754 der harte Winter, während dessen viele Tiere verendet waren, sowie das kürzliche Regenwetter, das die Waldwege versumpfte, Kopfzerbrechen bereiteten.[57] Franz Stephan hatte eine klare Vorstellung davon, wie die Jagd zu verlaufen hatte, und verlangte „hochwertige Wildtiere" zum Abschuss, von denen er sich mehrere Stücke *zur Probe* bis ins entlegene Holitsch schicken ließ.[58] Nach 1754 folgten jedoch kaiserliche Patente und Dekrete, die Leopold Kinsky auferlegten, den Wildüberhang zu reduzieren. Der Oberstlandjägermeister wurde zudem im Briefwechsel beschuldigt, die Befehle nicht zu erfüllen. Der aufgebrachte Kaiser folgte offensichtlich dem Willen seiner Gattin, der Beschwerden von Untertanen in den Kammerherrschaften zu Ohren gekommen waren. Diese beklagten sich über die wirtschaftlichen Schäden, die das überzählige Wild auf ihren Feldern anrichtete.[59] Nach dem Tod Franz Stephans ermöglichte Maria Theresia verdienstreichen kaiserlichen Offizieren, in den meisten Kammerrevieren Wild zu schießen, wodurch die ruhmreichste Ära der höfischen Jagd, bei der der

---

54 Státní oblastní archiv Praha, Velkostatek Poděbrady, Inv.-Nr. 1083, Sign. CXXII, Kart. 252, fol. 283–297, 371f.
55 Dieses bestand bis zum Verkauf der Herrschaft 1839. E. ŠMILAUEROVÁ, *Poděbrady*, S. 144.
56 Dies weckte beim Oberstlandjägermeister Leopold Kinsky verständlicherweise Unmut. R. MARTÍNKOVÁ – A. VALENTA – V. VILIMOVSKÁ, *Úřad nejvyššího lovčího*, S. 115f.
57 Ibidem, S. 129.
58 Ibidem, S. 130f., Anm. 91.
59 Franz Stephan von Lothringen schrieb u. a. an Kinsky, er solle dafür sorgen: […]*, damit unsere herrlich geliebteste Gemahlin* […] *derley Berichte nicht ferner erhalte.* Zitiert nach ibidem, S. 135, Anm. 103. Leopold Kinsky hingegen zweifelte nicht daran, dass es sich bloß um eine Ausrede der Untertanen für ihre Steuerrückstände handelte.

Herrscher seine Überlegenheit und Würde demonstrierte und Augenblicke der Entspannung und Erholung genoss, ihr Ende fand. Die Schlösser in den Kammerherrschaften hatten somit definitiv als sekundäre Jagdresidenzen des böhmischen Königs und seiner engsten Verwandten ausgedient.

The Phenomena of Translation and Imitation at the Residences of the Dukes of Saxe-Lauenburg (17th Century)

MICHAL VOKURKA

Cultural transfer in the past could take a wide variety of forms ranging from technical practices to literary translation. The basic idea of transfer is grounded in a move (translation) into another environment or place. This study focuses on the translation of architectural elements and ideas, using the example of residences of three generations belonging to the catholic line of the Sachsen-Lauenburg family.[1] Their most important residences were in Lauenburg, Ostrov (Schlackenwerth), Zákupy (Reichstadt; both in Bohemia) and Rastatt (in Baden), i.e. in the Holy Roman Empire and the kingdom of Bohemia.[2] As well as those main residences, there were several less important local centres where similarities to the main seats can be observed. The cultural differences between the places studied were not as profound as between other states, for the cultural spaces of the Holy Roman Empire and the Habsburg monarchy were interconnected. Still, there was an opportunity to translate elements from one residence to another and to use the representative potential of the residences to address a new audience.

When discussing cultural transfer and the processes of translation and imitation, it is necessary to clarify the terminology. The term *translation* is usually understood as different forms of transfer from one place to another. However, in many cases (including the ones observed within my research), the process of translation (the realisation of the same idea at another place) actually created a copy: the process of translation often led to *multiplication*. Another phenomenon related to translation is *imitation*, a conscious act of copying behaviour, in this case architecture. Imitation was

---

1 The main actors of my research are Julius Heinrich (1586–1665), Julius Franz (1641–1689) and his two daughters, Anna Maria Franziska (1672–1741) and Sibylla Augusta (1675–1733).
2 The current variants of geographical names are used. The German variants (known from literature) are in brackets.

further accompanied by references to the imitated model. In most cases, translation and imitation are interconnected processes, inseparable from one another. As has already been said, there are some analogies among the various forms of translation. Although any analogy is far from perfect, I find it useful to follow the approach of Peter Burke, who – when outlining the cultures of (literary) translation – analysed the process of translation by answering six questions: Who translates? With what intentions? What is translated? For whom? In what manner? With what consequences?[3] Therefore, the following text is divided into two parts. In the first, there is a brief presentation of the residences and elements of their important architectural and structural development. In the other, Burke's questions are used to enlighten the processes of translation and imitation between the Sachsen-Lauenburg residences to reach a more general level. The primary reason for choosing the Sachsen-Lauenburgs is the existence of research carried out by Czech historians, but so far presented in only a limited way to an international audience.[4]

Ostrov – creating a prototype

The system of transfer was defined by the importance and chronological order of building the Sachsen-Lauenburg residences – the older and more opulent residences were treated as a model for the others. A special position belonged to Ostrov, which had served as a residence already in the 16th century for the counts of Schlick. This was probably one of the reasons for choosing this place. Furthermore, visitors appreciated its position on a plain under the mountains.[5] Julius Heinrich of Sachsen-Lauenburg

---

3 Peter BURKE, *Cultures of translation in early modern Europe*, in: IDEM – Ronnie Po-Chia HSIA (edd.), Cultural translation in early modern Europe, Cambridge 2007, pp. 7–38.
4 Lubomír ZEMAN et al., *Dějiny města Ostrova*, Ronov nad Doubravou 2001; Michal VOKURKA, *Sasko-lauenburští vévodové jako příklad aristokracie v Čechách 17. století*, Bohemiae Occidentalis Historica 2017, no. 2, pp. 5–29; IDEM, *Zahrada sasko-lauenburských vévodů v Ostrově ve světle písemných pramenů*, Monumentorum custos 2018, pp. 17–28; IDEM, *Rezidence sasko-lauenburských princezen. Úpravy sídel a jejich okolí na panstvích Anny Marie Františky a Sibylly Augusty*, HG 45/1, 2019, pp. 89–119; Jiří MALÍŘ (ed.), Anna Marie Františka Sasko-Lauenburská a její rod mezi Čechami a Evropou. Příspěvek k dějinám barokní doby, Zákupy 2022. Essential research was done by Petr Macek, a historian of architecture whose papers are cited below.
5 [...] *in un bellissimo sito di pianura* [...] – cf. Katrin KELLER – Alessandro CATALANO (edd.), Die Diarien und Tagzettel des Kardinals Ernst Adalbert von Harrach (1598–1667), Vol. 3, Vienna 2010, p. 177.

made a fundamental reconstruction of the buildings and an enlargement of the garden area (around 1635) which became even larger than the town itself and around 1650 it was considered the ideal garden.

Apart from Ostrov, there were two other Sachsen-Lauenburg residences in West Bohemia built before 1650. The first *fürstliche Residenz*, which was very important in the 1620s, was in Toužim (Theusing) where Julius Heinrich renovated and enlarged a renaissance chateau.[6] Here, a wedding feast took place in 1628 and the christening celebration of Franz Erdmann a year later. At both events, many guests were present, including Albrecht Wallenstein and delegates of prince-electors.[7] The chateau was decorated with yellow and black window shutters which were the family colours.

Another chateau arose in Děpoltovice (Tüppelsgrün), near Ostrov. The reasons for building this residence and its purpose are not clear. However, Děpoltovice was the centre of a manor, hence the chateau was important for symbolic representation. The ground floor of the chateau is segmented by the same arcade arches as in Toužim. While the architect remains unknown, it is very likely that he aimed to keep the same style used in Toužim. Unfortunately, it is impossible to say whether similar arches were used in Ostrov, due to the many reconstructions in later years.

Ostrov became the main seat around 1635. It is especially famous for its garden which was founded during the Thirty Years' War.[8] The composition does not connect the chateau and the garden, and the garden itself was divided into several individual parts as no unifying axis existed. The oldest era of the garden (pre-1660) is characterised more by fragmentation (stemming from the Renaissance tradition) than by baroque order. Much of this remained in Ostrov until the 18th century.[9] Only the part with terraces under the White Court was on the axis going from an octagonal pavilion at the White Court towards an artificial hill. Apart from the hills, terraces and mounds

---

6 SOA v Plzni, Vs Toužim, Urbarium 1638, inventory no. 6, signature K4, fol. 12.
7 Marie KOLDINSKÁ – Petr MAŤA (edd.), *Deník rudolfínského dvořana. Adam mladší z Valdštejna 1602–1633*, Praha 1997, p. 283; Hans-Georg KAACK, *Sachsen-Lauenburg und Böhmen. Die Welfen und das Herzogtum Lauenburg,* Ratzeburg 1989, p. 45.
8 Zora KULHÁNKOVÁ, *The garden in Ostrov nad Ohří as an example of European garden design development*, Studies in the History of Gardens & Designed Landscapes: An International Quarterly 32/3, 2012, pp. 214–239; Michael WENGER, *Die Gärten der Herzöge von Sachsen-Lauenburg in Schlackenwerth. Gartenkunst von europäischem Format*, in: Annemarie RÖDER – Michael WENGER (edd.), Barockes Erbe: Markgräfin Sibylla Augusta von Baden-Baden und ihre böhmische Heimat, Stuttgart 2010, pp. 75–95.
9 Little attention was paid to the history of the garden in the 18th century: Michal VOKURKA, *Louis George of Baden and his gardens at the end of the baroque era*, Die Gartenkunst 34/1, 2022, pp. 55–66.

with bastions that surrounded the area, most of the surface was levelled. A stream flowed through the garden, providing water for a quantity of fountains, lakes, water parterres, grottos and a mill which was in the upper part of the garden by the town wall. The garden included a hermitage, follies, a racing track and portraits of famous military leaders from times until the Thirty Years' War.

Later, the garden underwent two significant reconstructions. The first was under Julius Franz starting after a flood in 1661 and ending by the construction of the folly by Abraham Leuthner in 1674. The second, in the times of Ludwig Wilhelm and Sibylla Augusta, led by garden architect Jean Trehet in the 1690s, was more substantial and introduced many elements of French garden design. However, the garden remained within its previous borders so the axial connection between the chateau and the garden was limited to a small part.

As a duchy residence and a prominent example of garden architecture, Ostrov soon became a place visited by many aristocrats and garden amateurs. Some of them left a description of the garden.[10] Most of them mention a folly standing in the middle of the water, a statue of Neptune, a boat ride, and many fountains that splashed on visitors. One of the most important is a diary record by Ernst Adalbert Harrach, archbishop of Prague and a friend of Julius Heinrich and his third wife Anna Magdalene. Thanks to Harrach's diaries, we can not only see how much he enjoyed the garden of Ostrov, but we can also make a comparison with another garden of Julius Heinrich.

Around 1663, Julius Heinrich built a suburban villa with an amazing garden in Záběhlice near Prague. Harrach visited Záběhlice in September 1663 and saw a pavilion standing over the water, a lake for water birds and small boats, a singing fountain and an orangery.[11] All of those are elements that could be found in Ostrov, too. From April 1663, the gardener Johann Löhrl (Lehr) from Ostrov was sent to take care of the garden.[12] The transfer of staff members and their knowledge is typical not only for the Sachsen-Lauenburg residences.

---

10 Michael Raphael SCHMUTZEN, *Tractatus novus de nymphis Carolobadensibus,* Neuburg an der Donau 1662, p. 6; Bohuslaus BALBINUS, *Miscellanea Historica Regni Bohemiae ...,* decadis I. liber I., Prague 1679, p. 101 (Balbín saw the garden no later than 1665); Johann Joachim MÜLLER, *Entdecktes Staats-Cabinet: Darinnen so wohl das Ius Publicum, Feudale Und Ecclesiasticum, Nebst dem Ceremoniel- und Curialienwesen ...,* Vol. 2, Jena 1714, p. 307 (Müller visited Ostrov on 27 June 1660).

11 K. KELLER – A. CATALANO (edd.), *Die Diarien,* Vol. 7, pp. 396 and 672.

12 NA, Praha, Ředitelství císařských soukromých a rodinných statků Praha – Administrace toskánských statků – spisové pododdělení společní (hereinafter ATS – společné), inventory no. 139, box 306, Instruction for the gardener (23 April 1663).

THE PHENOMENA OF TRANSLATION AND IMITATION

In the times of the foundation of the Ostrov garden by Julius Heinrich (one of the gardeners and warriors with connections in Northern Europe),[13] it was designed to demonstrate his merits among which he counted his conversion to Catholicism, the career in the emperor's army and defeating Frederick V of Palatinate. Reaction to the Palatine of Rhine (and his garden Hortus Palatinus) as well as to Wallenstein can be recognized in Julius Heinrich's representation during the 1620s and 1630s, especially in the gardens of Ostrov. The demonstration of the builder's confession also shows his partial emancipation from the family history (connected with Lutheranism and Lower Saxony) and a shift towards Habsburg policy.

But the connection to Northern Germany was not completely denied. In Ostrov, various European garden styles were applied, including the elements of Dutch or Italian gardens. The Dutch inspiration is evident in the use of labyrinths, water parterres and channels under the bastions. Julius Heinrich was familiar with the Dutch style from his homeland, while the Italian influence was favoured among the Habsburgs and the Catholic aristocracy of Bohemia. An interesting element of many gardens of that time is a miniature of a mine with figurines of miners, usually placed in a grotto. Such a model was not only in Ostrov, but also in Kroměříž (Kremsier in Moravia), Salzburg and other famous gardens of that era.[14] This is also the case of the laying Neptune statue or some of the fountains.[15]

However, the residence in Ostrov did not consist of the chateau and garden only; supplementary structures were added later and created the so-called sacred district as most of them were of religious purpose: the funeral chapel of St Anna (1661), Piarist collegium (1666), St Florian chapel (1691) or a copy of the Einsiedeln chapel (1710). On the other side of the garden, there was a production district with a farmyard and a brewery.

Once Ostrov was established as a residence, it served as a model for other residences of the family. This was also possible thanks to the strong position of Julius Heinrich in

---

13 Erik A. de JONG, *Of Plants and Gardeners, Prints and Books: Reception and Exchange in Northern European Garden Culture 1648–1725*, in: Michel CONAN (ed.), Baroque Garden Cultures. Emulation – Sublimation – Subversion, Washington D.C. 2005, pp. 37–84.

14 Ondřej ZATLOUKAL, *Zahradní kultura za biskupa Karla z Lichtensteinu-Castelcorna v evropském kontextu*, in: Ondřej JAKUBEC (ed.), Karel z Lichtensteinu-Castelcorna (1624–1695). Olomoucký biskup a kníže střední Evropy, Olomouc 2019, pp. 217–228.

15 Thanks to the graphical material, the decorations are easily comparable. For Ostrov, there was an album *Wasserkünste von Schlackenwerth* (1642). One of the exemplars is kept in Salzburg University Library, G 413 I.

Fig. 1 Terraces of the garden in Ostrov (1a – left) and Lauenburg (1b – right), an example of a variation of the same elements.

Bohemia. His military career ended in 1634, but he managed to keep his possessions and did not lose influential contacts. By coincidence, he was the only one of the ten brothers who had male descendants, so he and his successors became the heirs of the Duchy of Lauenburg.[16]

---

16 Franziska HORMUTH, *Strategien dynastischen Handelns in der Vormoderne. Die Herzöge von Sachsen-Lauenburg (1296–1689)*, Kiel – Hamburg 2020, pp. 65–68.

The residence and garden in Lauenburg, reconstructed in the 1650s, show signs of some of the inspiration gained in Ostrov.¹⁷ On the other hand, Ostrov could also have been influenced by the older elements of Lauenburg or Ratzeburg, as the two towns of the duchy were also the most important residences. However, little is known about the

---

17 Margita M. MEYER, *Das lauenburgische Gartenkulturerbe – von den Askaniern bis zur Nachkriegsmoderne*, DenkMal! 24, 2017, pp. 50–64.

appearance of Lauenburg before the reconstruction. The residence was hit by a fire in 1616 and since then it was used only occasionally.[18]

The symbolic connection between Ostrov and Lauenburg after 1656 lies not only in the role of the gardens in the overall concept, but also in the use of similar elements and structures.[19] Both gardens were enclosed by bastions. The elevation between the upper and lower parts led to the use of terraces with convex and concave staircases. In this respect, the same situation was repeated in Lauenburg as in Ostrov under the White Court. The central grotto of the Lauenburg Garden, situated on a hill (the so-called *Schneckenberg*) above the terraces, is reminiscent of the same structure at Ostrov, where the hill was placed in the lower part of the terraces but still offering a beautiful view of the whole area. There were also octagonal follies in both gardens.

Network of residences

Not far from both – Lauenburg and Ostrov – there were hunting lodges named Juliusburg after their founder Julius Heinrich.[20] Both Juliusburgs were placed on an artificial island surrounded by a moat. At least at the Bohemian Juliusburg in the village of Gfell (Kfely), fish were kept in the water of the moat until the Baden era.[21] Unfortunately, neither of these buildings was preserved until today, as the site at Lauenburg was damaged by the wind and the material was used for other purposes.[22] In Gfell, the building was converted into a farmyard.[23]

---

18 F. HORMUTH, *Strategien*, p. 277.
19 For the ideal depiction of the Lauenburg garden: Landesarchiv Niedersachsen, Oldenburg, K-ZE, Best. 298 Z Nr. 1914-1. For a period description: Kunrat von HOEVELEN, *Der Lobwürdigen Hochfürstl. Stadt und Stifts Ratseburg, Glaub- und Besähewährte Merkwürdigkeit, samt verhandener Altertums seltenen Gedächtnissen ...*, Lübeck 1667, p. 18; Jiří KUBEŠ (ed.), *Deník z cesty do Nizozemí v roce 1705*, Praha 2004, pp. 240–243; Heinrich HESSE, *Teutscher Gärtner, Das ist, Eine gründliche Vorstellung, wie nach nothwendiger zubereitung des erdreichs unter unserm teutschen climate ein Lust- Küchen- und Baum-Garten füglich anzurichten ...*, Leipzig 1710, p. 2.
20 Anna GNIRS, *Zámek Juliusburg – spojnice panství Ostrov a Lauenburg*, Historický sborník Karlovarska 4, 1996, pp. 141–145.
21 SOA v Plzni, VÚ Ostrov, Weisses Buch, inventory no. 31, box 31.
22 Kreisarchiv Ratzeburg, Amt Lauenburg, Abt. 3, Nr. 204.
23 Anton GNIRS – Anna GNIRS, *Topographie der historischen und kunstgeschichtlichen Denkmale in dem Bezirke Karlsbad*, Munich 1996, p. 37.

After Julius Heinrich's death, his son Julius Franz modernised the residences in Ostrov and Zákupy. However, according to Petr Macek and Pavel Zahradník, the first (early-baroque) adaptation of the Zákupy chateau took place around 1632. While there is a lack of archival material for this period, they show that the windows on the western side of the chateau were inspired by the Wallenstein palace in Prague, perhaps built by someone from Wallenstein's circle.[24] It seems that the people around Wallenstein were very important for Julius Heinrich's settlement in Bohemia and socialisation within the Bohemian aristocracy. Hence, the residences are tangible proof of social contact.

In the 1680s, Zákupy became Julius Franz's main seat, so we can speak about translation of the main Sachsen-Lauenburg residence from Ostrov. During the reconstruction in the 1670s and 1680s, many elements from Ostrov were replicated in Zákupy. Historians of architecture have pointed out many similarities.[25] Visitors to the Zákupy chateau may have noticed that the portal is almost identical to that of the Ostrov chateau. Furthermore, the terraced gardens with grottos and a racecourse situated between the chateau and the river were in both residences, Ostrov and Zákupy. In the vicinity of both towns, there was a game preserve for hunting. An important aspect of the visual form of representation was the combination of red and white on facades of chateaux and churches.

In 1681, the Capuchin monastery in Zákupy was founded with a spatial connection to the chateau, emphasised by a bridge on the axis between the two buildings. However, the monastery was built by the order's architects (who were experienced in implementing the same basic layout of the convent in different places) and builders who were not connected to the court.[26] While there is no other place linked to Capuchins on the Sachsen-Lauenburg manors, it can be argued that a convent is one of the common elements necessary for a baroque residence of Catholic aristocracy. In this context, it is important to mention the Capuchin monastery in Roudnice nad Labem

---

24 Petr MACEK – Pavel ZAHRADNÍK, *Zámecký areál v Zákupech*, Průzkumy památek 3/2, 1996, pp. 3–34, here p. 6.
25 Lubomír ZEMAN, *Vzájemné souvislosti stavební podoby zámeckých areálů v Ostrově a v Zákupech*, in: Jiří MALÍŘ (ed.), Anna Marie Františka Sasko-Lauenburská a její rod mezi Čechami a Evropou. Příspěvek k dějinám barokní doby, Zákupy 2022, pp. 97–103 [in print].
26 Marek BRČÁK – Jiří WOLF, *Julius František Sasko-Lauenburský a Anna Marie Františka Toskánská jako dobrodinci kapucínského konventu v Zákupech*, SAP 71/2, 2021, pp. 398–423.

(a Lobkowicz residence), to which cultural contacts of the Sachsen-Lauenburgs can be traced.[27]

When Anna Maria Franziska inherited Zákupy, she continued the building activity started by her father. But she also started her own projects on other manors. She commissioned the residences in Ploskovice (Ploschkowitz), Horní Police (Oberpolitz), Kácov (Katzow), and Hostivice (Hostiwitz). While Ploskovice was a unique project of a luxurious summerhouse in a large garden with grottos, comparable with Sibylla Augusta's villa Favorite, the other chateaux were less pompous. Horní Police, Kácov, and Hostivice create a group of residences of similar architecture. These chateaux are characterised by a central hall elevated over the rest of the storey, recalling the architecture of Italian convents.[28] Near each of the chateaux, there was a church and a farmyard (often with a garden or pheasant garden) that created a compact and central area of the whole manor. The architecture itself is not of the highest style, however, the unity of style and ability to build residences in several places at the same time indicate a rich employer who valued representation through specific urbanism and architecture.

All the residences of Anna Maria Franziska mentioned were built by architect Václav Špaček and their surroundings were decorated with sculptures by Ondřej Dubke.[29] One of the popular motifs was the Virgin Mary of Horní Police, a pilgrimage site on Anna Maria Franziska's manor in North Bohemia. She had spread the cult in all of her manors. Statues of the Virgin were usually placed upon a column on a visual axis towards the chateau as can be illustrated on the examples from Ploskovice, Kácov, Hostivice or Horní Police itself. It is one of the examples of multiplication and symbolic connectivity between Anna Maria Franziska's residences and manors. There were also cases of transferred pious images and altars from Ostrov to Zákupy or from Horní Police to the pilgrimage site in Bohosudov (Mariaschein).[30]

After 1689, Ostrov and other West Bohemian manors were inherited by Sibylla Augusta who married Ludwig Wilhelm of Baden-Baden. After the end of the Nine Year's War during which the Baden margraviate was occupied by French troops, Lud-

---

27 Rudolf WALTER, *Johann Caspar Ferdinand Fischer. Hofkapellmeister der Markgrafen von Baden*, Frankfurt on the Main 1990, p. 54.
28 Petr MACEK, *Fara v Hostivicích u Prahy – poznámky ke stavební činnosti Anny Marie Františky, velkovévodkyně toskánské*, Památky středních Čech 3, 1988, pp. 102–122.
29 For Špaček see below. For Dubke see: en.isabart.org/person/50681 [accessed 2022–07–26].
30 Emanuel POCHE et al., *Umělecké památky Čech I. A–J*, Praha 1977, p. 93; M. BRČÁK – J. WOLF, *Julius František*, p. 404.

wig Wilhelm decided to translate his residence to Rastatt.[31] The transfer was not limited only to symbolic meaning; the court staff and many court artists moved into the new town, designed by Domenico Rossi.[32] Ludwig Wilhelm also transferred his Turkish cabinet to Rastatt.[33] The collection of Ottoman weapons and celts was established by Julius Franz of Sachsen-Lauenburg, but for Ludwig Wilhelm it meant an important component in his representation as a military hero from the Balkans – the so-called *Türkenlouis*.

After Ludwig Wilhelm's death in 1707, Sibylla Augusta ruled as regent in the margraviate and on the Bohemian manors around Ostrov. She based her representation on the image of a pious widow and worked with translation and multiplication, often to point out the continuity of her and her predecessors' reign. One of her first buildings was the Einsiedeln chapel in Ostrov. Einsiedeln has been a traditional pilgrimage site for the Baden-Baden dynasty, so it is not surprising that just a few years later (1715) the Einsiedeln chapel was built in Rastatt too.

The year 1715 was very important in the process of moving the court to Rastatt after the War of the Spanish Succession. To ensure a quality education, a Piarist college was founded in Rastatt in the same year and some of the Piarists were invited directly from Ostrov, including the famous composer and choirmaster of the Piarist gymnasium Johann Caspar Ferdinand Fischer.[34] Building activity in Rastatt and its surroundings was entrusted to Johann Sockh and Johann Michael Rohrer, who were both architects with experience from Bohemia.[35] Rohrer especially drew a lot from the style of Christoph Dientzenhofer, a famous Bohemian baroque architect who probably was Rohrer's teacher.

Another aspect of implementing the culture of Bohemian baroque in Baden-Baden was spreading the cult of St John of Nepomuk. In 1729, Sibylla Augusta acquired Ne-

---

31 Martin WALTER, *Rastatt soll Residenz werden. Zur Entstehungsgeschichte von Stadt und Schloss*, in: Wolfgang FROESE – Martin WALTER (edd.), Der Türkenlouis. Markgraf Ludwig Wilhelm von Baden und seine Zeit, Gernsbach 2010, pp. 61–74.
32 Günter PASSAVANT, *Studien über Domenico Egidio Rossi und seine baukünstlerische Tätigkeit innerhalb des süddeutschen und österreichischen Barock*, Karlsruhe 1967, pp. 21–37.
33 Vítězslav PRCHAL, *Společenstvo hrdinů. Válka a reprezentační strategie českomoravské aristokracie 1550–1750*, Prague 2015, pp. 206–214.
34 Fischer himself was not a member of the order. Václav BARTŮŠEK, *Co mohou prozradit české archivní prameny o piaristické koleji v Rastattu v letech 1715–1778*, Paginae historiae 24, 2016, no. 1, p. 47–77 (here pp. 66–73).
35 Hans-Georg KAACK, *Markgräfin Sibylla Augusta. Die große badische Fürstin der Barockzeit*, Constance 1983, pp. 157–161.

pomuk's relics from Empress Elisabeth Christine and Prague Archbishop Franz Ferdinand Khünburg.[36] She also dedicated the court chapel of Ettlingen to him, where she set up a widow's residence.[37] Another chapel of John Nepomuk arose in the village of Winden (1730).

A special example of translation is the villa (*Lusthaus*) Favorite near Rastatt. The form of *maison de plaisance* shows signs of French inspiration, however, the inner equipment and decoration combines several styles. The use of faience as imitation of Chinese porcelain can be understood as translation of the Orient. One of the chambers, called the Florentine cabinet, was decorated with portraits of emperors, philosophers and artists of Ancient Rome.[38] Part of the furniture, e.g. a marble table, was made in Florence itself. The hermitage Favorite is another example of a popular building type and imitation of the hermitage in Ostrov.[39] After all, the use of the name Favorite was not unique as several villas of similar purpose also bore this name; one of them, which probably served as a model for imitation in the Holy Roman Empire, was the Emperor's *Alte Favorite* near Vienna. In this respect, Anna Maria Franziska's chateau in Ploskovice can be understood as a reflection of her sister's Favorite and a consequence of rivalry between the princesses.

Cultures of translation

The three generations of the Sachsen-Lauenburg family owned seventeen manors in Bohemia. At the centre of each was at least a small chateau, usually accompanied by a farmyard and a church. The activity of the same employers and their architects and

---

36 GLA Karlsruhe, Abt. 46, Die von der Kaiserin Elisabeth und dem Erzbischof [...] geschenkten Reliquien, Nr. 4066.
37 Sigrid GENSICHEN, *Die Hofkirchen der verwitweten Markgräfin Sibylla Augusta von Baden-Baden in Rastatt und Ettlingen als Orte herrschaftlicher Repräsentation*, in: Ulrike ILG (ed.), Fürstliche Witwen in der Frühen Neuzeit – zur Kunst- und Kulturgeschichte eines Standes, Petersberg 2015, pp. 55–72.
38 GLA Karlsruhe, Abt. 46, Inventarien über die Verlassenschaft der Markgräfin Franziska Sibylla Augusta, Nr. 4102.
39 Julia RÖSSLER, *Markgräfin Sibylla Augusta und ihre Eremitage: Architektur, Austattung, Thesen zur Funktion*, in: Nadja HORSCH (ed.), Repräsentation und Rückzug. Die Eremitage von Schloss Favorite Rastatt, Petersberg 2018, pp. 33–47. For provision of this book I am grateful to Prof. Dr. Nadja Horsch (University of Leipzig).

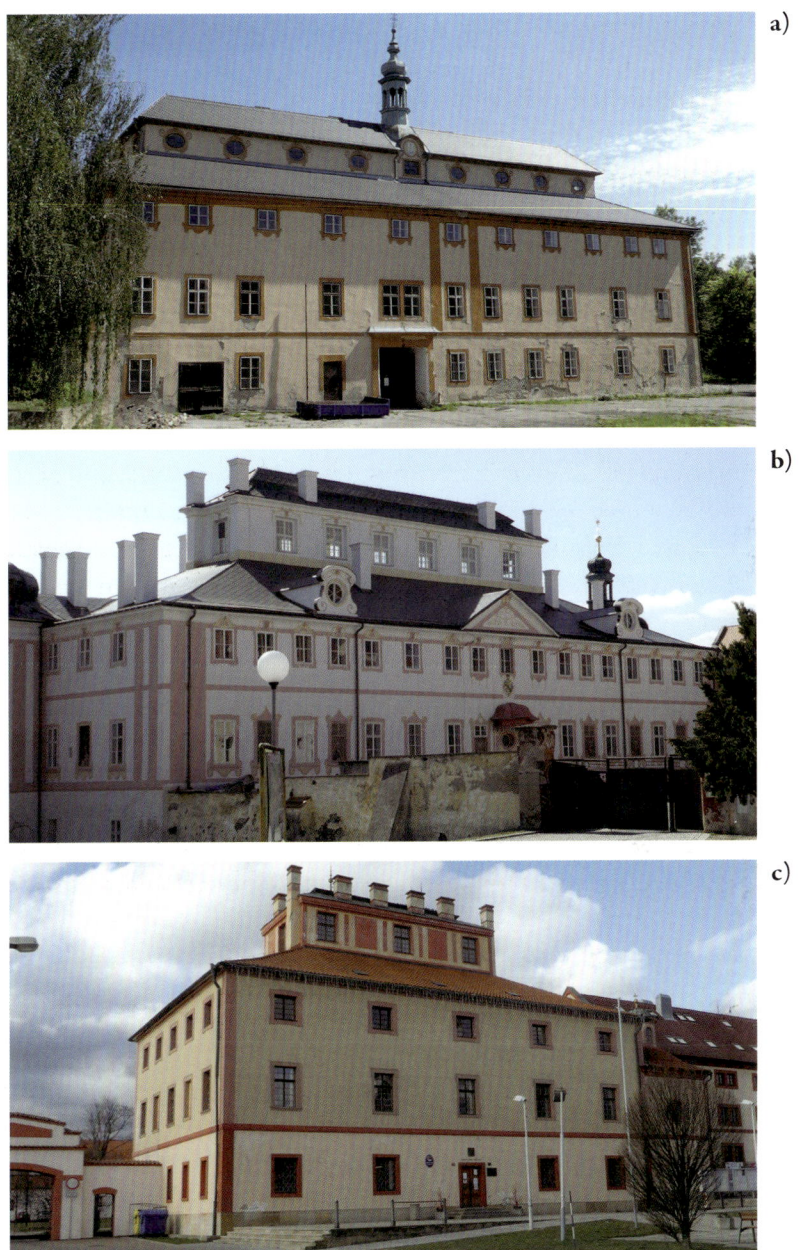

Fig. 2 The chateaux of Anna Maria Franziska (from above) in Horní Police (2a), Kácov (2b) and Hostivice (2c). The architect Špaček worked with the same basic layout in all of the places.

artists led to the creation of cultural unity among the manors of one owner.[40] In the previous text, I gave some examples of translation and imitation. In the second part, I will answer the six questions posed by Peter Burke in an attempt to generalise the phenomena observed.

Question 1: Who translates? While answering this question, it is necessary to distinguish between the role of patron on the one hand and architect or artist on the other. The result of translation (or imitation) was in many cases an intention of the aristocratic patrons. They did not just pay for the work; they may often be considered co-designers as they negotiated the form and appearance of the residences with their architects and other professionals who were responsible for the execution of the building.[41] Archival sources document the activity of several architects and artists on other residences of the dukes. This is an important aspect of translation and multiplication: one architect builds the same element or structure in several places, using the same workflow and know-how. However, translation could take place with a longer time gap between generations. Still, the fact that the architect was familiar with the model is valuable. The structures can also be connected through the same person in different roles: for example, the famous architect Christoph Dientzenhofer worked in Ostrov as a young builder (*Polier*) and later, after he gained some renown, he consulted the plans of other architects in Zákupy and Ploskovice.[42] But the most important persons for translation via architecture were the architects Václav Špaček and Michael Ludwig Rohrer.[43] In some cases, the role of the officials could also be important, as they were responsible for instruction and material supply. For example, seeds and seedlings for the gardens circulated within the network of manors and it was the gardeners and other officials who contributed to the maintenance of the network. The above-mentioned

---

40 Similar process is observed by other Bohemian aristocratic families as well. On the cultural unity of Waldstein manors see Jiří Hrbek, *Proměny valdštejnské reprezentace. Symbolické sítě valdštejnského rodu v 17. a 18. století*, Prague 2015, p. 367.
41 So is documented the discussion between Ludwig Wilhelm of Baden and his architect Rossi, or disagreement between Julius Franz and his wife Marie Hedwig Pfalz-Sulzbach, who each preferred another architect's intention for the renovation of the chateau in Zákupy. G. Passavant, *Studien*, pp. 21–37; P. Macek – P. Zahradník, *Zámecký areál*, pp. 11–12.
42 P. Macek – P. Zahradník, *Zámecký areál*, p. 23.
43 Petr Macek, *Barokní architekt Václav Špaček (1689–1751)*, Ph.D. thesis, Filozofická fakulta Univerzity Karlovy, Prague 2007. For Rohrer, see H.-G. Kaack, *Markgräfin*, pp. 157–161; Claudia Stoll, *Studien zu Michael Ludwig Rohrer (1683–1732). Margräflich baden-badischer Baumeister*. Ph.D. thesis, Philosophische Fakultät, Rheinische Friedrich-Wilhelms-Universität zu Bonn, 1986.

gardener Löhrl was sent to Zábĕhlice with instructions identical to those in force for Ostrov and with plants from that garden.

Question 2: With what intentions? The intention of the "translators" is hard to detect in the sources. Mostly we are left only with hypotheses as there is no direct evidence. But we can assume that the intentions of the Sachsen-Lauenburgs were no different from those of other Central European aristocrats at that time. An important function of the residences was to represent their owner as a member of the upper classes and to show the history and noble descent of the family.[44] Another aspect emphasised was continuity, which was particularly evident in disruptive circumstances (after the revolt of the Bohemian estates; extinction of male descendants etc.). When conditions changed (e.g. when Julius Heinrich came into a new country or Sibylla Augusta had to reign without her husband), the actors proceeded to transfer their social status through the disruption. The building and adaptation of residences served as a means of representation and helped them to demonstrate the positions they claimed.

On that account, Julius Heinrich followed Wallenstein's activity in the areas of military career, economy, and architecture. Regarding the residences, he chose places with a pre-White-Mountain-battle residential history (Ostrov, Toužim), renovated them, and marked them with Sachsen-Lauenburg symbols. An important aspect was that old structures were incorporated into the new arrangement. So, after the Ostrov chateau burned down (1691), Ludwig Wilhelm left an old wall standing as a ruin between the garden and the town.[45] Similarly, Sibylla Augusta ostentatiously supported the traditional cult of the Virgin Mary from Einsiedeln. The spread of cults (the import of Nepomuk to Baden, building Einsiedeln chapels in Bohemia, the promotion of Horní Police) played a crucial role on an ideological level as the manorial lords prayed to the same providers as their subjects which led to a feeling of togetherness.

Question 3: What is translated? In the first place, we can speak about a translated social status. Among the translated architectural elements, we can find not only specific types of buildings or statues, but also similar concepts and structures in the gar-

---

44 Michael HECHT, *Das Adels-Haus in der Frühen Neuzeit. Genealogisches Konzept, verwandschaftliche Ordnung, architektonische Gestalt*, Zeitschrift für Kulturwissenschaften 11/1, 2017, pp. 29–48; Peter-Michael HAHN, *Das Residenzschloß der frühen Neuzeit. Dynastisches Monument und Instrument fürstlicher Herrschaft*, in: Werner PARAVICINI (ed.), Das Gehäuse der Macht. Der Raum der Herrschaft im interkulturellen Vergleich. Antike, Mittelalter, Frühe Neuzeit, Kiel 2005, pp. 56–75.
45 On understanding the ruins in the Baroque: Andrea SIEGMUND, *Die romantische Ruine im Landschaftsgarten. Ein Beitrag zum Verhältnis der Romantik zu Barock und Klassik*, Würzburg 2022, pp. 39–55.

dens of the residences. Typical examples were already mentioned: the urbanism of Anna Maria Franziska's residences, statues from gardens (Hercules, Neptune), portals, follies or fountains.[46] Devotional cults (both local and from abroad, ancient and new ones) were also often subjects of transfer within the network of Sachsen-Lauenburg residences and were placed in important and visible places.[47]

Special attention should be paid to the Sachsen-Lauenburgs' gardens which became famous in contemporary Central Europe. The gardens were integrated into a network, so they reflect patterns from many gardens from a large geographical area. Similarly, Ostrov served as a source of inspiration for others and was often mentioned in specialised garden literature.[48] Contact between the Sachsen-Lauenburgs and the dukes of Schleswig-Holstein, who built the garden in Gottorf around 1650, is documented.[49] For Julius Heinrich and his successors, gardens had great importance as a means of their representation, and elements from Ostrov were copied in Zákupy, Lauenburg and Rastatt. A garden did not only represent the wealth of its owner, but also and more importantly it reflected its owner's knowledge. The exotic flora and fauna can be understood as translated, cultivated, controlled nature. Many plants or animals were imported from foreign countries, and dedicated areas (menageries, orangeries etc.) were pro-

---

46 An Ostrov fountain with sirens was depicted in *Architectura curiosa nova* which enabled further imitation of the sculpture – cf. Georg Andreas BÖCKLER, *Architectura curiosa nova: Der dritte Theil*, Nuremberg 1664, p. 14 and Fig. 60.
47 Anna Maria Franziska got some relics of ancient martyrs from Rome and placed them in Zákupy, Horní Police and elsewhere. Petr MAŤA, *Wandlungen des böhmischen Adels im 17. Jahrhundert und der Aufstieg des Hauses Sachsen-Lauenburg in Böhmen,* in: Annemarie RÖDER – Michael WENGER (edd.), Barockes Erbe: Markgräfin Sibylla Augusta von Baden-Baden und ihre böhmische Heimat, Stuttgart 2010, pp. 5–27, here p. 22.
48 Abraham HOGENBERG, *Hortorum Viridariorumque: Noviter in Europa praecipue adornatorum elegantes et multiplices formae ad vivum delineatae et aeri incisae*, [s.l.] 1655; G. A. BÖCKLER, *Architectura*, p. 14; Johann Sigismund ELSSHOLZ, *Vom Garten=Baw: Oder Unterricht von der Gärtnerey ...*, Cölln an der Spree 1672, p. 3; Heinrich HESSE, *Teutscher Gärtner, Das ist, Eine gründliche Vorstellung, wie nach nothwendiger zubereitung des erdreichs unter unserm teutschen climate ein Lust- Küchen- und Baum-Garten füglich anzurichten ...*, Leipzig 1710, p. 2.
49 Landesarchiv Schleswig-Holstein, Abt. 210, Nr. 156, Korrespondenz des Herzogs Franz Erdmann mit Mitgliedern seiner Familie und anderen fürstlichen Personen. See also Nina LAU, *Der Gottorfer Barockgarten. Gartenarchäologie in Schleswig an der Schlei*, Mitteilungen der Deutschen Gesellschaft für Archäologie des Mittelalters und der Neuzeit 18, 2007, pp. 151–158; Karen ASMUSSEN-STRATMANN, *Das neue Werk von Gottorf. Rekonstruktion, Geschichte und Bedeutung eines norddeutschen Terrassengartens des 17. Jahrhunderts*, Petersberg 2022.

vided for them in the residential complex. As well as a practical role, such facilities also played an important symbolic role.

Another type of transfer is represented by the fragments from the art collections of Rudolph II in the possession of the Sachsen-Lauenburgs. Most probably, Julius Heinrich did not own only Rudolph's white parrot mentioned by Balbín.[50] According to archival sources, he had access to Rudolph's collection during the Swedish invasion of Prague (1648) when many of the rare pieces ended up in the hands of Swedish officers and their networks of patrons among which Julius Heinrich should be counted.[51] While some of the metal objects were sold to be melted down, the paintings ended up in aristocratic collections. This is probably how the Sachsen-Lauenburgs obtained several originals by Cranach and Dürer.[52]

Question 4: For whom? In literary translation, Peter Burke identified "different publics with different levels of education" for which texts were translated.[53] But residences work differently in this respect. It is the patrons and investors who translated primarily for themselves and their families. Most of the transfer took place in a relatively small area of Central Europe, within the cultural space of the Holy Roman Empire. It was not an intercultural transfer, though there were differences between Bohemia and the rest of the Empire or the Habsburg monarchy. However, there was not the problem of an audience that would not understand the "language" of aristocratic representation and baroque art.

But to understand the transfer, it is important to identify the social groups of the recipients. In general, we can say that everyone could be a recipient of aristocratic representation. However, we should be aware that different groups and individuals read symbols and architecture differently. Contemporary perception and understanding were determined by social stratification and level of education. Educated upper classes were able to perceive many allegorical references hidden in art and were also allowed to take a closer look at the residences and their decoration, while lower classes (usually the subjects – *Untertanen*) probably perceived merely the monumentality, beauty, and luxury of the whole. Naturally, the aristocratic investor aimed to address the whole of society, but could adjust to the situation – the main residence was not identical to the

---

50 B. Balbinus, *Miscellanea*, p. 130.
51 NA, Praha, ATS – společné, box 67.
52 Some of the pieces were damaged by the fire of Toužim in 1652, the rest of the collection was later moved to Rastatt. Günther Kahabka et al., *Theusing im Egerland. Geschichte einer deutschen Stadt in Böhmen*, Friedberg 1988, p. 64. SOA v Plzni, VÚ Ostrov, Inventáře, inventory no. 53, box 128.
53 P. Burke, *Cultures*, p. 21.

seat by the pilgrimage site, which was again different from the summer villa etc. On the other hand, we know very little about the perception of the visual appearance of the residences and the perception of transfer in particular, especially by the lower classes.

Question 5: In what manner? An important aspect of the manner of translation lies in the consciousness of the acts of translation and multiplication. The patrons could deliberately modify the environment of their residences by linking to other sites. However, we can assume that not all of the similarities were created intentionally. Sometimes, they just emerged from the application of common practices and were consequences of using the work of the same artists. Furthermore, the transferred elements could be shown in different contexts, according to the will of the patron or his architect. Therefore, the visibility of the transferred elements played a key role. For some purposes, visibility could be limited to selected groups or occasions. Another aspect is the exactness of the multiplication. While the Einsiedeln chapels in Ostrov and Rastatt are almost identical (this applies to devotional images in general), other elements may have served as a loose inspiration (garden terraces of Ostrov and Lauenburg, chateaux of Anna Maria Franziska). In any case, the resulting work had to reach a given quality to be worthy of the social status of the patron.

Question 6: With what consequences? Translation and multiplication helped the Sachsen-Lauenburgs establish themselves in a new environment and maintain (or even improve) the position of the family in a new context. When Julius Heinrich moved to Bohemia, he had to show that he – as a duke of the Holy Roman Empire – was superior to the Bohemian counts and lords or the recently appointed dukes of Friedland and Liechtenstein.[54] He also needed to set himself against the rest of the family which remained Lutheran, even though he maintained friendships with other family members. For the widows Sibylla Augusta and Anna Maria Franziska, legitimising their independent reign was crucial. While Julius Heinrich was respected for his gardens, his granddaughters were appreciated for their piety. Both helped them to extend their social contacts and esteem.

Other consequences were the geographical mobility of the artists and cultural exchange. The architect Rossi came from Vienna to Baden and later he worked for the Lutheran margraves of Baden-Durlach. Similarly, Johann Michael Ludwig Rohrer propagated the principles of Bohemian baroque architecture (influenced by Dientzenhofer and others). However, there were dozens of artists working in Ostrov and

---

54 Thomas WINKELBAUER, *Fürst und Fürstendiener. Gundaker von Liechtenstein, ein österreichischer Aristokrat des konfessionellen Zeitalters*, Vienna 1999, p. 298.

Rastatt.[55] A generation earlier, the same sort of migration and transfer took place from Ostrov to Zákupy under Julius Franz. The examples of architecture were just the most visible manifestations of the cultural unity of the Sachsen-Lauenburg manors.

Conclusion

The phenomena of translation and imitation are well-known from earlier periods, and it is surprising that they were also widely used during the early modern period. A much more important question concerns not the existence of such phenomena itself but its social and geographical context. The example of Sachsen-Lauenburg residences demonstrates that translation was often used to relate to an older tradition, for example family history or Catholicism in general. This helped to anchor the social status of the members of the family when they found themselves in a new social environment.

In this way, Julius Heinrich invoked the status of a duke of the Holy Roman Empire when he became a member of the Bohemian aristocracy. As a successful man who established a new family history and a renewed connection with Catholicism, he repeated a lot from the famous garden of Ostrov in the duchy of Lauenburg. His son Julius Franz continued this tradition in Zákupy, which gained importance. The daughters of Julius Franz – facing the extinction of the Sachsen-Lauenburg dynasty – tried to reinforce the memory of the dynasty, as they were its last living members. Both princesses have built and decorated their residences with respect to the Catholic tradition established by Julius Heinrich. This phenomenon is especially interesting in the case of Sibylla Augusta, who worked on the cultural transfer between Bohemia and Baden-Baden. A complex assessment of the analogical situation of Julius Heinrich is limited by the lack of sources. However, translations and imitations were used to bridge discontinuities and to cope with challenges in the competitive social environment of the aristocracy; they were important for representation as well as the personal pleasure of the patrons.

---

55 Michal VOKURKA, *Bádensko jako česká barokní krajina*, HG 46, 2020, pp. 197–230.

Abkürzungen

AČ	Archiv český
AGAD	Archiwum Główne Akt Dawnych
AH	Archaeologia Historica
AMW	Akta miasta Wrocławia
APW	Archiwum Państwowe we Wrocławiu
ASK–RK	Archiwum Skarbu Koronnego z lat 1388–1826, Oddział 1 – Rachunki Królewskie
AUPO-H	Acta Universitatis Palackianae Olomucensis. Facultas philosophica. Historica
BDLG	Blätter für deutsche Landesgeschichte
BHIU	Bulletin Historického ústavu AV ČR
CD	Církevní dějiny
CDB	Codex diplomaticus et epistolaris regni Bohemiae
CDLS	Codex diplomaticus Lusatiae superioris
CIM	Codex iuris municipalis
CMP	Colloquia mediaevalia Pragensia
Chronica	Chronica. Annual of the Institute of History, University of Szeged
ČČH	Český časopis historický
ČFÚČ	Český finanční a účetní časopis
ČK	Česká komora
ČL	Český lid
ČMM	Časopis Matice moravské
ČsČH	Československý časopis historický
ČSPS	Časopis Společnosti přátel starožitností
ČSZM	Časopis Slezského zemského muzea
DaS	Dějiny a současnost
FF	Filozofická fakulta
FHB	Folia historica bohemica
FRB	Fontes rerum historicarum
HČ	Historický časopis

ABKÜRZUNGEN

HD	Historická demografie
HG	Historická geografie
Historica	Historica. Revue pro historii a příbuzné vědy
HMKH	Horní a mincovní fond Kutná Hora
HO	Historica Olomucensia
HOP	Historie – Otázky – Problémy
HT	Husitský Tábor
JSH	Jihočeský sborník historický
KČD	Katedra českých dějin
KHKM	Kwartalnik historii kultury materialnej
LF	Listy filologické
MGH	Monumenta Germaniae Historica
MHB	Mediaevalia historica Bohemica
MIÖG	Mitteilungen des Instituts für Österreichische Geschichtsforschung
MNL OL DL	Magyar Nemzeti Levéltár Országos Levéltára, Diplomatikai Levéltár
MÖS	Mitteilungen des Österreichischen Staatsarchivs
MRK	Mitteilungen der Residenzen-Kommission
MTT	Magyar Történelmi Tár
NA	Národní archiv
NK ČR	Národní knihovna České republiky
NL	Numismatické listy
NLM, N.F.	Neues Lausitzisches Magazin, Neue Folge
NPÚ	Národní památkový ústav
OP	Opera historica
OSzK	Országos Széchényi könyvtár
PHS	Právněhistorické studie
RBM	Regesta diplomatica nec non epistolaria Bohemiae et Moraviae
RH	Res historica
SAP	Sborník archivních prací
SHB	Studia historica Brunensia
SM	Střední Morava
SMB	Studia Mediaevalia Bohemica
SOA Praha	Státní oblastní archiv v Praze
SOkA	Státní okresní archiv
SPFFBU	Sborník prací Filozofické fakulty Brněnské univerzity
SRL	Scriptores rerum Lusaticarum

ABKÜRZUNGEN

SRL N. F.	Scriptores rerum Lusaticarum, Neue Folge
SSH	Středočeský sborník historický
ST	Studia theologica
StR	Studie o rukopisech
SÚRPMO	Státní ústav pro rekonstrukci památkových měst a objektů
SŹr	Studia Źródłoznawcze
TLA	Tiroler Landesarchiv
TT	Teologické texty
ÚČD	Ústav českých dějin
UK	Univerzita Karlova
ULB	Universitäts- und Landesbibliothek Tirol
ÚSH	Ústecký sborník historický
VSH	Východočeský sborník historický
VKČSN	Věstník Královské české společnosti nauk
VVM	Vlastivědný věstník moravský
ZHF	Zeitschrift für historische Forschung
ZPP	Zprávy památkové péče

Abbildungen

Umschlagbild
Jindřichův Hradec (Neuhaus) – Burg, der Raum mit der Georgs-Legende und dem Wappenfries, 1330er Jahre.
Photo František Záruba.

Pavel Drnovský
1   *Area of interest in the northeast of Bohemia.*
    Map created by Martin Lanta and Pavel Drnovský.
2   *Towns of 13th and 14th centuries.*
    Map created by Martin Lanta and Pavel Drnovský.
3   *Depiction of the approximate extent of the individual dominions and fortifications shown in the text.*
    Map created by Martin Lanta and Pavel Drnovský.

František Záruba
1   *Die Prager Burg in der romanischen Zeit, nach der Rekonstruktion von K. Fiala.*
    J. ČAREK, *Románská Praha*, Praha 1947.
2   *Grundriss des Alten Königspalastes mit Markierung der romanischen Funde nach K. Fiala von 1933.*
    K. FIALA, *Hrad pražský v době románské*, Praha 1933 – Ausschnitt.
3   *Rekonstruktion der Prager Burg in der romanischen Zeit.*
    D. MENCLOVÁ, *České hrady*, Praha 1976, S. 76, 79.
4   *Rekonstruktion des romanischen Palastes nach T. Durdík und P. Chotěbor.*
    T. DURDÍK – P. CHOTĚBOR: *Zur Gestalt des romanischen Palas der Prager Burg*, in: Forschungen zu Burgen und Schlössern IV, 1998, S. 198.
5   *Rekonstruktion des Grundrisses des Alten Königspalastes mit Markierung der baulichen Konstruktionen vor dem Umbau durch Karl IV.*
    Zeichnung František Záruba.
6   *Rekonstruktion der Südfassade des Alten Königspalastes in der zweiten Hälfte des 12. Jahrhunderts und Schnitt.*
    Zeichnung František Záruba.

7 *Dreidimensionale Rekonstruktion des Alten Königspalastes in der zweiten Hälfte des 12. Jahrhunderts.*
Zeichnung František Záruba.

Robert Šimůnek
1 *Neustadt an der Mettau / Nové Město nad Metují.*
Photo Robert Šimůnek.
2 *Budin an der Eger / Budyně nad Ohří, die Kirche Maria Schnee.*
Photo Robert Šimůnek.
3 *Jungbunzlau / Mladá Boleslav, der Wasserturm.*
Photo Robert Šimůnek.

Sven Rabeler
1 *Aufzüge und Ringrennen auf der Stechbahn vor dem Schloss zu Cölln an der Spree im Jahr 1592, Radierung, 1593.*
Jacobus FRANCUS [d.i. Conrad Lautenbach], *Historicae relationis continuatio* (siehe Anm. 47) (Wolfgang SCHNEIDER, *Berlin. Eine Kulturgeschichte in Bildern und Dokumenten*, Leipzig – Weimar 1980, S. 95).
2 *Michael Hörrmann, Geometrischer Situations-Plan des Pforzheimer Schlosses* (Ausschnitt), Federzeichnung (koloriert), 1766.
Generallandesarchiv Karlsruhe, G Pforzheim Nr. 17, http://www.pfenz.de/wiki/Datei:Pforzheim,_Grundriss_Schloßberg,_Michael_Hörrmann_1766.jpg (19.5.2022), Attribution-NonCommercial-ShareAlike-Lizenz, beschnitten und bearbeitet).

Jan Hirschbiegel
1 *Schmalkalden, Altmarkt mit Rathaus in der Mitte der Häuserzeile und Stadtkirche St. Georg.*
Photo Alexander Savin, WikiCommons https://upload.wikimedia.org/wikipedia/commons/d/da/Thuringia_Schmalkalden_asv2020-07_img03_Altmarkt.jpg (2.3.2022).
2 *Schmalkalden, von Nordwesten aus gesehen.*
Matthäus MERIAN, *Topographia Hassiae et Regionum Vicinarum* [...], Frankfurt am Main 1646, Taf. 47.

ABBILDUNGEN

Lenka Bobková

1 *Karlsfried, Burgruine an der so genannten Gebler Straße.*
 Photo Lenka Bobková.
2 *Oybin, die Reste der Burg aus der Zeit von Karl IV.*
 Photo Lenka Bobková.
3 *Lauf an der Pegnitz, das Eingangstor zur Wenzelsburg.*
 Photo Lenka Bobková.
4 *Lauf an der Pegnitz, Wenzelsburg, Wappensaal.*
 Photo Lenka Bobková.
5 *Bautzen, Ortenburg,*
 Photo Lenka Bobková.
6 *Görlitz, Rathaus, Wappen von Matthias Corvinus.*
 Photo Lenka Bobková.

Petr Kozák

1 *Die älteste erhaltene Ansicht der Stadt Troppau, ein Holzschnitt von Johann Willenberger aus der Zeit vor 1593. Rechts die Troppauer Burg mit einem Palast und zwei Ecktürmen.*
 Slezské zemské muzeum, Pracoviště fotodokumentace, sign. A 73. 430.
2 *Ansicht auf die Stadt Glogau und das dortige Fürstenschloß mit dem sogenannten Hungerturm (Mitte links) von Friedrich Bernhard Werner, um Mitte des 18. Jahrhunderts.*
 Friedrich Bernhard Wernher, Scenographia urbium Silesiae, Norimbergae 1737–1752, Tabl. IX – Fürstent. Glogau.

Graphiken 1–4 *Aufenthaltsorte Sigismunds in den Jahren 1502–1505.*
 Zeichnung Petr Kozák.

Michal Vokurka

1 *Terraces of the garden in Ostrov (1a – left) and Lauenburg (1b – right).*
 Salzburg University Library, Grafiksammlung, G 413 I; Lauenburg (1b): Landesarchiv Niedersachsen, Oldenburg, K-ZE, Best. 298 Z Nr. 1914-2.
2 *The chateaux of Anna Maria Franziska (from above) in Horní Police (2a), Kácov (2b) and Hostivice (2c).*
 Photo Michal Vokurka.

Autorinnen und Autoren

prof. PhDr. Lenka Bobková, CSc.
Philosophische Fakultät; Karls-Universität in Prag
lenka.bobkova@ff.cuni.cz

Mgr. Pavel Drnovský, Ph.D.
Philosophische Fakultät; Universität Hradec Králové
pavel.drnovsky@uhk.cz

doc. PhDr. Dana Dvořáčková-Malá, Ph.D.
Historisches Institut; Akademie der Wissenschaften der Tschechischen Republik
dvorackova@hiu.cas.cz

Prof. Dr. phil. Jan Hirschbiegel, M. A.
Historisches Seminar; Christian-Albrechts-Universität zu Kiel
hirschbiegel@email.uni-kiel.de

PhDr. Jiří Hrbek, Ph.D.
Historisches Institut; Akademie der Wissenschaften der Tschechischen Republik
hrbek@hiu.cas.cz

doc. Mgr. Petr Kozák, Ph.D.
Philosophisch-Naturwissenschaftliche Fakultät; Schlesische Universität Opava
kozak.p@centrum.cz

Dr. phil. Sven Rabeler, M. A.
Historisches Seminar; Christian-Albrechts-Universität zu Kiel
rabeler@histosem.uni-kiel.de

JUDr. PhDr. Jakub Razim, Ph.D.
Historisches Institut; Akademie der Wissenschaften der Tschechischen Republik
razim@hiu.cas.cz

AUTORINNEN UND AUTOREN

PhDr. Robert Šimůnek, Ph.D., DSc.
Historisches Institut; Akademie der Wissenschaften der Tschechischen Republik
simunek@hiu.cas.cz

Ing. Mgr. Michal Vokurka, Ph.D.
Historisches Institut; Akademie der Wissenschaften der Tschechischen Republik
vokurka@hiu.cas.cz

PhDr. František Záruba, Ph.D.
Historisches Institut; Akademie der Wissenschaften der Tschechischen Republik
zaruba@hiu.cas.cz

PhDr. Jan Zelenka, Ph.D.
Historisches Institut; Akademie der Wissenschaften der Tschechischen Republik
zelenka@hiu.cas.cz